全国高等院校土木与建筑专业十二五创新规划教材

建筑企业管理教程与案例

刘　颖　主　编

清华大学出版社
北　京

内 容 简 介

本书按照国家“卓越工程师培养计划”和高校土建类各专业及相关专业的教学培养目标要求，从建筑业的产生、发展及建筑商品生产经营特点出发较全面地概括了建筑企业管理的基本理论和基本实务，较好地突出了案例实践教学的地位与功能。其基本内容包括四大部分：总论，阐述建筑业、建筑企业资质管理与组织管理基本理论；建筑企业生产要素管理，阐述建筑企业人员、资金、材料与设备、技术与信息管理基本理论；建筑企业施工生产管理，阐述建筑企业质量、安全与环境、施工组织设计与施工方案制定基本理论；建筑企业经营管理，阐述建筑企业市场营销、项目成本管理、工程审计基本理论。

本书既注重运用丰富多样的引导案例、综合案例分析及形式多样练习题来使读者结合各章理论内容进行实际训练，又结合建筑业经济活动中的特点，增加工程审计的内容。这对于加强对建设资金的管理，遏制各种建筑经济活动中的腐败现象具有重要意义。

本书既可作为高校建筑企业管理及相关课程的教科书，也可作为建筑企业管理人员培训教材和建筑工程技术人员学习管理理论知识的参考资料。

图书在版编目(CIP)数据

建筑企业管理教程与案例/刘颖主编. --北京：清华大学出版社，2015 (2020.8重印)
全国高等院校土木与建筑专业十二五创新规划教材
ISBN 978-7-302-39772-4

Ⅰ. ①建…　Ⅱ. ①刘…　Ⅲ. ①建筑企业—工业企业管理—高等学校—教材　Ⅳ. ①F407.96

中国版本图书馆 CIP 数据核字(2015)第 077157 号

责任编辑：桑任松
装帧设计：刘孝琼
责任校对：周剑云
责任印制：丛怀宇

出版发行：清华大学出版社
网　　址：http://www.tup.com.cn, http://www.wqbook.com
地　　址：北京清华大学学研大厦 A 座　　**邮　　编**：100084
社 总 机：010-62770175　　**邮　　购**：010-62786544
投稿与读者服务：010-62776969, c-service@tup.tsinghua.edu.cn
质量反馈：010-62772015, zhiliang@tup.tsinghua.edu.cn
课件下载：http://www.tup.com.cn, 010-62791865
印 装 者：北京建宏印刷有限公司
经　　销：全国新华书店
开　　本：185mm×260mm　　**印　　张**：23.25　　**字　　数**：564 千字
版　　次：2015 年 7 月第 1 版　　**印　　次**：2020 年 8 月第 2 次印刷
定　　价：59.00 元

产品编号：055198-02

前　言

近年来，我国国民经济的持续稳定发展及城市化水平的不断提升，为建筑产业的发展带来了巨大的机遇和挑战。与之相应，社会对具备专业理论知识和技能的各类建筑工程人才的需求日益增加。

目前，随着国家高等教育改革各项措施的出台以及“卓越工程师培养计划”的实施，国内建筑类各高校和其他高校土建类各专业及相关专业的教学中，结合自身学科建设和专业调整的需要，加强符合建筑业产业经济特点和技术经济规律的特色专业课程建设受到更多高等院校的重视，“建筑企业管理”成为其中重点建设的专业理论课程之一。

“建筑企业管理”课程教学内容是在建筑、土建工程相关类各高校原开设的“建筑经济与企业管理”课程内容基础上，按照国家教育部教学体制改革要求逐步整合而成。为了适应迅速发展的国家建设事业对于建筑企业管理人才培养的迫切需要，提高现有产业内部各个行业、各种类型的建筑企业管理人员的专业技能，本书作者结合多年教学科研经验，拟编制一本既体现建筑行业技术经济特点，又具有企业管理学科特色的适用教材，实现满足教学需要和为从事建筑工程管理人员培训提供帮助的目标。

作者所在院校拥有一大批教学经验丰富，科学研究成果丰硕的专家、教授，他们与众多建筑企业保持着密切的教学、科研联系。为了更好地完成本书的编写任务，作者搜集了大量的相关资料，系统分析、研究了目前国内外本学科理论与实践发展的最新成果，制定了既遵循企业管理学的基本内容体系，又符合建筑企业生产、经营的基本经济规律以及行业特点和发展方向的编写框架，组织编写人员参阅相关文献和资料，使编写内容全面概括建筑企业管理的基本理论和基本实务。全书结构体系科学合理，较好地突出了案例实践教学的地位与功能。

本书的基本结构由以下四大部分组成。

第一篇——总论

主要阐述建筑业与建筑工业化、建筑企业资质管理、建筑企业组织管理的基本理论与基础知识。

第二篇——建筑企业生产要素管理

主要阐述建筑企业人员管理、资金管理、材料与设备管理、技术管理与信息管理等内容。

第三篇——建筑企业施工生产管理

主要阐述建筑企业质量管理、安全与环境管理、施工现场管理、施工计划管理与进度控制、施工组织设计与施工方案制订等内容。

第四篇——建筑企业经营管理

主要阐述建筑企业市场营销、项目成本管理、工程审计等内容。

本书在体现企业管理学科体系要求及建筑企业的技术经济特点、重视实用性的同时，注意运用丰富多样的章前引导案例、章后案例分析及各类练习题来使读者结合各章理论内容进行系统训练，使读者更便捷、有效地提高自身的管理技能。

另一方面，结合建筑业经济活动中的特点，增加工程审计的内容是本书特色和重要创新。这对于加强国家建设资金的管理，遏制各种建筑经济活动中的腐败现象，促进建筑企业提高工程质量，保证经济效益和社会效益的一致性具有重要意义。

本书从建筑业的产生、发展，建筑商品的技术经济特点出发，从不同角度探索建筑企业管理创新。既可作为建筑类各高校及其他高校建筑企业管理及相关课程的教科书，也可作为建筑企业管理人员培训教材和建筑工程技术人员学习的参考资料。

本书由刘颖拟订编写提纲，各章编写人员有：刘颖，第 1、2、3、5、6、11 章；岳文赫，第 4 章；魏颖晖，第 7、8 章；姚瑞，第 9、10 章；姜群山，第 12 章；崔宝玉，第 13 章；孙艳丽，第 14 章；王秋菲，第 15、16 章。全书统稿修改由刘颖、夏宝晖、李玉、高扬、高振东完成，由刘颖任主编，魏颖晖、王秋菲、姚瑞任副主编，石铁矛任主审。

作者在本书编写过程中参阅了许多专家学者的著作及相关研究人员、机构的研究成果，除了所列参考文献之外还有很多，在这里一一表示感谢。

本书能够顺利出版，得益于清华大学出版社的编辑人员及有关人士的大力支持和无私帮助，在此向他们致以由衷的谢意！

由于我国建筑企业管理的理论与实践都处于不断的发展与进步之中，相关的教学体系和教学内容也在不断地完善，本书相关内容的探索可能存在局限性，加之作者水平有限，书中的缺点与错误在所难免，敬请各位读者批评指正。

作 者
于沈阳建筑大学

编　委　会

主　编　刘　颖

副主编　魏颖晖　王秋菲　姚　瑞

参　编　岳文赫　崔宝玉　孙艳丽　姜群山

　　　　夏宝晖　李　玉　高　扬　高振东

主　审　石铁矛

目　　录

第一篇　总论

第二篇　建筑企业生产要素管理

第一篇 总 论

第1章 建筑业与建筑工业化

【学习要点及目标】

- 了解建筑业的含义及其在国民经济中的作用
- 了解我国建筑业产生与发展的过程
- 熟悉建筑产品的技术经济特点
- 掌握建筑工业化内容

【核心概念】

建筑业 建筑商品 建筑工业化

【引导案例】 古埃及建筑文明——人类早期建筑活动的奇迹

古埃及是世界文明的发源地之一，其灿烂文明在建筑艺术方面的成就令今天的人们赞叹不已。在埃及保留至今的古埃及建筑不仅反映了古埃及文化的印迹和浓厚的宗教意义，也反映了古埃及建筑活动发展的普遍性以及建筑技术、施工组织管理的较高水平。

古埃及建筑活动的发展主要经历了3个时期：古王国时期(公元前27世纪—前22世纪)、中王国时期(公元前22世纪中叶—前18世纪)、新王国时期(约公元前18世纪—前11世纪)，这几个时期的建筑产品的主要代表有金字塔、方尖碑、神庙等。

金字塔因陵墓基座为正方形，四面是4个相等的方锥体，侧影类似汉字的“金”字，故称为金字塔。相传金字塔是古埃及法老的陵墓，建造于埃及古王国和中王国时期，被称为古代世界七大奇迹之一，是古埃及文明最具影响力的象征。

作为一个建筑产品，金字塔反映了人类在当时建筑技术、施工管理等方面的高超技艺和辉煌成就。其中古埃及第四王朝法老胡夫的金字塔是所有古埃及金字塔中最大的一座。这座塔原高146.59m，经过几千年的风雨侵蚀，其顶端虽经剥蚀近10m，其塔身的石块之间没有任何水泥之类的黏着物，仅是一块石头叠在另一块石头上面而建成。金字塔建筑中的每块石头都磨得很平，今天的人们还是很难用一把锋利的刀刃插入石块之间的缝隙，不愧是建筑史上的奇迹。

在大金字塔身的北侧离地面13m高处，有一个用4块巨石砌成的三角形出入口。这个三角形巧妙地利用了力学原理，如果采用四边形入口，100多米高的金字塔本身的巨大压力将会把这个入口压塌，这反映了古埃及人们在建筑活动中已掌握较高的施工技术。

方尖碑是古埃及建筑中的另一件杰作，它也是除金字塔以外，古埃及文明最富有特色的象征。它的外形呈尖顶方柱状，由下而上逐渐缩小，顶端形似金字塔尖。方尖碑一般以整块的花岗岩雕成，重达几百吨，它的四面刻有象形文字，说明这种石碑的3种不同目的：宗教性、纪念性和装饰性。方尖碑通常以金、铜或金银合金包裹，当旭日照到方尖碑时，它会像太阳一样闪闪发光。

方尖碑也是埃及帝国权威的强有力的象征。从中王国时代(公元前2133—前1786年)起，法老们在大赦之年或炫耀胜利之时竖立方尖碑，而且通常成对地竖立在神庙塔门前的两旁。开凿和竖立方尖碑是一项艰巨的工程。据史料记载，从石矿开凿出用于制造方尖碑的独块石料，从阿斯旺运到底比斯，需要7个月才能到达。方尖碑所用石料到达目的地加工完工后，人们将完工的方尖碑抬上一个用土堆成的斜坡，然后将它竖直立于基座上。前些年，有国外的考古学家、工程师与施工人员模拟了这一过程。

1.1 建筑业概念的界定

1.1.1 建筑业的含义

在国民经济体系中，建筑业是从事各类建筑产品生产经营的物质生产部门。具体来说，建筑业是国民经济中从事房屋、构筑物的建造和改造，各种设备、装置的安装，以及从事各类建筑产品的勘察设计、施工等工作的企业及单位所组成的一个物质生产部门。

对建筑业含义的理解需明确两个要点。

(1) 建筑业是国民经济的一个物质生产部门，它不是流通部门，也不是消费部门。

(2) 建筑业主要从事建筑工程项目的施工、安装及有关勘察设计等活动。

在我国的国民经济部门分类中，建筑业是由建筑企业、相关事业单位及行政管理机构构成一个完整的产业体系，它与国民经济其他部门有密切的前后产业关联。

在社会经济活动中，建筑业向国民经济其他部门提供各种生活、生产、交换和其他经济和社会活动所需要的设施。一方面，建筑业以自己的产品为社会和国民经济各部门服务；另一方面还在其生产过程中大量消耗其他产业部门的产品。通常情况下，建筑业与国民经济中许多工业部门有产业关联，尤其与建材工业、冶金工业、木材及木材加工业、金属结构及制品生产工业、化学工业之间的关系特别密切。建筑业的发展要依赖于这些工业部门的发展，要大量消耗其他国民经济部门的产品。同时，建筑业也因此成为这些产业部门的重要产品市场，能带动许多关联产业的发展。

建筑业以最终建筑产品为生产对象，而建筑产品的生产主要是由建筑企业来完成的。从一般意义上讲，建筑企业是指依法自主经营、自负盈亏、独立核算，从事建筑商品生产和经营，具有法人资格的经济实体。建筑业中的各类企业通过其生产经营活动，为社会提供各种建筑产品，为国民经济各物质生产领域与各部门提供所需的建筑物、构筑物及各种安装起来的机械设备，为人民生活提供住宅和文化娱乐设施。

建筑业中的各类企业的具体称谓多种多样，通常包括建筑公司、建筑安装公司、机械化施工公司、工程公司及其他专业性建设公司等；按工程专业特点不同可称为建设公司、工程公司、市政工程公司、房屋维修公司、建筑安装公司、机械化施工公司、装饰装修公司等。

建筑业的从业人员和单位有很多类别：建筑业的人员有建筑设计人员、规划人员、施工管理人员、作业人员等；相关企事业单位有工程施工公司、专业工程公司、劳务承包公司、材料设备供应公司、工程咨询公司；相关机构有业主、投资者、银行、保险公司和建成工程设施的使用者等。

1.1.2　建筑业的工作范围

国民经济是社会生产部门、流通部门和其他非生产部门的总和。它包括工业、农业、建筑业、交通运输业、商业、科学技术事业、文化教育事业、卫生事业等部门。建筑业是由国民经济部门分类中规定的建筑企业、事业单位、行业行政管理机构构成一个完整的体系。建筑业作为国民经济体系中的一部分，其任务是为社会提供优质的建筑产品，并以此获取盈利。

在我国，建筑业包括横向和纵向两个范畴。横向范畴包括建筑产品的施工、设计、勘察、规划、咨询、监理、培训等活动；纵向范畴包括各级建设行政管理部门以及各类建筑企业。

根据我国(《国民经济行业分类与代码》GB/T 4754—2002)分类，建筑业分为房屋和土木工程建筑业、建筑安装业、建筑装饰业和其他建筑业 4 类。

(1) 房屋和土木工程建筑业主要包括：房屋建筑业；矿山建筑业；铁路、公路、隧道、桥梁建筑业；堤坝、电站、码头建筑业和其他土木工程建筑业。建筑业主要从事矿山、铁路、公路、隧道、桥梁、堤坝、电站、码头、飞机场、运动场、房屋等的建筑活动，其中包括专门从事土木建筑物的修缮和爆破等活动，不包括房屋的零星维修。

(2) 建筑安装业主要包括各类线路、管道安装业和设备安装业两大类，是专门从事电力、通信线路、石油、燃气、给水、排水、供热等管道系统和各类机械设备以及装置的安装活动。建筑企业从事土木工程施工时，在工程项目内部敷设电路、管道和安装一些设备的，应列入土木工程建筑业。

(3) 建筑装饰业主要包括从事对建筑物的内外装修和装饰的设计、施工和安装活动，以及车、船、飞机等的装饰和装修活动。

(4) 其他建筑业主要包括工程准备、提供施工设备服务和其他未列明的建筑活动，包括与建筑、安装及装饰、装潢工程活动有关的咨询、规划、勘探、设计等活动。

受我国经济长期快速发展和大规模城市建设需要的影响，我国建筑业近 30 年发展速度较快。随着国内建筑市场的不断完善，建筑业产业内企业之间的竞争也愈加激烈。

由于规模的不同，建筑企业之间竞争的项目或环节也不同。大型上市公司主要竞争于房地产开发、城市基础设施建设、大型水利设施、港口与航道工程等大型项目的承包，小型建筑企业主要竞争是建筑装饰、装潢等建筑业子行业或者大型项目的分包工程项目等领域。

1.1.3 建筑业的社会经济职能

建筑业的社会经济职能是将各种不同类型的资源，通过建造活动转变成各类生产设施、经济基础设施和其他居民生活设施，这一转换过程包括建筑产品的规划、设计、资金筹措、材料设备的采购、工程项目施工和维护活动等。建筑活动中使用的木材、水泥和钢材等材料的再加工，砂石料等各种材料的采集、加工、运输，各种预制构件和配件的生产、运输、储备及使用也都是建筑业经济活动的重要组成部分。另外，建筑活动中的装饰装修、机械化作业、机械维修、机械出租、起重装卸机械、运输车辆与机具的生产与维修等也在建筑业产值中占了很大的比重，成为建筑业不可或缺的组成部分。

1.2 我国建筑业的产生和发展

1.2.1 我国古代的建筑活动

建筑活动的内容是随着人类社会经济、技术文化的发展而不断变化扩展的，它几乎与人类文明一样古老。恩格斯在《家庭·私有制的起源》中指出，在蒙昧时代的早期，建筑活动就已经产生了。“火和石斧通常已经使人能够制造独木舟，有的地方已经使人能够用木材和木板来建筑房屋了。”

在我国古代，建筑经济活动的发展经历了原始社会、奴隶社会和封建社会 3 个历史阶段，在这些时期，我国建筑技术发展取得了较高的成就，在世界建筑史上有重要的地位。在商朝就有了城市，并建造了宫殿、陵墓、防御工程等；在西周时期就有瓦这种建筑材料，它有效地解决了建筑物的防水问题；在战国时代开始修筑的万里长城闻名世界，是人类在太空中可以看到的宏伟建筑；隋朝时期开凿的大运河及河北赵县的石拱安济桥等，无论在设计方面还是在施工组织和管理方面，都达到了很高的水平；北宋崇宁二年(1103 年)颁布的《营造法式》对建筑结构、用料、施工等都做了明确规定。

概括我国封建社会的建筑活动，主要有 3 个发展高峰期。

1. 春秋末期

在这一时期，一些大规模宫式和高台建筑开始兴建，铁质建筑工具——斧、锯、锥、凿等应用于施工活动中，它们提高了施工效率，加快了施工的进度，同时也提高了木结构建筑的艺术水平和加工质量。

在秦灭六国实现全国统一之后，在全国各地修筑驰道，修建万里长城，这些使当时全国各种不同的建筑技术得到融合和发展，并涌现了大批能工巧匠，建筑祖师鲁班就是这一时期的代表人物。

2. 隋唐时期

这一时期是中国建筑的发展和成熟时期。受到当时繁荣的社会经济发展的影响，当时的许多建筑既继承了古代建筑文化的精髓与技术，又吸收和融化了外来建筑的精华，形成独特的建筑风格。

(1) 规模宏大，规划严整。唐朝首都长安城是在隋朝大兴城的基础上规划和扩建而成，其规划在我国世界古都城中都是最为严整的。

(2) 建筑群布局合理并趋于成熟。如加强城市总体规划，建造宫殿、陵墓等，建筑突出主体建筑的空间组合，强调从轴线方向的陪衬手法等。

(3) 设计与施工水平较高。这一时期出现了掌握设计与施工的专门技术人员——都料，专门从事公私房屋的设计与现场施工指挥；木建筑解决了大面积、大体量的技术问题，并且定型规范化。

(4) 砖石结构建筑普遍兴起。出现了很多木结构楼的阁式塔建筑，砖石楼阁式、密檐式和单后塔普遍得到发展。

(5) 建筑艺术风格更加成熟。各种风格、用途的建筑物大量出现，在使用功能方面更加实用和美观，建筑产品艺术风格兼收并蓄，开朗、大气。

3. 明清时期

明清时期是我国城镇化发展较快的时期，新兴的城镇不断出现和迅速发展，许多小集镇逐渐成为人口众多、工商业繁荣的地区经济中心。有些小镇的规模甚至超过县、府级驻地城市，达到了城市的基本条件。

这一时期我国古代建筑生产水平达到顶峰，各种各样的建筑，其艺术风格出现多元化发展的特点。

(1) 大城市及新城镇增多。随着商品经济的发展，城市人口规模逐渐扩大，城镇建筑由自发建设形成更为灵活自由的布局形式：城市经济繁荣和城市人口的增加使城市建筑更为密集；在城外形成新的区域，沿城外道路呈带形发展。另外，建筑施工技术有了较大提高，许多地方出现了许多 3～4 层的公共建筑。

(2) 工业建筑规模扩大。城市的手工业发达，对居民的生活构成一定的影响。在商业发达的城市中，工业、手工业分工进一步细化，纺织业、冶金业等的发展对城市建设需求有较大增加。

(3) 民族建筑与民用建筑各具特色。各地民居如安徽徽州住宅、北京四合院、苏州住宅、闽南土楼住宅、四川山地住宅、陕北的窑洞住宅等。少数民族地区建筑风格多样，如西藏布达拉宫、回族的大跨度的礼拜寺、维吾尔族的穹隆顶建筑、傣族的佛塔群等都极具特色。

(4) 园林建筑达到鼎盛阶段。建筑技术和艺术水平取得较高成就而闻名世界，著名的如北京的圆明园、颐和园，承德避暑山庄，苏州的留园、拙政园等。

(5) 建筑工程机械的制作开始起步。明代的建筑工程施工中已开始使用千斤顶、多刀的刨子，此外还有手摇卷扬机等建筑机械和工具也开始应用于施工生产。

1.2.2 建筑业成为国民经济的一个部门

建筑业成为国民经济的一个独立的物质生产部门，是社会生产力不断提高和社会分工发展的结果。建筑产业要成为国民经济一个独立的物质生产部门，第一要达到一定的生产规模，第二要具备一定的生产技术基础和拥有一定规模的产业工人，第三要有区别于国民经济其他部门的技术方法与生产工艺，第四要有成熟的产品。

我国封建社会的建筑活动属于农业、手工业范畴，建筑生产主要由手工匠人和农民承担，生产规模小、技术水平较低。后来这些手工匠人逐渐脱离农业生产，成为专门从事房屋修建等建筑活动的匠人。

封建社会末期，随着外国殖民势力的入侵，国外企业和机构的商务活动和人员的进入，在上海、青岛、大连、哈尔滨等地出现了一些国外风格的建筑。这些建筑的营造带来了西方国家的建筑技术、管理方法和土木工程教育理念。“五四运动”后期，在我国的东南沿海地区出现了一定规模的建筑产业工人，建筑技术教育开始发展，涌现了一批如詹天佑、梁思成等一批有建树的建筑工程师。

新中国成立后，随着社会主义建设的发展，我国的建筑业得到了较大发展，为改善人民生活与积累社会财富做出了很大贡献。1956 年 5 月，国务院通过《关于加强和发展建筑工业的决定》《关于加强设计工作的决定》，国内建筑设计和施工技术等方面都得到迅速发展，各地建立了各类专业设计机构，建筑企业施工的机械化水平也得到了很大发展。

改革开放后，在我国国民经济由计划经济向市场经济转轨的过程中，建筑业的各类企业亦随之适应形势的需求，转换经营机制，参与建筑市场竞争。在国家有关政策的引导下，各类国有建筑企业、集体建筑企业以及其他合资合营、个体经营的建筑企业等多种经济成分企业一起拓展经营领域，参与国民经济建设，建筑产业逐渐发展壮大并成为我国国民经济的支柱产业。

1985 年，全国共有综合性和专业性的勘察设计机构 3000 多个；全民所有制建筑施工企业平均每个职工拥有技术装备 2494 元，平均每个作业人员的动力装备 6.2kW。施工作业人员繁重的体力劳动逐渐为机械所代替，许多大型工程项目已采用工业化的施工方法。

2011 年，全国建筑业实现总产值 11.8 万亿元，同比增长 22.6%；实现增加值 3.2 万亿元，同比增长 10%，占当年国内生产总值的 6.78%；对外工程承包额 1034.2 亿美元，同比增长 12.2%。

2012 年，全国建筑安装工程累计完成固定资产投资 236 439.72 亿元，同比增长 22.10%；

建筑业完成固定资产投资 4305.6 亿元，同比增长 24.56%；建筑业全年完成总产值 13.53 万亿元，较 2011 年增长 16.2%。

2013 年，全国建筑业总产值为 159 313 亿元，同比增长 16.1%。全国建筑业房屋建筑施工面积为 113 亿平方米，同比增长 14.6%。2013 年全国固定资产投资(不含农户)为 436 528 亿元，比上年名义增长 19.6%，扣除价格因素实际增长 19.2%。虽然 2013 年是自 2003 年以来全年固定资产投资名义增速首次降到 20%以下，建筑业发展速度和固定资产投资增长同步放缓，但全年 19.6%的增速仍然属于较高的水平。

2014 年，随着国家城镇化政策的进一步推进，加快西部地区开发和中西部交通设施的建设，加大棚户区改造步伐和治理环境污染，发展节能环保产业等方面需求都推动了我国建筑业的持续发展。

1.2.3　我国建筑业未来发展趋势

在未来一段经济发展周期，建筑业将随着我国经济增长而保持同步增长态势，建筑业的增长速度与国民经济增长将保持一定的相关性。随着我国经济的持续增长，建筑业市场发展总的趋势将不会有太大的波动。

(1) 房地产市场将保持现有需求。我国城市住宅除了面对新增城市人口的需求之外，还要满足已经到来的居民住宅更新换代的巨大需求，住宅建设市场还有很大的开发建设潜力。未来十年，在我国除了在新开发的土地上建设居民住宅外，对于危旧居民区实施的拆迁重建所占的比重将会加大。

(2) 建筑市场竞争日趋激烈。在我国城市建设需求持续发展，建筑业发展速度持续高位运行的同时，产业技术改造、产业结构调整同样面临着诸多的问题。建筑产业内部各类企业竞争日趋激烈，建筑企业的平均利润水平逐渐下降。企业经营的风险越来越高，加之国际资本和国际企业的进入，建筑企业如何降低成本，提高技术水平和产品竞争力都成为建筑企业所要面临和亟待解决的问题。

(3) 城镇化建设带动建筑业发展。2012 年，我国城镇人口已经超过 7 亿，城镇化率达到 52.6%。未来一段时期内，我国城镇化的发展仍将继续较长时间。新型工业化、信息化、城镇化和农业现代化为建筑业的发展提供了机遇。我国经济属于典型的二元结构，改革开放以来的持续增长，使二元经济结构的矛盾日益突出，这种矛盾制约了经济及社会各项事业的发展。为此需要调整城乡的经济结构，发展城镇化。而较大规模的城市基础设施建设给建筑业的发展带来较大市场需求，带动了建筑企业的成长与发展。

1.3　建筑商品的技术经济特点

1.3.1　建筑商品的含义

在我国计划经济时期，人们对建筑商品概念的理解多为建筑产品的含义，这是因为虽然建筑产品具备商品的使用价值属性——可以满足社会和居民对建筑产品的不同需要，但是由于这些产品不能到市场上进行交易，其生产多是在政府指令计划下完成的，城市中绝大多数居民的住房是通过无偿分配的形式得到的。建筑商品价值无法得到准确的体现，人

们对建筑产品的认识只是产品而不是商品。

按照经济学的理论，定义建筑商品的理论依据是其使用价值与价值两种。建筑商品的价值是指凝结在商品中无差别的人类劳动，它要通过社会必要劳动时间来衡量；建筑商品的使用价值是其能够满足人们对于建筑商品的不同需要，代表了建筑商品的有用性。

建筑产品商品化是社会生产客观经济规律的要求，建筑产品只有作为商品进行等价交换，才能建立起合理的、与建筑商品生产相关的分工合作关系，保证再生产的顺利进行。同时，建筑产品只有在市场上进行交换，才能称为真正意义上的商品。

1.3.2 建筑商品的分类

一般情况下，人们通常把建筑商品分为房屋建筑、构筑物，以及线路、管道和设备的安装工程等其他建筑产品。房屋建筑是指那些由梁柱、墙壁、基础而形成的空间，具有满足人类生产或生活活动各种需要的功能的产品，如厂房、住宅、办公楼、医院、学校、影剧院、商场等；构筑物是不具备、不包含或不提供人类居住功能的人工建造物，如水塔、游泳池、沼气池等；其他建筑产品包括桥梁、铁路、公路、隧道、涵洞等。

建筑商品按其完成程度，可分为竣工工程、已完工程和未完工程。竣工工程是指已经完成设计的全部要求、实现预期的使用功能、整个工程全部竣工可以交付使用的建筑产品；已完工程是指已经完成设计要求、不需要再进行加工的分部分项工程；未完工程是指已经投入人工、材料、机械设备等但尚未完成设计要求的分部分项工程。实际上，只有竣工工程才能称为真正意义上的建筑产品。将建筑产品做这样的划分是因为建筑产品的生产环节多、生产周期长、占用资金多，建筑企业一般采用按月结算的方式，以利于控制生产进度和加速流动资金周转。

1.3.3 建筑商品的特点

建筑商品的生产同其他工业产品的生产相比较，其共同性是将生产要素投入生产过程，此后在生产上的阶段性和连续性，组织上的专业化、协作化和联合化都是基本一致的。但是，建筑商品的生产同一般工业生产相比，又具有独特的技术经济特点。建筑商品的特点是产品的固定性、多样性、体积庞大，由此形成建筑商品生产的流动性、单件性、生产过程的综合性等特点。

1. 建筑商品自身的特点

1) 地点固定

一般情况下，建筑产品本身甚至就是土地不可分割的一部分。例如各类地下管线、地铁和水库等。在建筑商品的建造过程中，由于其基础是直接与地基相连接，只能在建造地点固定地使用，而无法转移。这种一经建造完成就在特定空间固定的属性，就是建筑商品的固定性。此外，还有那些非生产性的固定资产如住宅、幼儿园、医院、学校、剧场等，虽不是劳动资料，但是其作为建筑产品，也同样具有这种固定性，这种固定性是建筑商品与国民经济其他物质生产部门生产的产品最重要的区别之一。

2) 体积庞大

与一般工业产品相比，多数建筑商品体积远比工业产品大得多。不论建筑商品是由许多个单项工程组成的建设项目，还是由单一单项工程组成的建设项目，其占据的空间都很大。从体积上看，一般只有船舶制造业制造的产品的体积可与建筑产品相比。另外，建筑商品在生产过程中要消耗大量的人力、财力和物力，所需建筑材料数量巨大，半成品品种、规格繁多，构成复杂，与其他工业产品相比体积庞大，其占用空间较大。

3)　类型多样

一方面，建筑物因其使用要求、规模、建筑设计、结构等各不相同，其类型也多种多样。即使是同一类型的建筑物，也因所在地点、环境条件不同而各不相同。因此，建筑商品一般不能像工业产品那样批量生产。

另一方面，为社会生产活动服务的建筑产品与为人们生活提供服务的建筑产品的有关生产工艺的要求各不相同，这些都使得建筑产品类型多样。

此外，即使对建筑产品的功能要求相同，由于建筑产品所在地的地质条件和气候条件等的不同，也使得建筑产品在施工工艺、生产规模、结构形式、建筑材料处理等方面各有差异。

建筑商品需要根据不同的用途，所处不同的地区，不同的营造方式，采用不同的建筑材料、施工方法、施工组织等，使得建筑产品表现出多样性。即使采用同一种设计，由于交通、建筑材料、资源等社会条件的不同，在建造时也往往需要对设计文件作相应的改变。建筑产品的这一特点，使得每个建筑商品的生产具有多样性。

2. 建筑商品生产过程的特点

由于建筑商品地点的固定性、类型的多样性和体积庞大等特点，使得建筑商品生产过程与一般工业产品生产相比较具有自身特点。

1)　流动性

建筑商品的固定性决定了其生产的流动性。一般的工业产品都是在固定的工厂车间内进行生产，而建筑商品的生产是在不同的地区，或同一地区的不同现场，或同一现场的不同单位工程，或同一单位工程的不同部位组织工人、机械围绕着同一建筑商品进行生产。因此，使建筑商品的生产在地区与地区之间、现场之间和单位工程不同部位之间流动，其生产要素也要随之流动。

2)　单件性

建筑商品的固定性和类型的多样性决定了其生产的单件性。一般的工业商品是在一定的时期，在统一的工艺流程中进行批量生产；而具体的一个建筑商品应在国家或地区的统一规划内，根据其使用功能，在选定的地点上单独设计和单独施工。每个建筑商品都有专门的用途，都需采用不同的造型。不同的结构、不同的施工方案需要使用不同的材料、设备和建筑艺术形式。即使是选用标准设计、通用构件或配件，由于建筑商品所在地区的自然、技术、经济条件的不同，也使建筑商品的结构或构造、建筑材料、施工组织和施工方法等因地制宜加以修改，从而使各建筑商品生产具有单件性。随着建筑新技术、新材料、新结构的不断涌现，建筑艺术形式也经常推陈出新，即使用功能相同的建筑商品，由于兴建时期的不同，采用的材料、结构和艺术形式也会不同。

3)　生产周期长且不可间断

建筑产品是持续不断的劳动过程的成果，这种产品只有到生产过程终了才能完成，才能发挥作用。当然，在这种过程中也可以生产出一些中间产品或局部产品。例如，建设一幢高层建筑，先将已建成的若干层交付使用。这些中间产品或局部产品，虽然在提高投资效果中具有一定的作用，但这是不完整的产品，不能长期独立存在，不能形成综合的生产能力。建筑商品的固定性和体形庞大的特点决定了建筑商品生产周期长。建筑商品的生产全过程要受到工艺流程和生产程序的制约，使各专业、工种间必须按照合理的施工顺序进行配合和衔接。又由于建筑商品地点的固定性，使施工活动的空间具有局限性，从而使建筑商品生产具有生产周期长、占用流动资金大的特点。建筑商品体形庞大，使得最终建筑商品的建成必然耗费大量的人力、物力和财力。另外，建筑商品生产过程的不可间断性要求其在生产过程中各阶段、各环节、各项工作必须有条不紊地组织起来，在时间上连续，在空间上均衡，要求生产过程的各项工作必须合理安排，遵守施工程序，按照合理的施工程序科学地组织施工。

4) 露天作业受气候条件影响大

建筑商品地点的固定性和体形庞大的特点，决定了建筑商品生产露天作业多。因为形体庞大的建筑商品不可能在工厂、车间内直接进行施工，即使建筑商品生产达到了高度的工业化水平的时候，也只能在工厂内生产部分构件或配件，仍然需要在施工现场内进行总装配后才能形成最终建筑商品。因此建筑商品的生产具有露天作业多的特点。

5) 施工作业条件艰苦

由于建筑商品具有固定性、露天作业多、受气候条件影响很大、生产作业的劳动条件较差，以及建筑商品体形庞大等特点，决定了建筑商品生产具有高空作业多的特点。特别是随着城市现代化的发展，高层建筑物的施工任务日益增多，使得建筑商品生产中高空作业日益增多，施工安全管理难度加大。因此，建筑商品的生产必须根据工程施工的具体情况采用相应的防寒、防热、冬季、雨季、防风、防洪、地下、水下、高空等作业防护措施。

6) 生产组织协作复杂

建筑商品生产过程涉及领域范围较广，包括工程力学、建筑结构、建筑构造、地基基础、水暖电、机械设备、建筑材料和施工技术等学科。在建筑企业的外部，涉及不同种类的专业施工企业以及城市规划，征用土地，勘察设计，消防，公用事业，环境保护，质量监督，科研试验，交通运输，银行，财政，机具设备，物质材料，电、水、热、气的供应，劳务等各部门和各领域的复杂协作配合。由于生产过程复杂，协作单位多，使建筑商品生产的组织协作关系综合复杂，是一个综合性较强的生产过程。

1.3.4 建筑商品定价

1. 建筑商品定价方式

建筑商品和一般工业产品不同，它不能批量生产，因而不能像工业产品那样，同一种商品价格都是相同的。因为建筑商品差异性较大，不同的建筑产品在建筑结构、功能、标准等方面均存在差异，因而必须根据每个建筑商品的具体情况分别进行计价。

对于可能采用标准统一设计图纸的建筑来说，由于气候与地质条件、区域位置、交通状况等方面的差异，使得施工方案、施工组织设计以及组织管理方面也会存在许多不同，使建筑商品的价格存在差异，因而也需要分别进行计价。

通常，一般工业产品的价格是在综合考虑多种因素，如产量、成本、利润水平、销售情况等之后，待产品生产出来以后才确定。对于建筑商品来说，在没有开始生产之前就要先确定价格，即确定价格在先、生产在后。这一定价方式使得所确定的建筑商品价格带有很强的不可靠性和不确定性。这是由于建筑商品具有多样性。在生产开始之前确定其价格难以充分考虑各种成本因素，也难以充分考虑由于拟建建筑商品所具有的特点而对其价格所产生的影响。

建筑商品的定价与工业产品相比有较大不同。工业产品一般是由供给者决定产品的价格，需求者只能根据价格进行选择，而对产品价格没有决定权。产品的价格与成本之差决定了产品利润的大小，而需求者对其所购买产品的利润额究竟多高是根本不知道的。也就是说，一般工业产品的价格和成本是相互分离的，独立地发挥着作用。对需求者来说，起作用的只是产品的价格；对供给者来说，在价格一定的前提下，起作用的是产品的成本。需要说明的是，需求者对产品价格并非没有作用，需求者对某一产品的需求程度往往影响到该产品供求关系的平衡，也就会对该产品的价格产生影响。但这是从需求者总体的角度分析的结果。就个别需求者而言，对产品价格没有影响，更没有决定权。

由于确定建筑商品价格先于其生产，需要面临诸多不确定因素。对于买卖双方都存在风险，在生产之前所确定的价格只是对建筑商品价格的一种事先的估计或期望，它在很大程度上取决于定价人员的判断，带有一定的主观性，可能出现同一建筑商品由于定价人员不同而价格不同的情况。因此，建筑企业需要考虑生产过程中出现的各种与成本有关的因素，使定价尽可能准确、客观和科学。

建筑商品在生产之前所确定的建筑商品价格实际上只是一种暂定价格，而实际价格要等其建成交付使用之后才能最终确定。在大多数情况下，建筑商品的实际价格与其暂定价格有所不同，一般总是实际价格高于暂定价格。但是并不能因此而否定建筑商品定价先于生产的必要性，也不能因此而导致建筑商品定价的随意性。相反，这对建筑商品生产之前的定价的科学性提出了更高的要求。

建筑商品在生产之前定价，并不是由供给者单独定价，而是通过招投标方式确定的价格。通常，建筑商品的供给者根据建筑商品的需求者——招标单位的要求、施工的难易程度、拟采用的施工方案等条件，对拟建建筑商品的生产成本进行估计，在此基础上向招标单位提交一份含有该建筑商品价格的投标书，招标单位通过对若干份投标书的分析、比较并做出选择，从而确定拟建建筑商品的暂定价格。因此，建筑商品的价格往往是通过招投标双方共同决定的，其中招标单位对确定建筑商品的价格起着主导作用。

2. 建筑商品定价方法

定额计价方法。建筑商品的定额计价方法是我国长期以来在工程价格确定中普遍采用的一种计价方法，它是按照预算定额规定的分部分项工程，逐项计算工程量、合理套用定额单价或根据市场价格确定直接费，然后按规定的取费标准确定其他直接费、现场经费、间接费、计划利润和税金，加上适当的不可预见费，经汇总后即为工程预算价格，即为建筑商品价格。

工程量清单计价方法，是投标人按照招标人提供的工程量清单所需的全部费用进行计价的方法。这种方法是在建设工程招标、投标中，招标人按照统一的工程量计算规则提供

工程数量，由投标人依据工程量清单自主报价，并按照经评审低价中标的工程造价计价方式。

招标人提供的工程量清单是拟建工程的分部分项工程项目、措施项目、其他项目名称和相应数量的明细清单，由招标人按照《建设工程工程量清单计价规范》中规定的项目编码、项目名称、计量单位和工程量计算规则编制而成，包括分部分项工程量清单、措施项目工程量清单、其他项目清单三项内容，是投标人确定各分部分项工程、措施项目、其他项目综合单价及工程投标总价的计价基础。

1.4　建筑工业化

1.4.1　建筑工业化的含义

建筑工业化是采用大工业方式来从事建筑生产，使建筑业从分散、落后、以手工操作为主的小生产方式向社会化大生产方式过渡的过程。在建筑工业化过程中，专业化的企业采用统一的结构形式、先进的工艺，按专业分工集中地进行工厂化大批量生产建筑产品配件，然后由建筑企业在施工现场进行机械化安装，最终完成建筑产品生产全过程。

建筑工业化是社会经济发展的客观需要。国民经济的发展需要建筑业的发展，对各种建筑产品的质量、功能、工期、造价等各方面要求也将趋于复杂，建筑业为了满足这种形势要求，必须提高自身生产力水平，建筑工业化反映了这一趋势的要求。

1900 年，美国人利用一套能生产较大的标准钢筋混凝土空心预制楼板的机器制造的标准构建组装房屋，这一生产方式的改变明显加快了建设速度，降低了建筑工人的劳动强度，并使施工企业的经济效益大幅度提高。这种采用先进、适用的技术和装备，在建筑标准化的基础上，发展建筑构配件、制品和设备的生产，并应用于施工。

建筑工业化是衡量一个国家建筑业的发展水平的重要指标。联合国国际事务部 1974 年发布的《关于逐步实现建筑工业化的政府政策和措施指南》指出，建筑工业化是 20 世纪内不可逆转的潮流，它最终将到达地球最不发达的地区。但由于建筑生产工作量大，涉及面广而复杂，任何变化只能逐步地采用。拒绝工业化可能导致更不发达，但采用过分的高级技术可能造成巨大的损失。因此，政府可采取分步骤的措施，根据各国现有条件，逐步地发展建筑工业化。

建筑工业化是建筑业生产力水平提升的标志，是建筑业实现全面技术改造与技术更新的根本方向。建立新型结构体系，可以减少施工现场作业，带来施工生产方式的诸多变化，如多层建筑应由传统的砖混结构向预制框架结构发展；高层及小高层建筑应由框架向剪力墙或钢结构方向发展；施工上应从现场浇筑向预制构件、装配式方向发展；等等。

随着我国建筑科学技术的发展，建筑业的生产技术水平不断提高，建筑材料、施工生产工艺等方面技术更新加快，建筑工业化水平将日趋提高。与国民经济其他物质生产部门一样，建筑业的施工生产中，作业人员越来越多地使用先进的施工设备以减轻笨重的体力劳动，提高劳动效率，制造出更多更好的建筑产品。

1.4.2　建筑工业化的发展

第二次世界大战后，世界上许多国家为恢复本国经济，开始大规模的城市建设。城市建设水平和规模空前提高，其中许多国家在城市住宅建设采取了大规模工业化预制装配方式来满足居民需要。

1945 年法国的居民住宅建筑能力为 8 万套，但实际须建造 20 万～25 万套，推行建筑工业化后的 20 世纪 70 年代建造能力已达到 40 万套左右，基本解决了居民住宅需求问题。法国政府从 1980 年开始，针对过去居民居住区选点不当、功能单一、缺少公共设施、不适合老龄人居住等问题，进行了大规模的改造。20 世纪 80 年代以后，法国的住宅建造逐步转向部品化生产方式。基于上述原因，法国许多工业化体系一直被世界很多国家学习和引进。

德国从 1970 年开始强调住宅设备和住宅配套设施的建设，一是房屋内的浴室、电炊、冰箱、集中供热的配套；二是在居住区配套建设商店、幼儿园等服务设施。

丹麦的建筑工业化主要来自于其产业自身进步的要求。该国政府积极制定政策，支持建筑工业化发展，其相关的研究与开发也非常系统，其发展经验被许多国家借鉴。

芬兰地处北欧，其寒冷的气候导致冬季施工面临许多困难。20 世纪 60 年代由政府和民间共同开发的工业化标准体系 BES 得到广泛认可。另一北欧国家瑞典 20 世纪 60 年代至 70 年代实施了“百万套住房计划”，通过工业化生产方式对居住环境问题的忽视进行了补救和更新改造。

澳大利亚的建筑工业化晚于美国和加拿大。在 20 世纪 80 年代，随着居民生活水平的提高及轻钢结构住宅制作技术的突破，工业化住宅在性能和成本上的优势逐渐显现，该国的建筑工业化得以顺利推广。

此外，亚洲的日本也是建筑工业化开始较早并取得良好效果的国家。日本从 20 世纪 60 年代发展建筑工业化，住宅建造量从 20 世纪 50 年代上半期的 30 万户，提高到 20 世纪 60 年代上半期的 80 万户，60 年代下半期又提高到 130 万户，到 1968 年已达到每家一套住房的水平。

1.4.3　建筑工业化的内容

1. 建筑设计标准化

在许多行业，生产标准化是指对产品的质量、规格和检验方法等规定统一的标准。建筑设计标准化是对建筑产品和构件部件的性能、尺寸、规格、所用材料、工艺设备、技术文件等的技术要求加以规定，并按统一规定予以实施。

建筑设计标准化是构配件生产工厂化的前提，同时，建筑构配件的标准化也是建筑设计标准化比较容易实现并加以推广的一个方面。在设计标准化的基础上，还可以推动施工工艺的标准化、施工机具的标准化，为在工厂化批量生产建筑构配件创造条件。

建筑设计标准化的基础是采用统一的建筑模数制(Modular System of Construction)。所谓建筑模数制是为建筑物、建筑构件、建筑制品以及有关设备的尺寸之间相互协调而选定标准尺度系列的制度。建筑模数是选定的标准尺寸单位，作为建筑物、构配件、建筑制品等尺寸相互协调的基础，它是在建筑工程实践中产生，又伴随着建筑技术和建筑材料的进步

和发展而变化。在工业与民用建筑的施工过程中，依照模数协调规范进行设计，不仅可以保证质量，提高速度，还可以为基本建设的各个环节提供经济效益和社会效益。

与工业产品的工业化一样，建筑产品的工业化生产应以标准化为前提。工厂化生产需要用相同的产品设计图纸、相同的工艺，大批量生产同一种产品。因而标准化是建筑工业化的前提，只有实现建筑设计标准化，才能实现建筑工业化。

建筑产品生产的单件性特点，是建筑产品工业化生产要面临的首要问题。工业化生产重要的特点就是使用相同的设计图纸、相同的材料、相同的生产工艺、大批量地生产同一类型的产品。因此，建筑产品要实现工业化生产，首要的环节就是建筑设计的标准化。

实行建筑设计的标准化使建筑产品生产从其构配件单件的生产方式开始，转化为大量生产的方式，可以促进建筑构配件的制作过程从施工现场转移到专门的工厂中进行。此外，实行标准化设计，还有利于推广和重复使用标准的施工组织设计，从而能更有效地提高施工的技术水平和管理水平。因此，推广建筑设计标准化，对于建筑业工业化变革有着十分重大的意义，是实现建筑工业化的重要环节。

国际上建筑工业化发展比较快的国家都曾大力推广成套工业化建筑体系。通过对各种建筑体系进行专门的定型化设计，加之成套的生产技术和施工管理措施，利于建筑构配件工业化生产和建筑施工机械化，有效提高建筑业的生产效率以及经济效益和社会效益。通过建筑设计标准化、定型化、体系化，为建筑构配件生产的工厂化、施工的机械化创造了有利条件，使建筑生产逐渐从个体手工操作转变成生产的工业化和现代化。

建筑设计标准化主要包括建筑构配件的标准化、建筑设计参数的标准化。

(1) 建筑构配件的标准化。是在建筑工程设计、施工中建立和实现有关的标准、规范、规则的实施和控制等的过程。建筑构配件标准化的目的是合理利用原材料，促进构配件的通用性和互换性，实现建筑工业化，以取得最佳经济效果。早期的建筑标准化主要反映在建筑尺寸的配合关系上。

我国古代为使木结构建筑各部分构件和建筑物总体尺寸协调一致，曾采用模数尺寸；古希腊的石结构建筑，也曾采用模数制。第二次世界大战后，为解决战后重建问题，建筑标准化工作得到很大发展，国际标准化组织(ISO)也在各国有关部门的配合下制定了一系列建筑标准、条例和规范。我国在新中国成立后陆续编制了许多种建筑标准设计图集、相关技术标准，如《建筑统一模数制》《建筑制图标准》和《建筑安装工程质量评定标准》等。

建筑构配件标准化是工业化生产对建筑标准化的主要要求。其中建筑结构配件主要包括梁、板、柱、楼梯、阳台、天窗和墙体等。建筑配件主要是指建筑物的门、窗、栏杆、内外装修配件以及水、暖、电、卫生设备的配件等。

(2) 建筑设计参数的标准化。指对建筑产品的规格、尺寸具有统一的质量标准和工艺标准，尽量减少构配件的规格型号，逐步做到系统化和通用化，选用通用的构配件图集，编制一套供工程设计人员使用的构配件统一的产品目录，使设计人员的工作简单、方便。对于大量建造和多次重复使用的建筑物、建筑群、构筑物或它们的单元、节间等采用标准设计、通用设计或定型设计。

为了建筑设计、构配件生产以及施工等方面的尺寸协调，提高建筑工业化的水平，降低造价并提高房屋设计和建造的质量和速度，建筑设计应采用国家规定的建筑统一模数制。建筑模数是选定的标准尺度单位，作为建筑物、建筑构配件、建筑制品以及有关尺寸相互

协调的基础。

2. 构配件生产工厂化

建筑构配件生产工厂化是建筑工业化的重要内容，它将建筑施工从个体手工业生产方式转为大工业生产方式，采用工厂预制和现场装配相结合的施工生产方式。大量的建筑构配件生产工厂化将原来在现场完成的构配件加工制作活动相对集中地转移到工厂中进行，改善了作业人员的工作条件，可以实现快速、优质、低消耗地规模生产，为实现现场施工装配化创造条件。

建筑构配件生产工厂化过程包括以下几个阶段。

(1) 采用装配式结构，预先生产出各种构配件运到工地进行装配。

(2) 混凝土构配件实行工厂预制、现场预制和模板现浇相结合，发展构配件生产专业化、商品化，有计划、有步骤地提高预制装配程度。

(3) 发展经济合用的新型材料，利用其他工业废料，节约能源与原材料消耗，降低生产成本。

按照工厂化程度的不同，构配件生产工厂化过程主要可分为以下几个发展阶段。

(1) 局部采用预制构件阶段。在这个阶段只有少量小型构件，如楼板、门窗过梁、楼梯、平台等作为装配式构件而预制加工，其他大量的建筑构配件的制作还主要在施工现场完成。在这一阶段，预制构件价值占全部施工材料和制品价值的比例一般为 20%～30%。

(2) 大部分采用预制装配构件施工阶段。在这一阶段，施工中所用的主要构件如梁、板、柱、桩、大墙板、屋面板等均在工厂预制完成，各种预制构配件的加工厂，也逐步从建筑企业中分离出来，成为独立的建筑构配件生产企业。这一阶段预制构件价值占全部材料和制品价值的比例，可达到 60%～70%。

(3) 建筑施工中基本采用预制装配构件阶段。在这一阶段，建筑物基础以上的构件 80%以上都在构配件生产工厂预制，构配件生产工厂甚至还可以生产某些建筑结构单元，乃至整个建筑产品。

构配件生产工厂化的优势主要包括以下几方面。

(1) 有效缩短建设周期。由于建筑构配件在专业的工厂中加工制造成品，再到施工现场进行装配，节省了构配件现场制作所占的时间和空间，施工与构配件制造可平行作业，很多不同的工作可以很大限度地在同一时间进行，从而能显著地加快工程进度，缩短建设周期。随着建筑构配件预先组合程度的提高和装配化程度的提高，工程进度可进一步加快。

(2) 提高施工效率和工程质量。把工地上绑钢筋等工序放到生产车间里，建筑构配件大小、质量都是一样的标准，施工工艺过程以装配为主要内容。这样简化了施工现场管理，减少了临时设施建设，减少了施工用地的占用，有利于安全文明施工。装配式施工简化了施工现场的管理，但需要加强工厂制品的订货、质量检验、运输、装卸、验收以及索赔等的管理。

(3) 有助于现场施工的连续性。建筑工程施工往往既包括地下工程作业，又包括高空作业，受寒冷气候变化和风雷雨雪天气的影响很大，采用装配式施工，可将自然条件的影响降到最低限度。而预制构件的现场装配受气候影响相对较小，从而可以减少由于气候原因所造成的劳动时间的损失，提高现场施工的连续性和均衡性。

(4) 提高施工生产效率和构配件质量。在工厂内制作构配件，可按专业分工，采用先进工艺和专用设备，进行大批量生产，可提高生产效率和构配件质量。工厂化生产的优越性还表现为可以最大限度地采用各种技术措施，如采用高强度钢丝、钢筋的冷处理、对焊、混凝土蒸汽养护等技术措施对保证构配件的质量都有很重要的作用。另外，工厂化生产构配件还可以改善材料的利用，减少材料的损失，提高制作设备的利用率。

(5) 简化施工现场设置。在采用工厂化施工的条件下，施工现场的原材料堆放场地和制作车间(如混凝土搅拌厂、钢筋加工厂等)可大大缩小并减少原材料等的运输，相应的电力、供水、道路等临时设施也可简化。在电力安装工程施工中，工厂化施工的主要措施是将机组设备在原制造厂内或施工基地内组装并试车，提前消除缺陷；许多辅助设备经过工厂试运后运到现场实行设备不解体安装；各类管道在工厂内预组装并打好坡口，可大大减少现场的安装和焊接工程量。

建筑构配件生产企业建立需大量投资。构配件商品由生产企业运到施工现场需要一定的能力与道路通行条件。所以，在实现建筑构配件生产工厂化的过程中，要因地制宜并实行工厂预制和现场预制相结合的方针，有计划地提高预制装配程度。

3. 建筑施工机械化、自动化

建筑施工机械化是广泛采用机械施工来进行建筑商品生产的工程；施工自动化是施工机械设备、系统在没有人或较少人的参与下，按照施工人员的要求，由设备自动检测、处理、判断、操控，实现预期施工作业目标的过程。

施工机械化在建筑生产中的作用主要表现在以下 3 个方面。

(1) 取代传统建筑生产中笨重的体力劳动。

(2) 对设备和装配式构件的现场安装或吊装。

(3) 现浇机械化施工工艺。施工机械化为改变建筑生产以手工劳动为主的小生产方式提供了物质技术基础。

建筑施工机械化是建筑工业化的核心，构配件生产工厂化、装配化、设计标准化，都是为建筑施工生产机械化创造条件。

建筑施工机械化、自动化过程要经过的阶段有以下几种。

(1) 局部机械化阶段。在施工中，仅局部生产过程的施工用机械完成，大部分生产过程由人力作业完成。

(2) 综合机械化阶段。在施工主要过程中使用机械操作，完成建筑产品的生产。如在隧道掘进工作中的全部生产过程，包括挖掘、运输、顶板支护、采空区处理等全部采用机械化。

(3) 自动化阶段。是施工机械设备、系统在没有人或较少人的直接参与下，按照施工作业人员的要求，经过自动检测、信息处理、分析判断、操纵控制，实现预期目标的过程。自动化施工技术不仅可以把人从繁重的体力劳动、部分脑力劳动，以及恶劣、危险的工作环境中解放出来，而且能扩展人的器官功能，极大地提高建筑施工的劳动生产效率。

按照目前我国生产技术水平，建筑业还属于劳动密集型，是国民经济中消耗社会劳动较多的物质生产部门之一。在这个部门中实现机械化，可以取得很好的经济效果。

(1) 建筑施工机械化采用合适的机械，代替手工操作来进行施工生产，一方面能够大大减轻施工人员的劳动强度，提高劳动生产率；另一方面，还能提高产品质量，扩大劳动领域，完成人工操作不能完成的任务。如施工中最繁重的土石方工程，用人工挖土，平均每台班每人挖土 2～4m^3，每人每年挖土 600m^3；若用斗容量 0.5m^3 的小型挖土机，年产量可达 60 000m^3，相当于手工劳动的 100 倍。

(2) 建筑施工机械化不仅能提高劳动生产率，而且还能迅速完成单靠人力不能完成或很难完成的任务。例如，工业厂房的大型设备和构件的吊装、高层建筑的结构安装，需要吊装或安装的设备和构件的重量常达数十吨、数百吨，不采用机械化施工，几乎是无法完成的。至于建筑业生产经营活动中的许多高空作业、地下作业、水下作业和其他危险条件下的施工作业，不采用机械化施工也是无法完成的。同时，机械作业还尽可能减少对作业人员的安全威胁，提高了施工生产的安全性。

(3) 机械化施工有利于保证和提高工程施工质量。例如在混凝土的搅拌和浇筑过程中，利用施工机械操作要比手工操作更能准确、有效地控制混凝土的配合比，使混凝土搅拌更均匀，振捣更密实。这样保证了混凝土的强度，使之能满足工程质量的要求。而且，在保证混凝土预制强度的条件下，还可以节约水泥用量。还有在道桥工程施工中，用摊铺机来铺筑道路所达到的密实度、强度的均匀度、路面平整度等技术指标，都是手工铺筑道路所无法比拟的。

(4) 建筑施工机械化有利于建筑产品多样化。在建筑施工机械化的发展过程中，产生许多现浇机械化施工工艺。这些施工工艺对建筑产品平面和立面形状及尺寸的标准化要求大为减少，有利于设计人员根据建筑产品的功能要求、地理位置、周围环境等，发挥其想象力和创造性，设计出形态各异、具有创造性的建筑产品。

4. 管理科学化

建筑工业化代表建筑生产力的发展方向，它要求相应地变革生产关系，改革不适应社会化大生产的管理体制。实践证明，只有构配件生产工厂化、设计标准化和施工机械化，而没有相应的管理科学化，就达不到实行建筑工业化所预期的高速度、低消耗、取得良好经济效益的目的。因此，科学管理是建筑工业化的重要内容和必不可少的条件。

管理科学化是按照建筑产品的技术经济规律来组织建筑生产，是按社会化大生产要求，利用先进适用的管理方法对建筑施工生产进行组织管理。建筑施工生产过程涉及面广，影响因素多，必须通过加强管理，才能处理好各种关系，使得建筑产品生产顺利进行，所以组织管理科学化是建筑工业化的重要内容之一。

实现管理科学化，要采用科学的管理方法。否则仅靠经验或以技术为主导的管理方法不能合理有效地组织和管理建筑生产，也不能充分利用已有的物质技术条件。必须在充分认识建筑生产技术和经济规律的基础上，运用先进的管理方法来组织生产。建筑领域内管理方法科学化的进展速度虽然比较缓慢，但已经有了一批适应建筑生产特点的科学管理方法，如网络计划技术用于进度计划的编排、调整和控制；盈亏平衡分析法、偏差分析法用于成本的分析和控制；ABC 分类法、排列图法、全面质量管理方法用于质量控制等，都是十分有效的。今后，还需要不断发展新的科学管理方法，以适应建筑工业化进一步发展的需要。

实现管理科学化，需要解决管理手段现代化的问题。由于科学管理需要大量的数据为基础，从定性分析转向定量分析，靠人工处理数据已远远不能满足速度和精度的要求，而必须借助于电子计算机。许多科学的管理方法采用电子计算机之后，显示了它的作用。如网络计划技术，虽然可以用手工技术，但速度慢，且只能在节点较少的情况下应用，难以在大型复杂工程上应用，在施工过程中也难以进行计划调整，采用计算机管理系统可以随时根据管理人员的要求调整进度计划，提高了管理工作的水平和效率。

【案例分析】沈阳“万科·春河里”住宅工业化项目实施

1. 工程项目基本情况

“万科·春河里”项目是沈阳万科房地产有限公司在2011年开始开发建设的房地产项目，是沈阳市推动产业化住宅的示范项目。该项目地理位置十分优越，位于沈阳市中心城区沈河区，在沈阳市国内著名的电脑与IT产品集散三好街北端，北临沈阳南运河，南面有鲁迅美术学院和具有百年历史中国大学盛京医院，西邻美国、日本领事馆区，东面是沈阳金廊中心的青年大街，是沈阳市“金廊”CBD与CCD的交会处。整个项目占地近8.1万m^2，总建筑面积43.2万m^2。沈阳“万科·春河里”项目开发计划如表1-1所示。

表1-1　“万科·春河里”项目开发计划表

开发分期	开工时间	吊装时间	封顶时间	竣工时间
一期	2011.2.10	2011.5.11	2012.4.1	2014.9.30
二期	2012.4.1	2012.9.10	2013.11.20	2015.5.20
三期	2013.4.1	2013.9.10	2014.11.20	2017.12.31

沈阳“万科·春河里”住宅项目采用的是日本鹿岛建设的成熟技术，万科企业集团结合自身多年建筑工业化技术研发成果实施这一项目。该项目融合了居住、休闲及现代商务等众多功能，是国内知名的房地产开发企业：万科企业集团在沈阳市开发的。为了使项目可以有一个更好的品质保证，万科企业集团首次在沈阳采用了目前世界上先进的装配式建筑技术，即住宅工业化技术，它对于保障产品质量，减少住宅建设对环境带来的影响，起到了良好的示范作用。

住宅工业化是全球建筑方式发展变革的必然趋势，已成为发达国家住宅建筑的主流技术，西方发达国家在第二次世界大战后大都经历了住宅工业化、标准化的发展过程。目前发达国家建筑中工业化技术应用所占比例已很大，美国约为35%，欧洲约40%，日本则超过50%。作为世界先进建筑模式，工业化住宅更符合绿色环保理念。在国内，万科企业是较早开始住宅工业化的研究与实践的企业之一，该企业早在1998年就开始了这项工作。

沈阳“万科·春河里”采用现场装配化施工，使得建筑的精度更高，实现了更佳的质量控制，项目实现了主题结构精度偏差以毫米计算。同时，得益于住宅工业化的实现，春河里的节能降耗效果显著。可见住宅工业化对于环境保护、减少建筑垃圾、建筑污水、建筑噪声、有害气体及粉尘对周边环境的影响具有的意义。

2. 项目施工特点

1)　项目现场拼装式施工。

(1)　预制件按事先注有标号进行管理

在施工工地，预制构件有序排放好后犹如一个个积木，它们以外柱、外梁、内梁、垫合板等类别区分，由工厂制成后运抵工地。这 4 种构件构成了住宅工业化生产的基本元素。其中，垫合板每一块构件上，都标有英文与阿拉伯数字，以区分工厂制造的顺序与现场施工的位置。也就是说，每一个构件，都有其固定的施工位置，而不是随意摆放。外柱、外梁、内梁等构件，下方有几排圆孔套桶，上端有数排突出钢筋，侧面则留有几个小圆孔，这就是“搭积木”式安装的硬件需求，如图 1-1 所示。

图 1-1　后行柱

(2)　现场吊装施工。

施工中作业人员用起重机将外柱构件从摆放现场吊起，移至楼体施工区，将套桶端朝下对准下方构件伸出的钢筋放下。构件侧方连上几根铁柱，以调整铁柱方式，调整构件位置。上方构件与下方构件对齐后留出一定距离给灌浆料使用。灌浆将从侧面的圆孔浇注进去，形成固定连接。

在这个施工项目的作业中，每一外柱、外梁、内梁都是使用此方法形成楼体叠加，将楼一层层盖起来。其两侧也同样留有套桶，与梁柱连接，如图 1-2 所示。

图 1-2　外围梁

2)　抗震防火处理

住宅工业化还在防火设计上增加了保温板外的混凝土层。传统建筑，保温板外大多只刷涂料，而工业化产品在保温板外加上一层混凝土，可增强防火效果。在外梁、外柱构件

上，保温层被夹在两层混凝土间，俗称“三明治”构件。在垫合板构件上，露有几排钢筋，在搭建过程中，钢筋部位，还将浇注混凝土，增加厚度，并与内外梁连接。因此，住宅工业化产品，从硬件上形成了抗震、防火的保护。

3) 专业的质量保证人员培训

由于工业化生产的 4 种楼体主要构件都在工厂由模具批量生产而成，因此，其坚固及耐用度要强于手工灌制。此外，由于规格尺寸数值误差小，直接增强了构件的质量。人员培训是与合作方日本鹿岛建设合作，邀请日本鹿岛建设在项目实施现场进行指导，人员培训包括吊装培训、注浆培训、工具使用及安全教育培训。

3. 引进先进的日本鹿岛建设技术

沈阳“万科·春河里”项目的日方技术合作者包括鹿岛建设、东京建物、京阪电铁。日本鹿岛建设是日本最大的建筑企业，这个企业在住宅产业化、装配化方面具有很强的全球化的技术领先优势，日本鹿岛建设代表了建筑产业化的世界最高水平。1972 年，鹿岛建设就以工厂化方式建造了日本第一座高层建筑。日本目前最高的超高层住宅——大阪北浜公寓，为鹿岛建设的作品，现在，日本东京最著名的新宿高层建筑群也多是鹿岛的产品，并且这些超高层建筑都采用了工厂化生产方式。

鹿岛建设作为日本建筑行业的领先者，在 1988 年日本业界最早实现了柱、梁的预制构件化，并最先研制出框筒结构，该技术也经过了将近 10 年的漫长的社会认知期，在 1999 年承重性构件技术及框筒结构技术的优越性和科学性终于被社会所认知，并被日本建筑界普遍采用。

鹿岛建设的住宅工业化技术是不仅外墙，就连柱、梁、楼板等主要承重结构构件都事先在制作环境稳定的 PC 工厂制作，然后在现场组装。采用 PC——预制混凝土施工的优势有以下几点。

(1) 在工厂制造，提高部件的精度、部件强度的稳定等，所以造就了高超的品质。

(2) 主要的作业在现场进行部件的组装，减少了现场的工作量，能够缩短工期。

(3) 因为减少了现场作业以及高空作业，在施工上提高了安全性。

(4) 由于没有使用木质模具等，实现了节省能源化，有利于环境。

4. 住宅工业化技术成果的应用

万科企业集团是国内知名的房地产企业，其在房地产市场的品牌声誉和技术研发能力获得普遍赞誉。在沈阳“万科·春河里”房地产这个项目里，万科企业集团将其 14 年的住宅工业化研发成果和施工生产经验以及管理经验运用于项目开发，其研究的发展过程如表 1-2 所示。

表 1-2 万科企业住宅工业化建造模式实施过程

年 份	项 目	内 容
1999	研究中心成立	开始研究住宅工业化生产问题
2003	启动标准化项目	提出“住宅工业化建造模式”的住宅产业化模式
2004	成立工厂化中心	成立深圳建筑研究中心试验基地
2005	建筑技术检测中心	节能实验室、隔声实验室、设备实验室

续表

年　份	项　目	内　容
2005	在深圳建筑研究中心试验	建造了数个系列工业化生产的试验楼
2006	建设“万科住宅产业化研究基地”	开始国内住宅产业化成套技术及产品综合研发
2007	工业化与节能环保技术研究启动	建立工业化住宅设计建造标准、住宅产品性能标准
2008	首个生产住宅的项目	上海万科新里程：推出以 PC 技术建造的住宅

本 章 小 结

建筑业是从事建筑生产经营活动的一个物质生产部门。建筑业在我国的国民经济中具有重要地位，已经成为支柱产业。建筑业以最终建筑产品为生产对象，而建筑产品的生产主要是由建筑企业来完成的。

本章主要阐述建筑业的基本含义，建筑活动发展与建筑业产生之间的关系，我国建筑业的产生与发展过程，建筑业在国民经济中的作用及其业务领域。本章还介绍了建筑商品及其生产经营特点，建筑工业化的含义、内容以及我国建筑工业化的发展。了解建筑业及建筑商品生产经营的相关知识对于掌握建筑企业管理理论、培养专业管理技能很有意义。

习　　题

一、名词解释

建筑业　建筑商品　建筑工业化　建筑施工机械化

二、选择题

1. 根据我国的行业标准(GB/T 4754—2002《国民经济行业分类与代码》)分类，建筑业不包括(　　)。

   A. 房屋和土木工程建筑业　　B. 建筑安装业
   C. 建筑装饰业　　D. 固定资产投融资业

2. 在构配件发展的不同阶段，预制构件价值占全部施工材料和制品价值的比例是不同的。其中基本采用预制装配构件阶段比例的应在(　　)以上。

   A. 80%　　B. 60%　　C. 70%　　D. 90%

3. 建筑活动的内容是随着人类社会经济、技术文化的发展而不断变化扩展的，我国建筑活动起源于(　　)。

   A. 民国时期　　B. 明清时期　　C. 原始社会　　D. 西周社会早期

三、问答题

1. 如何理解建筑业的含义？
2. 如何减少建筑业的工作范围？
3. 我国古代建筑活动的发展主要经历了哪几个高峰期？

4. 建筑业如何成为我国国民经济的一个部门？
5. 试述建筑商品的特点。
6. 简述建筑工业化的内容。
7. 建筑构配件生产工厂化过程包括哪几个阶段？
8. 建筑构配件生产工厂化的优势是什么？
9. 施工机械化在建筑生产中的作用主要表现为哪些方面？

第 2 章　建筑企业资质管理

【学习要点及目标】

- 了解建筑企业资质类别的划分
- 掌握建筑企业资质的含义
- 熟悉建筑企业资质管理的规定与方法

【核心概念】

建筑企业资质　专业承包企业　劳务分包企业

【引导案例】 ××省关于建筑业企业资质审查意见的公示(2014年第六批)

各市州建设局，有关厅局，各有关企业：

按照《行政许可法》以及《建筑业企业资质管理规定》，我厅对甘肃省政务大厅受理的建筑业企业的申报材料进行了审查，现将审查意见公示，请有关单位通知企业查阅。(见本章附件：建筑业企业资质升级、增项、新申请评审意见汇总表)

本次资质审查意见的公示内容包括：企业申报材料中的人员情况、代表工程业绩情况及审查意见(审查意见分为同意和不同意两种)。公示时间为：2014年8月14日至2014年8月20日。如企业对申报的人员、业绩情况及审查意见有异议，可在公示期间以书面形式提供陈述材料进行申诉，逾期不予受理。任何单位或个人对下述企业资质情况有异议的，可在公示期间以书面形式反映意见，逾期不予受理。单位反映情况需加盖公章，个人反映情况要签署真实姓名并留下联系电话、地址、邮政编码。凡对公示意见不清楚或不理解的，请直接向我厅建筑管理处咨询。

通信地址：××省××市城关区中央广场1号

邮　编：(略)

××省住房和城乡建设厅建筑管理处

电　话：(略)

(资料来源：××省住房和城乡建设厅网站)

2.1 建筑企业资质管理概述

2.1.1 建筑企业资质的含义

建筑企业资质是建筑企业在建筑生产经营中应具有的资格以及与此资格相适应的质量等级标准。《建筑业企业资质管理规定》规定建筑企业应当按照其拥有的注册资本、专业技术人员、技术装备和已完成的建筑工程业绩等条件申请资质，经审查合格，取得建筑业企业资质证书后，方可在资质许可的范围内从事建筑施工活动。

建筑企业资质是建筑企业成立初申办领取的。建筑企业在施工作业的活动中只能按照资质的等级进行相对应类别和级别进行施工，并且要满足资质类别与资质等级的要求。在我国建筑市场的发展过程中，对于建筑企业资质的管理工作变得越来越重要，这既表现在资质管理是建筑领域市场经济管理体制的重要组成部分，又体现国家监管部门对于维护市场秩序，完善建筑市场管理的重要基础。此外，加强对建筑企业资质管理，还可以保障建筑工程的质量和进度，保证建筑工程施工过程的规范及安全。

国家建设行政主管部门根据《中华人民共和国建筑法》《建设工程质量管理条例》制定了《建筑业企业资质管理规定》(以下简称《规定》，2006年修订)，并自2007年9月1日起施行。《规定》指出："建筑业企业应当按照其拥有的注册资本、专业技术人员、技术装备和已完成的建筑工程业绩等资质条件申请资质，经审查合格，取得相应等级的资质证书后，方可在其资质等级许可的范围内从事建筑活动。"

2.1.2　建筑企业资质序列

建设部 2007 年 6 月 26 日发布的第 195 号令《建筑业企业资质管理规定》规定建筑业企业包括施工总承包类企业、专业承包类企业和劳务分包类企业 3 个序列。

1. 施工总承包企业

获得施工总承包资质的企业可以对工程实行施工总承包或者对主体工程实行施工承包。承担施工总承包的企业可以对所承接的工程全部自行施工，也可以将非主体工程或者劳务作业分包给具有相应专业承包资质或者劳务分包资质的其他建筑企业。

2. 专业承包企业

获得专业承包资质的企业可以承接施工总承包企业分包的专业工程或者建设单位按照规定发包的专业工程。专业承包企业可以对所承接的工程全部自行施工，也可以将劳务作业分包给具有相应劳务分包资质的劳务分包企业。

3. 劳务分包企业

劳务分包指建筑施工企业或者专业分包单位(均可作为劳务作业的发包人)将其承包工程的劳务作业发包给劳务分包单位完成的活动。劳务分包是建筑行业施工作业的普遍做法，法律在一定范围内允许，但是禁止劳务公司将承揽到的劳务分包再转包或者分包给其他的公司。

2.1.3　建筑企业资质的具体分类

1. 施工总承包企业

施工总承包企业主要从事工程施工阶段总承包活动，它具备施工图设计、工程施工、设备采购、材料订货、工程技术开发应用、配合生产使用部门进行生产准备直到竣工投产等能力，其工程承包范围不受行业、专业限制。

施工总承包企业的资质具体分为 12 类，包括房屋建筑工程、公路工程、铁路工程、港口与航道工程、水利水电工程、电力工程、矿山工程、冶金工程、化工石油工程、市政公用工程、通信工程、机电安装工程的施工总承包企业。

2. 专业承包企业

专业承包企业按建设项目的类别不同，主要分为从事工民建、设备安装、市政、冶金与有色、化工石油、水利水电、公路、铁路综合、铁路电务、航务、航道、火电、送变电、核工程、矿山建筑安装、古建筑、海洋石油、建材工业安装、邮电通信、电子、机械工业设备安装、广播电影电视设备安装等工程项目承包的企业。

专业承包企业的资质具体分为 60 类，包括地基与基础工程、土石方工程、建筑装修装饰工程、建筑幕墙工程、预拌商品混凝土、混凝土预制构件、园林古建筑工程、钢结构工程、高耸构筑物工程、电梯安装工程、消防设施工程等。

3. 劳务分包类施工企业

劳务分包类施工企业是按工程项目中某分部工程来划分的，包括建筑装饰装修、地基与基础、建筑防水、土石方、爆破、预应力专项、钢结构网架、消防、隧道、防腐保温、机械施工。劳务分包企业的资质具体分为13个类别，包括木工、砌筑、抹灰、石制、油漆、钢筋、混凝土、脚手架、模板、焊接、水暖电安装、钣金、架线的劳务分包企业。

2.2 建筑企业资质的申请与审批

2.2.1 建筑企业资质的申请

1. 受理建筑企业资质申请的主管部门

下列建筑业企业资质的许可，由国务院建设主管部门实施。

(1) 施工总承包序列特级资质、一级资质。

(2) 国务院国有资产管理部门直接监管的企业及其下一层级的企业的施工总承包二级资质、三级资质。

(3) 水利、交通、信息产业方面的专业承包序列一级资质。

(4) 铁路、民航方面的专业承包序列一级、二级资质。

(5) 公路交通工程专业承包、城市轨道交通专业承包不分等级资质。

新设立的建筑企业，要到工商行政管理部门办理资质申请手续。

2. 建筑企业申请资质时需要提交的材料

(1) 企业资质申请表。

(2) 企业法人营业执照正、副本扫描件。

(3) 企业资质证书正、副本扫描件(新设立企业不提供)。

(4) 企业组织机构代码证书扫描件。

(5) 企业章程扫描件(需附股东签字或盖章页)。

(6) 企业近三年在建筑业行业经营活动统计报表(C101、C102、C103表)扫描件(新设立企业不提供)。

(7) 企业近三年财务审计报告及年度财务决算报表(资产负债表、损益表)扫描件(新设立企业不提供)。

(8) 企业法定代表人的工作简历、任职文件、身份证扫描或复印件。

(9) 企业经理、技术、财务、经营负责人的工作简历、任职文件、职称证书、身份证、社会保障证明材料及劳动合同等扫描或复印件。其中申报施工总承包特级企业需提供技术负责人主持完成并有本人签字页的代表工程业绩证明资料的扫描件，业绩证明资料应为技术负责人担任项目经理、项目总工程师或总设计师等项目负责人职务时，主持并完成的施工、设计工程项目的合同、图纸及竣工证明。

(10) 企业经营场所的证明(房屋产权证及房屋租赁合同)扫描件。

(11) 企业自有或租赁的主要机械设备、检测仪器的购置发票或租赁合同扫描件。

资质标准中有厂房要求的，还应提供厂房的房屋产权证或房屋租赁合同、厂房施工图等相关资料扫描件。

(12) 企业安全生产许可证扫描件(劳务分包企业、混凝土预制构件企业、预拌商品混凝土等企业可不提供)，另外，新设立企业首次申请资质时，需提供安全生产管理制度文件扫描件，包括安全生产责任制、安全生产规章制度文件、操作规程等资料扫描件。

(13) 申请类别为总承包特级资质的企业，除上述资料外还应提供以下材料。

① 企业近三年银行授信凭证扫描件。

② 企业近三年上缴建筑业营业税税票、境外工程的工程结算凭证扫描件。

③ 省、部级以上企业技术(研发)中心、分中心认证的证书或有效核准文件扫描件。

④ 国家级工法的认定文件、专利技术的认定证书扫描件。

⑤ 国家科技进步奖获奖证书，主编过工程建设国家、行业标准的发布通知(或发布令)、封面、目次、前言和引言等资料扫描件。

⑥ 施工总承包特级资质标准信息化考评表。

此外，建筑企业申请资质时还需要提交的材料包括企业注册人员和管理人员相关材料、企业完成的有关工程项目业绩材料等。

2.2.2　建筑企业资质的审批

1. 审批权限

对于建筑施工总承包序列特级、一级企业、专业承包序列一级企业的资质，除中央管理的企业由国务院建设行政管理部门直接审批外，非中央管理的企业须经省级建设行政主管部门审核同意后，由国务院建设行政主管部门审批；其中铁道、交通、水利、信息产业、民航等方面的建筑企业资质，由省级建设行政主管部门与同级有关部门初审同意后，由国务院建设行政主管部门审批。此外，建筑企业的资质条件和申请资质提供的资料由审核部门审查核实。

施工总承包序列和专业承包序列二级及二级以下企业资质，由企业注册所在地省、自治区、直辖市人民政府建设行政主管部门审批；其中交通、水利、通信等方面的建筑企业资质由省、自治区、直辖市人民政府建设行政主管部门征得同级有关部门初审同意后审批。

劳务分包序列企业资质由企业所在地省、自治区、直辖市人民政府建设行政主管部门审批。

申请施工总承包资质的建筑企业应当在总承包序列内选择一类资质作为本企业的主项资质，并可以在总承包序列内再申请其他类不高于企业主项资质级别的资质。施工总承包企业承担总承包项目范围内的专业工程可以不再申请相应专业承包资质。

专业承包企业、劳务分包企业可以在本资质序列内申请类别相近的资质。

2. 审批时限

建设行政主管部门对建筑企业的资质审批，应当从受理建筑企业的申请之日起 60 日内完成。

由有关部门负责初审的，初审部门应从收到建筑企业的申请之日起 20 日内完成初审；建设行政主管部门应当在收到初审材料之日起 30 日内完成审批，并将审批结果通知初审部门。

建设行政主管部门须将审批结果在公众媒体上公告。

3. 新设立建筑企业的资质等级

新设立的建筑企业，其资质等级按照最低等级审核，并设一年的暂定期。由于企业改制，或者企业分立、合并后组建设立的建筑企业，其资质等级根据实际达到的资质条件按照规定的审批程序核定。建筑企业资质条件符合资质等级标准的，建设行政主管部门颁发相应资质等级的资质证书。

2.2.3 建筑企业资质的晋升

在申请之日前一年内，建筑企业如果要申请晋升资质等级或者主项资质以外的资质，但有下列行为之一的，建设行政主管部门不予批准。

(1) 超越本企业资质等级或以其他企业的名义承揽工程，或允许其他企业或个人以本企业的名义承揽工程的。

(2) 与建设单位或企业之间相互串通投标，或以行贿等不正当手段谋取中标的。

(3) 未取得施工许可证擅自施工的。

(4) 将承包的工程转包或违法分包的。

(5) 违反国家工程建设强制性标准的。

(6) 发生过较大生产安全事故或者发生过两起以上一般生产安全事故的。

(7) 恶意拖欠分包企业工程款或者农民工工资的。

(8) 隐瞒或谎报、拖延报告工程质量安全事故或破坏事故现场、阻碍对事故调查的。

(9) 按照国家法律、法规和标准规定需要持证上岗的技术工种的作业人员未取得证书上岗，情节严重的。

(10) 未依法履行工程质量保修义务或拖延履行保修义务，造成严重后果的。

(11) 涂改、倒卖、出租、出借或者以其他形式非法转让建筑业企业资质证书。

(12) 其他违反有关法律、法规的行为。

建筑企业资质条件符合资质等级标准，且未发生上述行为的，建设行政主管部门颁发相应资质等级的《建筑业企业资质证书》。

《建筑业企业资质证书》分为正本和副本，由国务院建设行政主管部门统一印制，正、副本具有同等法律效力。

2.2.4 建筑企业资质的变更

建筑企业资质的变更要求工作日时间一般为 2 天，将申报资料上报到相关的申请部门进行资料审核。涉及地址变更的企业要到改变地址后的工商注册所在地进行申请办理资质变更。资质变更的前提条件除了企业本身具备该资质对应级别的相关要求外，还应该保证已经办理了变更后的工商管理所在管辖的相关手续的办理，也就是营业执照等相关证件。

企业发生两个或多个企业合并的，相关企业应当按照合并企业中符合资质等级要求的所有条件中级别较高的进行申请办理，这样既对企业发展有利又可以最大限度地保障行业的正态发展，促进企业的进一步发展。企业发生分立的，无论分成多少个企业，应当按照分离后各个企业所在领域资质级别要求的条件进行配置，按照相对应标准的企业类别等级进行重新的资质申请。

如果建筑企业改制，其申报资质还须要提交相关的改制资料，如表 2-1 所示。

表 2-1　某省 2014 年第一批建筑业企业资质公示表(有删减)

序　号	单位名称	法定代表人	原主项资质类别等级	现申请主项资质类别等级
1	略			送变电工程三级
2			房屋建筑工程三级	房屋建筑工程二级
3			预拌商品混凝土三级	预拌商品混凝土二级
4			预拌商品混凝土三级	预拌商品混凝土二级
5			混凝土预制构件三级	混凝土预制构件二级
6			环保工程专业三级	环保工程专业二级
7			空气净化工程三级	空气净化工程二级
8			房屋建筑工程一级	
9			机电安装工程一级	
10			房屋建筑工程二级	
11			房屋建筑工程三级	房屋建筑工程二级
12			房屋建筑工程三级	房屋建筑工程二级
13			钢结构工程三级	钢结构工程二级
14			房屋建筑工程二级	
15			机电设备安装工程三级	机电设备安装工程二级

2.3　建筑企业资质的监督与撤销

2.3.1　主管部门对建筑企业资质的监督

建设行政主管部门对建筑企业资质监管是逐级进行的，监管部门的权限主要是在本级管辖的范围，不能越级管理。

建筑企业资质监管部门除了审核建筑企业提交的各类资料、颁发资质证书之外，还具有审核抽查企业相关资格申请的责任和权利，建筑企业有关人员的资质证书和各个方面的管理资料，要在建筑企业资质监管部门审核后，将处理结果公示并予以监督。

上级资质管理部门能够执行其下部门的管辖企业的审核，并可监管下级部门的资质审核监管工作，管理下级区域内企业的资质监管，对下级审核的处理予以干预并评价。

在建筑企业资质管理中引入信用管理，以衡量企业的资质是否符合标准。信用管理方法有助于有关部门掌握企业经营真实信息，约束企业市场经营行为。对建筑企业资质管理引入信用管理理念，有助于通过社会监督来履行建筑企业资质管理行为。它对建筑企业资质管理的范围比建设行政主管部门的监管部门范围更广，内容更丰富，相关监督反馈渠道范围更广，更加有公平性和客观性。

2.3.2 建筑企业资质的检查

按规定，我国县级以上人民政府建设主管部门和其他有关部门有权对建筑业企业资质获得、使用等情况进行监督管理，及时纠正资质管理中的违法行为。

建设主管部门及国家有关监管部门履行监督检查职责时，有权采取下列措施。

(1) 要求被检查单位提供建筑业企业资质证书、执业人员的注册执业证书，有关施工业务的文档，有关质量管理、安全生产管理、档案管理、财务管理等企业内部管理制度的文件。

(2) 进入被检查单位进行检查，查阅相关资料。

(3) 纠正违反有关法律、法规和本规定及有关规范和标准的行为。

建设主管部门、其他有关部门依法对企业从事行政许可事项的活动进行监督检查时，应当将监督检查情况和处理结果予以记录，由监督检查人员签字后归档。

监督检查机关应当将监督检查的处理结果向社会公布。

建筑业企业违法从事建筑活动的，违法行为发生地的县级以上地方人民政府建设主管部门或者其他有关部门应当依法查处，并将违法事实、处理结果或处理建议及时告知该建筑业企业的资质认证部门。

企业取得建筑业企业资质后不再符合相应资质条件的，建设主管部门、其他有关部门根据利害关系人的请求或者依据职权，可以责令其限期改正；逾期不改的，资质认证部门可以撤回其资质。被撤回建筑业企业资质的企业，可以申请资质认证部门按照其实际达到的资质标准，重新核定资质。

2.3.3 建筑企业资质的撤销

当出现下列情形时，建筑企业资质认定部门或者其监管部门，可以根据利害关系人的请求或者依据职权，撤销违规建筑业企业的资质资格。

(1) 促使资质认证部门工作人员滥用职权批准建筑业企业资质许可的。

(2) 资质认证部门超越法定职权做出准予建筑业企业资质许可的。

(3) 资质认证部门违反法定程序做出准予建筑业企业资质许可的。

(4) 对不符合许可条件的申请人做出准予建筑业企业资质许可的。

(5) 依法可以撤销资质证书的其他情形。

建筑企业以欺骗、贿赂等不正当手段取得资质证书的，应当予以撤销。

有下列情形之一的，资质认证部门应当依法注销建筑业企业资质，并公告其资质证书作废，建筑业企业应当及时将资质证书交回资质认证部门。

(1) 资质证书有效期届满，未依法申请延续的。

(2) 建筑业企业被依法终止的。

(3) 建筑业企业资质依法被撤销、撤回或吊销的。

(4) 法律、法规规定的应当注销建筑企业资质的其他情形。

注销建筑企业资质时，有关监管部门应当将监督检查情况和处理意见，及时告知资质认证部门。有关铁路、交通、水利、信息产业、民航等方面的建筑业企业资质被撤回、撤销和注销的，资质认证部门应当将涉及企业情况告知其有关管理部门。

建筑企业应当按照有关规定，向资质认证部门提供真实、准确、完整的企业信用档案信息。这些信用档案包括企业基本情况、经营业绩、工程质量和安全管理、合同履约等情况。被投诉举报和处理、行政处罚等情况应当作为不良行为记入其信用档案。

建筑企业的信用档案信息应由有关部门按照规定期向社会公示。

2.3.4　对建筑企业资质违法违规行为的处罚

凡涂改、伪造或者采取不正当手段骗取《建筑业企业资质证书》的建筑企业，将被吊销资质证书并处以工程合同款 2%以上、4%以下的罚款；有违法所得的，将被没收。

未取得《建筑业企业资质证书》承揽工程的建筑企业，将被取缔并处以工程合同款 2%以上、4%以下的罚款；有违法所得的，将被没收。

超越本单位资质等级承揽工程的建筑企业，将被责令停止违法行为并处以工程合同款 2%以上、4%以下的罚款，有可能被责令停业整顿，降低资质等级；情节严重的，将被吊销资质证书；有违法所得的，将被没收。

转让、出租《建筑业企业资质证书》的建筑企业，将被责令改正并处以工程合同款 2%以上、4%以下的罚款；有可能被责令停业整顿，降低资质等级；情节严重的，将被吊销资质证书。

未在规定期限内办理资质变更手续的建筑企业，将被责令限期办理，处 1 万元以上、3 万元以下的罚款。

将承包的工程转包或者违法分包的建筑企业，将被责令改正，没收违法所得，并处以工程合同价款 0.5%以上、1%以下的罚款；有可能被责令停业整顿，降低资质等级；情节严重的，将被吊销资质证书。

有下列行为之一的建筑企业，监管部门有权依照有关法律、行政法规责令改正、处以罚款；情节严重的，可责令其停业整顿，降低资质等级或者吊销其资质证书。

(1) 施工中偷工减料的，使用不合格的建筑材料、建筑构配件和设备的，或者有不按照工程设计图纸或者施工技术标准施工的其他行为。

(2) 未对建筑材料、建筑构配件、设备和商品混凝土进行检验，或者未对涉及结构安全的试块、试件以及有关材料取样检测的。

(3) 其他违法违规行为。

【案例分析】不具备资质的上述人主诉建设工程合同纠纷案

当事人:　法官:　文号:　(2008)豫法民一终字第××号

上诉人邢某与上诉人某省三建公司恒基建设有限公司(以下简称恒基公司)、某省第三建筑工程公司(以下简称三建公司)及被上诉人某市金水区文化路街道办事处关虎屯社区居民委员会(以下简称关虎屯居委会)因建设工程合同纠纷一案。

邢某于 2007 年 3 月 21 日向市中级人民法院提起诉讼，请求判决。

(1) 恒基公司、三建公司、关虎屯居委会支付工程款 11 523 171.34 元及利息 429 268.12 元。

(2) 关虎屯居委会返还投标保证金 200 000 元及利息 18 792.99 元。

(3) 恒基公司返还代购材料款 480 000 元及利息 17 881.25 元。

(4) 本案诉讼费由恒基公司、三建公司、关虎屯居委会负担。

法院经审理查明：2004 年关虎屯居委会为建设经三路“家世界”购物广场工程，与三建公司签订合同，将“家世界”工程承包给三建公司，合同总价款为 35 000 000 元。2005 年 2 月 18 日恒基公司又与邢某签订《施工承包协议》，将“家世界”工程全部交由邢某施工。该协议约定工程施工范围：某市经三路项目一标段范围内的全部工作，具体如下。

施工图中包含的土方及基础工程、地下室及主体结构工程(含墙体)、主体结构中安装工程的予埋予留、内装修(达到毛坯房标准)、室内外不锈钢栏杆扶手、防火门供货及安装、屋面工程、西侧和北侧两个立面的装饰及对应的门窗、室外台阶及散水、土建防雷接地工程。

毛坯房标准的详细说明如下。

地下室地面：做至水泥砂浆压光；楼面：水泥砂浆找平层完；建筑内墙面：内墙面抹灰层完；顶棚：结构层刮腻子找平完；有防水的楼地面：防水保护层完；卫生间上下水道均做至洁具接口；建筑物内木门安装完毕；室外台阶做至毛面。

工程造价及工期：本合同规定的承包范围内固定合同总价为 35 000 000 元。承包方式：恒基公司与业主签订合同后交与邢某施工，包工包料；恒基公司提取工程总造价的 5%作为管理费，分三次提完。结算办法：工程开工后，依业主拨款情况而定。

前期已支付(依收据为依据)的费用恒基公司抵扣邢某应收的管理费。此外，协议还约定了其他内容。

合同签订后，邢某履行了合同义务，按照合同约定完成了“家世界”工程的施工，还对合同外的部分装修(二标段)进行了施工，工程于 2005 年 12 月 15 日经验收并交付给关虎屯居委会使用。

在邢某施工过程中，发包方将部分工程肢解分包出去，同时对邢某所施工的内容也进行部分变更。

经鉴定，包括二标段、肢解工程、签证、变更部分的造价共为-1 411 630.82 元。恒基公司已向邢某付款 9 688 964.80 元，关虎屯居委会代邢某支付工人工资 2 378 982 元，关虎屯居委会代邢某支付其他各种单项费用 1 139 644.88 元，恒基公司代邢某支付田国太木板款 1 704 774 元，代邢某支付杨伟红钢材款 968 316 元，邢某支付部分费用 116 220.83 元，恒基公司代邢某支付郑州市勤之丰贸易有限公司(以下简称勤之丰公司)钢材款 10 290 477.66 元；三建公司已被人民法院判定向郑州市东方商品混凝土公司支付拖欠的货款 1 496 975.20 元及承担案件受理费 17 713 元，共计 1 514 688.20 元，应从邢某的工程款中扣除；恒基公司还代邢某支付郑州郑东混凝土有限公司的混凝土货款 2 182 463.55 元，以上共计 29 984 531.92 元。

在施工过程中，恒基公司借用邢某的方木、模板费用 259 499 元，恒基公司还从邢某处借用钢材费用为 714 49.34 元，两项共计 330 948.34 元。本案所涉工程招标时，邢某以三建公司的名义向关虎屯居委会支付了投标保证金 200 000 元，本案审理中，双方均认可该保证金已经退还给了邢某。在合同履行过程中，邢某向恒基公司支付了代购材料款 360 000 元，但是恒基公司没有为邢某采购材料，亦没有退还该款项。

法院另查明：

恒基公司和三建公司在三建公司承包该工程后，三建公司与恒基公司共同组建该工程项目部，对该工程进行组织施工。关虎屯居委会与三建公司至今未对工程款进行最后结算。

恒基公司在原审中提出鉴定申请，要求依据三建公司与关虎屯居委会所签订的施工合同，对合同范围内的钢材、商品混凝土材料价差进行鉴定。

邢某与恒基公司均无建设工程施工资质。

法院审理认为：

《中华人民共和国合同法》规定，承包人不得将其承包的全部建设工程转包给第三人，建设工程主体结构的施工必须由承包人自行完成。《中华人民共和国建筑法》规定，禁止建筑施工企业以任何形式允许其他单位或者个人使用本企业的资质证书、营业执照，以本企业的名义承揽工程，禁止承包单位将其承包的全部建筑工程转包给他人。

最高人民法院《关于审理建设工程施工合同纠纷案件适用法律问题的解释》规定，没有资质的实际施工人借用有资质的建筑施工企业名义的建设工程施工合同是无效的，但建设工程经竣工验收合格，承包人请求参照合同约定支付工程价款的，应予支持。

实际施工人以发包人为被告主张权利的，人民法院可以追加转包人或者违法分包人为本案当事人，发包人只在欠付工程价款范围内对实际施工人承担责任。

邢某与恒基公司于 2005 年 2 月 18 日签订《施工承包协议》，是由关虎屯居委会将工程发包给三建公司后，恒基公司又将该工程全部转包给邢某的，且邢某和恒基公司均无建设工程施工资质，因此，该承包协议为无效协议。

由于实际施工人邢某已按协议约定完成了施工，并经验收后交付给了关虎屯居委会使用，所以，可参照该合同的约定支付给邢某工程款。合同约定总价款为 35 000 000 元，经鉴定，包括二标段、肢解工程、签证、变更部分的造价共为−1 411 630.82 元。因此，邢某实际施工的工程款为 33 588 369.18 元。

按照双方的约定，扣除工程总造价的 5%作为管理费，邢某实际应得的工程款为 31 908 950.72 元(33 588 369.18 元−1 679 418.46 元=31 908 950.72 元)。

由于邢某以不同的方式已收到工程款 29 984 531.92 元，所以，现拖欠邢某的工程款数额为 1 924 418.80 元。又因恒基公司借用邢某的方木、模板费用 259 499 元，恒基公司还从邢某处借用钢材费用为 71 449.34 元，两项共计 33 0948.34 元，也应作为工程款予以支付，因此，恒基公司现共欠邢某工程款 2 255 367.14 元的事实清楚，应予认定。

庭审中，恒基公司和三建公司均称在三建公司承包该工程后，三建公司与恒基公司共同组建该工程项目部，对该工程进行组织施工，所以，该欠款应由恒基公司和三建公司共同偿还。邢某要求支付拖欠工程款的利息，符合相关规定，予以支持。

由于关虎屯居委会只是发包人，承包人是三建公司，邢某是实际施工人，所以，邢某要求关虎屯居委会直接支付拖欠工程款及利息的理由不成立。关虎屯居委会作为发包人，虽然现与三建公司的工程款未做最后结算，但可在其与三建公司最后结算后，若仍欠三建公司工程款，应在欠付三建公司工程价款范围内对实际施工人邢某承担责任。

关于恒基公司申请鉴定钢材、商品混凝土材料价差的问题，因邢某与恒基公司所签订的合同中对钢材、商品混凝土材料价差问题没有约定，而恒基公司要求按照三建公司与关虎屯居委会所签订的施工合同，没有依据。同时，对恒基公司已实际支付的钢材、商品混凝土材料款，已认定从邢某的工程款中予以扣除，所以，恒基公司请求鉴定的理由不成立，原审法院不予鉴定。关于邢某要求关虎屯居委会返还投标保证金 200 000 元及利息的问题，因双方均认可该 200 000 元保证金已经返还，问题已经解决，因此，对邢某的该项诉请不予支持。关于邢某要求恒基公司返还代购材料款 480 000 元及利息问题，因邢某仅提供了360 000元的收据，恒基公司也只认可该360 000元的收据，所以恒基公司应返还邢某360 000元代购材料款及利息。恒基公司辩称，邢某在承包中有违约行为，工期严重拖延，邢某承建的工程存在严重质量问题等，因恒基公司未提供相应的证据，也未提起反诉，因此，该辩称理由不能成立。三建公司辩称其把部分工程分包出去，是因为邢某落实工程不力，未能提供充分证据，该辩称理由也不能成立。

依照《中华人民共和国民法通则》第八十四条、第一百零八条，《中华人民共和国合同法》第五十二条第(五)项、第二百七十二条，《中华人民共和国建筑法》第二十六条、第二十八条，最高人民法院《关于审理建设工程施工合同纠纷案件适用法律问题的解释》第一条、第二条、第十七条、第十八条、第二十六条之规定，原审法院判决如下。

(1) 恒基公司、三建公司于判决生效后十日内向邢某支付工程款 2 255 367.14 元及利息(利息自 2005 年 12 月 15 日起，按中国人民银行发布的同期同类贷款利率，计算至本判决限定债务履行期限届满之日止)。

(2) 恒基公司于判决生效后十日内返还邢某代购材料款 360 000 元及利息(利息自 2005 年 12 月 15 日起，按中国人民银行发布的同期同类贷款利率，计算至本判决限定债务履行期限届满之日止)。

(3) 关虎屯居委会在与三建公司的工程款最后结算后，若存在欠付三建公司的工程款，应在欠付工程款范围内对上述第一项，对邢某承担支付责任。

(4) 驳回邢某的其他诉讼请求。

案件受理费 73 355 元，其他诉讼费 14 671 元，保全费 5000 元，鉴定费 50 000 元，共 143 026 元，由邢某负担 70 000 元，恒基公司负担 73 026 元。

(资料来源：www.flssw.com)

本章小结

建筑企业获得资质是其进行建筑活动的前提，是保障企业进行合法有效的建筑活动的最根本的前提条件之一。同时它还是进行招投标、建筑备案、建筑安全生产等一系列活动的前提条件。本章主要阐述了建筑企业资质的含义、分类，建筑企业资质申请程序与需要准备材料，资质审批的权力部门、审批时限等。此外还介绍了建筑企业资质管理、资质晋升的相关规定等内容。

习　　题

一、名词解释

建筑企业资质　专业承包企业　劳务分包企业

二、填空题

1. 国务院 2007 年发布的《建筑业企业资质管理规定》规定：建筑业企业资质类别主要

包括(　　)、专业承包类企业和(　　)3 个序列。

2. 建设行政主管部门对建筑企业的资质审批，应当从受理建筑企业的申请之日起(　　)日内完成；由有关部门负责初审的，初审部门应当从收到建筑企业的申请之日起(　　)日内完成初审；建设行政主管部门应当在收到初审材料之日起(　　)日内完成审 批，并将审批结果通知初审部门。

3. 新设立的建筑企业，其资质等级按照(　　)等级审核，并设(　　)年的暂定期。

三、问答题

1. 描述建筑企业资质的含义。

2. 建筑企业资质分几个序列？都是什么？

3. 在申请之日前一年内，建筑企业如果要申请晋升资质等级或者主项资质以外的资质，在什么情况下，建设行政主管部门不予批准？

4. 试述不同部门对建筑企业资质的审批管辖权限。

5. 在什么情况下资质认证部门可依法注销建筑业企业资质？

第 3 章　建筑企业组织管理

【学习要点及目标】

- 熟悉建筑企业组织结构
- 了解建筑企业组织结构特点
- 掌握建筑企业组织结构设计方法

【核心概念】

组织　组织结构　直线制　矩阵制　事业部制

【引导案例】 福陆·丹尼尔公司组织结构

美国福陆公司始创于1912年，是世界最大的主要从事咨询、工程、建筑等其他多种服务的公有公司之一。该公司目前在六大洲25个国家拥有50 000名雇员，其在全球范围内的业务包括石油、天然气业，化工、石化业，贸易，政府服务，生物科学，制造业，微电子业，采矿业，能源业，通信及交通业。

福陆·丹尼尔是其集团母公司，它的工程项目遍及全球，是世界上屈指可数的巨型建筑企业之一，公司员工多达2.7万人，1999年的营业收入是110.2亿美元，年利润2.7亿美元。福陆·丹尼尔的承包领域非常广泛，主要有工业、化工、能源和政府投资的项目4个领域。企业的经营战略是通过内部扩张、收购兼并、项目贷款来扩大企业规模，参与更广的施工领域和地区的竞争，提高企业施工的综合能力。

福陆公司是以大型核心企业为主体的企业集团。母公司是典型的混合型经营企业，除负责整个集团的协调发展、保证投资收益外，自身具有强大的市场拓展能力，其经营的集约效应主要是通过其市场影响力取得的。

福陆·丹尼尔的强项是CM型工程总承包，该公司是这一领域的领导者。这种总承包与我国的工程承包的不同之处在于它将工程建设计划(即前期研究)、设计、施工(即施工、施工管理、监理、验收)、管理(即维修与物业管理)、运营这5个阶段一揽子承包，突出承包商的业主代理功能，强调承包商在企划、设计及经营方面的技术和实力。

福陆·丹尼尔公司总承包工程项目后，由企业自行负责除施工以外的部分，再将施工分包给各专业公司(子公司、关联公司)或协作公司，加强了与各专业公司及协作公司的连接纽带。

福陆·丹尼尔公司总部下设4个本部，即营销本部、产业本部、地区本部和管理本部。营销本部负责开拓市场、合同管理。产业本部是负责施工和设计的部门，再下分为工业部门(6个专业公司)、政府环境通信部门(4个专业公司)、能源化工部门(7个专业公司)、多种经营部门(5个专业公司)，专业公司即为子公司和关联公司。

福陆·丹尼尔公司的施工管理由各专业公司负责，这些专业公司直接到各地区负责工程的设计、管理乃至施工。地区本部设有美洲、亚洲太平洋、欧洲非洲中东3个地区支部，负责本部以外的市场开拓、施工管理和协调工作，北京代表处归属设在新加坡的亚洲太平洋地区支部。管理本部负责公司的行政和工程管理，工程管理包括人员设备资金的调配、工期质量管理等全部施工过程的统辖，同时还负责技术开发。4个本部各有职能，同时业务上又相互配合。比如地区本部在各个地区设置的代表处实际上开展营销工作和工程管理工作，同时接受营销本部和管理本部的双重领导，产业本部的各专业公司也必须接受管理本部的领导。

福陆·丹尼尔是从一家从事民用建筑的小型公司发展而来的，随着它的发展和壮大，不断地兼并和投资形成了多层次的企业集团，这个过程接近1个世纪。在这一过程中，企业集团形成的活动完全是自发的，目的非常直接、单纯，即扩大市场占有率，从而取得利润最大化。母公司通过不断地兼并和投资，凭其拥有子公司的股份，影响子公司的重大经营决策，并从投资中获取资产经营收益。在企业集团的组织结构方面，福陆集团在对集团的领导方式上采用独立的董事会加专业委员会制度，在对集团的管理机构设置方面采取了事业部制的方法。这些都是基于美国市场和文化背景下采取的集权和分权相结合的组织结构形式。独立于母公司的领导机构有利于平衡企业集团成员企业之间的关系，兼顾各层次企业的利益。事业部制的管理方式有利于多种经营的大规模企业集团对不同的产品和服务采取有差异的管理和经营方法，并采取有针对性的市场发展策略。在集团总部设立地区本部，是跨国公司的通常做法，这对于我国国有建筑业企业集团也有借鉴作用。比如我们的企业集团在扩张中可在国内各地设立统一的管理机构，对集团的成员企业在相应地区的分支机构进行协调，并提供服务。

(资料来源：郭鹏. 福陆·丹尼尔公司组织结构[D/EB]. (2015-01-01). http://baike.sogou.com/v54971593.html)

3.1 建筑企业组织概述

3.1.1 组织的含义

对“组织”一词的解释按照其词性可分为两种：一种是动词词性(Organize)，是有目的、有系统地集合起来，如组织群众，这种组织是管理的一种职能；另一种是名词词性(Organization)，指按照一定的宗旨和目标建立起来的集体，如机关、学校、医院、社会政治团体等。

按照管理学的理论，组织是由两个或两个以上的人组成，有一定社会边界，为一定目标而进行协作活动的集体。管理学家切斯特·巴纳德认为，由于生理的、心理的、物质的、社会的限制，人们为了达到共同的目标，就必须合作，于是形成群体，即组织。

对于组织这一概念理解明确：①组织是社会实体，是人的集合体；②组织有确定的目标，将资源组合在一起完成特定的目标。

3.1.2 组织的目标

管理学家彼得·德鲁克认为，组织的目标是要使得平凡的人能做出不平凡的事。每一个社会组织都有自己预期的目的或结果，它代表着一个组织的方向和未来。大学的目标是培养高素质的复合型人才；企业的经营目标是获得经济效益。对于一个组织而言，实现个体目标和共同目标的兼容，使组织成员在为共同的目标奋斗的过程中实现个体目标，是组织生命力和凝聚力的保证。

组织的目标是完成使命和组织宗旨的载体，是随着环境、时间以及条件变化不断调整的进程表，是组织争取达到的一种未来状态，它是开展各项组织活动的依据和动力。

组织需要有分工与合作。在组织中，合作使劳动过程相互结合，而分工则使劳动过程相互独立；同时，为了提高生产力、达到组织的目标，合作要以分工为基础实现有计划的协同劳动，而分工则需要通过合作创造出一种超越个人劳动力的更高的劳动力，组织也就更容易达到既定的目标。企业中设置的不同部门就是一种分工形式，每个部门专门从事一种特定的工作，而各个部门又要相互配合，提高企业的效率。分工和合作使组织活动形成弧线关联的层次网络结构，与此相适应，组织的成员也根据各自的权利和责任制度形成正式的层级指挥体系。

组织要有不同层次的权力与责任制度。权力是组织的本质特征，组织之所以是组织而不是松散的人的结合体，就是因为组织中的各级成员拥有不同层次的权力。制定责任制度是明确其角色与职责的有效工具，组织中的每个具体任务都能落实到组织成员的身上，确保了组织的事有人做，人有事干。通过不同层次的权力和责任制度就能够把组织成员的角色和职责以及汇报关系确定下来，使成员能够各负其责、各司其职，进行充分、有效的合作，避免职责不明、推诿扯皮现象的发生，为组织目标的完成提供了可靠的保证。

与外部环境相联系，组织还适应并影响着迅速变化的环境。组织也必须应付和适应当今劳动力多样化的挑战，更加注重伦理和社会责任，改变雇员的职业生涯模式，找出有效的办法激励组织成员完成组织目标。因此，组织包围并以多种方式改变我们的生活，同时管理者也能改变组织，重新设计组织，提高组织效率。

3.1.3 建筑企业组织管理

建筑企业组织管理是为了有效地配置企业内部的有限资源，实现一定的共同目标而按照一定的规则和程序构成的一种责权结构安排和人事安排，其目的在于确保以最高的效率实现组织目标。受建筑业生产的技术经济特点影响，建筑企业的组织管理制度主要包括两级制和三级制。

1) 两级组织管理制

两级组织管理制，即公司—项目部。公司是企业生产经营决策和行政指挥中心，具有法人地位，实行独立核算。凡是带有企业全面性、长远性的问题，以及对外签订经济合同、编制企业计划等，均由公司集中管理，统一领导。公司设置一定的职能机构，对其下一级的职能机构进行业务指导。

2) 三级组织管理制

三级组织管理制总公司—分公司—项目部。三级管理比两级管理增加了一个中间机构—分公司，它和项目经理部与两级管理制的项目经理部都是企业内部的生产管理机构，为企业内部的核算单位。它们在企业的统一领导下组织施工生产，完成企业下达的计划任务。

建筑企业的项目管理组织是指实施或参与项目管理工作，有明确责任及权限关系的人员及机构的集合，包括发包人、承包人、分包人和其他组织。我国的建筑企业一般均采用公司与项目部签订经营承包合同的两级管理制。只有当企业规模较大，承包工程点多面广，且工期又较长时，才在工程较集中的地区设立分公司或指挥部，实行三级管理。

3.1.4 建筑企业组织监管体系

建筑企业组织监管体系主要包括：企业各级组织的责权的分配与界定体系；项目管理与监控体系、考核与激励体系。

1) 建筑业各级组织的责权的分配与界定

在建筑企业组织管理过程中，组织的职权是由一定的正式程序所赋予某项职位的一种权力，是一种特定职位的权力，而不是某特定人的权力；职责指某项职位应该完成某项工作的责任，负责反映上下级之间的一种关系，下级有向上级报告自己工作绩效的义务和责任，上级有对下级的工作进行必要指导的责任。

组织中的职权是在规定的职位上行使的权力，职责是在接受职位、职务后必须履行的义务。在任何工作中，权责必须大致相当，不但要有权，还要有责。变动权力时，必须同时变动与权力相应的责任。例如，要求一名项目经理履行某些责任时，就需要授予他充分的权力。

2)　工程项目管理与监控体系

建设工程项目的施工是技术上比较复杂、不确定性较高的任务，由于外部环境的变化和内部资源的限制，在项目的实施过程中，可能遇到各种各样的问题，为了保证项目顺利完成，需要有力的项目管理与监管体系的支持。

(1)　企业项目组织管理机构——项目管理办公室。项目管理办公室需要将项目管理的多项职能加以整合，对建筑企业的各个项目的组织管理提供规范指导。

(2)　项目管理监控体系。建设工程项目实施过程中，难免出现一些意想不到的情况，或遇到各种困难。这就需要工程项目组织管理与监控体系发挥起控制与监督的作用。收集、处理和分析有关进度、质量及财务等方面的信息，监督项目计划的执行，保证实现项目的预期目标，为企业正确决策提供帮助。

3.2　建筑企业组织结构

3.2.1　组织结构的含义

组织结构是表现组织各部分排列顺序、空间位置、聚集状态、联系方式以及各要素之间相互联系的一种模式，它是执行管理和经营任务的体制，是组织中正式确定的使工作任务得以分解、组合和协调的框架体系。组织结构是指组织对工作任务进行分工、分组和协调合作的模式。它表现为组织各部分排列顺序、空间位置、聚集状态、联系方式以及各要素之间的相互关系，同时也是执行管理任务的体制。

组织结构描述如何将组织所有工作分配到组织的下级部门中去，以及这些部门是如何进行协调和完成这些工作的。组织结构的作用表现在以下几个方面。

(1)　组织结构是企业管理的组织保证。

一个好的组织机构，可以使企业指挥灵便、运转自如，可以应对各种环境条件的变化，有效地供给组织成员生理、心理和社会需要，形成组织力量，使组织系统正常运转，产生集体思想和集体意识，顺利完成企业的施工生产任务。

(2)　组织机构形成了统一的指挥系统。

组织中的指挥系统使组织中的职权联系在一起。从组织的上层到下层的主管人员之间，由于直线职权的存在，便形成一个权力线，这条权力线就被称作组织的指挥系统。组织机构的形成产生权力。权力是工作的需要，是管理地位形成的前提，是组织活动的反映。没有组织机构，便没有权力，也没有权力的运用。

(3)　组织结构是责任制体系的载体。

责任制是企业管理中的核心问题。没有责任也就不能称其为管理机构，也就不存在企业管理。一个组织能否有效地运转，取决于是否有健全的岗位责任制，而岗位责任制的实现必须依据相应的组织机构。责任是组织对每个成员规定的管理活动和生产活动的具体内

容，因此，企业组织的每一位成员都应肩负一定的责任。

3.2.2 建筑企业组织结构的类型

建筑企业组织结构的类型包括直线制组织结构、职能制组织结构、直线—职能制组织结构、事业部制组织结构、矩阵制组织结构等。随着建筑企业经营环境的不断变化，组织结构类型也随之出现了一些新的结构形式，如项目组织设计、团队结构模式、虚拟公司模式和自由型结构等。

1. 直线制组织结构

直线制组织结构由建筑企业各管理层次的主管人员执行统一指挥和管理职能，一般不设职能人员或者只在上层组织配备少数职能人员协助主管人员工作。其特点是结构单一，管理权限集中，易于实行统一指挥和管理，下级不会同时接受两种相互抵触的命令；缺点是由于缺乏分工，会导致家长式的专制领导。这种组织类型一般在规模小、经营项目单一的企业单位中采用，如图 3-1 所示。

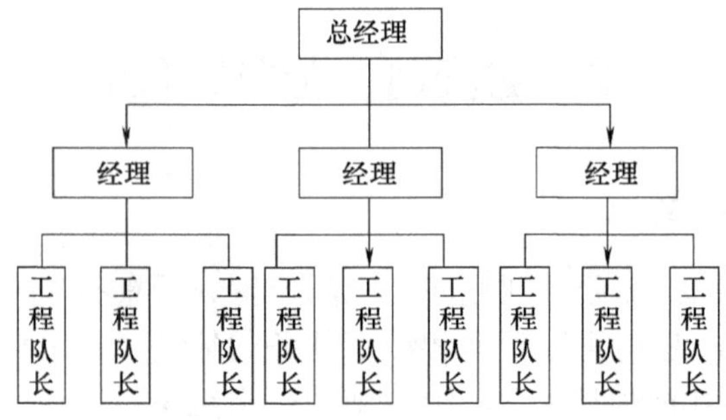

图 3-1　直线制组织结构

2. 职能制组织结构

职能制组织结构类型是在直线型组织的基础上，由各级职能机构协助行使管理职能，各级职能机构在自己的业务范围内，可以向下级发布命令、指示。其优点是管理劳动的专业化，吸收专业人员参加管理；缺点是可能导致管理人员的本位主义思想，部门之间协调困难，难以分清管理责任。这种组织结构通常适用于中小型建筑企业，或者职能部门之间相互依赖性强以及以效率和工艺质量为目标的组织，如图 3-2 所示。

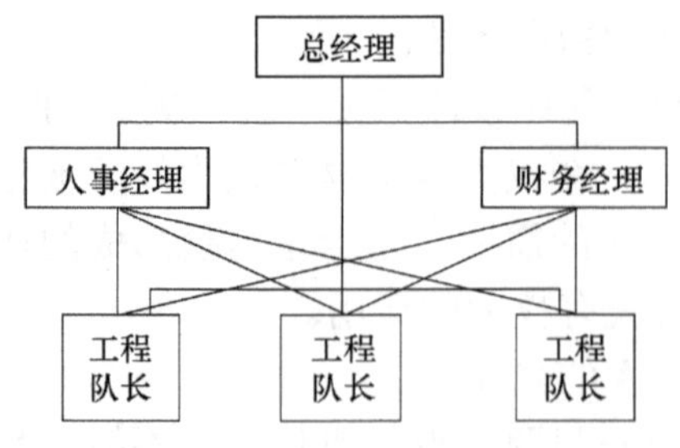

图 3-2　职能制组织结构

3. 直线—职能制组织结构

直线—职能制组织结构是将上述两种组织结构类型结合而成的组织结构形式。在主管人员之下设置职能机构，协助主管人员工作但不对下级直接指挥，只对下级职能机构进行业务指导。其优点是综合了直线型和职能型的优点，既发挥了职能型管理专业化的优势，又保持了直线型集中统一领导的优点。其缺点是职能机构之间的横向联系较差，容易产生相互脱节和使下属面临多头领导的现象。为此，主管人员必须做好协调工作。这种结构形式也比较适用中、小型建筑企业，如图 3-3 所示。

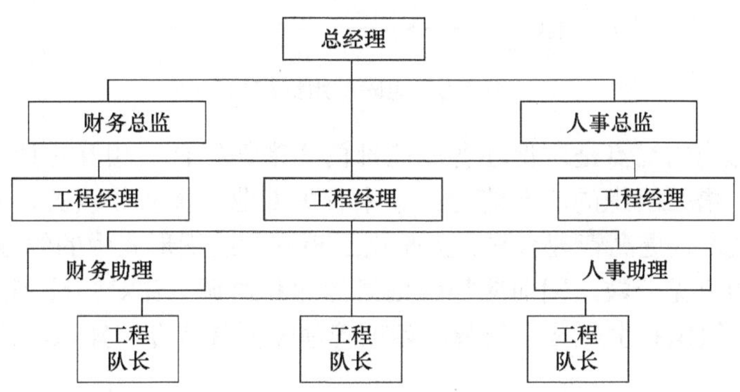

图 3-3　直线—职能制组织结构

4. 事业部制组织结构

事业部制组织结构亦称分权组织或部门化结构，是在建筑企业统一领导下，按产品地区或市场(顾客)划分而建立的、具有产供销权限的、实行相对独立的经营单位。建筑企业最高管理机构有人事决策、财务控制、规定价格幅度、监督等权力并可进行控制。其优点是适应性和稳定性强，有利于组织的最高管理者摆脱日常事务而专心致力于组织的战略决策和长期规划，有利于调动各事业部的积极性和主动性，并且有利于公司对各事业部的绩效进行考评。其缺点是组织机构重复，易造成管理人员浪费；由于各个事业部独立经营，各事业部之间人员调整较难，可能由于各事业部考虑问题从本部门出发，容易引起事业部的内耗。

这种组织结构适用于产品多样化和从事多元化经营的建筑企业，也适用于面临市场环境复杂多变或所处地理位置分散的大型企业，如图 3-4 所示。

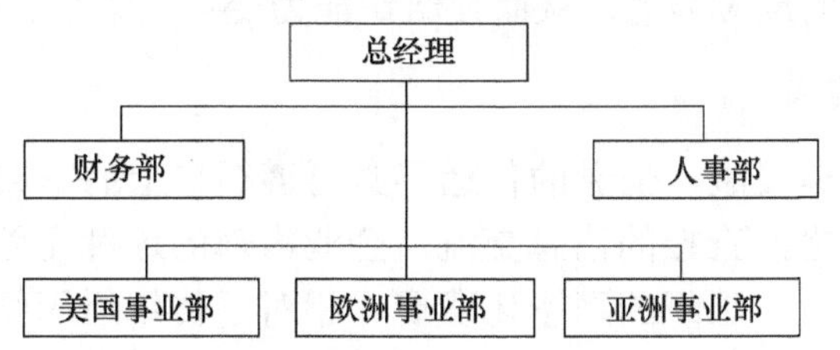

图 3-4　事业部制组织结构

5. 矩阵制组织结构

矩阵制组织结构是按职能划分的部门和按工程项目或服务项目划分的小组相互结合的

一种组织形式。实际上，矩阵制组织结构是将职能部门化和产品部门化进行融合，如图 3-5 所示。

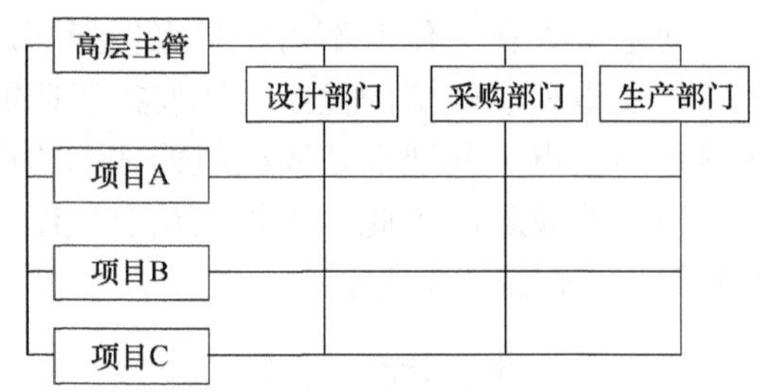

图 3-5　矩阵制组织结构

矩阵制组织结构的优点是可促使各职能部门间密切配合，相互协调地执行任务；机动灵活，弹性较大，增强组织的应变能力；集中有关专业人员协作攻关，发挥创造性，开发新产品和推广新技术，提高管理水平。但是由于矩阵制组织形式中的领导关系具有双重性，容易发生工作上的意见分歧，因而应加强信息沟通和协调工作。矩阵制组织结构适用于任务复杂的社会管理组织和生产技术复杂、各项管理需要具有专门知识的建筑企业。

3.2.3　企业组织结构变化趋势

1. 扁平化的组织结构

组织结构的扁平化是通过减少管理层次、裁减冗余人员来建立一种紧凑的扁平组织结构，使组织变得灵活、敏捷，提高组织效率和效能。近年来，越来越多的企业选择扁平化的组织结构。相对于传统的层级结构来说，扁平化的组织结构更能适应不断变化的环境的要求。

扁平化组织结构的优势主要包括：①信息流通畅，使决策周期缩短。组织结构的扁平化，可以减少信息的失真，增加上下级的直接联系，信息沟通与决策的方式和效率均可得到改变；②创造性、灵活性加强，致使士气和生产效率提高，员工工作积极性增强；③可以降低成本。管理层次和职工人数的减少，工作效率提高，必然带来产品成本的降低，从而使公司的整体运营成本降低，市场竞争优势增强；④有助于增强组织的反应能力和协调能力。企业的所有部门及人员更直接地面对市场，减少了决策与行动之间的时滞，增强了对市场和竞争动态变化的反应能力，从而使组织能力变得更柔性、更灵敏。

2. 网络化的组织结构

随着信息技术的飞速发展，信息的传递不必再遵循自上而下或自下而上的阶层就可实现部门与部门、人与人之间直接的信息交流。企业内部的这种无差别、无层次的复杂的信息交流方式，极大地促进了组织的网络化发展。相对于传统组织结构而言，网络组织本质的特征在于强调通过全方位的交流与合作实现创新和双赢。全方位的交流与合作既包括企业之间超越市场交易关系的密切合作，也包括企业内部各部门之间、员工之间广泛的交流与合作关系，而且这些交流与合作是以信息技术为支撑的，并将随着信息技术的发展而得到不断的强化。

组织结构网络化主要表现为企业内部结构网络化和企业间结构网络化。企业内部结构的网络化是指在企业内部打破部门界限，各部门及成员以网络形式相互连接，使信息和知识在企业内快速传播，实现最大限度的资源共享。杰克·韦尔奇曾致力于公司内部的无边界化。无边界化使内部沟通畅通无阻，极大地提高了管理效率。

企业间结构网络化包括纵向网络和横向网络，纵向网络即由行业中处于价值链不同环节的企业共同组成的网络型组织，例如供应商、生产商、经销商等上下游企业之间组成的网络，再如通用汽车公司和丰田汽车公司就分别构建了一个由众多供应商和分销商组成的垂直型网络。这种网络关系打破了传统企业间明确的组织界限，大大提高了资源的利用效率及对市场的响应速度。横向网络指由处于不同行业的企业所组成的网络。这些企业之间发生着业务往来，在一定程度上相互依存。组织的网络化使传统的层次性组织和灵活机动的计划小组并存，使各种资源的流向更趋合理化，通过网络凝缩时间和空间，加速企业全方位运转，提高企业组织的效率和绩效。

3. 虚拟化的组织结构

虚拟企业的特征主要体现在“功能上不完整”“组织上非永久”和“地域上分散性”。在虚拟的建筑企业中，虽然它具有建筑企业运行所必需的各种基本功能，如招投标、采购和工程现场管理等，但对组成虚拟企业的具体成员来说，并不需要具备所有的功能，而是仅贡献最关键的专业技术和功能，其他功能都是虚拟的。这样，虚拟企业就可根据市场快速结合和重组。信息和网络技术，国际互联网的迅速发展，使得虚拟建筑企业这一全新的企业模式从概念变成现实并得到发展。

在虚拟的建筑企业中，工程招投标、采购和工程现场管理等主要业务完全可以分散在不同的地区乃至国家，利用国际互联网及其提供的各种应用(如 WWW、E-mail、FTP 等)连接起来，实现资源共享。虚拟建筑企业使建筑企业组织内外的疆界可以像流水一样任意扩展，业务各方可以通过网络直接接触，使得彼此之间的中间环节消失，降低了企业成本，大大增强了企业的灵活性和主控权。虚拟建筑企业实现了这样一种状态，它将不属于本企业的人或设备与企业相连，就好像他们是本企业的组成部分一样。虚拟企业策略上不强调企业的全能，而是充分利用外部信息资源和人力资源，强调企业广义的业务支撑体系。

虚拟建筑企业的主要特点有以下几点。

(1) 以网络信息技术为基础，实时、分散地共享优秀人力、咨询信息和先进技术等资源。

(2) 分担市场风险和市场、技术等研究开发成本。

(3) 连接了具有互补能力的各种实体，例如政府、研究所、设计单位、联营单位、分包单位和材料设备供应单位等。

(4) 提高了建筑企业的市场竞争力和生产能力，尤其增强了企业开拓新市场的能力和对市场资源充分使用的能力。

(5) 分享市场的客户。

(6) 具有动态的生命期。虚拟企业因发现市场机会动态组织而成。而当市场机会实现后，虚拟企业就自行解体或重新组合。

建筑企业实现虚拟化后最大的好处是降低了营业成本，增强了占领市场的能力，提高了施工管理能力，使企业更适应异地工程的承接和管理。虚拟建筑企业的建设，对扩大建筑企业业务规模、提高建筑企业综合实力和保持持续发展起到巨大的推动作用。

虚拟建筑企业是由各相关建筑企业及能够为建筑产品生产提供服务的其他行业企业基于某一工程项目而组建的，共同为项目业主提供项目全过程或部分阶段服务的暂时的、动态的、网络型的企业联盟。虚拟建筑企业内各成员之间以现代信息通信技术为沟通协调和合作媒介，以其核心能力(如项目可行性研究、专业设计、各专业工程施工和新技术开发和应用等)为前提，以相互之间的信任及其签订的合同或契约为运作基础。

建设虚拟建筑企业，需要多种知识的综合运用，必须以建筑企业的整体业务流程及其效益作为研究对象，结合计算机、网络、通信等信息技术的应用。

3.2.4 建筑企业组织结构选择的影响因素

影响组织结构选择的因素包括战略、组织规模、技术、环境。

1. 战略

组织结构是管理人员用来达到组织目标的一种手段。由于组织目标是由组织的总体战略决定的，因此，组织战略与组织结构的关系很密切。具体一些说，组织结构应该服从组织战略。如果组织战略发生了重大变化，组织结构也应做相应的调整，以支持组织战略的变化。

通常情况下，许多企业组织集中在 3 种战略的选择上：创新、成本最小化、模仿。因此，在进行组织结构设计时，就出现了 3 种联合组织战略的形式：奉行成本最小化战略的组织对成本加以严格控制，限制不必要的发明创新和营销费用，压低销售基本产品的价格。普通日用品销售公司一般实行这种战略；奉行模仿战略的组织试图充分利用上述两种战略的优势，它追求的是风险最小化、利润最大化。在一种新产品或新市场的开发潜力被创新组织证明之后，它们才进行大胆投资。

2. 组织规模

组织规模对组织结构有一定的影响。如何将 10 万名员工组织起来？有效的办法就是实施工作专门化和部门化，同时制定大量的程序和规则来保证统一的行动、实施高度的分权化决策。但对于仅雇用 10 个员工的企业，就不必实行分权决策或明确规定程序与规则了。

大型组织工作专门化、部门化的程度较高，垂直层次较多，规章制度也较多，但规模与结构之间并非简单的线性关系；相反，呈递减的趋势。随着组织的扩大，规模的影响会逐渐减小。

3. 技术

技术是指组织把投入转化为产品的手段。每个组织都至少拥有一种技术，从而把人、财、物等资源转化为产品或服务。例如，福特公司主要是应用生产线来生产汽车。

对技术进行区分的一个常用标准是他们的常规性程度。常规性的技术是指技术活动是自动化、标准化的操作，非常规性的技术则是指技术活动内容根据要求而有不同的活动，包括像家具组装、传统的制鞋业和遗传学研究之类的活动。在逻辑上似乎常规性技术应与集权化结构相关，而非常规性技术，因为它更多地依赖专家的知识，应与分权化结构相关。

这种推理得到了一定的支持。

技术与集权化之间的关系受正规化程度的影响：正规的制度程序与集权化经营决策都属控制机制，二者可以相互取代。如果组织的规章制度很少，常规性技术就与集权相联系了，但是，如果正规化程度很高，常规性技术则可以伴随分权化控制机制。因此，只有在正规化程度较低时，常规性技术才能导致集权化。

4. 环境

一个组织环境是由组织外部可能影响组织绩效的多种机构和因素构成的，主要包括供应商、顾客、竞争者、政府管理机构、公众压力群体等。

环境通常存在许多不确定性。有些产业内部的企业所面临的环境变化相对较小，环境因素对企业战略实施的影响较小。例如现有的竞争对手在技术上没有重大突破，公众压力群体对组织的影响很小等。而有些组织所处的环境则是动态的，比如，不断变化的政府规章制度影响企业的业务活动，新的竞争者不断出现，获得原材料的难度，顾客对产品要求的变化。静止环境给管理者造成的不确定性要小得多。由于不确定性会危害组织的有效性，因此，企业管理人员需要努力减小其影响，减小环境的不确定性的方法之一是调整组织结构。

3.3　建筑企业组织结构设计

3.3.1　组织结构设计的含义

组织结构设计，是指对组织内的层次、部门和职权进行合理的划分，即把为实现组织目标而需完成的工作划分为若干性质不同的业务工作，然后再把这些工作组合成若干部门，并确定各部门的职责与职权。

3.3.2　建筑企业组织结构设计应注意的问题

1. 遵循组织结构设计的系统性

建筑生产经营是一个开放的系统，这就要求管理组织也必须是一个完整的结构系统。在设计组织机构时，以业务工作系统化原则作指导，周密考虑层间关系、管理层次与管理跨度关系、部门划分、授权范围、人员配备及信息沟通等，使组织机构自身成为一个严密的、封闭的组织系统，能够为完成企业管理总目标而实行分工及协调的工作。

2. 符合建筑企业生产经营特点

建筑企业的产品是建筑物或构筑物，其生产运作有其自身的特点。建筑产品生产的单件性、露天性和流动性的特点，要求企业内的生产要素能够根据各项目的实际需要在企业内合理流动，以便最大限度地实现建筑企业工程承包能力。因此，组织机构应适应建筑企业生产经营的规律和特点。

3. 明确各级的管理层责、权、利关系

建立建筑企业的各级管理层，即决策层、企业管理层、项目管理层是建立现代企业制度的基本要求，建筑企业组织形式的设计必须符合这一基本要求。首先，必须使决策层超脱于企业的一般业务管理。其次，企业专业管理层与项目管理层在企业内相对独立，各自的责、权、利明确划分，不能混杂。

4. 根据企业生产经营环境变化而调整组织机构

建筑企业组织形式应该有利于企业内生产要素与建筑市场的交互作用，生产要素管理部门要开展经营活动。企业内生产要素的配置应该具有灵活性以适应生产经营的变化，如使生产要素能够在各施工项目之间合理调动等。

5. 组织机构以施工项目为基点运行

建筑企业纵向管理职能体系和横向管理职能体系之间，需要以纵向体系为核心，横向体系要为纵向体系服务。建筑企业纵向管理职能体系的组织必须围绕施工项目的投标承揽、内部施工组织管理和交工验收的全过程进行。项目作业层的形成必须同项目的生产周期同步。即每一个施工项目，组成一个作业队伍，交付一个施工项目，解体一个项目作业队伍。建筑企业没有项目，就没有项目作业层。从当前建筑企业经营管理的现状和需求看，应注意和重视综合性职能机构的建立。以往企业较注意专业管理，横向联系和综合协调不足，以致经营管理工作形不成体系，影响企业的管理效率和做出正确的经营决策。

3.3.3 组织结构设计的程序

1. 确定组织机构的目标

美国 IBM 公司在计算机发展的早期，认为产品销售和市场营销是企业的关键，为此配备了规模庞大的销售服务队伍；进入 20 世纪 80 年代后，产品开发尤其是软件开发越发重要。为此，IBM 在加强研发投入的同时，加强了销售部门与研发部门之间的联系。对企业生存发展影响重大的关键性活动成为组织设计工作的重点。

2. 进行管理业务流程的总体设计

业务流程是指为达到特定的价值，由不同的人分别共同完成的一系列活动。对业务流程进行合理设计，能够促进组织各方面工作走向规范化、标准化、正常化，同时可以简化员工培训，使新手更快地适应工作，并促进组织的分权化管理。

3. 确定组织中的各类管理岗位

对活动进行分组，就是将贡献相同或相似的活动归并在一起，由一个单位或部门来承担。例如，产品销售和市场营销活动可以合并在一个单位内；库存控制和采购职能以及质量检验和管理工作均可以结合在一起。与此同时，还应该考虑尽可能地使一项活动对其他活动的联系距离保持最短。

4. 规定管理岗位内容，建立健全激励机制

只有做到人与事相结合，才能确保所配备的人员切实承担起为该职位或职务所规定的

工作任务。满足人的内在需要和发挥人的潜在能力，使人员得到最为妥当的配置。组织设计还要使职务和职责权限保持一致。分派某人去承担某项工作，必须明确赋予他完成该工作任务的职责，同时相应地授予他履行该项职务的职权。

5. 配置岗位人员

明确每个岗位配置人员的工作职能和素质要求，具体可用岗位人员配置一览表明示。规模较大的组织还要订立指导组织运行的其他各项规章制度，如人员招聘和选拔制度、人员培训与激励制度、工作命令与报告制度、绩效考核与评价制度等。使各方面工作有章可循，达到有序规范的运行状态。

6. 设置管理机构

确定管理机构的形式，划分管理岗位，绘制组织图，编制说明书。组织设计要确保将各组成部门(各层次、部门、职位)联结成一个整体，以使整个组织协调一致地实现组织的总体目标。

3.3.4 组织结构设计的内容

组织结构设计是一个动态的工作过程，包含了众多的工作内容。科学地进行组织结构设计，要根据组织设计的内在规律性有步骤地进行，才能取得良好效果。

管理者在进行组织结构设计时，需要考虑的关键因素包括：工作专门化、部门化、命令链、控制跨度、集权与分权、正规化，如表 3-1 所示。

表 3-1 设计组织结构需要思考的关键问题

关键问题	关键因素
把任务分解成各自独立的工作应细化的程度	工作专门化
对工作进行分组的基础	部门化
员工个人和工作群体汇报工作的对象	命令链
一位管理者可以有效管理的员工数量	控制跨度
决策权应该处于哪一管理层级	集权与分权
如何利用规章制度来指导员工和管理者的行为	正规化

1. 工作专门化

福特汽车公司给每一位员工分配特定的、重复性的工作，有的员工只负责装配汽车的右前轮，有的则只负责安装右前门。公司通过把工作分化成较小的、标准化的任务，使工人能够反复地进行同一种操作，这使公司能利用技能相对有限的员工，每 10 秒钟就生产出一辆汽车。福特公司的经验表明，让员工从事专门化的工作，他们的生产效率会提高。通过工作专门化，可寻求提高组织在其他方面的运行效率。通过重复性的工作，员工的技能会有所提高，在改变工作任务或在工作过程中安装、拆卸工具及设备所用的时间会减少。其次，实行工作专门化，还有利于提高组织的培训效率。事实上，挑选并训练从事具体的、重复性工作的员工比较容易，成本也较低，对于高度精细和复杂的操作工作尤其如此。

2. 部门化

一旦通过工作专门化完成任务细分之后，就需要按照类别对它们进行分组以便使共同的工作可以进行协调，工作分类的基础是部门化。对工作活动进行分类主要是根据活动的职能。制造业的经理通过把工程、会计、制造、人事、采购等方面的专家划分成共同的部门来组织其工厂。职能的变化可以反映组织的目标和活动。这种职能分组法的主要优点在于把同类专家集中在一起，能够提高工作效率。职能性部门化把专业技术、研究方向接近的人分配到同一个部门中，从而实现了规模经济。

建筑企业是最适合根据地域来进行部门划分的企业类型之一。建筑企业的工程项目分布地域较广，这种部门化方法有其独特的价值。此外，企业也可以根据顾客的类型来进行部门化分组方法，因为每个部门的顾客存在共同的问题和要求，因此；通过为他们分别配置有关专家，能够满足他们的需要。例如，一家销售办公设备的公司可下设 3 个部门：零售服务部、批发服务部和政府部门服务部。

3. 命令链

命令链是一种不间断的权力路线，从组织最高层扩展到最基层，澄清谁向谁报告工作。它能够回答员工提出的这种问题：“我有问题时，去找谁？”“我对谁负责？”。为了促进协作，每个管理职位在命令链中都有自己的位置，每位管理者为完成自己的职责任务，都要被授予一定的权力。而且一个人应该对一个主管，且只对一个主管直接负责，维持命令的统一性。如果命令链的统一性遭到破坏，一个下属可能就不得不穷于应付多个主管不同命令之间的冲突或优先次序的选择。

现代技术的发展和给下属充分授权的趋势不断增强，命令链、权威、命令统一性等概念的重要性大大降低了。组织中任何位置的员工都能同任何人进行交流，而不需要通过正式渠道。而且，权威的概念和命令链的维持越来越无关紧要，因为过去只能由管理层做出的决策现在已授权给操作员工自己做决策。除此之外，随着自我管理团队、多功能团队和包含多个上司的新型组织设计思想的盛行，命令统一性的概念越来越无关紧要了。当然，许多组织仍然认为通过强化命令链可以使组织的生产率最高，但今天这种组织越来越少了。

4. 控制跨度

一个主管可以有效地指导多少个下属？这种有关控制跨度的问题非常重要，因为在很大程度上，它决定着组织要设置多少层次、配备多少管理人员。在其他条件相同时，控制跨度越宽，组织效率越高。

组织控制跨度的不同对组织的影响也不同。如果控制跨度过宽，主管人员没有足够的时间为下属提供必要的领导和支持，员工的绩效会受到不良影响。其次，控制跨度也有其好处，把控制跨度保持在 5～6 人，管理者就可以对员工实行严密的控制。但控制跨度也有缺点：管理层次会因此而增多，管理成本会大大增加；使组织的垂直沟通更加复杂，管理层次增多也会减慢决策速度，并使高层管理人员趋于孤立；控制跨度过窄易造成对下属监督过严，妨碍下属的自主性。

5. 集权与分权

集权化是指组织中的决策权集中于一点的程度。这个概念只包括正式权威，也就是说，某个位置固有的权力。一般来讲，如果组织的高层管理者不考虑或很少考虑基层人员的意见就决定组织的主要事宜，则这个组织的集权化程度较高。相反，基层人员参与程度越高，或他们能够自主地做出决策，组织的分权化程度就越高。在有些组织中，高层管理者制定所有的决策，低层管理人员只管执行高层管理者的指示。另一种极端情况是，组织把决策权下放到基层管理人员手中。前者是高度集权式的组织，而后者则是高度分权式的。

集权式与分权式组织在本质上是不同的。在分权式组织中，采取行动、解决问题的速度较快，更多的人为决策提供建议，所以，员工与那些能够影响他们工作生活的决策者隔膜较少，或几乎没有。近年来分权式决策的趋势比较突出，这与使组织更加灵活和主动地做出反应的管理思想是一致的。在大公司中，基层管理人员更贴近生产实际，对有关问题的了解比高层管理者更翔实。

【案例分析】 柏克德公司组织管理模式

柏克德公司创建于 1898 年，是一家具有百年历史的家族企业，也是一家综合性的工程公司，该公司为各个行业和领域的客户提供技术、管理，以及与开发、融资、设计、建造和运行安装等直接相关的服务。该公司总部位于旧金山，全球有 40 个分部和办事处，公司现有员工 4 万人，其中在中国的员工有 1000 多人。2005 年公司营业收入为 181 亿美元，新签合同额为 185 亿美元。

经过几代经营者的努力，柏克德公司发展成为美国工程建设领域名列榜首、全球工程总承包位居前列的公司。柏克德公司在 140 多个国家和地区承建了 2 万多个项目，其中包括美国胡佛水坝、英法海峡海底隧道工程等，在中国有中海壳牌南海石化工程、秦山核电站工程、福建湄洲湾火电站工程、香港国际机场工程等项目。

柏克德公司的组织管理模式有以下几种。

1. 总部管理模式

公司总部分为工程开发部门和职能管理部门，在工程开发部门再分设专业公司和地区代表处。各专业公司管理采用事业部制的组织形式，公司在世界各地按照业务领域都建立若干专业分公司，各分公司在组织结构上基本相同，大都设有项目管理部、项目控制部、质量管理部、设计部及相关专业设计室、采购部、施工部等。

2. 分工程项目的管理模式

公司项目管理采用矩阵制管理模式，职能部门与作业区域双汇报制。主要职能部门有合同部、项目控制部、工程部、安全部、启动部、行政事务部、设计代表处等，实行项目经理负责制。即以永久的专业机构设置为依托，按项目组织临时的、综合严密的项目管理组织，具体组织实施项目建设。公司常设专业职能部门负责向项目组派出合格的人员，并对其派往项目组的人员给予业务上的指导和帮助，但不干预项目组的工作，项目组人员应同时向项目经理和各自部门汇报工作。采用矩阵型的项目管理模式，不仅便于专业人员的培养，有利于专业水平的提高，而且便于专业人员的调配，保证专业人员的工时得到充分利用，提高劳动生产率。同时，将多专业人员调配到某一项目上，便于协同工作及对专业人员业绩、能力的全面考核，如图 3-6 所示。

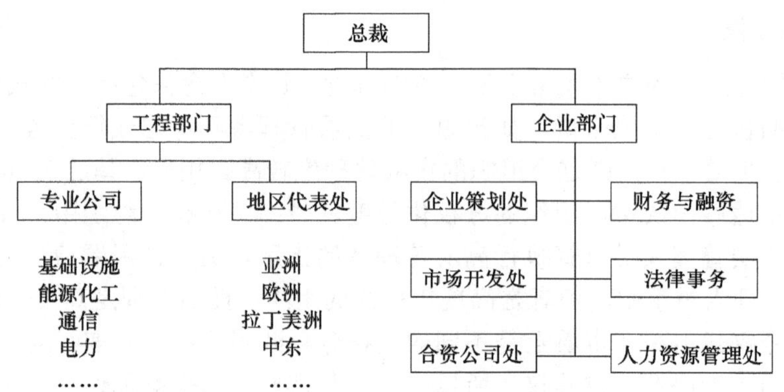

图 3-6　柏克德公司总部组织结构图

工程总承包和工程项目管理是柏克德公司的主要服务形式，其中工程总承包业务占 60%～85%，工程项目管理服务占 5%～15%。工程总承包的方式主要有：交钥匙总承包；设计采购施工总承包；设计、采购、施工管理承包；设计、采购、施工监理承包；设计、采购承包和施工咨询；设计、采购承包；设计、采购、安装、施工承包等。

本 章 小 结

建筑企业组织管理为了有效利用企业资源，实现组织目标而按照一定的规则和程序对组织结构进行安排，其目的在于提高组织效率，实现企业经营目标，建筑业生产的技术经济规律决定建筑企业的组织管理制度具有其特殊性。

本章主要内容包括：组织与组织结构的基本含义；建筑企业组织结构的类型及其特点；建筑企业组织结构设计的程序、内容与方法；企业组织结构变化趋势与建筑企业组织结构选择时需要考虑的因素。

习　　题

一、名词解释

组织　组织结构　直线制组织结构　事业部制组织结构

二、选择题

1. 适用于产品多样化和从事多元化经营建筑企业的组织结构形式是(　　)。

   A. 直线制　　B. 直线-职能制　　C. 矩阵制　　D. 事业部制

2. 影响组织结构选择的因素不包括(　　)。

   A. 战略　　B. 组织所在区域　　C. 组织规模　　D. 组织绩效

3. 通过减少管理层次、裁减冗余人员来建立一种紧凑的组织结构，使之变得灵活、敏捷，提高组织效率和效能的是(　　)式组织。

   A. 扁平　　B. 高耸　　C. 矩阵　　D. 事业部

三、问答题

1. 如何理解组织的含义与目标？
2. 建筑企业的组织管理制度有何特点？
3. 试述建筑企业组织结构的类型。
4. 扁平化组织结构有什么优势？
5. 阐述组织结构设计的内容。
6. 建筑企业组织结构设计应注意哪些问题？

第二篇　建筑企业生产要素管理

第4章　建筑企业人员管理

【学习要点及目标】

- 了解建筑企业人员的特征
- 了解我国建筑企业人员管理存在的问题
- 掌握建筑企业人员管理的概念、需求预测和供给预测的方法
- 掌握建筑企业人员招聘的渠道、培训的方法
- 熟悉建筑企业人员绩效考核的方法
- 掌握建筑企业各类人员薪酬设计方法
- 了解建筑企业劳动争议的处理办法

【核心概念】

德尔菲法　统计预测法　马尔柯夫模型　目标规划法　人员配置　内部招聘　人员培训　目标管理法　关键业绩指标法　KRIF 绩效考核法　薪酬设计

【引导案例】 A 公司(房地产)工作分析

A 公司是一家房地产开发公司。近年来，随着经济的迅速增长，房产需求强劲，公司飞速发展，规模持续扩大，员工人数大量增加，众多管理问题逐渐显现出来：部门之间、职位之间的职责与权限缺乏明确的界定，扯皮推诿的现象不断发生；有的部门抱怨事情太多，人手不够，任务不能按时、按质、按量完成；有的部门又觉得人员冗杂，人浮于事，效率低下。

人员招聘方面，用人部门给出的招聘标准往往模糊不清，许多岗位没有做到人事匹配，员工的能力不能得以充分发挥，严重挫伤了士气，影响了工作的效果。公司员工的晋升决定以前由总经理直接做出，但现在公司规模大了，总经理很少有时间与基层员工和主管打交道，基层员工和主管的晋升只能根据部门经理的意见来做出。而在晋升决策中，由于缺乏客观标准，上级和下属间的私人感情就成为决定因素，有才干的人并不能获得提升。因此，许多优秀的员工由于看不到自己的前途而另寻高就。

另外，公司也缺乏科学的绩效考核和薪酬制度。由于没有明确的绩效标准，导致考核中的主观性和随意性非常严重，考核结果的不确定性也导致它无法作为人事决策的依据。员工的报酬也没有体现岗位的价值和员工的能力。

面对这样严峻的形势，人力资源部王经理决定改变这一切。首先，他们采用工作分析问卷收集职位信息。然后，将问卷发放到了各个部门经理手中，同时他们还在公司的内部网站上发了一份关于开展问卷调查的通知，要求各部门配合人力资源部的问卷调查。

但是问卷下发到各部门之后，却一直搁置在各部门经理手中，很多部门直到人力部开始催收时才把问卷发给员工。由于大家都很忙，很多人在拿到问卷之后，都是草草填写完事。还有一些人因为工作任务缠身，就请同事代笔。此外，据一些员工反映，大家都不了解这次问卷调查的意图，也不理解问卷中那些陌生的管理术语，有了疑问也不知道该找谁咨询。因此，在回答时只能凭借个人的理解来进行填写，无法把握填写的规范和标准。

人力资源部收回问卷后发现，有些问卷填写不全，有些问卷答非所问，还有一部分问卷根本没有收上来。辛苦调查的结果却不能发挥它应有的价值。

与此同时，人力资源部也着手选取一些职位进行访谈。但在试着谈了几个职位之后，发现访谈的效果也不好。因为，在人力资源部能够对部门经理访谈的人只有人力资源部经理一人，主管和一般员工都无法与其他部门经理进行沟通。同时，由于经理们都很忙，能够把双方凑在一块儿，实在不容易。

访谈中，大部分时间都是被访谈的人在发牢骚，指责公司的管理问题，抱怨自己的待遇低。而谈到与工作分析相关的内容时，被访谈人往往又言辞闪烁，似乎对人力资源部这次访谈不太信任。访谈结束之后，访谈人都反映对该职位的认识还是停留在模糊的阶段。这样持续了两个星期，访谈了大概 1/3 的职位。王经理认为不能拖延下去了，决定开始撰写职位说明书。

可这时，各职位的信息收集却还不完全，人力资源部在无奈之中，只能通过各种途径从其他公司中收集了许多工作说明书，试图以此作为参照，结合问卷和访谈收集到一些信息来撰写工作说明书。

在起草工作说明书的过程中，人力资源部的员工一方面不了解别的部门的工作，问卷和访谈提供的信息又不准确，另一方面又缺乏写工作说明书的经验。很多人为了交稿，不得不东拼西凑一些材料，再结合自己的判断，最后成稿。

最后，工作说明书终于出台了。人力资源部将成稿的工作说明书下发到了各部门，要求各部门按照新的工作说明书来界定工作范围，并据此进行人员的招聘、选拔和任用。但这却引起了各部门的强烈反对，很多直线经理甚至公开说，这份工作说明书是一堆垃圾文件，完全不符合实际情况。最后，工作分析项目只有不了了之。那么，该公司的工作分析项目为什么会失败呢？分析结果是：

(1) 该公司的工作分析没有得到高层管理人员的支持。

(2) 没有确定和培训专业的工作分析人员。

(3) 管理者和员工不明白工作分析的目的。

(4) 信息收集不完善

(5) 起草的工作说明书没和管理者及员工审核。

(6) 访谈人员缺乏沟通技巧。

(7) 没有结合本公司的实际情况进行工作分析。

4.1　建筑企业人员管理概述

4.1.1　建筑企业人员的含义

建筑企业人员，从宏观角度讲，是指一个国家或地区所有人口在建筑行业所具有的现实的(即处在劳动年龄的依法从事建筑业活动的人员，主要指现在在职的从业人员)和潜在的(即尚未投入建设的，将来拟从事建筑业生产活动的人员，以及将来想进入建筑业工作的其他人员)劳动能力的总和；从微观角度来讲，是指建筑企业组织雇用的全部员工所具有的劳动能力的总和。

4.1.2　建筑企业人员的特征

从我国建筑企业自身看，既懂管理又懂技术、掌握网络知识的复合型人员严重不足，尤其是智力密集型的建筑施工企业，高素质复合型人才更为缺乏。很多建筑施工企业施工队伍来自农村，受教育程度较低，从职业技术院校毕业、受过正规训练的技术工人也非常缺乏。同时建筑施工企业用人机制还很不规范合理，对于高素质人才缺乏有效的激励机制。本书将建筑企业人员的特征归纳为以下 5 个方面。

1. 人员的数量很大

随着近 30 年我国经济的持续、快速发展，建筑业已经成为中国国民经济的重要物质生产部门。建筑产业规模不断扩大，建筑产业内的从业人数不断增加。目前，我国的建筑业从业人数约占全世界建筑业从业人数的 25%。建筑业从业人员虽在数量上发展迅速，已经达到较高水平，但在整体素质上与其他行业相比，仍然不高。

2. 人员组成复杂

在大部分建筑施工企业中，有实践操作能力高但学历低的老工人，也有高学历但缺乏工作经验的高校毕业生，还有部分建筑施工企业引进的专家型的管理和技术人员。正是这些不同层次的人员拥有的不同特点和不同的价值目标构成了建筑施工企业人员的复杂性。

3. 人员的流动性

建筑行业本身是一个以所承包的工程和项目为依托的特殊行业。其特点就是没有固定的生产场地和生产部门，建筑行业人员多以施工现场为工作场地，有较高的流动性。工程一结束，职工就从现场撤回。只要新工地开工，他们又面临新的搬迁。施工企业以工程项目建设者的身份，依据每个工程项目的具体情况，灵活地变化其组织管理机构来适应地域、规模大小等的变化。其生命周期仅限在这个项目，当开始下一个项目的时候，机构开始了新的调整。这些都决定了施工企业的流动性和布局分散性的特点。建筑行业本身具有的特性，导致该行业的人员流动性大，结构相对不稳定。

4. 开发难度比较大

我国对建筑企业人员的开发还仅停留在人事管理阶段，由员工自由发展，对员工的管理采取的是粗放的管理方式。

5. 有关的人员评价信息的收集困难

因为建筑施工行业自身的特点和国际市场的开拓，目前建筑施工企业的工程项目除遍及国内，还涉及国外。同时，许多的工程项目地域偏僻，基础设施落后，虽然我国目前信息传输比较发达，但是因为以上原因还是难以及时传递到企业的人员管理部门，使得信息的获得有明显的滞后性。这为及时全面评价人员的管理情况带来很大的困难。

4.1.3 建筑企业人员管理

1. 人员管理概述

人员管理是在人事管理的基础上发展和形成的，是指组织为了获取、开发、保持和有效利用在生产和经营过程中所必不可少的人员，通过运用科学、系统的技术和方法所进行的各种相关的计划、组织、领导和控制活动，以实现组织既定目标的管理过程。人员是一项较复杂的社会系统工程。它既包括战略性的管理职能，如人员规划、控制、开发、教育与培训等；又有技术性的具体管理，如招募甄选、绩效管理、薪酬福利、员工关系管理等。总之，人员管理是具有全局性、系统性和战略性的管理过程。

2. 我国建筑企业人员管理存在的问题

“十二五”时期是我国经济加快转变发展方式的攻坚时期，它为建筑企业发展带来了战略机遇和人才挑战。随着业主对建造品质和服务品质要求的提高、“高大难新”工程的增加，建筑企业从业人员队伍尤其是核心团队建设显得至关重要。

当前建筑行业可持续发展能力不足，发展规模粗放，工业化、信息化、标准化水平落后等因素都制约着企业的发展。首先，建筑企业在人才管理上存在人才流失严重、项目经理短缺等问题，使得人力资源部门工作的侧重点停留在日常事务性工作上，对人力资源管理本职工作几大模块关注度降低；其次，大部分建筑企业流程及制度体系不完善、人才吸纳机制僵化、人才结构不合理、人力资源管理薄弱；再次，《劳动合同法》的出台对企业现行的劳动合同管理模式和人力资源管理形成冲击，使企业面临严重的人力资源调整问题。

(1) 缺乏综合系统的企业人员管理制度。

建筑企业人员管理没有按市场经济方式运行；市场在人员配置中的基础作用不明显；人才使用管理上存在较多问题。很多建筑施工企业人员管理仍然局限于人力资源管理部门，这样就容易造成“头痛医头，脚痛医脚”的状况，没能站到整个企业的高度综合、系统地研究问题，改善企业人员管理现状。

(2) 企业文化建设对员工的凝聚力微弱。

多数建筑企业对企业文化的理解还很肤浅，也没有明确的价值观。企业文化建设的范围狭窄，内容陈旧。由传统的口号式宣传演变而来的文化氛围反而造成僵化、保守、形式主义的形象，不能吸引企业外部的优秀人才。

(3) 人员开发尚未形成制度化和规范化。

存在问题主要表现在部分建筑企业用于培训的计提费用偏低；对培训的重视性不够；培训效果的评估环节比较薄弱。一些企业重使用轻培训，即使培训也只满足证书而忽略培训效果考核，重经验轻潜力，影响企业新员工的士气及企业归属感，缺少员工成长与企业发展的良性互动机制。欠缺员工职业生涯发展系统，缺乏员工职业生涯开发与管理规划。

(4) 缺乏中长期激励机制。

一些建筑企业比较重视薪酬激励，但对工作激励、晋升激励、精神激励等非薪酬性激励重视不够，激励形式较为单一。职工常年流动施工不能按时休假，夫妻常年两地分居，缺乏人性化关怀。没有区分不同类型的管理人员的责任、角色特征和所做的贡献，对所有管理人员均实行岗位效益工资制这种短期激励，缺乏年薪制和股权型激励等中长期激励机制。这样既不利于公司长远目标的实现，也没有体现高管人员和核心技术人才特殊的人力资本的回报要求。

(5) 管理制度执行缺少有效的方案和评价标准。

随着国内市场竞争加剧以及国际市场的开拓，同时由于建筑行业自身的特点，现在很多建筑企业的工程项目遍及国内各地，其中更有部分企业已涉及国际工程。虽然目前的传输十分发达，但是由于许多工程项目的所在地相对较为偏僻，加之企业在网络建设方面还比较落后，因此，对这些分散的人员的评价往往难以及时汇总和传输到人力资源管理部门，即使获得也具有明显的滞后性。这就给全面分析评价企业人员制度的执行效果带来了很大的困难，使制定的制度难以彻底地贯彻执行，一旦在执行上出现了偏差，长此以往会对企业的长久发展带来很不利的影响。

3. 加强建筑企业人员管理的措施

人才管理成为各建筑企业立于不败之地的重要砝码，各建筑企业必须确定“以人为本”的管理理念，建立有效的引进机制，先进的任用机制、科学的评价机制和创新的激励等人力资源管理体系。

(1) 在意识上重视企业人员管理，建立科学的企业人员管理制度。只有加强对建筑企业人员管理的重视，建立合理科学的企业人员管理制度，才能更好地提高企业人员管理的水平，为施工企业提高工作效率创造更高的效益，促进企业进一步的发展。其中的重中之重是人员开发管理制度与水平的高低。只有实行标准化的企业人员管理流程，例如利用计算机管理信息系统，搜集和整理有关企业员工的资料，然后进行合理分析，提出相应的评价体系，建立科学合理的企业人员管理制度，从而为企业的人才选用、培育和成长提供了客观的依据。另外，施工企业为了更好地利用人才资源，可以对人事部门员工进行培训或引进经验丰富的从事人力资源管理工作的员工，为公司的人员管理建设做好实质性的工作。

(2) 塑造好的企业文化管理是建筑企业发展的动力，企业文化是企业的翅膀。这里强调了管理和技术的重要性，而且更加强调了企业文化的重要性。好的企业文化能促使员工产生文化认同及强烈归属感，使企业士气高涨，为企业提高绩效、保留优秀员工及吸引外面的优秀人才起着很大的作用。目前，很多建筑企业难以留住人才的原因就是没有好的企业文化。颓废的、消极的企业氛围以及低俗的文化很难让优秀员工产生认同感，继而影响员工绩效。

(3) 高效人才激励机制提高员工的工作积极性。建筑企业人员管理的终极目标就是通过各种手段激发员工的积极性和主观能动性，在约束员工行为的同时，全方位地激励员工与企业共同发展、共同进步。在目前大部分的施工企业中，激励手段主要与薪酬挂钩。从目前来看，这种激励手段还是卓有成效的。但是，在日渐发展的当代，员工追求的不只是物质上的激励，还包括对精神上的追求，以及是否实现了自我的人生价值。因此，建筑企业在激励员工精神上的满足时，应加大员工对企业的认同感和忠诚度。马斯洛的需求理论指出，人们满足了基本需求后，会更加注重社会、集体的认同感。因此，人员的激励方向应转向提高员工的忠诚度和员工自身价值上来。让员工在参与企业管理的同时，体会到自己是企业的主人公，极大地提高自身工作的积极性。在激励模式的探讨中，我们应该结合中国当前建筑企业的实际情况，借鉴其他国家成熟的经验，建立中长期激励机制，减少员工离职率，将员工与企业捆绑在一起，更好地稳定人才队伍。

(4) 做好对员工的培训，合理确定员工职业规划。建筑企业应坚持“以人为本”的理念，尊重每一位员工，加大对员工的培训指导。加大对企业人力资源管理的投入，强调以人为中心，提高管理者和员工的双向沟通；加强员工培训，既为自己建立了稳定的人才队伍，也提高了企业的内部凝聚力和对外竞争力。例如国内某大型路桥施工企业在企业里挑选出若干名外语基础好、有一定现场施工经验的年轻技术员到某名牌高校进行外语、国际工程管理等方面的培训，一年后，这批人员熟悉了国际工程惯例及相关国际工程管理知识，企业也为自己开拓国际工程市场建立了坚实的人才基础。由此可见，通过为员工提供培训机会，企业和员工实现了双赢的局面，有效地进行了企业人力资源管理。

4.2 建筑企业人员规划

4.2.1 建筑企业人员规划的含义

人员规划是人员管理的重要组成部分。在社会发展变化快、企业间竞争日趋激烈的环境中，任何一个管理者都应该认识到，成功的事业来自于成功的规划，好的规划有助于预见未来，减少未来的不确定性，可以更好地帮助组织应对未来不可预知的各种变化，解决和处理组织遇到的各种复杂的问题。在组织中，如果要成功地进行人员管理，制订切实可行的人员规划是非常重要的。

广义上的建筑企业人员规划指建筑企业所有各类人员规划的总称。狭义指建筑企业从战略规划和发展目标出发，根据其内外部环境的变化，预测企业未来发展对人力资源的需求，以及为满足这种需要所提供人力资源的活动过程。

4.2.2　建筑企业人员规划的内容

1. 建筑企业人员总体规划

建筑企业人员总体规划包括预测的需求和供给分别是多少，做出这些预测的依据是什么，供给和需求的比较结果是什么，企业平衡供需的指导原则和总体政策是什么等。

2. 建筑企业人员业务规划

它包括人员补充计划、人员配置计划、人员接替和提升计划、人员培训开发计划、工资激励计划、员工关系计划和退休解聘计划等内容，如表 4-1 所示。

表 4-1　人员业务规划的内容

规划名称	目　标	政　策	预　算
人员补充计划	类型、数量、层次对人员素质结构的改善	人员的资格标准、人员的来源范围、人员的起点待遇	招聘选拔的费用
人员配置计划	部门编制、人力资源结构优化、职位匹配、职位轮换	任职条件、职位轮换的范围和时间	按使用规模、类别和人员状况决定薪酬预算
人员接替和提升计划	后备人员数量保持、人员结构的改善	选拔标准、提升比例、未提升人员的安置	职位变动引起的工资变动
培训开发计划	培训的数量和类型、提供内部的攻击、提高工作效率	培训计划的安排、培训时间和效果的保证	培训开发的总成本
工资激励计划	劳动供给增加、士气提高、绩效改善	工资政策、激励政策、激励方式	增加工资奖金的数额
员工关系计划	提高工作效率、员工关系改善、离职率降低	民主管理、加强沟通	法律诉讼费用
退休解聘计划	劳动力成本降低、生产率提高	退休政策及解聘程序	安置费用

4.2.3　建筑企业人员规划的类型

1. 按照规划的独立性

按照规划的独立性可划分为独立性的人员规划和附属性的人员规划。

2. 按照规划的范围大小

按照规划的范围大小可以划分为整体的人员规划和部门的人员规划。

3. 按照规划的时间长短

按照规划的时间长短可划分为短期的人员规划(1 年及以内)、中期的人员规划(1 年制至 5 年)和长期的人员规划(5 年以上)。这里要特别指出的是，时间的长短划分是要根据组织具体情况决定的。

4.2.4 建筑企业人员供求预测

1. 建筑企业人员需求预测

1) 建筑企业人员需求预测的含义

建筑企业人员需求预测是指根据建筑企业的发展规划和企业的内外条件，选择适当的预测技术，对人员需求的数量、质量和结构进行预测。与建筑企业人员需求预测相关的变量包括：顾客的需求变化、生产需求、劳动力成本趋势、可利用的劳动力、每一工种所需要的雇员人数、追加培训的需求、每个工种员工的移动情况、旷工趋势、政府的方针政策的影响、劳动力费用、工作小时的变化、退休年龄的变化、社会安全福利保障等。

在明确组织雇员的技能和数量需求时，必须根据组织的特殊环境，认真考虑上述变量，应该把预测看作完善周围的人员需求决策的一个工具。如十八大明确提出，要继续加快我国的城市化进程，到 2025 年城市化率要达到 55%左右，全国城市人口将达到 8.2 亿～8.7 亿。这一宏伟的战略目标，对城市规划、建设和管理方面的专业技术人才提出了急迫的、大量的需求。

另如，按《建设工程监理规范》的要求，每个工程项目监理机构均应有总监理工程师一名、专业监理工程师若干名，且总监理工程师、专业监理工程师应当是国家注册监理工程师，取得全国注册监理工程师有一定的难度，故人员的增加速度并不快。有执业上岗证并拥有签字权的监理工程师数量远远不能满足现在的监理工程量，使得工程监理现场无证且实际管理能力未经有关机构确认的监理人员上岗的现象大量存在，造成监理工作质量难以保证的局面，这就要求高等院校能培养出大量具有专业知识的监理人才，以满足现代建设事业的发展需要。

2) 建筑企业人员需求预测的方法

(1) 德尔菲法。

德尔菲法也称专家调查法，是一种进行人力资源需求预测的方法，是有关专家对企业组织某一方面的发展的观点达成一致的结构性方法。使用该方法的目的是通过综合专家们各自的意见来预测某一方面的发展。

实施德尔菲法需要以下 6 个步骤。

① 组成专家小组。按照课题所需要的知识范围，确定专家。专家人数的多少，可根据预测课题的大小和涉及面的宽窄而定，一般不超过 20 人。

② 向所有专家提出所要预测的问题及有关要求，并附上有关这个问题的所有背景材料，同时请专家提出还需要什么材料。然后，由专家做书面答复。

③　各个专家根据他们所收到的材料，提出自己的预测意见，并说明自己是怎样利用这些材料并提出预测值的。

④　将各位专家第一次的判断意见汇总，列成图表进行对比，再分发给各位专家，让专家比较自己同他人的不同意见，修改自己的意见和判断。也可以把各位专家的意见加以整理，或请身份更高的其他专家加以评论，然后把这些意见再分送给各位专家，以便他们参考后修改自己的意见。

⑤　将所有专家的修改意见收集起来，汇总，再次分发给各位专家，以便做第二次修改。逐轮收集意见并为专家反馈信息是德尔菲法的主要环节。收集意见和信息反馈一般要经过三四轮。在向专家进行反馈的时候，只给出各种意见，但并不说明发表各种意见的专家的具体姓名。这一过程重复进行，直到每一个专家不再改变自己的意见为止。

⑥　对专家的意见进行综合处理。

(2)　统计预测法。

统计预测法是根据过去的情况和资料建立数学模型并由此对未来趋势做出预测的一种非主观方法。统计预测包含 3 个要素，分别为实际资料是预测的依据、经济理论是预测的基础、数学模型是预测的手段。在市场经济条件下，预测的作用是通过各个企业或行业内部的行动计划和决策来实现的；统计预测作用的大小取决于预测结果所产生的效益的多少。

常用的统计预测法有比例趋势分析法、经济计量模型法、一元线性回归预测、多元线性回归预测、非线性回归预测等。

如我国建筑业增加值与建筑业农民工数量之间存在长期的均衡关系。“十一五”期间我国建筑业总产值以年均 22.68%的速度增长，“十二五”规划确定的我国 GDP 年均增长率为 7%，是“十一五”期间增速的 62.5%。因此，保守估计未来五年建筑业总产值以年均 22.68%×62.5%=14.2%的速度增长。同时，根据历年建筑业劳动生产率变化趋势，估计未来五年建筑业按产值计算的劳动生产率以年均 13.1%的速度递增，按照产值劳动生产率法，测算得出未来五年建筑业劳动力数量将以年均 0.97%的速度增长，相应地，建筑业农民工需求量也以年均 0.97%的速度增长。

(3)　工作负荷分析法。

这是一种对企业的人力资源需求数量的短期预测方法。用工作负荷分析法进行短期人力资源需求预测的基本步骤是：由工作量制定生产进程，然后决定所需人力的数量，再从工作力分析入手，明确企业实际工作力和需要补充的人力。

假如建筑领域各类人才与从业人员总数的比例按全国各行业平均水平 18%计算，目前需要 700.74 万人，现在仅有 349.20 万人，总量缺口为 351.54 万人。2012 年，建设类大中专毕业生达到历史最高水平，中等职业教育、高职、高专教育和本科以上教育的毕业生分别为 9213 人、77 564 人和 69 714 人。粗略按当年毕业生全部进入建设行业，且不考虑自然减员等因素，以这样的培养速度满足目前行业的需求需要 18.85 年。可见，建设教育在总规模上与行业需求之间相距甚远。

3)　建筑企业人员需求预测的步骤

人员需求预测分为现实人员需求、未来人员需求预测和未来流失人员需求预测 3 个部分，具体步骤如下。

(1)　根据职务分析的结果，来确定职务编制和人员配置。

(2) 进行人员盘点，统计出人员的缺编、超编及是否符合职务资格要求。

(3) 将上述统计结论与部门管理者进行讨论，修正统计结论。

(4) 该统计结论为现实人力资源需求。

(5) 根据企业发展规划，确定各部门的工作量。

(6) 根据工作量的增长情况，确定各部门还需增加的职务及人数，并进行汇总统计。

(7) 该统计结论为未来人力资源需求。

(8) 对预测期内退休的人员进行统计。

(9) 根据历史数据，对未来可能发生的离职情况进行预测。

(10) 将第(8)、(9)统计和预测结果进行汇总，得出未来流失人力资源需求。

(11) 将现实人力资源需求、未来人力资源需求和未来流失人力资源需求汇总，即得企业整体人力资源需求预测。

2. 建筑企业人员供给预测

1) 建筑企业人员供给预测的含义

建筑企业人员供给预测是人员规划中的核心内容，是预测在未来某一时期，建筑企业内部所能供应的(或经有培训可能补充的)及外部劳动力市场所提供的一定数量、质量和结构的人员，以满足企业为达成目标而产生的人员需求。从供给来源看，人员供给分为外部供给和内部供给两个方面。

(1) 企业所在地区的特征，对外地人力资源的吸引程度。

(2) 宏观经济状况。主要考虑经济增长率和失业率。经济增长率越高，建筑企业的人员需求就会越大，相对于某一企业的人员供给就会减少。失业率越高，人员供给越多。

(3) 科学技术的发展。当新技术出现，旧的技术被淘汰的时候，掌握旧技术的人员供给就会相对增多。

(4) 政策法规。因为一些政策法规的影响，可能一些人力资源并不能形成某些企业的有效供给，比如户籍制度的影响等。另外，对劳动标准执行透明的地区，对人力资源的吸引力更强，会增加供给。

(5) 工会组织。国内来说没有太大影响。

(6) 外部劳动力市场。所在行业人员供需状况、全国大学生毕业人数及流向情况等。

2) 影响建筑企业人员供给预测的因素

影响建筑业劳动力未来供给的因素可归纳为宏观、中观和微观 3 个层面。

(1) 宏观层面。主要有：①国家宏观经济形势和宏观战略导向；包括经济增长速度、城镇化推进速度、区域发展战略等；②国家宏观经济政策特别是产业发展政策，包括产业结构和布局、各产业对劳动力的不同需求等；③我国劳动力总体供求关系、演变趋势及我国劳动力年龄、性别、教育构成；④我国农村劳动力总量、输出量及结构；⑤农村经济发展尤其是中西部农村地区发展对农村劳动力回流带来的影响；⑥农民工社会保障政策对农村劳动力转移的影响；⑦其他影响农民工进城决策的政策。

(2) 中观层面。主要有：①建筑业整体发展状况和对劳动力的吸纳能力；②建筑业的行业比较收益和相对收入水平；③建筑业转型升级速度及劳动条件和工作环境改善程度；④建筑业的社会保障水平；⑤建筑业的发展前景；⑥其他行业的发展状况、收入水平、社会保障水平劳动条件和工作环境等。

(3) 微观层面。主要为影响劳动者个体职业选择和就业稳定性的因素，主要有：①农民工进城创业、就业、安居的意愿及其影响因子；②建筑业现有和潜在劳动力的个人择业观、价值取向或职业取向；③建筑业现有和潜在劳动力的人力资本水平；④建筑业现有和潜在劳动力的主要诉求等。

3) 建筑企业人员供给预测的方法

(1) 替换单法。

此方法是在对人员彻底调查和现有劳动力潜力评估的基础上，指出公司中每一个职位的内部供应源。即根据在现有人员分布状况及绩效评估的资料，在未来理想人员分布和流失率已知的条件下，对各个职位尤其是管理阶层的接班人预做安排，并且记录各职位的接班人预计可以晋升的时间，作为内部人员供给的参考。经过这一规划，由待补充职位空缺所要求的晋升量和人员补充量即可知道人员供给量。

(2) 马尔柯夫模型。

这种方法目前广泛应用于企业人力资源供给预测上，其基本思想是找出过去人力资源变动的规律，来推测未来人力资源变动的趋势。

(3) 目标规划法。

目标规划是线性规划的一种特殊应用，它能够处理单个主目标与多个目标并存，以及多个主目标与多个次目标并存的问题。由美国学者查纳斯(A.Charnes)和库伯(W.W.Cooper)在 1961 年首次提出。

它结合了马尔柯夫分析和线性规划方法，指出员工在预定目标下为最大化其所得，是如何进行分配的。目标规划是一种多目标规划技术，其基本思想源于“目标满意”概念，即每一个目标都有一个要达到的标靶或目标值，然后使距离这些目标的偏差最小化。当类似的目标同时存在时，决策者可确定一个应被采用的优先顺序。

建筑企业管理中经常碰到多目标决策的问题。建筑企业拟订计划时，不仅要考虑总产值，而且要考虑利润、产品质量和设备利用率等。有些目标之间往往互相矛盾。例如，企业利润可能同环境保护目标相矛盾。如何统筹兼顾多种目标，选择合理方案，是十分复杂的问题。应用目标规划可能较好地解决这类问题。目标规划的应用范围很广，包括生产计划、投资计划、市场战略、人事管理、环境保护、土地利用等。

4) 建筑业劳动力供给量现状及产生原因

建筑业未来劳动力供给面临非常严峻的形势。我国劳动人口和农村输出劳动力总量趋于减少的劳动力宏观供给形势，以及劳动参与率降低和实际工时供给减少的趋势，造成建筑业劳动力供给总来源的紧压缩。现有建筑业工人在这一领域工作留下的意愿不高，其中近 1/3 有转行意愿和准备，总体返乡意愿较强，还有不少要退休。一旦有更有吸引力的行业可供选择，其转行的概率很大；一旦家乡产生更大的拉力，其返乡可能性也很大。旺季时沈阳市建筑行业职工达到 38.8 万人，其中农民工 36.2 万人，占到职工总数的 93.3%。而剩余 6.7%的管理人员，大多数由城市人担任，农民工的上升空间极为有限。

建筑业特有的“苦、脏、累、险”和“变”(流动性大)的行业特征是造成其劳动力供给后劲不足的最主要原因。现有建筑业工人(农民工)未来转行意愿较高和其他行业农民工转入建筑业、新生代农民工、城市青年从事建筑业意愿不高的主要原因是：①建筑业劳动强度大，建筑工人工作比较辛苦；②建筑业工作危险系数较高，职业安全性不强；③建筑业收入水平还不够高；④建筑业劳动保障较差。大多建筑企业不给农民工缴纳养老保险，今后养老没有保障；⑤建筑工人社会地位严重偏低，工作不体面，没有尊严感；⑥建筑业接触面太窄，学不到东西；⑦建筑企业对工人不够关心；⑧建筑业工作不稳定，需要随着工程项目地的变化而流动；⑨建筑工地生活太单调枯燥；⑩建筑业工资不能按月结算，且有被拖欠风险。还有较差的社会保障、权益保障和人文关怀。而且，高收入并不一定能留住现有建筑业农民工。

从就业环境、劳动强度、工资待遇、职业地位来看，城市建筑业的就业吸引力无法与迅速崛起的城市新兴产业相竞争、相抗衡。物流、金融、中介、咨询、信息、餐饮、文化娱乐、健康服务、环境服务等城市新兴产业吸引了大量原本可能从事建筑业的新生代农民工，同时还吸引了相当一部分原本在建筑业就业的农民工做出转业的就业决策。随着城市新兴产业的不断涌现和崛起，劳动力供给将进一步发生显著的行业性变化，建筑业劳动力供给正面临着新兴产业快速兴起带来的“挤兑”危机，如不采取措施提高建筑业的就业吸引力，建筑业未来劳动力供给和现有劳动主体的有机更新会出现严重危机。

4.2.5 建筑企业人员配置

1. 项目经理部人员的配置

(1) 项目经理部人员在项目施工现场的人力资源中处于核心地位，可以分为项目经理和其他管理人员。

项目经理必须由公司总经理来聘任，以使其成为公司法人代表在工程项目上的全权委托代理人。

项目经理部其他管理人员配置的种类和总量规模，根据工程项目的规模、建筑特点、技术难度等因素来确定。从其所行使的职能来看，项目经理部应当配置能满足项目正常施工进行的预算、成本、合同、技术、施工、质量、安全、机械、物资、后勤等方面的管理人员。

(2) 项目经理是固定不变的，其他人员可以实行动态配置。

由于实行项目经理负责制，项目经理必须自始至终负责项目施工的全过程活动，直至工程项目竣工，项目经理部解散。

由于在项目施工过程中施工工序和部位是在不断变化的，因此，对项目施工管理和技术人员的需求也是不同的。项目经理部的其他人员可以实行动态配置。当某一项目某一阶段的施工任务结束以后，相应的人员可以动态地流动到其他项目上去，这项工作一般可由公司的人事部和工程部综合考虑全部公司的在建项目进行统筹安排，对项目管理人员实行集权化管理，从而在全公司范围内进行动态优化配置。

2. 劳务人员的配置

劳动力应根据建筑企业承包项目的施工进度计划和工种需要数量进行配置。项目经理部根据计划与劳务合同，接收到劳务承包队派遣的作业人员后，应根据工程的需要，或保持原建制不变，或重新进行组合。组合的形式有 3 种，即专业班组、混合班组或大包队。

4.3　建筑企业人员招聘与培训

4.3.1　建筑企业人员招聘

人力资源已逐渐成为企业发展的战略性资源，拥有更多更好的人才是企业健康、持久发展的前提。招聘作为建筑企业补充新鲜血液的重要途径，在“过滤”和“筛选”人才上具有非常重要的作用。成功的招聘不仅能够迅速、有效地找到合适的应聘者，满足企业用人需求，而且能够从根本上有效控制员工的流失率、降低人力资源的管理费用。

1. 建筑企业人员招聘的含义

建筑企业人员招聘是指在建筑企业总体发展战略规划的指导下，制订相应的职位空缺计划，并决定如何寻找合适的人员来填补这些职位空缺的过程。它的实质就是让潜在的合格人员对本企业的相关职位产生兴趣并前来应聘这些职位。

员工招聘就是企业采取一些科学的方法寻找、吸引应聘者，并从中选出企业需要的人员予以录用的过程，是指按照企业经营战略规划的要求把优秀、合适的人招聘进企业，把合适的人放在合适的岗位。它包括招募、甄选和录用 3 个阶段。

2. 建筑企业人员招聘的原则

有效的招聘必须建立在科学合理的机制之上，应当遵循以下原则。

1)　适用原则

招聘工作的核心是实现所招人员与待聘岗位的有效匹配。企业选人要坚持适用的原则，要把合适的人放在合适的位置做合适的工作，量才适用才能取得最佳效果。如建筑企业每年在重点院校和一般院校都接收一定比例的学生。不要只到“211”“985”高校去招学生，名校固然好，但学生毕竟有限。而且学生上班后会因为身边能人太多而感到竞争的压力巨大，无出头之日，无法施展自身才能，最后只好选择离职或得过且过。

2)　双向选择原则

该原则的内涵是双方都倡导自觉自愿的选择精神，即企业可以根据生产经营的需要自主地选择人才，应聘者可以根据自身的条件自由选择企业。由于这一原则是建立在双方自觉自愿的基础上，这样就容易使企业和员工上下团结一致，为了共同的目标而努力，从而对企业的发展大有裨益。

3)　进行基于行为的面谈原则

由于企业与应聘者之间信息的不对称，造成在面试中难以考查出应聘者的真实能力水平。一个人的实际能力到底如何，必须经过实践的检验，并通过人员访谈和相关信息的收集才可能全面了解。在时间很短的面试过程中，建筑企业对应聘者能力的考查，最好通过基于行为的面谈去了解，即以成功胜任应聘岗位所必须具备的要素作为面谈内容的基础。例如，可以请应聘者结合自己的工作经历，举例谈一下以往的工作是如何做的，本人在这项工作中的地位和作用如何、承担哪些职责，在工作中遇到了什么困难，又是如何解决的，最后的工作效果如何，有哪些经验教训等，通过认真听取应聘者对这些内容的回答，往往能够挖掘出大量可信度高的信息。

4) 效率优先原则

体现在招聘工作中，就是根据不同的招聘要求，灵活选用适当的招聘形式和方法，在保证招聘质量的情况下尽可能降低投入成本。

5) 本地化原则

就是尽量选择企业所在省份的高校或周边省份的高校，学生到企业后对人文和气候都能较好地适应。由于学校招收的本地生源多，可防止学生因离家远而无法照顾家庭而不来单位报到。

6) 行业原则

如铁路施工企业可选择原铁道部所属高校，公路施工企业可选择原交通部所属高校，核工业施工企业可选择原核工业部所属高校，因为学校和企业原都属一个系统，有一定的感情基础和历史姻缘。

3. 建筑企业人员招聘的程序

招聘的最终目的是实现个人与岗位的匹配。一般而言建筑企业的招聘流程基本可以分为以下几个环节。

(1) 由各部门主管根据本部门岗位职责，结合公司战略发展规划，确定本部门的组织架构，并向人事部提出岗位招聘需求，提供详细的招聘计划、职责定位及招聘相关信息。

(2) 人事部根据需求部门实际情况，结合公司人才储备政策，确定招聘计划。

(3) 由人事部通过各种招聘渠道发布招聘信息。

(4) 人事部进行初步建立搜索和筛选工作，将符合基本条件的简历递交给各部门主管或主管指定的部门助理。

(5) 由各部门主管或部门助理对简历进行第二步筛选，选出符合部门要求的简历，并将符合要求的人员简历交人事部约见面试；不符合要求的简历交人事部存档。

(6) 人事部根据各部门主管的要求，安排面试时间。

(7) 应聘人员面试前应当详细填写应聘表格，并将填写完整的应聘表格交人事部招聘专员，由招聘专员负责进行初试，初试的目的是核对应聘信息，并对应聘人员进行初步的了解。

(8) 招聘专员在进行初步沟通后，确定是否进入下一轮面试，原则上除非与招聘要求明显不符的，均应当带给部门主管面试。招聘专员在初步面试后，应当填写面试意见。

(9) 部门主管进行第二轮面试，针对各部门的需求，对应聘人员的技术能力进行考核，部门工作安排进行解释，并将考核意见和面试结论书面记录。

(10) 部门主管面试结束后，将应聘人员带办公室主任面试，办公室针对应聘人员的职业道德和品行操守进行综合考核，并参考部门主管的意见，对应聘人员的薪资待遇进行初步定位。

(11) 部门主管和办公室主任均认为面试合格的应聘人员，带给董事长面试。由董事长最终决定是否录用及录用后的薪资待遇。

(12) 对于决定录用的人员，由人事部做备案，准备入职工作；对于不录用的人员，根据各面试人意见，分别对简历进行销毁、保存、备用。

4. 建筑企业人员招聘渠道

1)　内部招聘

内部招聘是指对建筑企业内部员工按其具备的胜任力进行合理的岗位配置。在企业内部招聘是经常发生的，当一个岗位需要招聘时，管理人员首先想到的是内部招聘是否能解决该问题。内部招聘有两种类型。

(1)　内部提升。

当企业中有些比较重要的岗位需要招聘人员时，让企业内部的符合条件的员工从一个较低级的岗位晋升到一个较高级的岗位的过程就是内部提升。

(2)　内部调用。

当企业需要招聘的岗位与员工原来的岗位层次相同或略有下降时，把员工调到同层次或下一层次岗位上去工作的过程称为内部调用。

2)　外部招聘

外部招聘是指将具有企业需要胜任力的外部人员招聘进来并安置在合适的位置上。外部招聘的主要途径有以下几种。

(1)　校园招聘。

这是招收应届毕业人才的主要途径。各类大中专院校可提供中高级专门人才，职业技工学校可提供初级技工人才。单位可以有选择地去某校物色人才，派人分别到各有关学校召开招聘洽谈会。为了让学生增进对企业的了解，鼓励学生毕业后到本企业来工作，征募主持人应当向学生详细介绍企业情况及工作性质与要求，最好印发公司简介小册子，或制成录像带、印刷介绍图片。有关于建筑企业校园招聘的问题将在本小节的第 5 部分详细说明。

(2)　人才市场。

用人单位可花一定的费用在人才市场摆摊设点，应征者前来咨询应聘。这种途径的特点是时间短、效率高。缺点是，很难招聘到高级人才和专门人才。

(3)　职业介绍所。

普通工人、低级管理人员可利用职业介绍所来获得，通常职业介绍所对用人企业不收费也很热心。

(4)　报纸广告。

各种人才都可以通过在当地发行量大的报纸上刊登招聘广告来获取。报纸广告招聘的优点是适应面广、见效快，当招聘岗位较多时也较经济。报纸广告招聘周末版效果最好。

(5)　网上招聘。

网上招聘是选拔中高级人才和储备人才的一种好的途径。

(6)　猎头招聘。

高级人才和特殊人才最好通过好的猎头公司猎取。不过费用较高，通常要付该职位年薪的 20%。

(7)　员工推荐。

员工推荐其亲戚、朋友、熟人、同乡、校友到企业工作，或为其担保。主要招用初级劳工和核心人员。员工推荐的人员较为可靠而且招募费用较低。但是在选拔中较难做到客观评价和择优录用，容易形成小团体和裙带关系。

5. 建筑企业校园招聘存在的问题

随着全国城镇化进程的加快和宏观经济环境的改善，建筑企业面临新一轮发展机遇，对专业技术人才和管理人才表现出一种强烈的渴望和需求，大中专毕业生作为企业补充管理和专业技术人员的重要来源，越来越受到企业的重视。每年的校园招聘就是一场人才争夺战，大多数建筑企业从前一年的 9 月份中旬开始，到第二年 6 月份才结束，期间耗时、耗力、耗人、耗物。然而结果却往往不尽如人意。针对建筑企业校园招聘工作存在的诸多问题，择其大概，归纳如下。

1) 招聘人员的选择和搭配不合理

招聘过程中，招聘人员的素质直接影响到招聘的质量，而且，学生都是初次与企业进行接触，他们往往会以招聘人员的素质推断该公司的总体状况。懒散、无敬业精神、沟通协调能力差和专业知识欠缺的招聘人员将会破坏企业的形象，使企业难以招到满意的人才。个别建筑企业会派参加工作不久的人员来进行校园招聘，学生问起单位情况、薪酬制度、个人今后发展空间等问题是一问三不知，这势必影响应聘者的热情。

2) 甄选方式简单化和不科学

“只要是土木工程的本科生，是男的，都要。”这样的人员需求信息在建筑企业的校园招聘会上屡见不鲜。这的确说明很多企业甄选方式非常简单和不科学。这种现象的存在其实并不奇怪，因为负责招聘的人由于压力大，通常不愿花时间去分析企业到底需要什么层次的人员，而只用这种办法简化自己的工作。

3) 缺少成本和效率意识

校园招聘并不是跑的学校越多，投入的物力、人力越多，招聘的效果就越好。一些单位经常遇到在一个学校开一场专场招聘会或参加一场学校招聘会，一个学生也没接到的情况，最后耗费了人力、物力、财力但是学生没接几个。因此，提高校园招聘质量的基础是招聘负责人必须知道现在工作情况究竟怎样，如果你无法量度它，你就很难管理和改善它。

4) 招聘程序缺乏完整性和严谨性

校园招聘不只是摆摊、收简历、面试和签约。而是一个循环，包括更多内容，其工作程序为：人员现状调查——拟订接收计划——制作宣传画册——发布招聘信息——接收简历——个别面谈——双方签约——后期服务(实习)——学生宣传企业。在需求信息发布上，一些单位往往忽视了招聘信息的严谨性，每到一个学校都将本企业全年要接收的大学生计划挂出来，未能针对每个学校和已接收学生情况进行调整。

5) 招聘观念陈旧

建筑企业接收大中专毕业生是为了组织未来的发展，必须依据企业发展规划和人才战略进行接收，要注意学历结构、性别比例、性格搭配和每年接收数量。不能因某年某专业学生抢手，就不分成绩好坏、学历高低、能力强弱、性别比例，只要是学该专业的学生都要，某年某专业学生比较好招，就提高应聘条件，要大专的改为要本科，要本科的改为要研究生。

4.3.2 人员甄选与录用

对众多的招聘申请者，需要进行人力资源部的下一项测评即人员甄选。所谓甄选就是对申请者的情况进行甄别和筛选，以确保最合适的候选人得到某一职位。人员甄选与录用的程序如下。

(1) 初选(面试)。人事主管对求职者作初步估计，决定下一轮的候选者。

(2) 求职材料整理。通过求职者填写的申请表来掌握其初步信息，筛选出可供面试者。

(3) 深入的面试。由人事部主持，由有关各方组成招聘专家组。主要了解求职者的更多信息；求职者的激励程度；个人理想与抱负，与人合作的精神。

(4) 核实与评价。有关应聘材料、证件的真实性核对、调查，教育程度与经历评估。

(5) 就业测验。包括：①智力测验，测试学习、分析、解决问题的能力，包括表达、计算、推理、记忆和理解能力；②技能测验，测试某些具体工作所需的特殊技能，如手的灵巧程度、手与眼的协调程度；③熟练度测验，测试某些具体工作所需的熟练程度，如打字、操作电脑、速记；④个性测验，测试其性格类型、事业心、成就欲望、自信心、耐心；⑤职业倾向测验，测试其对某些职业的兴趣和取向。

以上这些测验有的与面试同时进行，有的可以在工作现场或模拟情景，甚至委托专业的人才测评机构进行测试。

(6) 体格检查。

(7) 建议录用。

(8) 直接上司的面试。

(9) 录用。

4.3.3　建筑企业人员培训

员工培训是建筑企业人员管理与开发的重要组成部分，是人力资源资产增值的重要途径，也是企业持续发展、效益不断提高的重要途径。随着建筑业市场经济的快速发展和日趋激烈的市场竞争环境，如何采取有效措施提高员工整体素质，培养一支技术过硬、德才兼备的专家型、学者型员工队伍，是新形势下建筑企业面临的一项重要任务。

1. 员工培训在建筑施工企业中的作用

(1) 提高员工专业技能、综合管理素质，增强企业竞争力。近年来，随着建筑业市场经济快速发展，市场竞争日益激烈，建筑企业施工承包管理模式也由原来的大包逐步向劳务分包、平方米包干形式转变。承包模式的转变意味着建筑业不再仅仅是一个劳动密集型行业，同样需要有大批技术精湛、精通管理的优秀人才来推动它的发展。通过培训不仅能够提高企业管理人员的各项专业技能和综合管理素质，从而建立企业良好的社会形象，增强企业竞争力。

(2) 为企业培养人才、留住人才，促进企业长期发展。企业竞争说穿了就是人才的竞争，人才是企业的第一资源。随着市场的开放、信息交流畅通，企业人才流动也变得更加频繁。建筑企业也面临着关键岗位人才流失的窘境，人才的流失不仅影响了企业的正常生产经营，甚至制约了企业的长期发展。因此，通过企业自身培养的后备力量更能认可企业文化、适应企业的发展需要。一支稳定的、高素质的管理队伍是促进企业长期稳定发展的根本保证。

(3) 促进企业内部交流，增强凝聚力，增进团队协作力。建筑业施工环境特殊，大多数员工的工作地点比较分散，这就造成了企业内各职能部门和项目部之间缺乏有效沟通。不仅如此，在平时的工作中，企业内部很多没有业务交叉的部门及员工之间也是很少沟通。通过培训可以加强企业部门之间、员工之间、企业管理者与员工之间的沟通交往，有利于形成企业内部凝聚力，从而更好地促进团队合作。

2. 建筑企业培训内容

根据建筑企业的发展状况，可将培训内容分为以下 3 个方面。

(1) 专业技能培训。在技术变革突出的时下，虽然员工接收了完整的学校教育，具有一定的理论基础，但是在实际工作中，由于课本知识和实际工作有一定的滞后性，他们在专业知识转化方面可能会遇到一定的困难，因此企业就有必要在这方面着手。

(2) 心态培训。建筑企业的员工来自全国各地，有着不同的成长背景，面临着诸如情感、个人生活、工作成长等诸多问题需要解决，因此组织的介入就显得相当重要，让员工感受到企业的关爱，进而增强他们的归属感。

(3) 人际沟通等综合能力培训。建筑企业新员工除了自身的专业技能培训外，员工最期望接受的就是人际沟通等综合能力培训。

根据建筑企业人员的类型，可以将培训内容划分为对管理人员的培训和对工人的培训。

(1) 管理人员培训。

① 岗位培训，是对一切从业人员，根据岗位或职务对其所需具备的全面素质的不同需要，按照不同的劳动规范，本着“干什么学什么，缺什么补什么”的原则进行的培训活动。它旨在提高职工的本职工作能力，使其成为合格的劳动者，并根据生产发展和技术进步的需要，不断提高其适应能力。包括对企业经理的培训，对项目经理的培训，对基层管理人员和土建、装饰、水暖、电气工程业务、技术人员的培训及对其他岗位的业务、技术干部的培训。

② 继续教育，包括建立以“三总师”(总工程师、总会计师、总经济师，统称三总师。总工程师对工程技术负总责；总会计师对会计事务负总责；总经济师对成本控制、投融资管理负总责)为主的技术、业务人员继续教育体系，采取按系统、分层次、多形式的方法，对具有中专以上学历的管理人员进行继续教育。

③ 学历教育。主要是有计划选派部分管理人员到高等院校深造。培养企业高层次专门管理人才和技术人才，毕业后回本企业继续工作。

(2) 工人培训。

① 班组长培训，即按照国家建设行政主管部门制定的班组长岗位规范，对班组长进行培训，通过培训最终达到班组长 100%持证上岗。

② 技术工人等级培训，即按照原建设部颁发的《工人技术等级标准》和原劳动部颁发的有关工人技师评聘条例，开展中、高级工人应知应会考评和工人技师的评聘。

③ 特种作业人员的培训，即根据国家有关特种作业人员必须单独培训、持证上岗的规定，对企业从事电工、塔式起重机驾驶员等工种的特种作业人员进行培训，保证 100%持证上岗。

④ 对外埠施工队伍的培训，即按照省、市有关外地务工人员必须进行岗前培训的规定，企业对所使用的外地务工人员进行培训，颁发省、市统一制发的外地务工经商人员就

业专业训练证书。

3. 建筑企业培训方法

因地制宜，选择灵活的培训方式。由于建筑施工企业的行业特点，在组织大规模的集中培训上的难度是比较大的。可以采用以下几种形式。

(1) 利用网络等现代媒介，促进员工自学。企业可以购买网络培训课程，然后以项目为单位进行学习；也可以购买音像等易于传播的培训资料，然后通过 QQ 等网络平台在内部进行传播。

(2) 鼓励项目部利用自身条件，以总结会议等形式开展灵活多样的学习。公司应当充分利用项目部在员工培训中的主体作用，鼓励他们采取灵活的方式进行学习，他们对工作难题进行集中探讨，互相扶持，一起进步。

(3) 充满发挥“传、帮、带”的优良传统。按照师带徒的方式，为每位青年员工指定一名经验丰富的管理人员或者技术人员，一对一地指导帮助，对师傅带徒弟情况和徒弟的学习情况同时进行考核，督促新进人员的快速进步。

(4) 一定范围内的轮岗。根据施工企业项目员工的实际特点，我们可以组织项目施工员、质检员、安全员这三大员进行一定的岗位轮换，从而丰富他们的专业视野。

(5) 从工程案例中学习。在一个单位项目完结后，项目部人员由项目负责人主持，对项目的完成情况进行归纳总结，从自我实践中学习，提高工作技能。建筑企业多采用以项目部为单位的组织形式，因此项目部间人员交流机会较少。企业应以工程实际案例为教案，组织各项目部共同参与讨论。项目部间相互学习，推广好的经验，杜绝相同的失误一再发生，扬长避短，有的放矢，对员工的实际工作进行指导。

4.4　建筑企业人员绩效考核与薪酬激励

4.4.1　建筑企业人员绩效考核概述

1. 建筑企业人员绩效考核的含义

建筑企业绩效考核又称建筑企业人员绩效评价、建筑企业人事考核、建筑企业员工考核等，是指建筑企业以战略目标为指引，以既定标准为依据，采用科学的方法，对员工在一定时期内的工作业绩、工作能力、工作态度等进行全面、客观、综合的分析和评价，并将评价结果反馈给员工，做好沟通改进工作，以此作为企业决策依据的过程。

绩效考核的有效实施，有助于调动员工积极性，不断激发员工的潜能，提高工作效率。绩效考核通过对员工个人绩效的改善，不断提升企业的内部管理质量，最终提高企业的整体效益。绩效考核不仅对员工的工作绩效进行考核，还要对员工的工作行为和工作态度进行考核，两者相辅相成，不能只注重工作业绩的考核，而忽略了对员工行为过程的监管和考查，这样有可能滋生有能无德的管理人员。

2. 建筑企业绩效考核的程序

绩效考核的程序一般包括制订绩效考核计划、建立绩效考核指标体系、收集被考核者的信息资料、组织实施考核、考核结果的反馈与改进、考核结果运用 6 个环节，如图 4-1 所示。

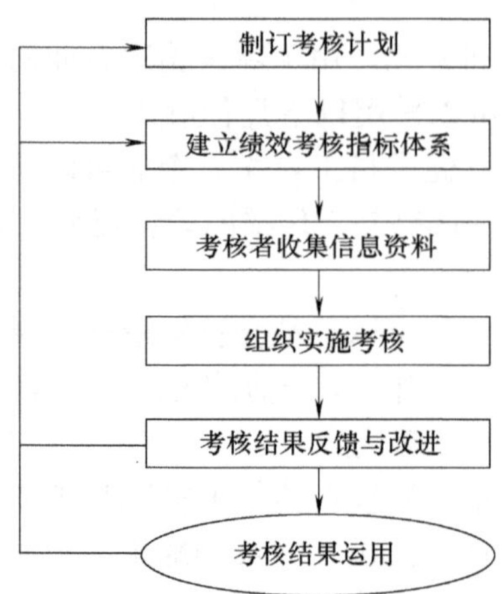

图 4-1　绩效考核的程序

1)　制订绩效考核计划

计划是管理活动的开端，建筑企业在实施绩效考核之前必须先制订有效可行的考核计划。通常情况下，考核的内容及时间是随着考核的目的以及对象的变化而变化的。因此，为了使绩效考核更加公正客观地反映员工的真实绩效，就必须制订一个目标和对象都很明确的考核计划，并据此确定考核的内容、时间、方法等。

2)　建立绩效考核指标体系

绩效考核指标体系的建立是绩效考核的依据与前提。管理者应把指标体系的建立和组织的实际情况结合起来，制定出的指标也必须具体、明确、可行，并能获得组织内绝大部分员工的认可。

3)　收集被考核者的信息资料

建筑企业要指定专人根据具体的绩效考核资料开展考核工作。一般来说考核资料主要为考勤表、工作日志、备忘录、现场视察记录、生产报表、事故报告等。考核者在考核过程中要消除主观偏见，保证考核工作的公平、公正、客观、合理。

4)　组织实施考核

考核者应依据已经制定的考核计划和指标体系，运用恰当的方法对员工和部门进行绩效考核及评价。在考核过程中，考核者、被考核者与人力资源部工作人员之间要保持良好的沟通，确保双方对于考核标准的理解一致，使考核的结果真实有效。

5)　考核结果反馈与改进

作为绩效考核工作最重要的一环，考核者应在考核完成后将考核的结果反馈给被考核者。考核的最终目的是提高企业绩效，因此，考核者应与被考核者进行沟通交流，找出改进绩效的最佳方案，使被考核者能在以后的工作中取得更好的绩效。

6)　考核结果运用

考核结果在公司日常管理活动中的恰当运用能起到激励员工的作用。考核结果主要可以运用于职务调整、薪金分配等几个方面。

3. 建筑企业人员绩效考核方法

1)　360°考核法

360°考核，即全方位考核，是对经营管理者使用较多的一种考核方法。这种考核方法是由被考评者的客户、上级、下级以及同事，一起从不同角度、不同维度对考核对象，进行 360°的全方位考核。这种考核方法更加客观、准确、真实、可信，经营管理人员可以更加清晰地了解自己、鞭策自己，从而激发更大的潜力，加强团队建设，促进企业健康快速发展。

2)　关键业绩指标法

关键业绩指标法，是指根据企业的战略目标设置企业的业绩指标，特别是在某一阶段，根据企业战略要解决的最重要的问题，设置部分关键指标，并以此为绩效考核的方法。建筑企业具有劳动密集型的特点，企业盈利成功的关键是业绩突出，用这一方法加强对企业的绩效考核，将对于建筑企业的发展具有至关重要的作用。建筑企业可以从时间类、质量类、成本类和数量类指标 4 个维度来考虑设置 KPI 指标。

3)　平衡记分卡考核法

平衡记分卡是一套能让高层经营管理者快速、全面考察企业效率的指标，它从财务、顾客以及内部业务和学习成长等 4 个方面来衡量绩效，如图 4-2 所示。这一方法对企业的产出和企业的未来成长，具有直接的评估作用。建筑企业拥有自己的行业特点，其财务是体现企业利润的主要指标，顾客的选择对于企业的生存有着重要的作用，优化内部经营，缩短建筑周期，提高合格率是提高绩效的重要手段。因此，通过平衡记分卡来进行绩效考核，能直观地反映企业发展状况。

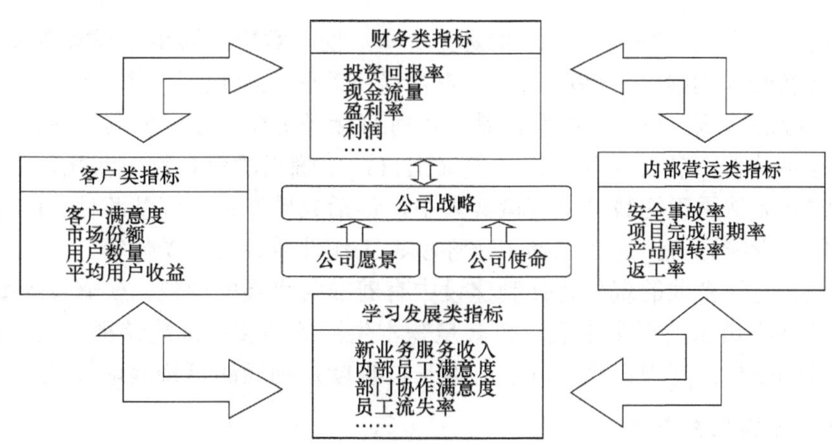

图 4-2　建筑企业平衡计分卡示意图

4)　KRIF 绩效考核法

KRIF 绩效考核法是一个针对员工考核的四要素的绩效考核模式，它分为 KPI 关键绩效指标、RPA 日常绩效评价、IPI 例外绩效事件和 FPP 未来绩效潜力 4 种要素。

(1)　关键绩效指标(Key Performance Indicator，KPI)。

(2)　日常绩效评价(Routine Performance Appraisal，RPA)。

(3)　例外绩效事件(Irregular Performance Incident，IPI)。

(4) 未来绩效潜力(Future Performance Potential，FPP)。

如表 4-2 所示，KRIF 模式中有关不同考核要素的考核周期、考核人、积分方法均不同，KRIF 主要是针对员工绩效考核而提出的，但对于团队考核和部门考核，也同样适用。

表 4-2　普通员工的 KRIF 绩效考核表

考核要素	考核内容	考核周期	考 核 人	计分方法	比　重
关键绩效指标	关键绩效指标	季、月、年	考核组部门负责人	百分加减制	60%
日常绩效评价	职位说明书工作标准	月	部门负责人	百分扣减制	20%
例外绩效事件	突出贡献 严重错误	年	考核组	单项加减分制	
未来绩效潜力	学习与成长	年	考核组	百分基准制	20%

4.4.2　建筑企业人员薪酬激励

建筑企业因其自身的特点，施工地点、地质条件、工程规模、工期要求、施工难度等都千差万别，项目工程部的组建状况也要匹配工程项目情况。建筑企业就目前的生产力水平看，主要还是属于劳动密集型企业，科技含量相对不高，员工基本素质相对偏低，劳动所创造的附加值相对偏少。员工对基本工资依赖性强，由于各项目具体情况的复杂性、合作性、多变性和人员的流动性，制定评价劳动及管理成效标准，建立有效的薪酬激励、约束机制，对于建筑企业的发展至关重要。

1. 薪酬的含义

广义上讲，薪酬包括物质薪酬、非物质薪酬。物质薪酬能够用金钱数量多少来衡量，包括直接经济薪酬和间接经济薪酬两种。直接经济薪酬主要包括工资、津贴、奖金及利润分享等。间接经济薪酬，也称为福利，是指所有直接经济薪酬以外的其他各种经济性补偿，典型的福利包括休假、各种保险等。从狭义上讲，薪酬指的就是物质薪酬。非物质薪酬顾名思义，指的是无法用确切数量来衡量其大小，包括成果型和过程型两种。前者包括职务、成就感、信任、影响力等；后者包括工作环境、工作性质、工作条件等。

薪酬管理在建筑企业的现代化体制建设中有着非常重要的地位，薪酬管理要达到 3 个目的：①能够保证员工的正常生活，也就是基本生活的需要；②能够提高员工的工作积极性，也就是激励效果；③保证企业利润的增长，也就是利润的可持续增长性。

2. 薪酬设计的基本步骤

(1) 确定薪酬支付的策略。了解建筑企业的人力资源状况；制定相应的薪酬策略和付酬原则；确定合适的薪酬方案。

(2) 工作分析。分析胜任某职位所需的知识、技能、责任；设计岗位结构，形成岗位说明书体系。

(3) 职位评价。以具体金额表示每一职务对企业的相对价值，得出企业内部各个职位的相对重要性。

(4) 薪酬调查。调查本地区、本行业及主要竞争对手的薪资状况，及时制定和调整本企业薪酬水平。

(5) 薪酬定位。确定企业内每一职务具体的薪资范围，选择薪酬领先策略、跟随策略或滞后策略。

(6) 薪酬结构设计。明确各岗位和各项工作对公司的相对价值，保持各岗位的实付薪酬与岗位分析结果之间的合理配置。

(7) 薪酬方案的实施和修正。不断地收集实施过程中的反馈意见和建议，并加以合理的修正和完善。

3. 建筑企业人员薪酬激励方案

建筑施工企业的员工具有比较明显的类别差异，主要分成施工人员、项目经理和高级经理人。为此，针对这种人员结构可以采取工资加奖金，年薪制，工资、奖金加股票期权类收入 3 种激励方式。这些激励方式各自有适用的特定员工类别，而实行何种激励方式的依据是在公司付出合理代价的基础上充分地调动该类员工为公司创造效益的积极性。

对于普通施工人员，应该主要实行工资加奖金制度。这种制度的激励内容就是工资和奖金，工资为主，奖金为辅。普通施工人员对公司的主要贡献是付出日常的劳动，所以用于激励这类员工的主要方式是日常工资，即按劳分配的收入。收入的差别主要体现在劳动强度、技能以及环境条件等区别上。同时，为了激励普通员工在工作时能够积极用心，付出高质量的劳动，必须辅以与劳动成果成比例的奖金。总的来说，这种薪酬激励制度存在的变数较小，激励内容跟公司的短期经营状况相关。

对于以项目经理为主的中层管理人员，应该实行年薪制或类似于年薪制的项目经理类管理层的项目薪制。这种制度的内容虽然也是工资和奖金，但是奖金占总激励额度的比例明显上升，而工资占比相对减少。更加主要的特点是奖金发放是集中地放在年末或者项目结束的时候，而发放时通常会截留一定比例(通常不小于 20%)的奖金作为风险基金存入特定员工的风险控制账户。这个账户额度不断累积，直到该员工离职或转岗时全额提取，或者达到约定时限后提取一定的比例(通常不小于 50%)，而将剩余的部分继续截留在这个风险控制账户。提取时可以提取存入的基本金和同时期产生的利息。当项目在运营中产生的利润未达到预定的目标时，会用风险控制账户的基金补偿企业利润收入。这种方式一方面能够激励项目经理人提高项目执行的效益；另一方面也保障了公司的利益。它的特点是将中层管理人员的收入与他们在一定时限内的管理效益紧密挂钩，使他们能够时刻努力地为公司和股东谋取利益。

对于高级经理人级别的人员，应该实行工资、奖金加股票期权类收入的制度。在这种制度中，在公司经营状况良好的前提下，股票期权类收入应该成为高级经理人主要的收入来源。年薪制的激励制度虽然可以同样应用到高级经理人类别，但是它的激励内容主要强调一定时限的管理效益，而为了使激励积极有效，这个时限不宜太长。这样，被激励人会竭尽全力追求指定时限内管辖范围的效益，而忽略公司长期的、整体的效益，缺乏对公司战略发展的促进作用。比如为了保证当前时限的利润率，管理人会否决以提高公司劳动生产率为目标的先进设备采购或先进技术研发。这对公司的长远发展是不利的。所以对于需要从长期的、战略的角度管理公司的高级经理人层级员工，经营优秀的企业都会在激励制度里面引入股票期权类收入，以激励此类员工在制订公司运营方案时充分保障公司长远的利益。

4.5 建筑企业劳动关系管理

4.5.1 劳动关系概述

1. 劳动关系的含义

劳动关系又称为劳资关系，在《中华人民共和国劳动法》中，对劳动关系做了明确的界定，是指劳动者与所在单位之间在劳动过程中发生的关系。《中华人民共和国劳动法》从法律的角度确立和规范劳动关系，是调整劳动关系以及与劳动关系有密切联系的其他关系的法律规范。

《中华人民共和国劳动法》中所规范的劳动关系主要包括以下 3 个法律特征：①劳动关系是在现实劳动过程中所发生的关系，与劳动者有着直接的联系；②劳动关系的双方当事人，一方是劳动者，另一方是提供生产资料的劳动者所在单位；③劳动关系的一方劳动者，要成为另一方所在单位的成员，要遵守单位内部的劳动规则以及有关制度。

2. 劳动关系的基本内容

(1) 劳动者与用人单位之间在工作事件、休息时间、劳动报酬、劳动安全、劳动卫生、劳动纪律及奖惩、劳动保护、职业培训等方面形成的关系。

(2) 此外，与劳动关系密不可分的关系还包括劳动行政部门与用人单位、劳动者在劳动就业、劳动争议以及社会保险等方面的关系。

(3) 工会与用人单位、职工之间因履行工会的职责和职权，代表和维持职工合法权益而发生的关系等。

4.5.2 劳动合同概述

1. 劳动合同的含义

劳动合同是指劳动者与用人单位确立劳动关系、明确双方权利和义务的协议。其条款包括劳动合同期限、工作内容、劳动保护和劳动条件、劳动报酬、劳动纪律、劳动合同终止的条件、违反劳动合同的责任等。订立和变更劳动合同，应当遵循平等自愿、协商一致的原则，不得违反法律、法规。

2. 劳动合同的内容

根据《中华人民共和国劳动法》的规定，劳动合同一般包括以下内容：①合同期限；②工作内容；③劳动保护和劳动条件；④劳动报酬；⑤劳动纪律；⑥劳动合同终止条件；⑦违反劳动合同的责任。除这些必备条款外，当事人还可以协商约定其他内容。即包括法定必备条款和协商条款。法定条款的具体内容，有些也需要协商而定；协商条款的具体内容，有些也需要依据有关规定协商。总之，两种条款的制定，均不能违背合法原则和平等自愿、协商一致的原则。两种条款具有同等法律效力。

4.5.3　集体合同概述

1. 集体合同的含义

集体合同是指企业职工一方与用人单位就劳动报酬、工作时间、休息休假、劳动安全卫生、保险福利等事项，通过平等协商达成的书面协议。集体合同实际上是一种特殊的劳动合同。

集体谈判是签订集体合同的前提，集体合同是集体协商的目的；签订集体合同必须要进行集体协商。

2. 集体合同的内容

集体合同的内容包括：①劳动报酬；②工作时间；③休息休假；④保险福利；⑤劳动安全与卫生；⑥合同期限；⑦变更、接触终止集体合同的协商程序；⑧双方履行集体合同的权利和义务；⑨履行集体合同发生争议时协商处理的约定；⑩违反集体合同的责任；⑪双方认为应当协商约定的其他内容。

3. 集体合同的意义

(1) 集体合同能够纠正和防止劳动合同对于劳动者的过分不公平，使之比较公平合理，也使劳资双方在实力取得基本的平衡。

(2) 许多在劳动合同中难以涉及的职工整体利益问题，可通过集体合同进行约定。

(3) 在劳动合同的有效期内，如果企业经营状况和社会经济形势等因素发生了较大变化，那么可以通过集体合同调整和保障劳动者的利益。

(4) 通过集体合同对劳动关系的内容进行全面规定之后，劳动合同只需就单个劳动者的特殊情况做出规定即可，这样就会大大简化劳动合同的内容，也会大大降低签订劳动合同的成本。

(5) 实行集体合同制度，有利于从整体上维护职工的劳动权益，更好地保护劳动者个人的合法权益，调动职工生产劳动的积极性、主动性和创造性，增强职工的企业主人翁意识，实现《中华人民共和国劳动法》维护职工合法权益的根本立法宗旨，体现中国社会主义市场经济制度的优越性。

(6) 实行集体合同制度，在劳动关系的调整上可以在国家劳动法律法规的调整与劳动合同的调整中间增加集体合同的调整这一层次，实现对劳动关系的多方位、多层次调整。

(7) 实行集体合同制度，有利于更好地发挥工会在稳定企业劳动关系中的积极作用，使工会在协调劳动关系和维护职工劳动权益的职能发挥得更直接、更生动、更有效，使工会的“维权”职能实现法制化。

(8) 实行集体合同制度，有利于缓和解决劳动争议和劳动矛盾，有利于劳动争议案件的减少和处理，有利于职工和企业之间的沟通和理解，有利于维护和发展企业生产经营的良好秩序，促进企业的稳定和发展。

(9) 实行集体合同，有利于政府从救火队到裁决者的角色转变。

4.5.4 劳动争议概述

1. 劳动争议的含义

劳动争议是指劳动关系当事人因劳动权利义务发生分歧而引起的争议。企业劳动争议是发生在企业内部的企业劳动者与企业管理者之间的利益矛盾、利益争端或纠纷。

2. 劳动争议处理的程序

1) 调解

调解是市场经济国家处理劳动争议的基本办法或途径之一。调解分为劳动争议调解委员会的调解和劳动争议仲裁委员会的调解两类。前者是自愿性的，即由当事人决定是否提请劳动争议调解委员会调解；后者是强制性的，即只要提请劳动争议仲裁委员会，就必须进行调解，这也是一项工作制度，一般经调解不成的，才进行裁决。

调解是指企业调解委员会对企业劳动争议所做的调解活动。企业调解委员会所做的调解活动主要是指，调解委员会在接受争议双方当事人调解申请后，首先要查清事实、明确责任；在此基础上，根据有关法规和集体合同或劳动合同的规定，通过自己的说服、诱导，最终促使双方当事人在相互让步的前提下自愿达成解决企业劳动争议的协议。

2) 仲裁

仲裁是指劳动争议仲裁机构依法对争议双方当事人的争议案件进行居中公断的执法行为，其中包括对案件的依法审理和对争议的调解、裁决等一系列活动或行为。

劳动争议仲裁委员会由劳动行政机关代表、工会代表和企业主管部门代表组成，三方代表应当人数相等，并且总数必须是单数，委员会主任由同级劳动行政机关负责人担任，其办事机构为劳动行政机关的劳动争议处理机构。劳动争议仲裁委员会对于劳动争议双方来说是第三者，它的决定无须经双方同意，并具有法律强制力，因而仲裁是比调解更为有效的解决方法。按规定，劳动争议的任何一方不愿调解、劳动争议经调解未达成协议时，均可向劳动争议仲裁委员会提出仲裁申请，并提交书面申请书。

3) 审判

劳动争议当事人不服仲裁，可以在收到仲裁决定书之日起 15 日内向法院起诉，由法院依民事诉讼程序进行审理及判决。法院审判劳动争议的最大特点在于它的处理形式严肃性与权威性及其法律效力。

企业劳动争议的法律诉讼是在法院进行的，法院在处理企业劳动争议的过程中有权采取强制措施；法律诉讼程序相对较为复杂，各种证据和材料的准备相对较为严密；法院的调解或判决具有最终解决争议的效力，可以由自己对争议当事人实施强制执行。

4.5.5 劳动保护概述

1. 劳动保护的含义

劳动保护是指国家和单位为保护劳动者在劳动生产过程中的安全和健康所采取的立法和组织、技术措施的总称。劳动保护是保护从事劳动生产的劳动者。劳动保护的另一个含义是依靠技术进步和科学管理，采取技术措施和组织措施，来消除劳动过程中危及人身安全和健康的不良条件和行为，防止伤亡事故和职业病危害，保障劳动者在劳动过程中的安全和健康的一门综合性科学。

2. 劳动保护的内容

劳动保护包括劳动安全和劳动卫生两个方面。

(1) 劳动安全是指在生产劳动过程中，防止中毒、车祸、触电、塌陷、爆炸、火灾、坠落、机械外伤等危及劳动者人身安全的事故发生。

(2) 劳动卫生是指对劳动过程中的不良劳动条件和各种有毒有害物质的防范，或者是防范职业病的发生。

按照《中华人民共和国劳动法》的规定，用人单位必须建立、健全劳动安全卫生制度，对劳动者进行劳动安全卫生教育，防止事故，减少职业危害；为劳动者提供符合国家规定的劳动安全卫生条件和必要的劳动防护用品，对从事有职业危害作业的劳动者进行定期的健康检查；对从事特种作业的劳动者进行专门培训。

人力资源在现代经济发展中发挥着越来越重要的作用。我国建筑企业在人才储备和技术能力上与美、日等发达国家公司相比有较大的差距。因此，要从如何改进企业人员管理模式以促进人才积累和技术提升，从而提高建筑企业核心竞争力，是一个亟须解决的课题。

建筑企业首先要通过制订人员规划来保证人员管理活动与企业的战略方向和目标相一致，同时还要保证人员管理活动的各个环节相互协调，避免相互冲突。其次，要通过采用一切科学的方法去寻找、吸引那些有能力又有志愿到组织来任职的人员，并从中选出适宜人员予以聘用。再次，企业领导及主管教育培训的职能部门要按照“加强领导、统一管理、分工负责、通力协作”的原则，长期坚持、认真做好培训工作，做到思想、计划、组织、措施落实，使企业的职工培训制度化、正规化。最后，通过科学的方法和客观的标准，对建筑企业人员的思想、品德、工作能力、工作成绩、工作态度、业务水平以及身体状况等进行评价，并建立守法、良好的劳动关系，激励员工上进、为选人、育人、用人提供科学依据。

【案例分析】某建筑公司核心人才的招聘配置规划与选拔培养

1. 项目背景

某建筑工程公司是由中铁三局集团有限责任公司、中国铁道科学研究院、铁道第一勘察设计院、铁道部第三工程局第一工程处职工持股协会和兰州铁一院工程经济咨询公司共同出资组建的，以建筑工程施工为主，同时兼有勘察设计、科学研究、工程监理、技术咨询等功能的国家一级施工企业。主要经营范围包括：铁路、公路、市政、工业和民用建筑、水利、机场、港口、城市轨道交通、地基处理、结构加固等工程的施工、设计与监理；混凝土和土石方等工程新材料及其质检设备的研究、生产与销售；新型轨道结构及与道桥相关技术项目的试验与研究；各类建设工程的技术咨询与服务。现有员工 2661 人，拥有各类先进机械设备 743 台(辆)，资产总值 3.5 亿元，年生产能力 8 亿元。

近几年来，随着国家总体经济的快速发展，给公司带来了良好的发展机遇，取得了辉煌的业绩。但随之而来的问题是人员的数量和质量不能满足企业快速发展的需求，尤其是项目经理、项目总工程师、各专业工程师、项目财务总监等关键岗位的人员出现匮乏。为此，公司领导层在外部咨询机构的协助下从战略的高度对核心人才进行人员需求分析，对公司关键岗位的人员做出2～3年的规划，并制订相应的培养计划，以满足未来公司发展对人员的需求。

2. 项目目标

(1) 对公司的两大关键岗位——项目经理和项目总工程师做出2～3年的人员规划，建立后备人才梯队。

(2) 建立两大关键岗位的胜任力模型，明确选拔的标准和要求。

(3) 根据以上胜任力模型，对这两个岗位可能的后备人才的综合素质进行评价，挑选出这两个岗位的后备人才人选。

(4) 根据两个岗位后备人才的能力素质特点，明确其发展方向、与目标岗位的差距和培养提升要求。

(5) 针对不同岗位后备人才的能力素质特点，制订个性化的职业发展计划与培养计划。

3. 实施方案

1) 前期调研

(1) 调查、收集和整理涉及企业战略决策和经营环境的各种内外部信息。

(2) 收集公司整体战略规划、企业组织结构(尤其是项目管理部的结构设置)、市场预期与规划、新项目规划等数据信息。

(3) 了解公司与两个关键岗位相关的人力资源政策、公司文化特征、公司行为模式特征、薪酬福利水平、培训开发水平、绩效考核制度、在职人员的人事信息、人员的流动率、人员的年龄结构等方面的数据信息，为制订行动计划做准备。

(4) 选取同行业的一些标杆企业(如中铁十二局、二局等)进行调研，了解其在人才的规划和培养方面的成熟做法，为公司的相关决策提供参考。

(5) 在以上调研访谈的基础上撰写《公司关键岗位人力资源诊断分析报告》。

(6) 在以上信息的基础上，利用专业的人力资源需求预测工具和方法(如比例趋势预测法、马尔可夫法、回归分析法、德尔菲法等)，考虑近年来两个岗位的人员流动率分析结果，制订项目管理部中两个关键职位(项目经理和项目总工程师)的职务编制计划(主要是指正副职的设置和后备人才配置的数量、素质和结构要求)，进行两个关键岗位的人员需求预测。

2) 人力资源评估

对现有人力资源进行评价(人力资源普查)，进行内部人力资源的供给预测。

(1) 在工作分析访谈的基础上，分别构建两大关键岗位(或岗位系列)的胜任力模型，明确其岗位任职资格要求。

(2) 确定两大关键岗位后备人选的范围(即接受测评的人员的范围)。

(3) 根据两类岗位的胜任力模型，对这两个岗位可能的后备人才的综合素质进行评价。

(4) 根据后备人才的测评结果，结合两类岗位的胜任力模型，分别提出每一岗位后备人才的继任等级，如：一级继任(★)，即基本适合目标岗位的能力素质要求，当出现岗位空缺时，马上可以继任；二级继任(★★)，即与目标岗位的能力素质要求尚有一定的差距，经过一定的培养和锻炼后可以胜任；三级继任(★★★)，即与目标岗位的能力素质要求有较大的差距，有些能力在短期内也无法加以快速提升，只能重新设计其职业发展计划。

(5) 根据以上评价结果，提出公司内部两类核心岗位人员的供给预测。

(6) 根据公司两类人员的配置计划(人力资源供给预测结果)，制订两类人员的接替和提升计划(接班人计划或后备人才计划)。

(7) 根据人员配置计划的实现情况，分析人员供给的缺口。

(8) 综合以上结果，提出公司内部人力资源的供给预测报告。

3) 分析人力资源供给

对内部人力资源的供给缺口进行分析，对外部人力资源的供给进行预测。

(1) 针对缺口提出弥补方案(外部招聘和内部培养)。

(2) 明确需要外部补充的人员数量、质量和结构等方面要求。

(3) 外部补充人员的来源(社会招聘、校园招聘、短期聘用、人才租赁等)及可靠性分析。

(4) 结合两类岗位人才市场的相关调研和分析，提出外部人力资源的供给预测(分年度)。

为了保证外部补充人员的素质要求，需要在公司内部建立一套较完善的人才评价体系，并对内部评价人员(内部评委)进行相应的培训，以满足公司未来发展对人员评价的要求，同时也可以满足公司内部后备人才评价的要求。

4) 制订人力资源规划

进行供需平衡分析，制订公司的人力资源总体规划。

(1) 人员供给计划——人员供给的方式、人员内部流动政策、人员外部流动政策、人员获取途径和获取实施计划等。

(2) 人员招聘计划——招聘的流程、评价的方法体系等。

(3) 员工培训计划——为了提升两类核心岗位后备人才或企业现有员工的素质，适应企业发展的需要，对相关员工进行培训是非常重要的(根据测评结果进行有针对性的培训)。该培训计划中应包括培训政策、培训需求、培训内容、培训形式、培训考核等内容。

5) 基于测评结果的反馈

(1) 对每一名继任人选的测评结果进行反馈，使其能充分认识到自己的优势和不足，增强自身能力培养与提升的自觉性和主动性。

(2) 以个人职业发展和职业生涯规划指导为切入点，采用一对一沟通的形式，利用个别辅导来促进其准确了解自身综合能力素质状况，为未来的针对性培训发展创造有利的条件。

(3) 与继任人选就其有待发展能力的提升方法进行探讨，并提出相应的培养建议。

6) 提升培训方案

基于测评结果的后备人才能力提升培训方案设计。

(1) 总体要求。

第一，基于测评结果的个性化的培训。

第二，针对目标岗位的培训。

第三，基于组织与个人的途径培训体系。

(2) 相关建议。

① 根据测评结果，结合个人的能力与素质特点及公司对后备人才的发展要求，提出每一名后备人才的使用建议。

② 针对后备人才有待进一步发展的能力和素质，提出相应的培养和提升途径，以此作为公司后备人才能力培养和提升的资源库。

③ 对于“一级继任”和“二级继任”的后备人才，建议针对目标岗位(两类核心岗位)

的要求进行有针对性的培养和使用，对于“三级继任”人员，建议重新设计自己的职业发展计划，在公司和本人对其职业生涯计划确认的基础上，为其设计个性化的培养计划。

④ 由外部测评专家、公司人力资源部或后备人才的直接上级以及后备人才本人三方共同研讨，形成后备人才的个人职业发展与培养计划。

⑤ 公司人力资源部负责分别与后备人才、相关职能部门或责任者(如直接上级)签订《后备人才能力培养与提升目标责任书》，并制定相应的监控措施或制度。

⑥ 具体制订什么样的培养计划，开发什么样的培训课程，需根据对公司两类核心岗位的胜任力模型和个人测评结果的分析后进行相应的设计与开发。

⑦ 后备人才的培训按能力素质的专题进行，如，根据胜任力模型的特点开发 8～10 个专题培训课程，分阶段集中进行专题培训，培训后要求被培训者结合自己的培养计划制订培训的后期跟踪计划，测评机构协助公司人力资源部或后备人才的直接上级对被培训者的执行情况进行监督和反馈。

⑧ 每年对所有的专题进行一次轮训。培训期间，可以适当扩大培训的范围，保证培训人数符合培训形式的要求(如小组活动)。

⑨ 除此之外，公司还应辅以岗位轮换、内部教练(直接上级的指导)、工作经验研讨与分享、项目实践等形式对后备人才的有待提升的能力素质加以培养和强化。

问题:

1. 对该公司进行人员需求和供给预测需要考虑哪些因素?
2. 建立针对项目经理和项目总工程师的胜任力模型，并设计相应的选拔方案。
3. 请设计一份后备人才能力提升培训方案。

本 章 小 结

建筑业是中国国民经济的支柱产业。人力资源是知识经济时代的第一资源，是建筑企业生存发展的必备资源。建筑企业的发展，要靠人才，建筑企业管理者要树立以人为本的管理理念，优化人力资源配置，对员工进行有效培训，建立多方位的激励机制以及注重与员工的情感交流，才能使员工真正在工作中得到心理的满足和价值的体现，进一步推动建筑企业发展。本章阐述内容包括：我国建筑企业人员管理存在的问题；建筑企业人员规划的含义、内容、人员招聘的方法；建筑企业人员培训与绩效考核的方法等。

习 题

一、名词解释

建筑企业人员规划　建筑企业人员需求预测　建筑企业人员供给预测　建筑企业人员绩效考核

二、选择题

1. 建筑企业人员招聘的原则(　　)。

A. 适用原则　　　　B. 单向选择原则

C. 进行基于行为的面谈原则　　D. 广泛化原则
E. 行业原则

2. 对于建筑企业一线工人采取的培训方式有(　　)。
A. 学历教育　　B. 特种作业人员培训　　C. 岗位培训
D. 班组长培训　　E. 技术工人等级培训

3. 针对建筑企业施工人员采取的激励方式为(　　)。
A. 年薪制　　B. 工资加奖金
C. 工资、奖金加股票期权　　D. 提成

4. 针对建筑企业项目经理采取的激励方式为(　　)。
A. 年薪制　　B. 工资加奖金
C. 工资加股权　　D. 工资、奖金加股票期权

5. 针对建筑企业中高级经理人采取的激励方式为(　　)。
A. 年薪制　　B. 工资加奖金
C. 工资、奖金加股票期权　　D. 奖金加期权

6. 成果型非物质薪酬包括(　　)。
A. 工作环境　　B. 职务　　C. 成就感
D. 工作条件　　E. 影响力

7. 直接经济薪酬包括(　　)。
A. 工资　　B. 保险　　C. 津贴
D. 带薪休假　　E. 利润分享

三、填空题

1. (　　)是绩效考核的依据与前提。
2. 劳动争议仲裁委员会由劳动行政机关代表、(　　)和企业主管部门代表组成。
3. 劳动保护包括劳动安全和(　　)两个方面。
4. (　　)是指劳动者与所在单位之间在劳动过程中发生的关系。

四、问答题

1. 简述建筑企业人员的特征。
2. 分析我国建筑企业人员管理存在的问题及改进办法。
3. 试用需求预测和供给预测的方法预测我国建筑企业人员需求和供给状况。
4. 如何优化建筑企业人员配置？
5. 简述建筑企业人员招聘的渠道，并且比较每种方法的优缺点。
6. 简述建筑企业人员培训的方法。
7. 简述分别用 360° 考核方法和平衡计分卡方法对建筑企业进行绩效考核的方法。
8. 请为建筑企业中的施工人员、项目经理和中高层的企业管理人员设计薪酬激励方案。
9. 论述如何在建筑企业建立良好的劳动关系。

第 5 章　建筑企业资金管理

【学习要点及目标】

- 了解建筑企业资金运动过程
- 熟悉建筑企业资金管理的含义
- 掌握建筑企业固定资金管理的内容

【核心概念】

建筑企业资金　建筑企业资金管理　固定资金　流动资金　余额折旧法

【引导案例】 公司支付方式的选择

A 公司是一家从事贸易活动的企业，公司的贸易量很大，不仅资金流入规模很大而且流速也很快。起初，该企业采用的是最原始的支付方式，即支票支付。但是由于公司贸易量较大，每月对外支付的需求可能要达到上万笔以上，采用支票支付势必耗用大量的人力物力，而且手工操作难免会导致失误的发生，又不利于集团总部对于资金的管理。

如何改善 A 公司的支付方式成为比较迫切的需求，为此公司可选择银行的网上支付系统。目前我国的很多银行都开通了这项功能。采用网上支付系统之后，企业只需首次录入客户信息即可，下次进行网上支付的时候可以直接引出，这样大大提高了操作效率、减少了错误的发生。由于网上每个操作员都有自己的登录号和各自的权限，这样一旦发生错误，责任比较容易划分，而且授权设置也防范了企业。另外网上电子银行还能帮助企业进行自动对账，是一个比较高效、自动化、便捷的操作平台。

由于 A 公司属于贸易公司，它在实际管理过程中可能会涉及一些外汇风险的规避、资金融通等问题，需要企业根据实际情况来选择相应的、合适的金融工具。

5.1 建筑企业资金管理概述

5.1.1 建筑企业资金

建筑企业资金是指企业所拥有和支配的财产物资的价值形态。不同规模、不同业务性质的建筑企业，其资金来源及其构成各不相同。

依据来源渠道的不同，建筑企业资金主要包括自有资金、吸收资金、专项资金。自有资金指由国家财政投入的资金(国家基金)和建筑企业内部形成的资金(企业基金)；吸收资金也称“借入资金”，主要是建筑企业向国家银行的借款及结算过程中形成的应付未付款等；专项资金指建筑企业除经营资金以外具有专门用途的资金，专项资金的来源有的由企业根据规定自行提取，有的由国家财政或及有关主管部门的拨付。

建筑企业资金还可做如下分类：按运动领域可分为流通资金、生产资金；按职能形态分为货币资金、生产资金、商品资金；按循环方式及在价值形成中的作用分为生产资料资金、劳动报酬资金；按其价值周转的方式不同，可分为固定资金和流动资金等。

建筑企业生产经营活动的流动性、生产周期长等特点决定其在资金筹措、成本的核算、产品价格的制定、工程价款的结算等与其他类型企业有许多不同。由于建筑企业资金管理牵涉工程投标、材料采购、施工生产、工程竣工结算等多个环节，建立健全资金管理制度能使企业及时发现经营中存在的问题，降低成本以及提高经济效益。因此，做好有效的资金管理是建筑企业各项管理工作的基础。

5.1.2 建筑企业资金循环与周转

资金的循环与周转是资金运动的主要形式。建筑企业将资金运用于施工生产经营过程就形成了资金的循环与周转，这一过程可分为供应过程、生产过程、销售过程 3 个阶段。

随着施工生产经营活动的展开，建筑企业的资金从货币资金形态开始，依次经过供应过程、生产过程和销售过程 3 个阶段，其实物分别表现为储备资金、生产资金、成品资金等不同的形态，最后又回到货币资金形态，这一运动过程称为资金的循环。与之相应，各类资金的不断循环构成资金的周转。

在建筑企业生产经营过程中，企业的资金表现为不同的物质形态，实现着资金的循环与周转。

(1) 购买建筑材料、设备是施工生产的准备过程。在这一阶段，建筑企业的资金转化为储备资金形态，即库存的各类建筑材料、施工机械设备、工具等。

(2) 在建筑产品生产阶段，资金在生产中消耗和劳动者的作用下转化为另一种实物形态，即生产资金和成品资金，即存在于施工现场的半成品和完工的产成品。

(3) 建筑产品完工之后，企业的资金从生产形态转化为产品资金形态，建筑产品生产完成。

(4) 建筑产品销售过程是产品价值的实现过程，在销售过程中，建筑企业销售产品取得收入，企业成品资金又转化为货币资金形态。

5.1.3　建筑企业资金管理的任务

1. 建筑企业资金管理的含义

建筑企业资金管理就是指对建筑企业生产经营活动过程中所需要的各种资金的形成、使用、收入、分配等环节进行的管理。它主要包括固定资金管理、流动资金管理、专项资金管理、经济核算和经济活动分析等内容。

建筑企业资金是生产经营活动过程中不可缺少的要素之一，建筑企业的一切生产经营活动都表现为资金使用和收入的多少，建筑企业资金管理是建筑企业管理的重要内容之一，是一种综合的管理活动。

2. 建筑企业资金管理的任务

近年来，受国家经济体制改革不断深入的影响，企业的资金管理方式有了很大改变，有偿使用资金成为普遍状态。国家的各项建设投资由财政拨款改为建设银行贷款；固定资产的基本折旧基金只上交国家财政 30%，其余留归企业作为更新改造基金，并准许一部分企业留用全部固定资产折旧基金；定额流动资金的来源由国家财政拨款改由银行贷款等。

归纳起来，建筑企业资金管理的任务主要包括以下几种。

(1) 遵守国家财经纪律，保护国家财产。

(2) 组织资金供应，保证企业生产经营需要。

(3) 科学运用资金，降低资金使用成本。

(4) 合理分配利润，提高企业经济效益。

5.2　建筑企业固定资金管理

5.2.1　建筑企业固定资金管理的内容

建筑企业的固定资金是指在企业生产经营活动中，使用价值在多次生产周期内发生作用，其使用寿命超过一个会计年度，价值逐渐转移到建筑产品中去的那部分资金，其物质形态包括各类房屋、建筑物、机器设备、运输工具等。

建筑企业固定资金管理的主要内容有以下几方面。

(1) 定期核定固定资产需用量。

(2) 组织固定资产的采购验收、调配。

(3) 组织固定资产建设与维护。

(4) 核算固定资金增减变化，维护投资者权益。

(5) 定期进行固定资产的清查，及时处理闲置设备。

(6) 按规定提取、使用大修理基金、折旧基金和有关专项基金。

(7) 实行分管责任制，落实提高固定资金使用效果的措施。

5.2.2 企业固定资产的核定

固定资产的核定就是确定建筑企业对固定资产的需要量，它是企业固定资金管理的首要环节。固定资产核定工作是定期进行的，一般安排下列时间。

(1) 新建企业确定施工生产规模时。

(2) 建筑企业施工生产任务有较大调整时。

(3) 计划年度开始时。

(4) 国家规定进行清产核资时。

固定资产的核定主要方法包括以下几种。

(1) 产量定额法。

这是根据企业某项工程计划工程量和各类机械设备产量定额来确定机械设备需要量的方法。其计算公式为

某种机械设备需要量=某项工程计划工程量/单台设备年产量定额　　(5-1)

这种方法适用于主要施工机械设备需要量的核定。

(2) 产值比例法。

这是根据企业计划建筑安装工作量和产值固定资金率来确定固定资产需用量的方法。

其计算公式为

年度固定资产需要量=年度计划建安工作量×产值固定资金率　　(5-2)

其中：产值固定资金率是固定资金占用与完成产值的比值，它一般根据企业历史最好水平结合现实发展情况确定。

该方法适用于行政管理的固定资产、工器具等零星固定资产需要量的核定。

(3) 机种比例法。

这是根据辅助机械与主要施工机械比例关系来确定机械设备需要量的方法。

其计算公式为

辅助机械需要量=主要施工机械数量×辅助机械与主要施工机械的比例　　(5-3)

其中：辅助机械与主要施工机械的比例可根据历史统计资料和机械定额确定。

该种方法于主要施工机械之外的其他辅助机械需要量的核定。

5.2.3 建筑企业固定资产折旧的计算

建筑企业的固定资产折旧是指以货币形式表现的固定资产在使用过程中，由于有形损耗和无形损耗而逐渐减少的转移到产品上去的价值。

在建筑企业生产经营过程中，其固定资产折旧费要按时提取并及时摊入建筑产品成本，其价值从产品销售收入或工程价款收入中收回。我国《企业会计准则》(简称《准则》)和《中华人民共和国企业所得税法》及其实施条例(简称《税法》)，分别对固定资产折旧的提取做了相应规定。

1. 建筑企业固定资产折旧的计提范围

企业应当对所有固定资产计提折旧(不包括已提足折旧但仍继续使用的固定资产和单独计价入账的土地)。

我国税法规定，下列固定资产不得计算折旧扣除。

(1) 房屋、建筑物以外未投入使用的固定资产。

(2) 以经营租赁方式租入的固定资产。

(3) 以融资租赁方式租出的固定资产。

(4) 已足额提取折旧，仍继续使用的固定资产。

(5) 与经营活动无关的固定资产。

(6) 单独估价作为固定资产入账的土地。

(7) 其他不得计算折旧扣除的固定资产。

2. 建筑企业固定资产折旧的计提基数

由于建筑企业的固定资产有不同的来源，有的是外购，有的是自建，应依据不同来源分别确定其计提折旧的基数。

1) 外购的固定资产

《准则》规定：外购的固定资产成本包括购买价款、相关税费、使固定资产达到预定可使用状态前所发生的可归属于该项资产的运输费、装卸费、安装费和专业人员服务费等。

《税法》规定：以购买价款和支付的相关税费以及直接归属于使该资产达到预定用途发生的其他支出为计税基础。

2) 自行建造的固定资产

《准则》规定：自行建造固定资产的成本，由建造该项资产达到预定可使用状态前所发生的必要支出构成。

《税法》以竣工结算前发生的支出为计税基础。

3) 融资租入的固定资产

《准则》规定：在租赁期开始日，承租人应当将租赁开始日租赁资产公允价值与最低租赁付款额现值两者中较低者作为租入资产的入账价值。承租人在租赁谈判和签订租赁合同过程中发生的，可归属于租赁项目的手续费、律师费、差旅费、印花税等初始直接费用，应当计入租入资产价值。

《税法》规定：以租赁合同约定的付款总额和承租人在签订租赁合同过程中发生的相

关费用为计税基础，租赁合同未约定付款总额的，以该资产的公允价值和承租人在签订租赁合同过程中发生的相关费用为计税基础。

4) 投资取得的固定资产

《准则》规定：按照投资合同或协议约定的价值加上应支付的相关税费作为入账价值，但合同或协议约定价值不公允的除外。

《税法》以该资产的公允价值和支付的相关税费为计税基础。

5) 非货币性资产交换取得的固定资产

《准则》规定：企业在按照换出资产的账面价值和应支付的相关税费作为换入资产成本的情况下，发生补价的，应当分别下列情况处理：支付补价的，应当以换出资产的账面价值，加上支付的补价和应支付的相关税费，作为换入资产的成本，不确认损益；收到补价的，应当以换出资产的账面价值，减去收到的补价并加上应支付的相关税费，作为换入资产的成本，不确认损益。

《税法》则以该资产的公允价值和支付的相关税费为计税基础。

6) 债务重组取得的固定资产

《准则》《税法》均以资产的公允价值和支付的相关税费为计提折旧基数。

7) 改建的固定资产

《准则》规定：固定资产的更新改造等后续支出，满足“与该固定资产有关的经济利益很可能流入企业、以该固定资产的成本能够可靠地计量”两个条件的，应当计入固定资产成本，如有被替换的部分，应扣除其账面价值。

《税法》规定除已足额提取折旧的固定资产的改建支出和租入固定资产的改建支出外，以改建过程中发生的改建支出增加计税基础。

8) 盘盈的固定资产

《准则》规定：固定资产盘盈应作为前期差错处理，盘盈时，首先确定盘盈固定资产的原值、累计折旧和固定资产净值，所以盘盈的固定资产根据取得时应确认的价值作为计提折旧基数。

《税法》以同类固定资产的重置完全价值为计税基础。

3. 建筑企业固定资产折旧的计提方法

建筑企业固定资产折旧常用的计提方法主要包括以下几种。

1) 平均年限法

平均年限法又称为直线法，是将固定资产的折旧均衡地分摊到各期的一种方法。采用这种方法计算的每期折旧额均是等额的。计算公式如下：

$$年折旧率=(1-预计净利残值率)/预计使用年限\times 100\% \tag{5-4}$$

$$月折旧率=年折旧率\div 12 \tag{5-5}$$

$$月折旧额=固定资产原价\times 月折旧率 \tag{5-6}$$

这里计算的折旧率是按个别固定资产单独计算的，称为个别折旧率，即根据某项固定资产原值和预计使用年限计算确定的折旧率。通常，企业是按分类折旧来计算折旧率，其计算公式为

某类固定资产年折旧额=(某类固定资产原值-预计残值+

清理费用)/该类固定资产的使用年限　(5-7)

某类固定资产月折旧额=某类固定资产年折旧额/12　(5-8)

某类固定资产年折旧率=该类固定资产年折旧额/该类固定资产原价×100%　(5-9)

分类折旧率计算固定资产折旧，其计算方法简单，但准确性不如个别折旧率。

只有当固定资产各期的负荷程度相同，各期应分摊相同的折旧费时，采用平均年限法计算(式(5-9))折旧才是合理的。

2)　工作量法

工作量法是根据实际工作量计提折旧额的一种方法。这种方法可以弥补平均年限法只重使用时间，不考虑使用强度的缺点，其计算公式为

每一工作量折旧额=固定资产原价× (1−残值率)预计总工作量某项固定资产月折旧额

=该项固定资产当月工作量×第一工作量折旧额　(5-10)

3)　加速折旧法

加速折旧法也称为快速折旧法或递减折旧法，其特点是在固定资产有效使用年限的前期多提折旧，后期少提折旧，从而相对加快折旧的速度，以使固定资产成本在有效使用年限中加快得到补偿。

常用的加速折旧法有两种，即双倍余额递减法和年数和法。

(1)　双倍余额递减法。余额递减法是在不考虑固定资产残值的情况下，根据每一期期初固定资产账面净值和双倍直线法折旧额计算固定资产折旧的一种方法。其计算公式为

年折旧率=2/预计的折旧年限×100%　(5-11)

月折旧率=年折旧率÷12　(5-12)

月折旧额=固定资产账面净值×月折旧率　(5-13)

这种方法没有考虑固定资产的残值收入，因此不能使固定资产的账面折余价值降低到它的预计残值收入以下，即实行双倍余额递减法计提折旧的固定资产，应当在其固定资产折旧年限到期的最后两年，将固定资产净值扣除预计净残值后的余额平均摊销。

例如：某企业一固定资产的原价为 10 000 元，预计使用年限为 5 年，预计净残值 200 元，按双倍余额递减法计算折旧，每年的折旧额为：

双倍余额年折旧率=2/5×100%=40%

第一年应提的折旧额=10 000×40%=4000(元)

第二年应提的折旧额=(10 000−4000)×40%=2400(元)

第三年应提的折旧额=(6000−2400)×40%=1440(元)

从第四年起改按平均年限法(直线法)计提折旧。

第四、第五年的年折旧额=(10 000−4000−2400−1400−200)/2=980(元)

(2)　年数和法。年数和法也称为合计年限法，是将固定资产的原值减去净残值后的净额和以一个逐年递减的分数计算每年的折旧额，这个分数的分子代表固定资产尚可使用的年数，分母代表使用年数的逐年数字总和。计算公式为

年折旧率=尚可使用年限/预计使用年限折数总和　(5-14)

或　年折旧率=(预计使用年限−已使用年限)/预计使用年限×

(预计使用年限+1)÷2×100%　(5-15)

月折旧率=年折旧率÷12　(5-16)

月折旧额=(固定资产原值-预计净残值)×月折旧率 (5-17)

以前例数据说明：若采用年数总和法计算，各年的折旧额如表 5-1 所示。

表 5-1 各年的折旧额计算表

单位：元

年 份	尚可使用年限	原值-净残值	变动折旧率	每年折旧额	累计折旧
1	5	9800	5/15	3266.7	3266.7
2	4	9800	4/15	2613.3	5880
3	3	9800	3/15	1960	7840
4	2	9800	2/15	1306.7	9146.7
5	1	9800	1/15	653.3	9800

从表 5-2 的数值可以看出，年数总和法所计算的折旧费随着年数的增加而逐渐递减，这样以保持固定资产使用成本的均衡性和防止固定资产因无损耗而遭受的损失。

5.3 建筑企业流动资金管理

5.3.1 企业流动资金的核定

建筑企业流动资金的核定就是指为企业规定一个保证正常施工生产需要的流动资金的最低限额。它是企业合理使用流动资金，提高流动资金利用效果的重要一环。

为保证提高企业流动资金利用效果，需做好以下几项工作。

(1) 实行流动资金的分级归口管理。

(2) 搞好材料储备工作，压缩材料库存。

(3) 合理安排施工，缩短建设工期，降低材料消耗。

(4) 及时结算工程价款，抓紧收尾工程。

(5) 做好资金平衡工作。

(6) 加强考核检查。

建筑企业流动资金利用效果考核方法主要有定额天数法、比例调整法和余额计算法。

(1) 定额天数法。

这是根据平均每天垫支的流动资金金额和流动资金完成一次循环所需天数来确定流动资金定额的一种方法。其计算公式为

流动资金定额=计划期内平均每天周转额×定额周转天数 (5-18)

这种方法适用于主要材料、结构件、未完工程及应收工程款等资金定额的计算。

(2) 比例调整法。

这是根据影响流动资金需要量各因素的变动情况进行比例推算，从而确定流动资金定额的一种方法。其计算公式为

流动资金定额=(上年流动资金实有额-不合理占用额)×

(本年年计划工作量/上年实际工作量)×(1-计划期资金节约率) (5-19)

比例调整法适用于低值易耗品、机械配件等多种类价格的材料物资资金定额的计算。

(3) 余额计算法。

余额计算法是以上年结转余额为基础，考虑计划年度流动资金增减变化来确定流动奖金定额的一种方法。其计算公式为

流动资金定额=上年流动资金余额+计划年度增加额-计划年度减少额 (5-20)

5.3.2 计算建筑企业流动资金利用效果的方法

1. 定额天数法

这是根据平均每天垫支的流动资金金额和流动资金完成一次循环所需天数来确定流动资金定额的一种方法。其计算公式为

流动资金定额=计划期内平均每天周转额×定额周转天数 (5-21)

这种方法适用于主要材料、结构件、未完工程及应收工程款等资金定额的计算。

2. 比例调整法

这是根据影响流动资金需要量因素的变动情况进行比例推算，从而确定流动资金定额的一种方法。比例调整法适用于低值易耗品、机械配件等多种类产品价格的材料物资资金定额的计算。

3. 余额计算法

这是以上年结转余额为基础，考虑计划年度流动资金增减变化来确定流动奖金定额的一种方法。其计算公式为

流动资金定额=上年流动资金余额+计划年度增加额计划年度减少额 (5-22)

5.3.3 建筑企业流动资金利用效果分析

1. 流动资金占用率

流动资金占用率是指一定时期每百元商品销售额平均占用的流动资金额，是流动资金平均占用额与生产的产值和取得的销售收入之间的比率，它说明完成每元产值占用多少流动资金的指标，这个数值越小，说明流动资金利用效果越好。其计算公式为

流动资金占用率=计算期流动资金平均占用额/商品销售额×100% (5-23)

2. 流动资金周转天数

流动资金周转天数亦称流动资金周转期，是指流动资金周转一次所需要的天数。其计算公式为

流动资金周转天数=流动资金平均余额×计算期天数 (5-24)

流动资金周转天数说明流动资金周转一次需用多少天的指标，这个数值越小，说明流动资金的利用效果越好。

3. 流动资金周转次数

流动资金周转次数指一定时期内流动资产完成的周转次数，反映投入建筑企业流动资金的周转速度。其计算公式为

$$\text{流动资产周转次数=产品销售收入/全部流动资产平均余额} \tag{5-25}$$

式中：全部流动资产平均余额为期初和期末的流动资产之和的算术平均值。

流动资金周转天数是说明流动资金在一定时期内周转多少次的指标，这个数值越大说明流动资金的利用效果越好。

5.3.4 建筑企业资金预测

建筑企业经营与企业承担施工任务的各个工程项目密切相关，企业的资金收入与支出预测可结合工程项目的收入与支出情况进行预测。

1. 工程项目资金收入预测

在建筑企业生产经营活动中，工程项目资金按合同价款收取的，在实施施工项目的过程中，应从收取工程预付款(预付款在施工后以冲抵工程价款方式逐步扣还给建设单位)开始，每月按进度收取工程进度款，到最终竣工结算，按时间测算出价款数额。

建筑企业管理人员在进行资金收入预测时，一方面要考虑到根据所完成的工程量计算应收取的工程款不一定能按时收到；另一方面还要加强施工管理，确实履行合同中所规定的责任与义务，以避免因违约而造成经济损失。

2. 资金支出预测

建筑企业工程项目资金支出预测与收入预测的方法大体相近，预测的主要依据包括项目成本控制计划、施工组织设计、物资使用量与储备计划等。管理人员根据这些依据可测算出随着工程项目的实施，建筑企业或工程项目每月预计的人工费、材料费、施工机械使用费、物资储运费、临时设施费、其他直接费和企业管理费等各项支出。使整个项目的支出在时间上和数量上有一个总体概念，以满足资金使用的需要。

5.4 建筑企业资金来源与筹措

5.4.1 建筑企业资金来源

建筑企业所需要的资金的来源一般是在承发包合同条件中规定了的，由发包方提供工程备料款和分期结算工程款。

建筑企业资金来源可以分为两大类，即内部资金与外部资金。

内部资金是把股份公司的公积金(留存收益)作为筹措资金的来源；外部资金来源就是向企业外的经济主体获得的资金。建筑企业外部资金的来源渠道主要有 3 种。

(1) 向金融机构筹措资金，例如从银行借贷，从信托投资公司、保险公司等处获得资金等。

(2) 向非金融机构筹措资金，例如通过商业信用方式获得往来工商企业的短期资金来源，向施工设备租赁公司租赁相关生产设备获得中长期资金来源等。

(3) 在金融市场上发行有价证券。股份制建筑企业通过发行有价证券筹集资金，是一种在经济上与战略上有双重意义的选择。

为了保证生产过程的正常进行，建筑企业首先应当充分利用自有资金。因为：①它可以降低企业利息负担，调度灵活，受限制小，有支付保证；②企业在经过收支预测对比之后，按差额筹措资金，避免造成浪费；③建筑企业应把金融市场上利息水平的高低作为选择资金来源的主要标准，尽量利用低利率贷款，即使是用自有资金，也应考虑资金的时间价值。

实践中，一些建筑企业有时会垫支部分自有资金，但这需要在占用时间和数量方面严加控制，以免影响整个企业生产经营活动的正常进行。

5.4.2 建筑企业资金筹措

资金筹措是建筑企业财务管理活动的起点，是企业生存、发展的基本前提，没有资金企业将难以生存，也不可能发展。

所谓建筑企业资金筹措是指建筑企业通过各种渠道和采用不同方式及时、适量地筹集生产经营所需要资金的过程或行为。由于这些资金来源与方式的不同，其筹集的条件、筹集的成本和筹集的风险也不同。因此，建筑企业资金筹集管理的目标就是寻找、比较和选择对公司资金筹集条件最有利、资金筹集成本最低和资金筹集风险最小的资金来源。

建筑企业资金筹措应坚持的基本原则包括以下几项。

(1) 规模适当。合理确定资金需求量，努力提高筹资效率。

(2) 使用方式经济。研究投资方向，提高投资效果。

(3) 及时有效。适时取得资金来源，保证资金投放需要。

(4) 资金结构合理。合理安排资本结构，保持适当的偿债能力，使风险小，成本低。

(5) 来源合理。遵守国家有关法规，维护各方合法权益。

5.4.3 影响建筑企业筹资水平的因素

决定和影响建筑企业筹资水平的因素主要包括以下几点。

1. 建筑企业的实有资本

银行要考察和检查企业的资产负债表和近期的损益表，以其作为决策依据。

2. 建筑企业的信誉

银行很关注建筑企业过去完成工程的质量和工期情况，业主的反映，是否有争议、仲裁和诉讼等，以便观察企业还贷的可靠性。一些建筑企业为贷款而隐瞒自身不良的经营状况，如列出许多已完工程应收款，实际上是由于和业主存在争议而可能无法收回；有时又隐瞒工程的潜在亏损等，这些不诚实行为会给企业信誉带来非常严重的危害。

3. 建筑企业的施工能力和经验

融资机构通常根据建筑企业适应其目前承包的工程任务的情况，以便判断企业的实际施工能力，再决定对其资金支持的态度。

4. 企业承担的承包工程的情况

主要包括工程项目的复杂程度和风险情况以及投标情况、承包这项工程能否取得一定的利润等。银行了解建筑企业在建工程情况的目的是了解他们的在建工程有多少，其进展情况和管理情况，其负债是否超出了它的承受能力等。

一般情况下，建筑企业选择融资对象要考虑的因素主要有以下几种。

(1) 是否受政府和公众信任。

(2) 是否被业主接受。

(3) 是否具有良好的服务质量和办事效率。

(4) 存贷利息、手续费用是否合理，能给予企业一定的优惠待遇。

(5) 是否可以进行国际转汇，以利于企业资金调动。

【案例分析】 山西晋中天宇技术有限公司资金流动性分析

山西晋中天宇技术有限公司是环保科技型民营企业，在其基础上，该公司又组建了太原环保天宇技术有限公司，主营环保节能产品。从事包括洁净燃料的生产及应用技术、型煤专用锅炉、型煤生产设备等产品的生产经营。公司年产“锅炉型煤给煤器及给煤装置”400 套，型煤专用锅炉 100 台，脱硫除尘器 200 台的环保设备厂一座。

天宇公司有正式员工 125 人，专家技术加工产品人员 16 人，从事高新技术开发人员 25 人。其产品“天宇牌型煤”及锅炉改造技术是山西省环保认证产品，公司是环境保护先进集体，并通过 ISO 9001: 2000 国际质量管理体系认证。TY-Ⅲ洁净型煤技术示范项目，列入山西省科技部火炬计划，并且被列为山西省首户进入世界银行全球环境基金贷款担保计划 EMC 的重点单位。

下面是对该公司的存货、流动资金、应收账款等资金流动性情况的分析。

(1) 应收账款周转率。反映了企业应收账款变现速度的快慢及管理效率的高低，应收账款周转率越高，说明其收回越快。反之，说明营运资金过多呆滞在应收账款上，影响正常资金周转及偿债能力。

应收账款周转率=销售收入/ (期初应收账款+期末应收账款)

(2) 应收账款周转天数。表示企业从取得应收账款的权利到收回款项、转换为现金所需要的时间。应收账款周转率越高，说明其收回越快。反之，说明营运资金过多呆滞在应收账款上，影响正常资金周转及偿债能力，如表 5-2 所示。

应收账款周转天数=360/应收账款周转率

=[(期初应收账款+期末应收账款)/2] /产品销售收入

表 5-2 应收账款周转率计算表

项 目	2005 年	2006 年	2007 年
营业收入	3 468 246.4616	6 288 624.71	4 033 056.97
年末数平均应收账款余额		1 602 938.55	2 426 864.19
应收账款周转率(次)		3.92	1.66
应收账款周转期(天)		91.76	216.63

从表 5-2 可看出，该公司 2007 年的应收账款周转率比 2006 年降低了 2.26，应收账款周转率增加了 124.86，这表明在 2007 年公司应收账款变现速度变慢，即管理效率变低。收账速度变慢，账龄变长，资产流动性弱。营运资金过多呆滞在应收。

(3) 存货周转率。存货的周转率是存货周转速度的主要指标。存货周转速度反映存货管理水平，存货周转率越高，存货的占用水平越低，流动性越强，存货转换为现金或应收账款的速度越快。它不仅影响企业的短期偿债能力，也是整个企业管理的重要内容。提高存货周转率，缩短营业周期，可以提高企业的变现能力。

存货周转率=产品销售成本/[(期初存货+期末存货)/2]

(4) 存货周转天数。企业购入存货、投入生产到销售出去所需要的天数。存货周转速度反映存货管理水平，存货周转速度越快，存货的占用水平越低，流动性越强，存货转换为现金或应收账款的速度越快。它不仅影响企业的短期偿债能力，也是整个企业管理的重要内容。提高存货周转率，缩短营业周期，可以提高企业的变现能力。

存货周转天数=360/存货周转率=[360×(期初存货+期末存货) /2]/产品销售成本

如表 5-3 所示，该公司 2007 年存货周转率比 2006 年降低了 1.98，存货周转期增加了 140.20 天，这表明在 2007 年存货占用水平变高，流动性越弱，企业的短期偿债能力及获利能力弱。

表 5-3　存货周转率计算表

项　目	2005 年	2006 年	2007 年
营业成本	30 165 521.22	5 524 429.97	3 552 242.37
存货年末余额	1 546 784.60	1 652 986.78	3 171 218.91
平均存货余额		1 599 885.69	2 412 102.85
存货周转率(次)		3.45	1.47
存货周转期(天)		104.26	244.45

本 章 小 结

建筑企业资金是生产经营活动过程中不可缺少的生产要素，企业的一切生产经营活动都需要资金的使用。建筑企业资金管理是建筑企业管理的重要内容之一，是企业一项综合的管理活动。本章介绍了建筑企业资金的含义以及建筑企业资金循环与周转的方式、企业流动资金利用效果考核方法；阐述了建筑企业固定资产的核定、流动资金核定以及管理方法、资金循环与真正的过程；本章还对比介绍了建筑企业固定资产折旧的几种计算方法的特点。

习　　题

一、名词解释

建筑企业资金　建筑企业资金管理　流动资金　余额折旧法　建筑企业资金筹措

二、填空题

1. 年数和法也称为(　　)，是将固定资产的原值减去(　　)后的净额和以一个(　　)

的分数计算每年的折旧额。

2. 随着生产经营活动的展开，建筑企业的资金从货币资金形态开始，依次经过供应过程、生产过程和销售过程3个阶段，分别表现为(　　)、(　　)、(　　)。

3. 建筑企业的固定资金是指在企业生产经营活动中，使用价值在多次生产周期内发生作用，其使用寿命超过(　　)，价值(　　)转移到建筑产品中去的那部分资金。

三、问答题

1. 简述建筑企业资金的含义。
2. 简述建筑企业资金循环与周转经历的过程和不同的表现形式。
3. 建筑企业外部资金的来源渠道主要有哪些？
4. 描述建筑企业流动资金利用效果的方法。
5. 为保证提高企业流动资金利用效果，需做好哪些工作？
6. 什么是双倍余额递减法，如何用它计提折旧？

第 6 章　建筑企业材料与设备管理

【学习要点及目标】

- 了解建筑企业材料管理的意义
- 熟悉建筑企业材料采购过程及其管理方法
- 掌握建筑企业设备管理内容

【核心概念】

建筑企业材料管理　建筑企业材料采购　建筑企业的机械设备管理

【引导案例】万科企业的建筑材料集中采购 B2B 模式

2014 年的夏天，对于很多房地产开发商来说，面临的是更加严峻的市场竞争。如何更有效地整合资源，发挥规模效益是许多企业管理者关切的问题，万科企业集团管理团队也在思考这个问题。他们经过仔细的调查研究发现：大型跨国制造业企业采购成本几乎占到了销售额的 50%(如其净利润是 5%，即采购支出和净利润是 10∶1 的关系)，这意味着采购建筑材料每节省 1%的费用，就会对利润带来 10%的提升。所以，供应链条的稳定高效不仅可以简化复杂的采购清单，更有利于控制成本并有助于品质管理。

B2B 是企业与企业之间通过互联网进行产品、服务及信息的交换。B2B 模式是电子商务中历史最长、发展最完善的商业模式，能迅速地带来利润和回报。它的利润来源于相对低廉的信息成本带来的各种费用的下降，以及供应链和价值链整合的好处。为此，万科企业集团联合 20 多家国内房地产开发商建立的联动电子商务(www.a-housing.com)，进行建筑材料的集中竞价采购，实施网上采购模式。其中采购模式系统 Buy-sidesystems 是由一个或多个企业联合建立的电子商务系统，实施目的是把市场的权力和价值转向买方。Buy-sidesystems 通常与企业的内网相连，与 ERP 对接。

通过这一系统，万科集团的建筑材料采购电子商务模式实现了线上线下的整合——线上发布采购信息，有资格参与网上竞价的企业进入其联动电子商务网进行一系列资料的获取，并且参与一系列竞价流程；在线下，万科实行的是标准化建筑用料订购会，竞价商家在订购会上提供样品供万科企业材料采购人员进行鉴定，以保证其质量第一位的理念。然后根据双方的进一步协商，最终决定合作的商家和一系列订购配套措施。

6.1　建筑企业材料管理

6.1.1　建筑企业材料管理概述

1. 建筑企业的材料管理的含义

建筑企业的材料管理指对企业施工生产过程所需要的各种材料的计划、订货、采购、运输、保管、发放、使用所进行的一系列组织和管理工作。

建筑材料是建筑企业从事生产经营活动的物质基础，材料管理是建筑企业管理的重要组成部分。建筑企业的生产过程也是各类材料的消耗过程，建筑材料成本在建筑产品成本中所占比重最大，搞好材料管理对于企业降低成本、提高竞争能力、加速资金周转等都有重要的意义。由于在建筑产品生产经营过程中所需要的建筑材料品种、规格多，用量大，质量要求高，占用生产储备资金多，供应不均衡。因此，建筑企业在生产经营活动中需要做好组织材料的供应和管理工作，这是保障建筑企业生产经营目标得以实现的重要环节。

2. 建筑企业的材料管理的意义

1)　建筑材料是企业生产活动顺利进行的物质基础

建筑企业施工生产过程也是材料消耗过程。任何一种建筑材料，如不能在适当的时间，以适当的质量、数量、价格保证供应，都会给建筑企业生产经营过程的正常进行带来影响，严重的会导致施工生产中断，造成作业人员停工待料，直接影响施工计划的完成。因此，要保证施工生产的顺利进行，就必须先做好建筑材料供应的组织管理工作。

2)　优化利用建筑材料，降低建筑工程成本

材料费在建筑产品成本中占有很大的比重，一般为 60%～70%。因此，加强建筑材料的采购、运输、储存保管、领发使用等各个环节管理，可以减少材料损耗，降低材料费用，从而降低工程成本。

3)　合理储备建筑材料，减少流动资金的占用

由于建筑产品生产周期长，材料储备大，储备资金约占全部流动资金的 50%～60%。加速这部分资金的周转，就可以用同样数量的流动资金完成更多的生产任务，或者以较少的流动资金完成同样多的生产任务，从而充分发挥流动资金的经济效果。为此，材料管理部门要在保证生产正常进行的前提下，尽量减少材料储备，加速材料的周转。

4)　保证工程质量和提高劳动生产率

首先，建筑材料质量不合格，运输保管不善导致材料品质降低，都会影响工程质量；其次，由于管理不善造成二次搬运以及材料规格不符搁置待用，会浪费物力和人力，从而降低劳动生产率。所以，建筑企业加强材料管理，通过正确组织订货、验收管理等途径来保证材料质量和价格，对于企业保证施工生产顺利进行，提高经济效益具有重要意义。

3. 建筑材料的类别

由于建设工程项目所需的材料数量大、品种多、供应范围广，建筑材料管理工作纷繁复杂，责任大、任务重。为加强对建筑材料的管理，明确各类材料在生产中的用途和作业十分重要。

建筑材料按其在施工生产中的作用不同，分为以下几种。

(1)　主要材料。它们构成工程实体的各种材料，是完成建筑产品生产的主要材料。如钢材、水泥、木材、砖瓦、石灰、砂石、漆、五金、水管、电线、暖气片等。

(2)　结构构件。包括金属、木质、钢筋混凝土等预制的结构物和构件，如屋架、钢窗、木门、钢筋混凝土墙体、柱等。

(3)　周转使用材料。如脚手架、模板等。

(4)　机械配件。包括机械设备用的零配件，如曲轴、活塞、轴承等。

(5)　其他材料。包括不构成工程实体但工程施工或附属企业生产必需的材料，如燃料、油料、氧气、砂纸、棉纱头等。

按建筑材料的自然属性的作用不同，分为以下几种。

(1)　金属材料。包括钢筋、型钢等各种钢材，金属脚手架，铝丝、铸铁管等。

(2)　非金属材料。包括木材，橡胶、塑料和陶瓷制品等。

按管理方式的作用不同，建筑材料可分为以下几种。

(1)　一类材料。建设单位对技术要求高、价格昂贵、市场差价大、对工程质量及投资影响大的材料物资自行组织采购供应，并交施工单位进行施工。如主要运行设备、电缆、高低压供配电设备、大流量水泵以及配套电器控制测试设备、各类车辆、重要装饰材料等。

(2)　二类材料。对工程无特殊要求的一般建筑材料，包括一般的安装材料与装饰材料，如水泥、黄砂、油漆、电线、保温材料、PVC 管等，可由施工企业按照设计要求组织采购。

6.1.2 建筑材料采购

建筑材料采购是指从制订建筑材料采购计划开始，到采购询价、采购合同签订，一直到建筑材料进入施工现场为止的全过程。

1. 建筑材料采购过程

1) 询价

从建筑材料卖方那里获得所需要的建筑材料的信息——供方资格确认。获取这些信息的渠道包括：招标公告，行业刊物、互联网等媒体，供应商目录，约定专家拟定可能的供应商名单等。

2) 供方选择

一般情况下，备选的材料供应商不得少于 3 个。建筑企业需要根据既定的标准与方法评价并选择满意的供应商。常用评价选择方法有以下几种。

(1) 合同谈判。建筑材料购买和供应双方通过谈判达成一致，签订协议。

(2) 加权方法。把定性数据量化，将人的偏见影响降至最低限度。这种方式也叫“综合评标法”。

(3) 筛选方法。为一个或多个评价标准确定最低限度履行要求。如最低价格法。

(4) 独立估算。采购组织自己编制“标底”，作为与卖方的建议比较的参考点。

(5) 选定供方后，经双方的谈判，建筑材料的买卖双方即可签订材料买卖合同。

2. 建筑材料采购合同管理

采购合同管理是确保材料买卖双方认真履行合同的管理过程，一般包括以下几个方面内容。

(1) 授权承包商在适当的时间进行工作。

(2) 监控承包商成本、进度计划和技术绩效。

(3) 检查和核实分包商产品的质量。

(4) 变更控制，以保证变更能得到适当的批准，并保证所有应该知情的人员获知变更。

(5) 根据合同条款，建立卖方执行进度和费用支付的联系。

(6) 采购审计。

(7) 正式验收和合同归档。

3. 建筑材料采购计划

在建筑企业的各个施工项目部，建筑材料需用计划分为开工前的总备料计划、月份材料需用计划和材料补充计划等类别。企业材料采购部门需用按照工程进度，根据施工图纸或具体需要完成的工作量来编制采购计划。

建筑企业材料采购计划必须经专业技术人员、总工程师、项目经理逐级审核，签字齐全的材料计划是材料采购的重要依据，企业应建立健全有关制度，严禁施工中的无计划采购材料。

建筑材料采购计划的编制材料应准确、及时。计划编制人员应根据工程进度，对不同类型的材料分别制订计划。对于工程项目大量需要的主要材料，如钢材、木材、水泥等，应在开工前提出总需用量计划，将备料计划报送企业或项目经理部；对于周转材料计划，应按照工程的实际进度在需用前一定时间内报送有关部门。采购数量方面应按需采购，在保证施工现场使用的基础上，争取施工现场少存放周转材料。

4. 建筑材料采购方式

1)　企业组织的材料采购

建筑企业所需的建筑材料可以由企业自行采购，即建筑企业自行选择供货单位、供货形式和数量，自主签订订货合同购得各类建筑材料。建筑企业建立统一的供料机构，对工程所需的主要材料、大宗材料实行统一计划、统一采购、统一供应、统一调度和统一核算。这样可以多渠道供料、多层次采购的状态，把材料管理工作贯穿于施工项目管理的全过程，即投标报价、落实施工方案、组织项目管理机构、编制供料计划、组织项目材料核算、实施奖惩的全过程。由企业组织的材料采购有利于建立统一的企业内部建筑材料市场，进行材料供应的动态配置和平衡协调，有利于满足各项目的材料需求。

2)　项目部组织的材料采购

除了由企业组织的材料采购之外，项目经理有一定的材料采购权，主要负责采购供应计划外材料、特殊材料和零星材料等。对企业材料部门的采购，项目管理者也应有建议权。施工项目材料管理的主要任务便集中于提出需用量计划，与企业材料部门签订供料合同，控制材料使用，加强现场管理，提出材料节约措施，完工后组织材料结算与回收等。随着建材市场的扩大和完善，项目经理部的材料采购供应权越来越大。

3)　企业内部建立材料市场

为了适应建筑材料市场化发展的要求，改变传统计划经济体制下承接建设单位来料、按照行政层次逐级申请、分配、领用、核销的运行方式，建筑企业必须以经济效益为中心，在专业分工的基础上，把商品市场的契约关系、交换方式、价格调节、竞争机制等引入企业，建立企业材料市场，通过市场信号、运行规则，促进内部模拟市场运行，满足施工项目的材料需求。

在企业的内部材料市场，企业材料供应部门是卖方，项目管理层是买方。各自的权限和利益由双方签订买卖合同加以明确。除了主要材料由内部材料市场供应外，周转材料、大型工具均采用租赁方式，小型及随手工具采取支付费用方式由班组在内部市场自行采购。

材料内部市场建立后，作为卖方的企业材料部门，同时负有企业材料管理的责任，这些责任主要包括制定本企业材料管理规章制度、发布市场信息、指导编制项目材料需用计划和降低成本计划、检查计划实施情况、总结材料管理经验教训并提出改进措施。

4)　企业材料采购外包

企业材料采购外包是企业将全部或部分的建筑采购业务活动外包给专业采购服务供应商，专业采购供应商可以通过自身更具专业的分析和市场信息捕捉能力，来辅助企业管理人员进行总体成本控制。降低采购环节在企业运作中的成本支出。

建筑材料采购外包的特点，首先，其表现为具有并行的作业分布模式。实行采购外包的建筑企业由于采购业务的精简而在组织结构上具有更大的应变性，可以实现以信息技术为依托实现外部资源的整合。其次，建筑材料采购外包可以使建筑企业专注于主要业务的经营，可有效提升企业核心竞争力。最后，建筑材料采购外包有利于社会生产的专业化水平的提高，实现相关企业一体化经营。

建筑材料采购外包对中小型建筑企业来说，可以有效降低建筑材料采购成本，减少人员投入，减少固定投资，降低采购风险，提高采购效率。因此，建筑材料采购外包是中小型建筑企业有效地降低材料采购成本的有效途径。

建筑企业材料的自行采购与外包过程具有一定的联系。在企业组织材料采购过程中，对于建筑材料的选择、评价和重新评价供方的方式，组织与合格供方签订相关合同或协议的形式以及在"适当时"对供方提出其他要求等，都是外包过程可以借鉴的。

建筑企业自行组织材料采购过程进行控制的目的是确保组织所采购的产品在质量要求、交付和服务等方面符合规定的采购要求。这对于影响组织最终产品质量的产品的采购，有效进行供方选择、评价和重新评价的控制至关重要。对建筑材料外包过程进行控制和管理的目的是确保其满足质量管理体系所要求的过程能力，供应商必须按照组织对过程事先策划的安排进行运作。

建筑企业自行组织材料采购过程的控制主要侧重于产品的监视和测量，其控制对象是产品，控制的主要方式是进货验证。只有在"适当时间"如特殊过程、关键过程或对最终产品构成重要影响时，可向建筑材料供应方提出某些方面的要求，以使建筑材料供应方持续提供符合组织所要求的产品。对建筑材料对外包过程的控制和管理，主要是过程的监视和测量，控制对象是过程，当然也包括对过程的结果(提供的产品)进行验证。否则，无法充分证明其过程具备的能力。

建筑企业自行组织材料采购过程一般不涉及供方产品实现过程的管理，其控制方法紧紧围绕供方所提供的产品、交付和服务等方面进行验证，很少要求建筑材料供应方必须进行原材料进货验证、半成品检验和提供记录或报告。

建筑材料的外包过程既要实施控制，又要进行管理，涉及从输入到输出的整个运作过程。如对产品制造过程的外包，不仅应对其过程实施必要的监视，还应从原材料验证开始，直至最终产品的监视和测量，都保持相应的记录。

建筑企业采购过程的控制的主要责任者是企业的采购部门或供应部门。而外包材料采购过程则把材料的设计和开发过程、产品防护过程(成品的储藏和运输)、产品的监视和测量过程(委托监理部门实施的建房跟踪)等由外包企业组织进行控制。外包过程授权对口部门或由分管负责人实施控制和管理，可取得良好效果，如表 6-1 所示。

表 6-1　××市青少年活动中心建筑材料采购项目成交公告

1. 采购人：××市青少年活动中心 2. 采购代理机构：××省国际招标有限公司 3. 项目名称、项目编号： 4. 项目名称：××市青少年活动中心建筑材料采购项目 5. 项目编号：zzgpxj-2011-185 6. 项目公告日期：二〇一一年八月九日 7. 报价日期：二〇一一年八月十二日 8. 成交供应商及成交金额： a 包：××中金建材物资有限公司　　2 269 328.99 元

b 包：××市瑞博商品混凝土有限公司　　　　　1 018 450 元

9. 公证处：

10. 项目联系人：略

11. 联系电话：略

5. 建筑材料采购业务的账务处理

(1) 建筑企业支付材料价款和运杂费。

按应计入建筑材料采购成本的金额，借记：材料采购科目；按可抵扣的增值税税额，借记："应交税费——应交增值税(进项税额)"科目；按实际支付或应付的款项，贷记"银行存款""现金""其他货币资金""应付账款""应付票据""预付账款"等科目。

小规模纳税人等不能抵扣增值税的，购入材料按应支付的金额。借记：材料采购科目，贷记"银行存款""应付账款""应付票据"等科目。

(2) 购入材料超过正常信用条件延期支付价款。

分期付款购买材料实质上具有融资性质的：按购买价款的现值金额，借记："材料采购"科目；按可抵扣的增值税税额，借记："应交税费——应交增值税(进项税额)"科目；按应付金额，贷记"长期应付款"科目；按其差额，借记"未确认融资费用"科目。

(3) 月末企业将仓库转来的外购收料凭证，按不同情况进行账务处理。

对于已经付款或已开出、承兑商业汇票的收料凭证，按实际成本和计划成本分别汇总。按计划成本：借记"原材料""包装物及低值易耗品"等科目；按实际成本贷记：材料采购科目；实际成本大于计划成本的差异；借记"材料成本差异"科目，贷记"材料采购"科目；实际成本小于计划成本的差异，按上述方式做相反的会计分录。

对于尚未收到发票账单的收料凭证，可按计划成本暂估入账，借记"原材料""包装物及低值易耗品"等科目，贷记"应付账款——暂估应付账款"科目，待下月初用作相反分录予以冲回。下月付款或开出、承兑商业汇票，借记材料采购科目和"应交税费——应交增值税(进项税额)"科目，贷记"银行存款""应付票据"等科目。

(4) 材料采购科目的期末借方余额，反映企业已经收到发票账单付款或已开出、承兑商业汇票，但尚未到达或尚未验收入库的在途材料的采购成本。

【例 6-1】某一建筑企业向一个建筑材料销售公司购入 A 材料 300kg，价款 90 000 元，购入 B 材料 700kg，价款 140 000 元。其中，增值税进项税额 39 100 元，款项尚未支付。

借：材料采购——A 材料　　　90 000
　　　　　　——B 材料　　　140 000
　　应交税费——应交增值税　　39 100
　　贷：应付账款——金山公司　　　　269 100

【例 6-2】以银行存款支付采购运杂费 1500 元。

运杂费分配率=1500÷(300+700)=1.5(元/kg)

A 材料负担=300×1.5=450(元)

B 材料负担=700×1.5=1050(元)

借：材料采购——A 材料　　450
　　　　　　——B 材料　　1050

贷：银行存款　　　　　　1500

运杂费的分摊标准：数量、重量、体积或买价金额。

【例 6-3】结转验收入库 A、B 材料的实际采购成本。

A 材料的采购成本=90 000+450=90 450

B 材料的采购成本=140 000+1050=141 050

借：原材料——A 材料　　90 450

　　　　——B 材料　　141 050

　贷：材料采购——A 材料　　90 450

　　　　　　——B 材料　　141 050

【例 6-4】开出转账支票，以银行存款偿还某公司的账款 269 100 元。

借：应付账款——金山公司 269 100

　贷：银行存款 269 100

【例 6-5】京龙建筑工程公司 8 月 5 日，从宏茂建筑材料销售公司购入甲材料一宗，计 3000kg，材料验收入库，但尚未收到结算凭证，料款尚未支付，合同价不含税价每千克 2 元。9 月 10 日，上述材料到达企业，材料含税价 1.90 元，货款及税款均以银行存款支付。

(1) 企业原材料采用实际成本核算方法，材料暂估价按合同价确定，其会计处理如下。

8 月 31 日，会计处理为

借：原材料——甲材料　　　　　　6000

　贷：应付账款——暂估应付账款　　　6000

9 月 1 日，会计处理为

借：原材料——甲材料　　　　　　6000

　贷：应付账款——暂估应付账款　　　6000

9 月 10 日，会计处理为

借：原材料——甲材料　　　　　　4871.79

　应交税费——应交增值税(进项税额)　828.21

　贷：银行存款　　　　　　　　　　5700

(2) 若企业原材料采用计划成本核算，计划单价为每千克 2 元，暂估价应按计划价，其会计处理如下。

8 月 31 日，会计处理为

借：原材料——甲材料　　　　　　6000

　贷：应付账款——暂估应付账款　　　6000

9 月 1 日，会计处理为

借：原材料——甲材料　　　　　　6000

　贷：应付账款——暂估应付账款　　　6000

9 月 10 日，会计处理为

借：物资采购——甲材料　　　　　4871.79

　应交税费——应交增值税(进项税额)　828.21

　贷：银行存款　　　　　　　　　　5700

借：原材料——甲材料　　　　　　6000

贷：物资采购——甲材料　　　　　　　　　　4871.79
　　材料成本差异——原材料　　　　　　　　1128.21

6.1.3　建筑材料现场管理

建筑材料现场管理是建筑企业在生产过程中，根据工程施工场地环境、材料保管、运输、安全、费用支出等需要，采取科学的技术、方法和手段，从材料进场到成品产出的全过程中所进行的材料管理。

1. 建筑材料现场管理的任务

(1) 施工现场材料管理规划。设计好总平面图，做好预算，提出现场材料管理目标。

(2) 按施工进度计划组织材料分期分批进场。既保证需要，又防止过多占用存储场地(或仓库)，更不能形成大批工程剩余材料。

(3) 按照各种材料的品种、规格、质量、数量要求，对进场材料进行严格检查、验收，并按规定办理验收手续。

(4) 按施工总平面图要求存放材料，既方便施工，又保证道路畅通，在安全可靠的前提下，尽量减少二次搬运。

(5) 按照各种材料的自然属性进行合理码放和储存，采取有效的措施进行保护，数量上不减少，质量上不降低使用价值。因此，要明确材料保管责任。

(6) 按操作者所承担的任务对领料数量进行严格控制。

(7) 按规范要求和施工使用要求，对操作者手中的材料进行检查，监督班组合理使用，节约用料。

(8) 用实物量指标对消耗材料进行记录、计算、分析和考核，以反映实际消耗水平，改进材料管理。

2. 建筑材料现场管理的内容

1) 施工前的材料现场管理

为保证施工生产顺利进行的需要，建筑企业应在工程项目开始施工前，做好各类建筑材料的准备，具体工作包括以下内容。

(1) 调查现场环境。依据工程合同的有关现场管理的规定进行。包括工程地点及周围已有建筑、道路交通、运输条件，主要材料、机具、构件需用量、施工方案、施工进度计划、需用人数、临时建筑及其用料情况等方面的了解。

(2) 参与进行施工平面使用规划。材料管理部门在参与施工平面使用规划时，需要注意如下问题。

① 选择合适的材料存放地点。尽量使材料存放场地接近使用地点，以减少二次搬运，提高劳动效率；选择不能影响施工用地，避免倒运。

② 科学计算现场存放各类建筑材料的存放负荷。计算出存料场地应能满足工程施工最大存放量。

③ 建设材料存放场。露天料场要平整、夯实、有排水设施，现场临时仓库要符合防火、防雨、防潮、防盗的要求。

④ 现场运输道路要符合道路修筑要求。保障运输车辆在施工现场区域的道路循环畅通，进入工地现场的运输车辆有周转余地，施工场地有排水措施。

2) 施工过程中的材料现场管理

(1) 建立健全材料现场管理责任制。项目经理全面负责，划区划片，包干到人，定期组织检查和考核。

(2) 加强现场平面管理。要根据不同施工阶段材料供应品种和数量的变化，调整存料场地，减少搬运，方便施工。

(3) 有计划地组织材料进场。要掌握施工进度，搞好平衡，及时提供用料信息，按计划组织材料进场，保证施工需要。

(4) 保持存料场地整齐清洁。各种进场材料、构件要按照施工总平面图堆放整齐，做到成行、成线、成垛、成堆，经常清理、检查。

(5) 认真执行材料现场收、发、领、退、回收管理标准，建立健全原始记录及台账，定期组织盘点，抓好业务核算。

(6) 严格进行使用中的建筑材料管理。可采取材料使用承包制和限额领料等形式，监督和控制班组合理用料，加强检查，定期考核，努力降低材料消耗。

3) 竣工收尾后的材料现场管理

其主要工作内容包括以下几个方面。

(1) 估计未完工程用料，在平衡的基础上，调整原用料计划，控制进场，防止剩余积压，为完工清场创造条件。

(2) 提前拆除不再使用的临时设施，充分利用可以利用的旧料，节约费用，降低成本；及时清理和处理各种破碎、旧、残料和建筑垃圾等。

(3) 及时组织回收退库，对设计变更造成的多余材料，以及不再使用的周转材料，抓紧回收，以利于竣工后迅速转移。

(4) 做好施工材料现场的收、发、存和定额消耗的业务核算，办理各种材料核销手续，正确确定实际耗料状况，在认真分析的基础上找出经验与教训，在新开工程上加以改进。

3. 建筑材料现场管理制度

(1) 仓库管理制度。仓库管理制度主要包括以下制度。

① 各类人员的工作岗位责任制度。

② 物资收、发、存、交接、验收、入库制度。

③ 库存物资技术检验制度。

④ 账物盘点制度。

⑤ 仓库值班制度。

(2) 修旧利废制度。

(3) 报损、报废、盈亏处理制度。

(4) 安全管理制度。

4. 建筑材料仓库设施和货场货位布置

建筑材料仓库的合理布置对其使用、运输的经济和安全性影响很大，对于合理组织各项运输作业和降低仓库业务费用起很大作用。

在建筑企业施工现场，建筑材料仓库的布置应遵守以下原则。

(1) 仓库及料场容量应适应对该使用点供应间隔期的最大库存量的要求。

(2) 尽量靠近用料点，以减少搬运次数和缩短运距，避免搬运损耗。

(3) 临时仓库和料场要有合理的通道，便于吞吐材料，同时应符合防水、防雨、防潮、防火等要求。

6.1.4　建筑材料仓库管理工作

对于各类建筑材料验收，要做到准确、及时。即对于验收入库的建筑材料、施工所用各类工具等物资的品种、规格、质量、数量、包装、价格及成套产品的配套都要认真检查，准确无误；准确执行合同有关条款。要在规定的时间内及时验收完毕，及时提出验收记录，以便拒付货款或在 10 天内向供方提出书面异议。

1. 建筑材料验收程序

(1) 验收准备工作。收集有关资料，准备材料计量、检验、搬运工具，安排材料堆放位置及保护措施，安排好搬运人员。

(2) 对材料的核对工作。材料验收前要认真核对资料，包括订货合同。供方发票、装箱单、磅码单等与品种、规格、数量及交货时间核对；产品质量证明书，化验单，说明书与有关质量标准核对；承运单位的运单与发货时间核对，如运输中的残损、短缺、变质应有运输单位的运输记录。材料验收必须有证据，没有证据或证据不全一般不验收。

(3) 检验实物。核对证据资料后进行实物验收。

2. 建筑材料的质量验收及数量验收

对建筑材料的质量验收包括外观质量和内在质量。其中外观质量以仓库验收为主，内在质量即物理、化学性能，需要提供有质量证明书，所列数据应符合标准规定，方可视为合格；没有相关质量证明的需要组织检验，合格后方可办理验收手续。另外，如果供货单位按合同规定附有材料质量证明，而发货时未附质量证明者，收货方可拒付货款，保存材料，并立即向供方索要质量证明。供方应立即补送，超过合同交货期补交的，即作逾期交货处理。

建筑材料的数量检验由材料仓库负责方组织进行检验。其中计重的材料一律按净重计算，计件的材料按件数清点；按体积供应者应检尺计方；按理论换算供应者，应检尺换算计量。标明重量或件数的标准包装，除合同规定抽验方法和比例外，一般是根据检查情况而定。成套设备必须与主机、部件、零件、说明书等质量证明材料配套保管。

相关入库手续的办理。建筑材料验收入库后，需根据材料的数量、质量的实际情况及时办理入库手续，填制“材料验收入库验收单”。该单据是材料采购人员、库管人员办理交接手续，分清责任以及登记有关会计账簿的依据。

6.1.5　大宗建筑材料的现场管理

所谓大宗建筑材料是指砖、砂、石、石灰等用于混凝土、砌筑和粉刷等材料。这些材料在建筑企业施工生产过程中使用量大、运输频繁。由于多为施工现场直接验收，往往是导致施工现场混乱的重要因素，是施工现场管理的重点。

1. 石灰的验收

石灰验收应检查质量及过磅。对于散石灰，在无法过磅的情况下，应根据体积和重量的换算关系，换算重量。验收时在运输工具上或卸货堆好后用尺量方，根据容重计算，或取一定体积的石灰称重量。

2. 砂石的验收

建筑施工中所用的砂石有粗、中、细和特细 4 种，根据工程要求结合资源条件，经过试验后选用。砂的质量应符合质量证明书。

3. 砖的验收

建材管理部门对各式砖、砌块的规格和技术要求及外观等级划分均有明确的规定，这些规定就是验收的标准。验收时一是应符合质量证明书，包括标号、抗压、抗折强度，抗冻性及吸水率等指标；二是外观检查砖的外形、颜色及声音。砖的外形要方正，尺寸正确，棱角整齐，不得有弯曲和杂质造成凸凹，颜色要纯正，不得有铁锈色、焦黑色的过火砖，或淡黄色、敲之声哑的欠火砖。

4. 水泥验收

水泥验收要求主要包括以下 3 点。

(1) 根据通知单核对实物包装上的厂名、品种标号、出厂日期是否相符，然后点数验收。水泥厂在水泥发出 11 天内寄发水泥试验报告单。

(2) 水泥每袋重 50±1kg。重量验收采取抽查的方法，如超过规定，填写验收记录，应通知供应单位补足或按合同规定处理；对于破损袋，应重装袋并再次过磅计重。

(3) 散装水泥由于采用专用车运送，可实行出厂(库)过磅，现场检查过磅验收，在条件允许的情况下，可对散装水泥汽车进行复验。

6.1.6 各类施工用周转材料的管理

周转材料是建筑企业施工生产中重复使用的工具性的材料，属于劳动资料。主要包括各类模板、脚手架及跳板等。施工用周转材料数量大，需要费用较大，周转时间长，是建筑施工不可缺少的工具。

1. 模板管理

模板是浇灌混凝土构件的重要工具。模板的种类很多，主要有木模板、钢模、胶合板模板、铝合金模板、塑料模板、钢丝网水泥模板、玻璃钢模板、防水纸模板及现场浇灌的砖模等。推广使用组合钢模板是施工生产技术的发展方向，建筑企业需要重视组合钢模板的管理问题。通常情况下，组合钢模板的经济效果主要由周转次数决定，而提高周转次数的关键在于其保养维修和管理，否则会造成严重的损失和浪费。

组合钢模板的管理需要做好以下工作。

(1) 建立岗位责任制。钢模板管理根据具体情况而定，一般实行一级供应，分级管理，分级核算。对于远离企业的项目，应建立的钢模租赁部门，负责钢模板及配件的加工订货、入库验收、承包租赁业务，统一平衡调度并指导和监督合理使用，编制业务报表，进行维修保养。施工现场钢模组负责接施工图设计，编制需用计划并签订租赁合同，组织现场验收和使用与周转，监督施工人员组按规定合理使用，搞好维修保养。

(2) 建立钢模板管理制度。建立适合企业的钢模管理制度。如租赁制、承发包制、奖惩制、维修保养制、指标考核等到度。

(3) 集中管理，实行对内租赁、包安包拆。由企业钢模板供应站集中管理，对内租赁，承包公司内的模板安装和拆除任务。钢模板租赁业务可采用 3 种形式：一是建筑施工企业内部核算的租赁站，以对内租赁为主，有多余时也可以对外租赁；二是由钢模板生产厂商或有关企业组成的钢模板租赁业务；三是木材公司经营的钢模板租赁业务。

2. 脚手架管理

脚手架是建筑施工必不可少的周转性材料。传统施工作业基本上用木、竹脚手架，近年来已逐步采用钢管脚手架。钢管既是脚手工具，又是组合钢模板的支承架，搭成井架还可作垂直运输工具。

脚手架的搭设方法很多，如固定式、活动式、桥式、挑梁式等，用途广泛，拆装方便，强度高，安全性好，坚固耐用。但投资大、使用期长，必须加强管理，提高周转速度和降低消耗，保证施工生产任务的完成。

在建筑企业施工生产过程中，脚手架的使用往往采用出租单位与施工单位之间的租赁制。费用上是按日计租金，损失赔偿，即使用单位内与架子工班组之间实行脚手架费用包干制，由施工队负责工期，由架子工负责脚手架搭设拆除、保养管理。

脚手架费用包干管理的主要内容包括：①架工班对脚手架工程包搭设、包拆除、包维修保养、包管理，并且还负责代表施工队向出租单位办理脚手架验收和用毕点交等具体手续；②包脚手架的定额损耗，包括钢管件及跳板的定额损耗。以单位工程为对象的，工程竣工后脚手架交还出租单位，并结清租赁、损耗、短缺赔偿的费用后，结算包干费。

脚手架维修管理的基本要求有以下几点。

(1) 要有适当的保管维修场所，有条件的地方设立棚库维修和堆放。

(2) 要由专人负责脚手架入库验收、登记入账，及时发放、回收和盘点，做到账物相符。

(3) 根据施工生产任务，对脚手架平衡调配，签订合同，做到出入有据，数量准确，质量清楚，结算及时正确，并随时检查合同执行情况。

(4) 组织按脚手架维修定额及时维修。包括钢管调直、除锈、刷漆和扣件除锈、涂油、攻丝等。

(5) 存放仓库内按脚手架用材的规格堆放整齐，扣件分规格装箱、定量保管。

6.2 建筑企业机械设备管理

6.2.1 建筑企业的机械设备管理的含义

建筑企业的机械设备管理是以各类建筑机械设备为管理对象，通过一系列技术、经济、管理手段，对建筑机械设备的物质运动和价值运动进行全过程的管理活动的总称，具体包括对各类机械设备、工具的设计、选购、安装、验收、使用、保养、维修、改造更新等。

有效的机械设备管理的意义在于：①可以保障施工生产的顺利进行，有助于建筑企业在施工生产中按照合同约定工期完成施工生产计划任务；②有利于提高生产效率，保证建筑产品质量；③可以尽可能地消除或降低各类安全事故发生的概率，保障作业人员的安全；有助于防治环境污染，预防各类职业病的发生，确保企业各项生产经营目标的实现。

6.2.2 建筑企业机械设备的种类

建筑企业施工生产作业中常见的机械设备有：塔式起重机、高空作业平台、升降机、起重设备、吊运机、高空作业车、打桩机、钢筋调直切断机、电机、破碎机、混凝土搅拌机、混凝土输送泵、混凝土配料机、混凝土喷射机、振动器和振冲器等。

按照用途的不同，建筑企业机械设备可分为以下几类。

1. 生产性机械设备

直接改变材料形状、属性、功能等的各种工作机械。例如，挖掘机械、切割设备、铲土运输机械、路面施工机械、木工机械、焊接与热处理、冶炼设备、维修加工设备、锻压设备和风动工具等。

其中，生产性施工机械按不同的工作方式还可细分为以下几种。

(1) 挖掘机械：如各类单斗挖掘机、多斗挖掘机、挖掘装载机。

(2) 铲土机械：推土机、铲运机、翻斗机等。

(3) 压实机械：包括压路机、夯实机等。

(4) 起重机械：包括塔式起重机、履带起重机、施工升降机等。

(5) 桩工机械：包括振动桩锤、液压锤、压桩机等。

(6) 路面施工机械：包括沥青洒布机、沥青混凝土摊铺机等。

(7) 混凝土搅拌机械：如混凝土搅拌机、混凝土泵等。

(8) 混凝土制品制造机械：包括混凝土砌块成型机、空心板挤压成型机等。

(9) 钢筋及预应力机械：包括钢筋强化机械、钢筋成型机械、钢筋连接机械、钢筋预应力机械等。

(10) 装修工程机械设备：如灰浆制备及喷涂机械、涂料喷刷机械、地面修整机械、装修吊蓝、各类手持工具等。

(11) 高空作业机械：包括高空作业车、高空作业平台等。

2. 动力设备

动力设备是将自然界中的各种潜在能源予以转化，传导和调整的设备。在建筑企业生产过程中，它把自然存在的各种能转化为机械能，进而转化为电能以作用于各类机器体系。例如，火力发电把燃料的潜能转变为热能，再把热能转变为机械能，然后把机械能转变为电能。在建筑企业的施工生产中，动力设备主要是用于生产电力、热力和其他动力的设备，如发电机、空压机、蒸汽锅炉等。

3. 传导设备

传导设备是用于传送固体、液体、气体和动力的各种设备。如上下水管道，蒸汽、压缩空气的传导管、输变电线路和传送带等。

4. 交通运输设备

交通运输设备主要用于运送材料和人员的各种运输工具。如各种汽车、铲车、电瓶车、混凝土输送车等。

5. 仪器仪表

仪器仪表主要用于工程和其他工作用的各种仪器、仪表和工具等。如测量仪器，测试仪器和科学试验设备等。

在建筑企业施工生产过程中，要根据不同工程项目的用途，对施工机械设备进行合理选择、配备。要严格按照施工组织设计要求和施工现场情况，对机械设备的技术经济进行分析，选择满足生产需要、技术上先进且经济合理的机械设备。

建筑企业的现场施工机械设备的装备必须配套齐全，使设备在性能等方面相互配合，如果设备数量多，但相互之间不配套，不仅机械性能不能充分发挥，而且会造成经济上的浪费。

6.2.3　建筑机械设备的选择

1. 建筑机械设备的选择的影响因素

建筑企业机械设备管理的首要任务是正确选择和使用机械设备，及时搞好机械设备的维护和保养，按计划检查和修理，建立健全机械设备使用管理制度等。其内容具体是采取技术、经济、组织措施对施工机械设备合理选择使用，提高机械设备的使用效率，降低企业的机械使用成本，提高工程项目的经济效益。

正确选择和使用机械设备的基础是了解建筑企业施工所需要机械设备的类别及其适用性。建筑企业生产经营所需用的设备种类繁多，不同的设备技术性能和用途各有不同，需要根据其特点进行管理。建筑企业在选择机械设备时，需考虑以下影响因素。

(1)　生产性。指建筑机械设备的生产效率，通常用单位时间内完成的产量表示。一般情况下，设备的生产率越高越好。但是具体选择某一种机械设备时，必须使机械的生产率与企业的生产任务相适应。

(2)　可靠性。可靠度是在规定的时间内，在规定的使用条件下，无故障地发挥规定性能的概率。通常包括机械设备精度、准确度的保持性，零件的耐用性、安全可靠性等。

(3) 节能性。指机械设备节约能源和原材料的性能，一般以机械设备单位开动时间的能源消耗量如小时耗电量等表示，也有以单位产品的能源消耗量来评价设备的。与节能性相近似的，还要考虑到设备对原材料资源的利用性能，如木材加工的出材率等。

(4) 维修性。指维修机械设备的难易程度，这一特性影响维护与保养设备的劳动量和费用。其中维修性好是指结构简单、零部件组合合理、通用化和标准化高、互换性好、易于检查维修等。

(5) 安全性。即设备在生产过程中对安全的保证程度，这对于企业建筑生产的顺利进行以及控制工程成本具有重要意义。

(6) 灵活性。根据施工生产的技术经济特点要求，施工机械应轻便、灵活、功能多、适用性强、拼装性强，通常灵活性高的机械有效的工作效率也高。

(7) 环保性。指机械设备实现环境保护的性能。如降低噪声或减少有害物质的排放对环境的污染等。

(8) 购置价格。机械设备的价格是影响购买决策的重要因素。它包括机械设备的购买、运输、安装的全部费用。

(9) 使用寿命。在其他条件相同的情况下，机械设备使用寿命越长，使用时单位成本则越低。

(10) 使用费用。包括使用时安装、拆卸、运输、保管、经常性的维护保养和修理费等。

2. 建筑机械设备选择的经济分析

建筑企业选择购买机械设备时，除了从以上几个方面进行定性分析外，还要进行经济分析，通过多方案的对比，选择技术先进、经济合理的设备。实践中常用的经济评价的方法有以下几种。

1) 单位工程量的成本比较

工程项目的单位成本由两类费用构成：其一是可变费用，它随着建筑机械的工作时间而变化，如操作人员的工资、燃料动力费、小修理费、直接材料费等；其二是固定费用，如折旧费、大修理费、机械管理费、投资应付利息、固定资产占用费等。其计算公式为

$$\text{单位量工程成本}=\frac{\text{操作时间固定费用}+\text{操作时间}\times\text{单位时间操作费}}{\text{操作时间}\times\text{单位时间产量}}$$

【例 6-6】某企业施工需要挖掘机，有两种型号的挖掘机均可满足施工需要，预计该企业每月的设备使用时间为130小时，这两种型号挖掘机的有关资料如表6-2所示。问该企业选哪一种更经济。

表 6-2　两种挖掘机使用费用与产量

机　种	月固定费用(元)	每小时操作费(元)	每小时产量(m^3)
A	7000	30.8	45
B	8400	28.0	50

(资料来源：林知炎，曹吉鸣. 工程施工组织与管理. 上海：同济大学出版社，2002(25))

分析：A 机、B 机的单位工程量成本分别计算如下。

$$A\text{机的单位工程量成本}=\frac{7000+30.8\times130}{130\times45}=1.88(\text{元}/\text{m}^3)$$

$$B\text{机的单位工程量成本}=\frac{8400+28.0\times130}{130\times50}=1.85(\text{元}/\text{m}^3)$$

因为 B 机的单位工程量成本低于 A 机，所以选用 B 机更经济。

2) 界限使用时间比较法

单位工程量成本受使用时间的制约。如果将两种机械单位工程量成本相等时的使用时间计算出来，则决策工作会更简便，也更可靠，我们把这个时间称为“界限使用时间”。

假如 R_a 和 R_b 分别为 A 机和 B 机的固定费用；Q_a 和 Q_b 分别为 A 机和 B 机的单位时间产量；P_a 和 P_b 分别为 A 机和 B 机的每小时操作费；界限使用时间为 X_0，则两机的单位工程量成本相等时可表示为

$$\frac{R_a+P_aX_0}{Q_aX_0}=\frac{R_b+P_bX_0}{Q_bX_0}$$

解此式得：

$$X_0=\frac{R_bQ_a-R_aQ_b}{P_aQ_b-P_bQ_a}$$

可见，使用时间高于这个时间和低于这个时间，单位工程量成本的变化会使选用机械的决策得到相反的结果。

为了分析使用时间的变化对决策的影响，假设两机的单位时间产量相等，则上式可以简化为

$$X_0=\frac{R_b-R_a}{P_a-P_b}$$

要判断 A 机和 B 机在什么条件下是企业的优化选择，需要先计算“界限使用时间”，然后根据实际工程需要的预计使用时间，做出选用机械的决策。

事实上，如果预计使用时间是 80 小时，则 A 机的单位工程量成本为 2.63 元 / m^3，B 机的单位工程量成本为 2.66 元 / m^3，A 机的单位工程量成本低于 B 机，故选 A 机更经济。

【例 6-7】求出例 6-6 的“界限使用时间”，以验证上述选用规律。

分析：“界限使用时间”X_0 的计算如下：

$$X_0=\frac{R_bQ_a-R_aQ_b}{P_aQ_b-P_bQ_a}=\frac{8400\times45-7000\times50}{30.8\times50-28\times45}=100(\text{小时})$$

由于分子分母均大于 0，故当使用时间低于 100 小时时，选用 A 机；当使用时间高于 100 小时时，选用 B 机。

3) 评分法

如果有多种机械的技术性能可以满足施工要求，还应对各种机械的下列特性进行综合考虑，包括：工作效率，工作质量，使用费和维修费，能源耗费量，占用的操作人员和辅助工作人员，设备的安全性、稳定性，运输、安装、拆卸及操作的难易程度和灵活性，在同一现场服务项目的多少，机械的完好性和维修难易程度，对气候条件的适应性，对环境保护的影响程度等。由于项目较多，在综合考虑时如果优劣倾向性不明显的情况下，可对

被比较的建筑机械设备的各项特性的满意程度进行评分，根据评分结果选择机械设备，如表 6-3 所示。

评分法的优点是考虑因素比较全面，包括定性分析和定量分析，将定性因素定量化，最后综合为一个评价指标，便于决策者进行选择。

具体的评分的方法可使用简单评分法，也可以使用加权评分法，如表 6-3 所示。

表 6-3 建筑机械设备综合因素加权评分表

序 号	特 性	等 级	标 准 分	A 设备	B 设备	C 设备
1	工作效率	A B C	10 8 6			
2	工作质量	A B C	10 8 6			
3	维修费用	A B C	10 8 6			
4	能源使用费用	A B C	8 6 4			
5	人员费用	A B C	8 6 4			
6	安全性能	A B C	8 6 4			
7	服务项目	A B C	8 6 4			
8	完好性与维修便捷程度	A B C	8 6 4			
9	安装和拆卸的难易程度	A B C	8 6 4			
10	对环境的适应性	A B C	8 6 4			
11	总分					

6.2.4　建筑机械设备的使用

建筑生产和流动性决定了其机械设备的频繁搬迁和拆装，因而有效作业时间减少，利用率低；每拆装一次都会降低机械设备的精度，加速磨损，缩短机械设备使用寿命。

建筑机械设备多数为露天作业，难以遮盖防护，因而易于受自然条件的不利影响和尘污的侵蚀，加速了机械设备的损耗。

建筑机械设备每搬迁、拆装一次，要增加一个初期磨损和初期故障期，要执行走合和限载、减速的有关规定，影响建筑机械设备的效能的充分利用和发挥。当进入正常磨损期后，工程完工机械设备又要拆卸和搬迁。设备多为临时固定，稳定性差，加上工作负荷不均衡，也加速了设备的磨损。

建筑机械设备施工对象多变，装备的配套性差，品种规格庞杂，从而增加了保修工作的复杂性。

建筑企业的机械设备使用方式主要包括以下几种。

1. 自制机械设备

建筑企业根据本身的性质、任务类型、施工工艺特点和技术发展趋势购置机械，自行使用。自有机械应当是企业常年大量使用的机械，这样才能达到较高的机械利用率和经济效果。

2. 租赁机械设备

对于某些大型、专用的特殊建筑机械设备，建筑企业一般会在自行装备经济上不划算时，向专门的机械供应站(租赁站)以租赁方式获取设备以供施工生产使用。

3. 承包使用机械设备

对于某些操作复杂或要求人与机械密切配合的机械，建筑企业可向专业机械化施工承包公司获取装备，由这些组织专业工程队进行承包。承包方式适用于构件吊装、大型土方等工程。

建筑企业的机械设备管理分集中、分散等几种形式。其中大型、专门的特殊机械宜于集中使用、集中管理；中小型常用机械宜于分散使用、分散管理。

由于建筑企业生产的分散性，在不同地区、不同的施工项目、不同生产进度有不同要求的情况下，建筑机械设备集中与分散的程度、集中或分散到企业还是项目管理，都应通过具体技术方案分析来确定。另外，机械设备管理还取决于建筑机械设备的完好程度、利用效率、生产率提高的程度与水平等因素。

6.2.5　建筑企业设备管理制度

设备管理制度(Plant Management Systems)是建筑企业为了保证生产设备正常安全运行，保持其技术状况完好并不断改善和提高企业装备素质而编制的一些规定和章程。一般包括：设备管理体制及管理机构设置；设备采购与保管制度；设备改造与更新管理制度，设备进口与检修管理制度，设备检修技术管理制度，设备管理与维修的财务管理制度；设备事故管理制度；重点设备及压力容器等特殊设备管理制度等。

在建筑企业的生产经营过程中，各类施工的设备使用、维护规程是根据其使用、维护说明书和施工生产工艺要求制定的，它们用以指导正确操作使用和设备的维护，建筑企业的各个生产环节和项目都必须建立、健全设备管理制度。具体内容包括：

凡是建筑企业施工生产中在用的设备，必须有健全完整的设备使用、维护规程。

建筑企业应负责新投产的设备在投产前 30 天制定使用、维护规程，并下发到工程项目部落实执行。

当建筑企业施工生产中采用新工艺、新技术时，应在发生工艺改变前 10 天，根据设备新的使用、维护要求对原有规程进行修改，以保证规程的有效性。

在建筑机械设备使用规程执行过程中，如发现其规程内容不完善时，要及时逐级、逐项上报给有关部门，由规程管理专业人员到现场核实情况，以对规程内容进行适时修改或增补。

当发生规程新编或修改时，必须按专业管理制度的有关规定分别进行审批。

对使用多年，内容陈旧，需要修改较多的规程，要吸收操作人员与专业技术人员参加，由建筑企业组织重新修订规程并迅速印发，并公告原有规程作废。

当设备存在严重缺陷，不能立即停产修复时，建筑企业必须制定完善、可靠的措施和临时性使用、维护规程，由企业管理机构批准执行，待缺陷消除后临时规程作废。

设备运转的异常情况，原有缺陷变化，运行参数的变化，故障及处理情况等。

设备使用紧急情况处理的规定。

设备使用中的安全注意事项，非本岗位操作人员未经批准不得操作本机，任何人不得随意拆掉或放宽安全保护装置等。

新设备投入使用前，要由企业专业主管领导布置贯彻执行设备使用、维护规程，规程要发放到有关专业、岗位操作人员以及维修巡检人员人手一册，并做到堆积不离岗。

生产单位要组织设备操作人员认真学习规程，设备专业人员要向操作人员进行规程内容的讲解和学习辅导。

建筑机械设备的操作人员须经企业组织的规程考试及实际操作考核，考试合格后方能上岗。

施工生产部门和单位每周应组织施工作业班组学习规程，设备管理人员每月应对施工生产班组的规程学习情况进行检查，发现问题及时处理解决。

6.2.6 建筑施工机械设备的修理与保养

1. 建筑施工机械设备的修理

建筑施工机械设备的修理是指对由某种原因而造成的机械设备的损坏进行修复，即通过修复和更换已经磨损、腐蚀的零件和部件，恢复机械设备的原有性能，达到延长其使用寿命的目的的过程。

建筑机械设备修理分为小修、中修和大修 3 种。小修是指无计划的临时安排的修理，其目的是消除操作人员无力排除的故障，更换和修复由于磨损或一般事故性损坏的个别零件，并调整机械设备的结构，以保证设备能够使用到下一次修理。小修不属于计划预修制之内的项目，可由维修人员结合定期保养进行或另安排进行；大修是以基本上恢复机械设备的全部性能、延长其使用寿命为目的的修理。大修时要将机械设备全部解体，进行彻底的检查、修理和调整，修理可修的零件，更换不可修的零件。一般情况下，大修后的机械设备应达到或接近出厂的技术标准和机械性能；中修是在两次大修中间为解决主要总成的不平衡磨损而采取的修理措施，以使机械设备能运转到大修周期。中修时除了对主要总成进行彻底修理之外，还要对其他部分进行检查保养和必要的修理。若机械的各个主要总成磨损程度相似，可以延长使用到下次大修，则可取消中修这一级。另外，小型以及简单的机械设备也可以取消中修这一级。

2. 建筑施工机械设备的保养

建筑施工机械设备的保养即对建筑机械设备进行清洁、紧固、调整、防腐、检查、清除故障、更换已磨损和失效的零件，使之保持良好状态的一系列活动。建筑机械设备的保养主要包括例行保养和定期保养两种。

例行保养是指每日(班)开机前、使用间歇中和停机后进行的保养作业。其基本内容是：保持机械设备的清洁，检查设备运转情况，调整、紧固零部件，润滑及防止机械腐蚀以及修换个别易损件等。例行保养属于正常使用管理工作，它不占用机械设备的运转时间，由操作人员负责，在设备运行的间隙进行。定期保养又称强制保养，是指每台设备运转到规定的时间，不管其运行状况好坏，施工任务多少，都必须按规定的范围和要求进行的保养作业。其中保养周期根据各类机械设备的磨损规律、作业条件、操作维修水平以及经济性确定。定期保养一般分为一、二、三级保养，个别大型机械可实行四级保养。保养等级和保养内容主要是根据机械设备构造复杂程度和特性来划分。中小型机械的一、二级保养和运输车辆及大型机械的一级保养习惯上称为低级保养，应由操作人员负责执行；运输车辆、大型机械的二级以上保养称为高级保养，应由维修人员与操作人员一起执行。

【案例分析】某建筑工程公司材料管理制度

1. 工程材料的采购以施工的实际需要为依据。采购数量以工程预算为依据，质量以设计要求为依据。企业材料员根据定额员编制材料计划负责采购，该计划须经项目经理和施工员审核。材料采购实行材料员专人负责制，项目的其他负责人有建议权，不得直接插手材料采购。材料部门实行采购、验货、收料、审批、付款分权制，不允许减少环节，缺少手续一律处以罚款 200 元。

2. 材料员调动时办好交接手续，由材料会计在场签字。交接手续办理时的遗漏问题，由原经办人处理，费用损失由个人承担，不办好交接手续而离开的罚 500 元并追究相应责任。

3. 材料原则上分项目部采购。材料员采购材料要认真做好价格信息的调查、交流、咨询工作及信息论证工作，随时掌握商品价格的变化情况。大众材料价格不得超过总部调查价格的 3%，大型材料不得超过 1.5%。材料以质优需用为主，不允许以借口不能报批而采购价低质劣的材料。对买回的不合格的材料，坚决给予退货，不能退掉的部分，由采购员赔偿 50%。

4. 购置固定资产必须经总经理同意，其他任何人不允许擅自做主，采购员更不能随意购买，违反者罚款500元并追究相应责任。

采购万元以上的材料，一律采取招投标，投标厂家要在5家以上。

签订材料采购合同应由项目经理、材料员及相关专业技术人员会同供应商洽商，签订合同时除考虑价格合理外，还应考虑本公司的资金周转情况。在保证合同要求质量的前提下，确定最低价，10万元以上要经过总经理同意，50万元以上要由总经理参加，违者罚责任人1000元，特殊情况除外。

5. 采购员原则上亲自送货到现场并做好检验。材料员应把好采购材料的质量、数量、规格、用途、价格关，与收料、仓库保管员当场验货手续，不到现场办理的每次罚100元。所购材料出厂质量证明文件应及时向资料提供，凡未及时提供或手续不全的每次罚采购员100元。

6. 凡是两个工地之间的调拨材料，必须由仓库保管员开具调拨单验收入库，材料当场点清，发现差错经手人罚200元。

7. 甲供材料包括安装材料，要根据预算员提供的计划单，经项目经理、施工员签字后方能去甲方提货。材料验货入库时，要有对口工种代表、材料员、门卫三人以上签字，当日验收，不得过夜，发现代签每人每次罚200元。

8. 三大材料和安装主材要凭送货单位的解货单，对于规格、数量、质量不合格的材料要全部清退，如果收了不合格的材料，每车给予责任人500元以上的罚款。

9. 材料入库必须统一计量标准，重量以千克、体积以立方米计算。地材料收料实事求是地进行丈量，目测估计的发现第一次罚200元，第二次开除。收料员要根据现场的需要，不得滥收，浪费资金和材料。

10. 除钢筋、砂石、红砖、铸铁管等庞大的材料外，所有材料要进入仓库。尤其是安装、装潢材料。材料进入时须由仓库保管员及相关人员进行验收，材料堆放在外面每次罚款责任人200元。

11. 进仓库领料，必须依据耗用材料总计划单凭项目经理或定额员签字后的领料单领取材料，低值易耗品原则上以旧换新，否则，仓库保管员可以拒绝发料，报废材料每月要由财会材料人员在场清点，以旧换新率达到100%，达不到每次罚款100元。

12. 所有进入仓库的材料按计划限额发料，不按限额领料单每次罚款保管员200元。

13. 收料员都要设立一本台账，对各种材料按顺序先后详细登记。保卫人员也要设立一份台账，但只登记钢材、木材、水泥、砂石、砖。由材料会计每月把两份台账进行对照，发现问题及时调查汇报，制定相应措施，违反者罚200元。

14. 甲供材料在进场前，必须由甲方对价格、质量进行认可，免得事后扯皮，在工程结束时，将剩余甲供材料及时退还。

15. 由材料会计负责材料分类，让所有土建、安装、装潢仓库的账本、报表规范化、统一化，便于管理和检查。材料会计负责清理积压材料，随时与采购部门和其他项目互通信息，便于调用。

16. 用车台班规定。

(1) 计时台班车：130不得超过30元/小时，5吨东风、解放不得超过40元/小时，按实际用车时间计算。

(2) 租赁材料装卸运费每吨不得超过 30 元。

(3) 外运渣土：城市三环路以内每车不超过 80 元，二环路以内不超过 90 元，特殊情况另行确定。

17. 租赁材料进场要有对口工种代表、门卫人员、保管员严格验收，材料员对租赁材料要建立台账，并督促施工部妥善保管使用，不要任意切割、焊接，造成损失追查施工员责任。

问题:

1. 结合上述资料阐述材料管理制度的基本内容。

2. 你如何评价该企业的材料管理制度?

本 章 小 结

本章介绍了建筑材料的分类、建筑企业材料管理含义及其在企业管理中的重要作用，阐述了建筑材料采购过程、建筑材料采购方式及其会计核算方法，重点介绍了建筑材料现场管理的内容方法。其中包括建设工程项目施工前、施工过程中及竣工收尾后的材料现场管理；建筑材料施工现场管理制度、仓库管理制度等内容。

对建筑机械设备管理，本章第 6.2 节阐述了建筑企业的机械设备管理的含义，建筑机械设备的种类、选择时考虑的影响因素。在这一节，重点介绍了建筑机械设备管理制度的内容。包括建筑企业的生产经营过程中，各类施工的设备使用、维护规程的措施规定；建筑机械设备使用方式、维修方式以及保养方法。

习　　题

一、名词解释

建筑企业的材料管理　建筑材料采购建　建筑企业设备管理制度　例行保养

二、选择题

1. 在建筑机械设备的修理中，以基本上恢复机械设备的全部性能、延长其使用寿命为目的的修理是(　　)。

A. 大修　　B. 中修　　C. 小修　　D. 修理

2. 施工机械中翻斗机属于(　　)。

A. 挖掘机械　　B. 铲土机械　　C. 运输机械　　D. 桩工机械

3. 小规模纳税人等不能抵扣增值税的，购入材料按应支付的金额借记(　　)科目。

A. 材料　　B. 施工生产　　C. 应付账款　　D. 材料采购

4. 对于尚未收到发票账单的收料凭证，按(　　)暂估入账。

A. 预算成本　　B. 材料成本　　C. 计划成本　　D. 实际成本

三、问答题

1. 简述建筑材料采购过程。
2. 如何做好竣工收尾后的材料现场管理工作？
3. 建筑企业在选择机械设备需考虑哪些影响因素？
4. 简述建筑材料现场管理的内容。
5. 建筑企业的机械设备使用方式主要包括哪些？
6. 试述如何做好各类施工用周转材料的管理。
7. 材料管理部门参与施工平面使用规划，需要注意的问题包括哪些？
8. 简述脚手架维修管理的基本要求。

第 7 章　建筑企业技术管理

【学习要点及目标】

- 了解和掌握技术管理概念、任务及内容
- 掌握建筑企业技术管理基础工作
- 掌握技术管理制度
- 熟悉安全技术管理规范

【核心概念】

技术管理　技术管理制度　图纸会审　技术交底　技术档案管理　安全技术管理

【引导案例】白桥坑大桥施工过程中坍塌反映的技术管理问题

1996年12月20日上午9时10分，广东省韶关市的坪乳公路白桥坑大桥在施工过程中突然坍塌。白桥坑大桥长163m、宽12m、跨度100m，为单跨箱型混凝土拱桥，属特大型桥，山谷底至桥拱顶垂直高度74m。原设计为预制，后改为现浇。大桥在进行箱型底板混凝土浇筑时，桥梁模板支架突然倒塌，致使在桥面上的施工人员坠入74m深的沟底，造成死亡32人、重伤17人的特大事故，直接经济损失360万元。

事故发生后，有关管理部门组织相关技术、管理人员深入现场调查。进过仔细研究事故现场情况，分析得出事故的主要原因如下。

(1) 采用的施工方法未通过原设计单位，没有编制大桥施工方案及其施工组织设计。大桥支架安装完成后，未按《公路工程施工安全技术规程》规定的要求进行荷载或预压试验，也未进行验收就投入使用。

(2) 施工支架结构形式不合理。对支架没有进行整体结构受力分析及科学的计算，采用的门式结构无法形成稳定的结构。超常规使用58.02m跨度单层贝雷桁架做主梁而未经科学的设计计算，又没有采取任何有效的结构措施，在实际施工中贝雷梁挠度值为允许挠度值的7倍多，超过钢材的屈服极限，从而导致支架整体结构破坏。

(3) 施工方法错误。由于没有单独完整的施工组织设计，施工未按施工技术规范规定，进行分环分段浇注；实际浇注中，加载不均衡、不对称，致使整个支架受力不均衡，最终导致支架失稳而倒塌。

(4) 施工现场指挥处置失当。在浇注过程中，曾多次出现模板和钢筋翘起等事故隐患苗头，大桥坍塌的危险征兆已十分明显，施工单位负责人却麻木不仁，不是进行认真科学分析，从中找出原因、制订有效的观察、控制及撤离方案，而是盲目、坚持错误指挥，冒险作业，野蛮施工，接连发生人为决策和指挥管理的重大失误(如采取用人踩、用预制板压、用手动葫芦强行拉等不正确的措施)，加剧了事故危险因素的累积、演变，加剧了支架的不稳定性。

(5) 大桥监理不到位。在没有得到施工支架图纸、计算书和施工组织设计，根本无法确保施工质量和安全的情况下，没有下令停止施工，签认了拱圈模板和钢筋混凝土的施工。1996年12月19日晚到20日7点30分，在拱底板浇灌的关键时间，没有人在施工现场进行监理，以致对施工过程中的违章冒险作业的行为未能发现和制止，出现危险征兆未能及时督促施工单位采取有效措施。

7.1 建筑企业技术管理概述

7.1.1 技术管理概念及内容

1. 技术

技术通常指根据生产实践经验和自然科学原理总结发展起来的各种工艺操作方法与技能。技术活动过程是指技术学习、技术运用、技术改造、技术开发、技术评价和科学研究等。技术要素是指技术人才、技术装备、技术情报、技术文件、技术档案等。建筑企业的技术工作主要包括施工准备阶段的图纸会审、编制施工组织设计、技术交底、技术检查等项工作；施工阶段的各项技术措施、技术处理、技术核实、技术检查以及技术规程的实施等项工作。

2. 技术管理

建筑企业技术管理就是对建筑企业中的各项技术活动过程和技术工作的各种要素进行科学管理工作。建筑施工过程是建筑产品的生产过程，也是一系列技术活动进行的过程。因此，技术管理是建筑企业管理的重要组成部分，是对企业的各项技术活动和施工技术工作的各要素进行决策、计划、组织、指挥、控制、协调、教育和激励的总称。企业的技术管理活动不仅研究某项技术问题如何解决，而且还研究如何对各项技术活动和技术工作进行管理，即运用管理的职能促进各项技术工作的开展，保证施工生产的顺利进行。

7.1.2　建筑企业技术管理的任务

技术管理活动可分为两个方面：一是要保证企业的生产经营活动，为当前生产服务；二是面向未来，做好企业的技术储备，促进企业技术的不断开发和更新。这两方面是互相联系的，但侧重点又有所不同。建筑企业技术管理的任务主要包括以下几点。

(1) 正确贯彻国家的技术政策和上级对技术工作的指示与决定，执行各项技术标准、规范和规程。

(2) 建立和健全组织机构，形成技术保障体系，按照技术规律，科学地组织各项技术工作，充分发挥技术的作用。

(3) 建立技术责任制，严格遵守基本建设程序、施工程序和正常的生产技术秩序，组织现场文明施工，保证工程质量，安全施工，降低消耗，提高建设投资和生产施工设备投资效益。

(4) 促进企业的科学研究、技术开发、技术教育、技术改造、技术更新和技术进步，不断提高技术水平。

(5) 努力提高技术工作的经济效果，做到技术与经济的统一。

7.1.3　建筑企业技术管理的内容

技术管理工作的内容可分为基本工作和基础工作两大部分。

1. 技术管理基础工作

为实现技术管理的任务，创造技术管理的有利条件，建筑企业必须做好技术管理的基础工作。所谓技术管理基础工作，是指为技术管理创造条件的准备性工作，主要有建立技术责任制；贯彻技术标准，制定技术规程；完善建筑企业的技术情报和技术档案的管理等。

1) 技术责任制工作

技术管理责任制是建筑企业一项重要的科学管理制度。它对各个岗位的技术工作人员必须履行的职责、权限、工作程序、要求、评估标准、考核办法、责任承担等均应做出具体规定，以增强技术责任心和调动技术工作的积极性与创造性，促进技术业务和技术管理水平的不断提高。

(1) 技术管理机构责任制。

① 按各级技术人员的职责范围，分工负责，做好经常性的技术业务工作。

② 组织贯彻执行国家有关技术政策和上级办法的技术标准、规定、规程和各项技术管理制度。

③ 负责收集和提供技术情报、技术资料、技术建议和技术措施等。

④ 深入实际、调查研究，进行全过程的质量管理，总结和推广先进经验。

⑤ 进行科学研究，开发新技术，负责技术改造和技术革新的推广应用。

⑥ 进行有关技术咨询。

(2) 项目经理技术责任制。

为了确保项目施工的顺利进行，杜绝技术问题和质量事故的发生，保证工程质量，提高经济效益，项目经理应抓好以下技术工作。

① 贯彻各级技术责任制，明确各级人员组织和职责分工。

② 组织审查图纸，掌握工程特点与关键部位，以便全面考虑施工部署与施工方案。还应着重找出在施工操作、特殊材料、设备能力及物质条件供应等方面的困难，并及早与建设单位或设计单位研究解决。

③ 决定本工程项目拟采用的新技术、新工艺、新结构、新材料和新设备。

④ 主持技术交流，组织全体技术管理人员，对施工图和施工组织设计，重要施工方法和技术措施等，进行全面深入的讨论。

⑤ 进行人才培训，不断提高职工的技术素质和技术管理水平。一方面为提高业务能力组织专题或技术讲座；另一方面应结合生产需要，组织学习规范规程、技术措施、施工组织设计以及与工程有关的新技术等。

⑥ 经常深入现场，检查重点项目和关键部位。检查施工操作、原料使用、检验报告、工序搭接、施工质量和安全生产等方面的情况。对出现的问题、难点、薄弱环节，要及时交给有关部门和人员研究处理。

(3) 技术人员技术责任制。

我国建筑企业根据其具体情况，可采用三级技术责任制。即总工程师、主任工程师、项目技术负责人，实行技术工作的统一领导和分级管理。各级技术负责人对其领导的施工技术管理部门负有业务领导责任，对职责范围内的技术问题有最后的决定权。

① 总工程师的责任制。

总工程师是施工项目的技术负责人，对重大技术问题的技术疑难问题有权做出决策。其主要职责包括全面负责技术工作和技术管理工作；贯彻执行国家的技术政策、技术标准、技术规程、验收规范和技术管理制度等；组织编制技术措施纲要及技术工作总结；领导开展技术革新活动，审定重大的技术革新、技术改造和合理化建议；组织编制和实施科技发展规划、技术革新计划和技术措施计划；参加重点和大型工程三结合设计方案的讨论，组织编制、审批施工组织设计和重大施工方案，组织技术交底和参加竣工验收；主持技术会议，审定签发技术规定、技术文件，处理重大施工技术问题；领导技术培训工作，审批技术培训计划；参加引进项目的考察和谈判。

② 专业工程师的责任制。

专业工程师的主要职责包括主持编制施工组织设计和施工方案，审批单位工程的施工方案；主持图纸会审和工程的技术交底；组织技术人员学习和贯彻执行各项技术政策、技术规程、规范、标准和各项技术管理制度；组织制定保证工程质量和安全的技术措施，主要工程的质量检查，处理施工质量和施工技术问题；负责技术总结，汇总竣工资料和原始技术凭证；编制专业的技术革新计划，负责专业的科技情报、技术革新、技术改造及提供合理化建议，对专业的科技成果组织鉴定。

③　单位工程技术负责人的责任制。

单位工程技术负责人的主要职责包括全面负责施工现场技术工作的技术管理工作；负责单位工程图纸审查及技术交流；参加编制单位工程的施工组织设计，并贯彻执行；负责贯彻执行各项专业技术标准，严格执行验收规范和质量鉴定标准；负责技术复核工作，如对轴线、标高及坐标等的复核；负责单位工程的材料检验工作；负责整理技术档案原始资料及施工技术总结，绘制竣工图；参加质量检查和竣工验收工作。

2)　建筑安装工程技术标准、技术规程的建立

建筑安装工程技术标准，是对建筑安装工程质量、规格及其检验方法等方面所做的技术规定，是建筑企业技术管理的依据。技术标准有国家标准、行业标准和企业标准，是建立和维护正常的生产和工作秩序应遵守的准则。许多已颁布的国家标准、行业标准具有强制性；企业标准是企业自行制定反映企业自身实际能达到的技术能力和要求。企业标准只有不低于前两类标准，才能作为施工管理的依据，以提高企业的竞争能力。

我国现行的建筑安装工程技术标准有：《建筑安装工程施工及验收规范》和《建筑安装工程质量检验评定标准》。施工验收规范主要规定分部、分项工程的技术要求、质量标准及其检验方法。质量评定标准则是根据验收规范的要求制定具体的检验方法，评定分部、分项和单位工程质量等级标准的依据。技术标准可分为 3 级：国家标准、部标准(专业标准)和企业标准。部标准(专业标准)、企业标准不得与国家标准相抵触；企业标准不得与部标准(专业标准)相抵触。企业标准仅限于本企业范围内适用，是对国家和部标准中没有列入的项目所做的补充。为了不断提高产品质量，企业可以制定比国家和部标准更先进的技术标准。

建筑安装工程技术标准是建筑业长期生产实践经验的总结，也是建筑安装工程施工的准则，在技术管理上具有法律效力。技术标准反映整个国家或一个企业在一定时期内的生产技术水平。技术标准不是一成不变的，随着国家技术经济的不断发展，需要及时进行修订。

技术规程是为了贯彻技术标准，保证施工有秩序地进行，对建筑产品的生产施工过程、操作方法、作业程序、技术要领、设备的使用与维修、施工安全技术等方面所做的具体技术规定。我国现行的建筑安装工程技术规程有：建筑安装工程施工操作规程、建筑安装工程安全操作规程。

技术规程因地区操作方法和操作习惯不同，在保证达到技术标准的前提下，一般由地区或企业自行制定执行。企业在进行技术规程制定时，必须严格按照技术标准化要求，在合理利用企业现有生产技术条件的同时，参考国内外的先进经验，以促进企业生产技术的发展。

3)　施工日记记录

施工日志是施工现场技术管理的内容之一，是工程施工的备忘录，记录工程施工的全过程，包括当天的气象、施工部位和作业内容、作业能力效率和施工质量、例行检查和施

工巡视所发现的问题、各种施工指令的传达与执行、施工条件变化及影响因素、对策措施、整改实施情况与结果等。施工日记既可用于了解、检查和分析施工的进展变化、存在问题与解决问题的结果，又可用于辅助证实施工质量检验评定以及质量保证原始资料形成过程的客观真实性。在施工交接时，接班负责人通过查阅施工日志可以清楚地了解前一班工程的施工情况。施工队或工区负责人外出归来，通过查阅施工日志，可以比较系统地了解施工实况。上级管理部门来检查施工情况时，也可以通过施工日志较全面地了解施工队或工区的施工情况，如施工进度、质量、安全、工作安排、现场管理水平等。因此，施工现场的施工日志记录是否完整、全面，反映了该施工企业现场施工技术管理的水平。

4) 技术档案的管理

建筑企业的技术档案是指有一定价值的建筑技术经济资料，它来源于企业的生产和科研活动，同时又为生产和科研服务。为了给建筑安装工程交工后的使用、维护、改建、扩建提供依据，建筑企业必须按建设项目及单位工程，建立工程技术档案。建筑企业技术档案可分为两大类：一类是为工程交工验收而准备的技术资料，作为工程使用、维护、改造、扩建的技术依据之一；另一类是企业自身要求保留的技术资料，如施工组织设计、施工经验总结、重大质量安全事故的分析处理措施、有关技术管理工作经验的总结等。

建筑企业技术档案的内容包括：竣工图和竣工项目一览表；图纸会审记录、设计变更和技术核定单；材料、构件和设备的质量合格证明；隐蔽工程验收记录、工程质量检查评定和事故处理记录；设备调试、试压、试运转等记录；永久性测量基准点的位置，建筑物和构筑物施工测量定位记录，沉陷、变形观测记录；主要结构和部位的试件、材料试验及检查记录；其他有关该项工程的技术决定。由建筑企业保存的施工组织与管理方面的工程技术档案主要有：施工组织设计文件；新结构、新技术、新材料、新机械的试验研究资料及其经验总结；重大质量安全事故分析及其补救措施记录；有关技术管理的经验总结；重大技术决定及施工日志；大型临时设施档案；为工程交工验收准备的资料。

建筑企业技术档案管理具有一定的技术性，工程项目施工技术负责人应指定专人负责施工图纸的签收、发放、保管、借阅、归档等业务工作，随时记录和传达图纸变更信息，以便现场能正确指导施工；其次是施工组织设计文件、施工方案或大纲、施工图放样、技术措施等施工现场实际形成各类技术资料的分类、立卷、归档、保管等，应该在管理过程中做出全面规划，并付诸实施，做到技术文件、资料、档案管理的规范化。

工程技术档案整理的基本步骤有以下两项。

(1) 系统整理。

系统整理是在全面收集工程技术档案的基础上，进行科学分类和排序。分类应符合技术档案归档要求，一般按工程项目分，使同一项工程的技术档案都集中在一起，以便于反映该项工程的全貌。在每一类下，又可按工程专业分为若干类，以便从专业角度查找。

(2) 目录编制。

目录编制是通过一定形式，按照一定要求，总结整理成果，以便揭示工程技术档案的内容和它们之间联系的工作。工程技术档案的建立以及材料的收集和整理工作应当从施工准备开始，直到交工为止，贯穿于生产的全过程中。凡列入技术档案的技术文件及资料必须如实地反映情况，不得擅自修改、伪造及事后补做。工程技术档案要经各级技术负责人正式审定后才有效，且必须严加管理，不得遗失损坏，人员调动时要办理交接手续。

5)　技术情报管理

由于社会生产的不断发展和科学技术的进步，新材料、新设备的推广应用，使建筑业的施工水平日益提高，无论从建筑企业管理的角度，还是作为一个工程项目的管理，都必须注意搜集建筑技术发展的最新动态和情报信息，强化技术情报管理。

建筑企业的技术情报管理是指对有关建筑生产、技术发展动态的资料和信息的管理。它包括有关技术工作原始记录(包括建筑材料、构配件、工程用品，施工质量检验、试验、测定记录、图纸会审和设计交底记录，以及设计变更、技术核定记录、工程质量及安全事故分析与处理记录、施工日记等)、科技图书、科学技术刊物、科技报告、专门文献、学术论文和实物样品等的管理。情报是企业改进技术、发展技术的“神经系统”，它可以使企业及时获得先进的技术，并应用于实践。通过总结和交流本企业的先进生产技术成果，促进企业发展。企业对技术情报的管理，就是对建筑生产技术情报的收集、加工、存储、检索的管理。技术情报管理的要求应当是走在科研和生产的前面，提供的信息应是及时可靠的，要有完备的技术情报工作机构及工作流程等。

6)　计量工作

计量工作是企业管理的基础，建筑企业计量工作包括计量技术和计量管理，具有统一性、法制性、准确性和社会性的特征。在建筑企业技术管理中，计量工作直接关系到工程施工质量。施工现场的计量工作应该按照施工企业计量工作的统一要求，做好计量管理。计量工作的主要内容包括以下几点。

(1)　落实计量人员工作岗位责任制，明确现场计量工作标准、要求和考核办法。

(2)　正确配置计量器具，合理使用、保管并按规定进行定期的检定，以确保计量器具的正确性。

(3)　及时修理更换计量器具，以确保计量器具经常处于完好状态。

(4)　开展经常性的计量工作知识培训。

(5)　提高计量人员的技术业务素质及计测水平。

2. 技术管理基本工作

技术管理基本工作包括施工技术准备工作、施工过程中的技术工作和技术开发与更新工作。基本工作是紧紧围绕技术管理的基本任务而展开的，它与技术管理的基础工作之间是相辅相成、相互依赖的关系。

1)　施工技术准备工作

施工前准备工作大致可分为内业、外业两部分。

(1)　内业部分技术准备主要内容。

①　熟悉与审阅施工图，组织图纸会审，了解设计意图，弄清工程范围、建设规模与施工技术要求。

②　编制施工图预算，提出工程分析，为建筑材料准备提供方便，为制订施工方案提供技术上与经济上的依据。

③　编制施工方案与施工组织设计，此阶段确定施工现场的平面布局，通过网络计划安排整个工程的施工顺序，制定各种施工技术措施。

(2) 外业部分技术准备主要内容。

① 进行施工现场和经济条件调查，包括城市规划要求、材料资源、交通运输、供水、供电及生活物资供应。

② 做好施工现场的四通一平工作及完成生产与生活所必需的临时设施为开工创造良好的施工条件。

③ 落实建筑材料、工具、大型施工机械等物资的供应、储备工作，以确保工程开工后连续地施工。

④ 办理开工报告等，首先与城乡建设委员会与质量监督站建立必要的业务联系。

2) 施工过程中的技术管理工作

施工过程中的技术管理工作包括施工工艺管理、技术试验、技术核定、技术检查等。在建筑工程施工中，办理设计变更与洽商记录，坚持施工日志记录，进行技术交底与隐蔽工程验收，施工测量及复测，建筑材料检验等，是施工企业技术管理最重要的内容，也是一个工程施工时必须进行的技术管理项目。这些技术管理项目决定了工程施工质量与施工安全，也体现施工企业管理与技术管理的水平。若不给予足够重视，则可能导致工程质量事故及安全事故的发生。

3) 技术开发与更新工作

技术创新是指企业应用创新的知识和新技术、新工艺，采用新的生产方式和经营管理模式，提高产品质量，开发生产新的产品，提供新的服务，占据市场并实现市场价值。技术开发包括对企业中第一次应用或出现的技术所开展的一系列的活动，如引进、学习、吸收、消化、掌握和改进等。在建筑企业中，技术开发大致可分为 4 种：小革新或小发明、局部革新、技术改造、技术的创新与发明。

技术开发的对象是多方面的，主要有围绕产品开发的技术开发，针对设备和工具的开发，关于施工工艺的开发、能源和建筑材料的开发及改善生产环境的技术开发等。技术开发的对象很广泛，企业可根据实际情况决定自己开发的重点，以促进经济效益的提高和技术进步。

4) 编制技术组织措施

技术组织措施是施工企业为了克服生产中的薄弱环节，挖掘生产潜力，加快工程进度，保证完成生产任务，提高产品质量，降低成本，获得良好的经济效果，在技术上和组织上所采取的措施。

技术组织措施是为了在提高技术水平方面采取的各种手段或办法。它不同于技术革新。技术革新强调“新”，而技术组织措施则是综合已有的先进经验或措施，节约原材料，保证安全，降低成本等措施。企业应该把编制技术组织措施作为技术管理和施工的保证，作为提高技术水平、改善管理的重要工作。

要做好技术组织措施工作，必须编制、执行技术组织措施计划。技术组织措施计划包括加快施工进度方面的技术组织措施；保证和提高工程质量的技术组织措施；节约劳动力、原材料、动力、燃料的技术组织措施；推广新技术、新工艺、新结构、新材料的技术组织措施；提高机械化水平、改进机械设备的管理以提高完好率和利用率的技术组织措施；改进施工工艺和操作技术以提高劳动生产率的技术组织措施；保证安全施工的技术组织措施等内容。

技术组织措施计划的贯彻执行遵循以下原则：在下达施工计划的同时，下达到队长、工长及有关班组；对技术组织措施计划的执行情况应认真检查，发现问题及时处理，督促执行；如果无法执行，应查明原因，进行分析；每月底施工项目技术负责人应汇总当月的技术措施计划执行情况，填写报表上报、总结、公布成果。

7.2　建筑企业技术管理制度

建筑企业的技术管理制度主要有图纸会审制度，技术交底制度，材料和构件的试验、检验制度，技术复核制度，工程质量检查和验收制度，工程技术档案制度，施工组织设计文件审批制度，设计变更和技术核定管理制度，施工日记记录制度，其他技术管理制度，等等。

7.2.1　图纸会审制度

施工图纸是进行施工的依据。施工前，建筑企业的经营人员、技术人员与项目经理部等部门要进行必要的资料交接，为工程施工做好准备。图纸会审是一项严肃、重要的技术工作，是施工单位熟悉、审查设计图纸，了解工程特点、设计意图和关键部位的工程质量要求，减少差错的重要手段。认真做好图纸会审对于减少施工图纸中的差错，保证和提高工程质量有重要作用。在图纸会审前，必须组织人员学习施工图纸，熟悉图纸的内容要求和特点；其次，图纸会审工作必须有组织、有步骤地进行，并按工程性质、规模大小、重要程度、特殊要求，分别组织图纸会审。

图纸会审一般有三方代表参加，即建设单位或其委托的监理单位、设计单位和施工单位。可由监理单位(或建设单位)主持，先由设计单位介绍设计意图和图纸、设计特点、对施工的要求，然后由施工单位提出图纸中存在的问题和对设计单位的要求，通过三方讨论与协商，解决存在的问题，写出会议纪要，交给设计人员，设计人员将纪要中提出的问题通过书面的形式进行解释或提交设计变更通知书。

1. 图纸的会审程序

(1)　学习。企业各级技术人员在施工前学习、熟悉图纸，了解设计意图及要求施工达到的技术标准，明确工艺流程、设计建设规模等。

(2)　自审。自审是指各工种对图纸的审查，在熟悉图纸的基础上核对本工程图纸的详细情节，由施工队组织有关施工人员进行。

(3)　会审。会审是指在自审的基础上，项目经理部组织土建与水、暖、电等专业共同核对图纸，消除差错，协商施工配合事宜。

(4)　综合会审。综合会审是由发包单位组织土建、设备安装、机械化吊装等专业施工方，与发包单位讨论协商，研究如何解决问题。

图纸会审后，应组织会审单位将审查中提出的问题，以及解决办法，详细记录，如图 7-1 和图 7-2 所示。经三方会签后，形成正式文件。

图纸会审记录表

<table>
<tr><th>工程名称
序号</th><th>图纸名称</th><th>存在问题</th><th>会审结论</th></tr>
<tr><td rowspan="3"></td><td rowspan="3"></td><td></td><td rowspan="3"></td></tr>
<tr><td>施工单位
设计单位</td></tr>
<tr><td>时间：　年　月　日</td></tr>
</table>

施工单位　　　　设计单位　　　　建设单位　　　　记录人

图 7-1　图纸会审记录表

专家咨询会议报告表

<table>
<tr><td>工程名称</td><td colspan="2"></td><td>编号</td><td></td></tr>
<tr><td>咨询专题</td><td></td><td>建设单位</td><td colspan="2"></td></tr>
<tr><td>建设单位
参加人员</td><td colspan="4"></td></tr>
<tr><td>时间</td><td></td><td>地点</td><td colspan="2"></td></tr>
<tr><td colspan="5">咨询专家签名：</td></tr>
<tr><td colspan="5">咨询会议结论：

(写不完整请接附页)</td></tr>
<tr><td colspan="5">编制 ____________　　　　第______页，共______</td></tr>
</table>

图 7-2　专家咨询会议报告表

按图施工是建筑企业施工人员必须遵守的纪律，如果发现图纸有错误、与实际情况不符或因施工条件、材料品种、质量不符合设计等原因需要对图纸进行修改时，必须严格执行设计变更签证制度和技术核定制度。如果设计变更影响了建设和投资规模，须报请原设计批准单位批准后方能修改。所有设计变更均需要有文字记录，作为施工及竣工结算的依据，并列入工程档案。

2. 图纸审查的内容

(1) 设计图纸必须是设计单位正式签署的图纸。是否是无证设计或越级设计，图纸是否经设计单位正式签署。

(2) 地质勘探资料是否齐全。如果没有工程地质资料或其他地质资料，应与设计单位商讨。

(3) 设计图纸与说明是否齐全，有无分期供图的时间表。

(4) 设计地震烈度是否符合当地要求。

(5) 如果图纸是由建筑、结构、水、电等单位几个单位共同设计的，相互之间有无矛盾；专业之间及平、立、剖面图之间是否有矛盾；标高是否有遗漏。

(6) 总平面图与施工图的几何尺寸、平面位置、标高等是否一致。

(7) 是否满足防火要求。

(8) 建筑结构与各专业图纸本身是否有差错及矛盾；结构图与建筑图的平面尺寸及标高是否一致；建筑图与结构图的表示方法是否清楚，是否符合制图标准；预埋件是否表示清楚；是否有钢筋明细表，如无，则钢筋混凝土中钢筋构造要求在图中是否说明清楚，如钢筋锚固长度与抗震要求是否相符等。

(9) 施工图中所列各种标准图册施工单位是否具备、如何取得。

(10) 建筑材料来源是否有保证。图中所要求条件、企业的条件和能力是否有保证。

(11) 地基处理方法是否合理。建筑与结构构造是否存在不能施工、不便于施工、容易导致质量、安全或浪费等方面的问题。

(12) 工艺管道、电气线路、运输道路与建筑物之间有无矛盾，管线之间的关系是否合理。

(13) 施工安全是否有保证。

(14) 图纸是否符合监理规划中提出的设计目标描述。

3. 图纸会审应由施工企业整理出会议纪要并进行会签

图纸会审纪要一般包括的内容有：会议时间、地点、参加人员名单；建设单位、施工单位提出的要求及要求修改的内容；施工单位要求设计单位修改部分图纸，会议商讨结果及处理办法；会议尚未解决或需要进一步商讨的问题与要求。

7.2.2 技术交底制度

技术交底是指建筑企业在工程开工前，由各级技术负责人将有关工程施工的各项要求向下贯彻，直到基层。其目的是使参与施工任务的技术人员和作业人员明确所有的特点、技术要求、施工工艺等，做到心中有数，保证施工顺利进行。技术交底要做到使参与施工的人员熟悉和了解所担负的工程的特点、设计意图、技术要求、施工工艺和应注意的问题。建筑企业应建立技术交底责任制，并加强施工检验、质量监督和管理，从而提高质量。

1. 技术交底的要求

技术交底是一项技术性很强的工作，对于贯彻设计意图、严格实施技术方案、按图施工、规范操作、保证施工质量和施工安全至关重要。技术交底必须满足合同文件，施工技术规范、规程，工艺标准，质量检验评定标准的要求。技术交底必须以书面形式进行，经过检查与审核，有签发人、审核人、接受人的签字。整个工程施工的分部分项工程，均须做技术交底。对于特殊和隐蔽工程，更应认真做技术交底。在交底时应着重强调易发生质量事故与工伤事故的工程部位，防止各种事故的发生。

技术交底必须按规定程序进行。参与交底的单位负责人应履行签字手续。对特殊隐蔽工程和工程质量事故与工伤事故的多发、易发工程部位，及影响或制约工程进度的关键工序环节，应重点进行技术交底并明确所采取的技术组织措施和防范对策。所有的技术交底资料，都是施工中的技术资料，要列入工程技术档案。

2. 设计交底的内容

技术交底按技术责任制的分工、分级进行。工程项目施工前，建筑企业为了使参与施工的技术管理人员及工人了解所承担的工程任务的技术特点、施工方法、施工程序、质量标准、安全措施等，必须实施技术交底制度，认真做好交底工作。技术交底工作不仅要针对技术人员，而且要把它交给所有从事施工的操作工人，从而提高他们自觉研究技术问题的积极性和主动性，为更好地完成施工任务和提高技术水平创造条件。

(1) 由设计单位的设计人员向施工企业交底，内容包括以下几点。

① 设计文件依据。包括上级批文、规划准备条件、人防要求、建设单位的具体要求及合同。

② 建设项目所处规划位置、地形、地貌、气象、水文地质、工程地质、地震烈度。

③ 施工图设计依据。包括初步设计文件，市政部门要求，规划部门要求，其他有关部门(如绿化、环卫、环保等)的要求，主要设计规范，甲方供应及市场上供应的建筑材料情况等。

④ 设计意图。包括设计思想、设计方案比较情况及设计意图。

⑤ 施工时应注意事项。包括建筑材料方面的特殊要求，基础施工要求，主体结构设计采用新结构、新工艺对施工提出的要求。

(2) 施工企业技术负责人向下级技术负责人交底。

施工企业的技术总负责人，应将施工质量标准、施工方法、施工程序、进度要求、安全措施，以及各分部工程施工组织的分工和配合、主要施工机具的安排和调配等，连同整个工程的施工计划，向所属项目部及全体技术人员进行交底。项目技术负责人应将本项目部承担的工程项目，向所属分包单位及全体技术人员进行交底。具体内容包括以下几点。

① 工程概况一般性交底。

② 工程特点及设计意图。

③ 施工方案交底。

④ 施工准备要求。

⑤ 施工注意事项。包括地基处理、主体施工、注意事项及工期、质量安全等。

(3) 施工项目技术负责人对工长、班组长进行技术交底。

分包单位的技术负责人，应将本单位承担工程项目的施工方法、劳动组合、机具配备等，向全体班组人员进行交底。班组技术交底是技术交底制度的最重要环节，班组工人应在接受交底后进行讨论，目的是要使参加施工实际操作的所有人员，充分了解施工中应掌握的正确方法和应尽的具体责任，并对改进施工劳动组织和操作方法以及提高工程质量和保证施工安全等方面提出合理化建议。工人是对施工操作最熟悉、经验最丰富的实践者，他们的意见和建议往往能切中要害，能提出和解决工程师考虑不到的问题，对完善施工计划能起到良好的促进作用。

施工项目的交底应按工程分部、分项进行交底，内容包括以下几点。

① 设计图纸具体要求。

② 施工方案实施的具体技术措施及施工方法。

③ 土建与其他专业交叉作业的协作关系及注意事项。

④ 各工程之间协作与工序交接质量检查、设计要求。

⑤ 规范、规程、工艺标准。

⑥ 施工质量标准及检验方法。

⑦ 隐蔽工程记录、验收时间及标准。

⑧ 成品保护项目、办法与制度。

⑨ 施工安全技术措施。

(4) 工长向班组长交底。

工长向班组长交底主要是利用下达施工任务书的时机进行分项工程操作交底。

建筑企业在进行分级技术交底时，都要做好记录，以作为检查施工技术执行情况和检查技术责任制的一项依据。对于技术含量高、技术难度大的单项技术设计，必须经过两阶段技术交底，即初步设计技术交底和实施性施工图技术设计交底。初步设计的设计方案由设计人员提出后，项目总工程师组织相关人员进行分析、优化、完善。实施性施工图设计完成后，项目总工程师组织项目有关人员进行技术交底，主要内容包括设计要求、操作规程、技术难点及注意事项等，如图 7-3 所示。

技术交底记录表

<table>
<tr><td colspan="2">工程名称</td><td>编号</td><td></td></tr>
<tr><td colspan="4">交底内容：</td></tr>
<tr><td>技术负责人</td><td colspan="2">交底人</td><td>接收人</td></tr>
<tr><td></td><td colspan="2"></td><td></td></tr>
</table>

图 7-3　技术交底记录表

7.2.3 材料和构件的试验、检验制度

材料、设备的检验制度是对项目所用的材料、构件、零配件，以及设备的质量、数量进行检查验收的制度。材料检验是对进场的原材料进行的检验。做好建设工程材料和构件的试验检验工作，是合理使用资源、确保工程质量的主要措施。因此，企业技术管理部门要重视材料、构配件、设备等的检验工作，把好检验关。为了做好这项工作，施工企业要根据实际需要建立健全试验、检验机构和制度，配备相应人员和仪器设备，严格按照规章制度开展工作。

1. 对技术检验部门和施工技术人员的要求

(1) 遵守国家有关技术标准、规范和设计要求，按照试验、检验规程进行操作，提出准确可靠的数据，确保试验、检验工作的质量。

(2) 试验检验机构按规定对材料进行抽样检查，提供数据并存入工程档案。对检验设备要做好检修和检验工作。

(3) 施工技术人员在施工中应经常检查各种材料、半成品、成品的质量和使用情况，对不符合质量要求的进行处理。

2. 对原材料、构件、设备检验的要求

(1) 用于施工的原材料、成品、半成品和设备等，必须由供应部门提出合格证明文件，对没有证明文件或虽有证明文件但质量管理部门认为必要时，在使用前必须进行抽查、复验，证明合格后才能使用。

(2) 钢材、水泥、沥青等结构用的材料，除应有出厂证明或检验单位外，还要根据规范和设计要求进行检验。

(3) 混凝土、砂浆等材料经试配试验合格后才能使用。

(4) 钢筋混凝土构件及预应力钢筋混凝土构件，均应按规定方法进行抽样检验。

(5) 新材料、新产品、新构件，要在对其做出技术鉴定、制定出质量标准及操作规程后，才能在工程上使用。

(6) 设备运到现场后，安装前必须进行检查验收，做好记录。

7.2.4 技术复核制度

技术复核是建筑企业在施工中对重要的和涉及全局的技术工作，依据设计文件和有关技术标准进行的复查和核验，是实行质量控制的技术性预检预查，目的是保证技术基准的正确性，避免因技术工作的疏忽差错而造成工程质量或安全事故，内容一般包括建筑物的位置坐标、标高和轴线、基础、模板、钢筋、混凝土、主要管道等。在企业施工中凡是涉及定位轴线、标高、尺寸、配合比、横板尺寸、预留洞口、预埋件的材质、型号、规格、吊装预制构件强度等，都必须根据设计文件和技术标准的规定进行复核。

7.2.5 工程质量检查和验收制度

工程质量检查和验收制度的目的是加强工程施工质量的控制，避免质量差错造成永久隐患，并为质量等级评定提供数据和情况，为工程积累技术资料和档案。工程质量检查验收制度包括工程预检制度、隐蔽工程检验制度、工程分阶段验收制度、单位工程竣工检查验收制度、分项工程交接检查验收制度等。

工程检查验收工作，通常根据建筑安装工程的特点分级进行。分别进行隐蔽工程检查验收、分项工程的预先检查验收和交工验收。

隐蔽工程验收是指建筑企业在施工生产过程中，对将被下一道工序所掩盖的工程进行的检查验收，如基础工程、预埋的钢筋。隐蔽工程项目在隐蔽前应进行严密检查，做出记录，签署意见，办理验收手续，不得后补。有问题需复验的，须办理复验手续，并由复验人做出结论，填写复验日期。未经隐蔽工程检查合格，不能进入下道工序施工。

分项工程是指单位工程的主体结构或重点、特殊工程的分项工程，以及采用新结构、新技术、新材料的分项工程。如大桥上部、高级路面的面层，大型构造物的支架等。分项工程验收一般由项目技术负责人自己组织检查验收，并填写验收记录，收入技术档案。

交工验收是施工的最后阶段，必须经过法定手续。交工验收的程序一般分为预验、初验和验收。预检验是工程竣工后由项目经理部内部进行的自检自验，并编制好竣工图表资料。初验是在自检自验基础上，项目经理提请上级领导主持的检验，经验收小组进行初验后，写出初验报告。初验报告的内容包括：竣工初验组织情况；工程概况及竣工数量；工程质量及施工管理评价；检查时发现的重大质量问题及遗留问题处理意见。验收是由建设单位邀请设计单位及有关方面参加，同施工单位一起进行的检查验收。验收的依据是工程合同、设计文件、国家有关的施工技术验收规范。验收通过后，办理验收手续，存入技术档案，施工任务完成。

7.2.6 工程技术档案制度

工程施工技术资料是施工单位根据有关管理规定，在施工过程中形成的应当归档保存的各种图纸、表格、文字、音像材料等技术文件材料的总称，是工程施工及竣工交付使用的必备要件，也是对工程进行检查、维护、管理、使用、改建和扩建的依据。制定该制度的目的，是为了加强对工程施工技术资料的统一管理，提高工程质量的管理水平。它必须贯彻国家和地区有关技术标准、技术规程和技术规定，以及企业的有关技术管理制度。

1. 技术档案的类别与内容

(1) 工程竣工验收后交由建设单位保管的技术档案。

竣工图和竣工项目一览表；图纸会审记录、设计变更和技术核定单；材料、构件和设备的质量合格证明；隐蔽工程验收记录工程质量检查评定和事故处理记录和设备调试、试压、试运转等记录；永久性测量基准点的位置，建筑物和构筑物施工测量定位记录，沉陷、变形观测记录在重要结构和部位的试件、材料试验及检查记录；其他有关该项工程的技术决定。

(2) 由建筑企业保存的施工组织与管理方面的工程技术档案。

施工组织设计文件；新结构、新技术、新材料、新机械的试验研究资料及其经验总结；重大质量安全事故分析及其补救措施记录；有关技术管理的经验总结；重大技术决定及施工日志；大型临时设施档案；为工程交工验收准备的资料。

2. 工程技术档案的整理

工程技术档案的整理工作包括系统整理和目录编制。系统整理是在全面收集工程技术档案的基础上，进行科学分类和排序。分类应符合技术档案归档要求，一般按工程项目分，使同一项工程的技术档案都集中在一起，以便于反映该项工程的全貌。在每一类下又可按工程专业分为若干类，以便从专业角度查找；编制目录应通过一定形式，按照一定要求，总结整理成果、揭示工程技术档案的内容和它们之间的联系，便于检索。

工程技术档案的建立以及材料的收集和整理工作应当从施工准备开始，直到交工为止，贯穿于生产的全过程中。凡列入技术档案的技术文件及资料必须如实地反映情况，不得擅自修改、伪造及事后补做。工程技术档案要经各级技术负责人正式审定后才有效，且必须严加管理，不得遗失损坏，人员调动时要办理交接手续，如图 7-4 所示。

某施工资料中间检查记录表

<table>
<tr><td colspan="2">工程名称</td><td></td><td>建筑面积</td><td></td><td>施工单位</td><td></td></tr>
<tr><td colspan="2">结构</td><td></td><td>项目经理</td><td></td><td>总工程师</td><td></td></tr>
<tr><td colspan="2">检查人</td><td colspan="3"></td><td>检查时间</td><td></td></tr>
<tr><td>施工管理技术资料</td><td colspan="6">(检查施工方案的编制、审核情况，检查施工中间检查、执行情况(方案)分项(分部)技术交底记录的正确性和可操作性，检查施工日志)</td></tr>
<tr><td>施工物资资料</td><td colspan="6">(检查工程物资进场检查、验收、复试情况)</td></tr>
<tr><td>施工记录资料</td><td colspan="6">(检查隐蔽验收记录、预检记录的填写情况和签字及时性，质量验收资料)</td></tr>
<tr><td>质量验收资料</td><td colspan="6">检查质量检查验收、质量处理记录</td></tr>
<tr><td>综合结论</td><td colspan="6">检查技术资料收集、整理、组卷情况、与工程进度的同步性</td></tr>
<tr><td></td><td colspan="6">受检单位签字</td></tr>
</table>

图 7-4 “施工资料检查记录表”示意图

7.2.7　施工组织设计文件审批制度

工程施工开工之前，施工组织设计文件必须上报建筑企业总工程师组织审查批准后，经施工单位内部审核修正的施工组织总设计、单位工程施工组织设计及施工方案必须另附内部审查意见或专家审查意见送监理单位审查，同时送建设单位一份；经监理单位总监理工程师组织审查完成并附审查意见后报建设单位审查。施工单位根据监理和建设单位的审查意见进行修改完成后，报监理单位批准后实施。通过施工组织设计文件的审批，可以使现场技术工作的经验和积极性与企业综合技术实力的发挥更好地得到结合，是施工有计划、有程序地展开并进行科学有效管理的重要保证。

其审批流程是：编制→内部审核(必要时专家评审)→修改和完善→报监理审查并提出审查意见(另附内部评审意见)→报建设单位审查并提出审查意见(另附内部和监理评审意见)→施工单位修改和完善→报监理单位批准→实施(必要时进行调整和修订)。

审核单位对实施性施工组织设计(方案)应在掌握主、客观情况的条件下，运用系统工程的观点进行科学的审核。

施工组织设计文件审核的主要内容包括以下几点。

(1) 施工组织设计(方案)中承包单位的审批手续齐全。

(2) 承包单位现场项目管理机构的质量管理、技术管理、质量保证体系健全，质量保证措施切实可行且有针对性。

(3) 施工现场总体布置是否合理，是否有利于保证工程正常顺利施工，是否有利于保证工程质量，施工总平面布置是否与地貌环境、建筑平面协调一致。

(4) 施工组织设计(方案)中工期、质量目标应与施工合同相一致。

(5) 施工组织设计(方案)的施工布置和程序应符合本工程的特点及施工工艺，满足设计文件要求。

(6) 施工组织设计(方案)应优先选用成熟的、先进的施工技术，且对本工程的质量、安全和降低造价有利。

(7) 进度计划应采用流水施工方法和网络计划技术，以保证施工的连续性和均衡性，且工、料、机进场应与进度计划保持协调性。

(8) 施工机械设备的选择是否考虑了对施工质量的影响与保证。

(9) 安全、环保、消防和文明施工措施切实可行并符合有关规定。

(10) 施工组织设计(方案)的主要内容齐全。

(11) 施工组织设计(方案)中若有提高工程造价的，项目监理机构应取得建设单位同意。

监理单位在收到施工单位报送的施工组织设计(方案)后，应在规定工作日内完成审查，提出审查意见并报建设单位，建设单位在收到监理单位报送的施工组织设计(方案)及审查意见后，应在规定工作日内完成审查并提出审查意见，施工单位根据各方审查意见，规定工作日内将修改完善的施工组织设计(方案)报监理单位批准，完成审批手续。

7.2.8　设计变更和技术核定管理制度

施工过程中，由于业主的需要或设计单位出于某种改善性的考虑，以及现场实际条件的变化等，都将导致施工图的设计变更。这不仅关系到施工依据变化，而且涉及工程量的增减变化。因此，要严格按照规定程序处理设计变更问题。一般由设计单位签证确认，监理工程师下达变更令。在实际施工过程中，由现场管理者或作业者对施工图的某些技术问题有异议或者提出改善性的建议，如材料构配件的代换、混凝土使用添加剂、工艺参数调整等，须由技术负责人向设计单位提出技术核定单，经确认同意后才能实施。

1. 设计变更原因

设计变更的原因主要有以下几种：图纸会审后，设计单位根据图纸会审会议纪要与施工单位提出图纸上错误、要求，以书面形式设计变更通知通过建设单位提交给施工单位；在施工中发现图纸错误，通过工作联系单，由建设单位转交给设计单位，设计单位提出设计变更通知；建设单位在施工前或施工中，对设计图纸提出新的要求，包括提高建筑标准、增加建筑面积、改变房间使用功能等，设计单位根据国家有关政策，在施工单位所能接受的条件下，提出设计变更通知；因施工本身原因，如施工设备问题、施工工艺、工程质量问题等，需设计单位协助解决问题，设计单位在结构与建筑等安全与技术允许条件下，提出设计变更通知。

2. 办理设计变更的手续

所有设计变更均需由设计单位或设计代表签字(或盖章)，通过建设单位提交给施工单位(或工区技术管理组)，施工单位自行进行设计变更是不合适的。

3. 设计变更处理办法

(1) 在施工日志上填写有关设计变更的主要内容。

(2) 在设计图纸与设计文件收文本上及时登记，复印后存入技术档案，复印件及时提交给施工队或工区技术负责人。

(3) 在施工图纸上，根据设计变更逐条修改，在修改的地方加盖变更图章，并注明设计变更编号，若变更较大时，需附变更图纸，或请设计单位另出图。

(4) 设计变更若与以前洽商记录有关要看是否存在矛盾或不符之处。

(5) 若设计变更对施工有影响，如施工方案、施工工期、施工进度、施工设备、施工材料，或提高建筑标准，增加建筑面积等，均涉及工程造价与施工预算，应及时与建设单位联系，商讨解决办法。

(6) 若与分包施工单位有关，应及时提交给分包施工单位协办。

(7) 若设计变更与原设计差距甚大，直接影响施工工艺与施工工期，超过施工合同的范围，施工单位应及时与建设单位和设计单位联系与洽商。

7.2.9 施工日记记录制度

施工日记真实、客观地记录了从工程开工到竣工为止每天现场施工状况的动态过程，包括当天的气象、施工部位和作业内容、作业能力效率和施工质量、例行检查和施工巡视所发现的问题、各种施工指令的传达与执行、施工条件变化及影响因素、对策措施、整改实施情况与结果等。施工日记既可用于了解施工的进展变化，以及分析存在问题与解决问题的结果，是制订方案的依据之一，又可用于辅助证实施工质量检验评定以及质量保证原始资料形成过程的客观真实性。

施工日记的内容一般包括以下几点。

(1) 工程的开竣工日期以及主要分部分项目工程的施工起止日期，技术资料供应情况。

(2) 因设计与实际情况不符，由设计单位在现场解决的设计问题以及对施工图修改的记录。

(3) 重要工程的特殊质量要求和施工方法。

(4) 在紧急情况下采取的特殊措施和施工方法。

(5) 质量、安全、机械事故的情况，发生原因及处理方法的记录。

(6) 有关领导或部门对工程所做的生产、技术方面的决定或建议。

(7) 气候、气温、地质以及其他特殊情况，如停电、停水、停工待料等的记录等。

7.2.10　其他技术管理制度

除以上几项主要的技术管理制度以外，施工项目经理部还必须根据需要，制定其他技术管理制度，保证有关技术工作正常运行，例如土建与水电专业施工协作技术规定、工程测量管理办法、技术革新和合理化建议管理办法、计量管理办法、环境保护工作办法、工程质量奖罚办法、技术发明奖励办法等。

【案例分析】

2011 年 6 月 2 日，某高速公路某段在第二标段小冲隧道右洞出口进行爆破作业时，施工人员由右洞转移至左洞躲避爆破，炮响后波及左洞出口，并引起局部坍塌。6 名工人在事故中当场死亡，另有 6 名工人不同程度受伤。

原因分析:

(1) 违反隧道爆破作业规定，在事发当天上午曾在左洞口埋设炸药，但因故未继续爆破，也未采取措施，装药后违规长时间不引爆。

(2) 在左洞埋设炸药情况下实施右洞爆破，左、右洞距离过近，从而导致右洞隧道爆破冲击波引爆左洞已埋炸药。

(3) 施工人员爆破时应撤离至安全地点，左、右洞距离较近，在左洞躲避属违章行为。爆破施工现场缺乏统一指挥，没有联系和警戒。

7.3　建筑企业安全技术管理

7.3.1　国家安全技术管理规范

建设部为规范建筑施工企业安全生产管理工作、提高建筑施工企业安全管理的水平、控制和减少建筑施工生产安全事故，制定了建筑企业安全技术管理规范，规范包含以下几点。

(1) 建筑施工企业安全技术管理应包括危险源识别，安全技术措施和专项方案的编制、审核、交底、过程监督、验收、检查、改进等工作内容。

(2) 建筑施工企业各管理层的技术负责人应对管理范围的安全技术工作负责。

(3) 建筑施工企业应在施工组织设计中编制安全技术措施和施工现场临时用电方案。

(4) 对危险性较大的分部分项工程，编制专项安全施工方案；对其中超过一定规模的应按规定组织专家论证。

(5) 企业应明确各管理层施工组织设计、专项施工方案、安全技术方案(措施)编制、修改、审核和审批的权限、程序及时限。

(6) 根据权限，按方案涉及内容，由企业的技术负责人组织相关职能部门审核，技术负责人审批。审核、审批应有明确意见并签名盖章。编制、审批应在施工前完成。

(7) 建筑施工企业应明确安全技术交底分级的原则、内容、方法及确认手续。

(8) 建筑施工企业应根据施工组织设计和专项安全施工方案(措施)编制和审批权限的设置，组织相关编制人员参与安全技术交底、验收和检查，并明确其他参与交底、验收和检查的人员。

(9) 建筑施工企业可结合实际制定内部安全技术标准和图集，定期进行技术分析和改造，完善安全生产作业条件，改善作业环境。

7.3.2 建立安全生产责任制

在当前建筑承包中，必须将施工安全列入承包主要指标内，建立安全施工责任制，在管理与指导生产的同时，加强安全管理。

建筑企业应建立安全检查部门和设置专职安全人员，他们的任务是：处理安全生产日常工作，认真执行安全生产的方针、政策、法令、规定和制度；经常深入现场，进行施工作业安全检查，对违章作业人员有权制止；组织职工学习安全技术操作规程和制度，会同劳资部门组织新工人进行安全教育；协助领导组织对重大事故进行调查处理；总结推广安全生产的先进施工工艺和经验。

7.3.3 制定安全技术措施

(1) 在施工组织设计、施工方案、安全施工措施列为主要内容。

(2) 制定安全施工奖罚条例。

(3) 坚持安全检查制度。

(4) 施工队设置专职安全检查员进行全面检查。

(5) 施工队每旬进行一次安全检查。

(6) 企业每月或每 3 个月进行一次定期或非定期安全大检查。

(7) 班组兼职安检员在施工中随时进行安全检查，一旦有违章操作，应立即阻止。

(8) 安全检查科在进行安全检查时发现有安全事故隐患的，应立即发出通知单，并及时向有关领导汇报。

(9) 严格执行岗位安全责任制，明确管理人员的职责和对安全事故所承担的责任。

(10) 对施工人员特别是高空作业人员进行身体检查，凡有高血压、心脏病等疾病者，严禁在高空作业。

【案例分析】两起在建大桥坍塌事件原因分析

1. 黄埔大桥引桥坍塌事件

2007 年 6 月 13 日，广州珠江黄埔大桥东二环六标段引桥满布脚手架预压施工时，1000

多吨重、近千个沙包将18m高的支架突然压坍塌，致使4人被埋，其中2人死亡。

原因分析：

(1) 连降暴雨，雨水浸泡加重了沙袋的重量，超过脚手架承重极限。

(2) 地基固化处理不到位，雨水浸泡导致基础软化。

(3) 脚手架螺钉及碗扣松动。

2. 遵义市公路珍珠大桥事件

遵义市务川至彭水公路珍珠大桥距务川县城3km，横坍在洪渡河上，设计为箱型拱钢筋混凝土结构，设计桥高100m，全长152m，主孔跨度120m，全长135.2m，桥面距水面约170余米。2005年11月5日中午1点55分，悬拼拱架在施工中发生垮塌事故，当时正在施工的19名工人落下河谷。事故发生时，大桥正在进行拱架架设，坍塌后只剩下两根钢索孤零零地挂着。这起事故共造成16人死亡，3人受伤，直接经济损失352.1万元。

原因分析：

(1) 管理极度混乱，大桥的施工单位在施工中使用了不符合安全质量的施工器材。

(2) 施工单位在施工中违规作业，无经过审批的正式施工组织设计。

(3) 现场无监理人员。

问题：

1. 从上述两个桥梁坍塌案例中，我们可以得到哪些启示？

2. 建筑企业技术管理具有哪些作用？

3. 企业在进行技术管理中需要注意哪些问题？

本章小结

1. 建筑企业技术管理是对企业中的各项技术活动和技术工作的要素进行的管理。受建筑行业生产的技术经济特点影响，建筑企业技术管理具有特殊性，因此需要在贯彻执行国家技术政策和遵循技术规律的基础上，科学地组织各项技术活动。

2. 技术管理工作的内容可分为基本工作和基础工作两大部分。技术管理基础工作，是指为技术管理创造条件的准备性工作，主要有：建立技术责任制；贯彻技术标准，制定技术规程；完善建筑企业的技术情报和技术档案的管理，等等。技术管理基本工作包括施工技术准备工作、施工过程中的技术工作和技术开发与更新工作。基本工作是紧紧围绕技术管理的基本任务而展开的，它与技术管理的基础工作之间是相辅相成、相互依赖的关系。

3. 建筑企业技术管理制度主要有技术责任制、图纸会审制度、技术交底制度、施工组织设计制度、材料和构件的试验及检验制度、工程质量检查和验收制度、工程技术档案制度等。

4. 建筑企业安全技术管理是建筑企业生产的基石，安全技术主要包括建立安全责任制及制定安全技术措施。

习　题

一、名词解释

技术　技术交底　技术复核

二、选择题

1. 施工技术准备工作大致可分为内业、外业两部分，其中不属于内业的是(　　)。
   A. 组织图纸会审　　B. 落实建筑材料的供应
   C. 编制施工图预算　　D. 编制施工方案与施工组织设计
2. 图纸的会审程序的第一个阶段是(　　)。
   A. 学习　　B. 自审　　C. 会审　　D. 综合会审
3. 下列有关设计变更处理办法中不正确的是(　　)。
   A. 在施工日志上填写有关设计变更的主要内容
   B. 在设计图纸与设计文件收文本上及时登记
   C. 在施工图纸上逐条修改，加盖变更图章，无须另行编号
   D. 若与分包施工单位有关，及时提交给分包施工单位协办

三、问答题

1. 简述建筑企业技术管理的任务及内容。
2. 建筑企业技术管理制度主要包括哪些？
3. 什么是图纸审查？其基本内容有哪些？
4. 阐述技术交底的概念及项目技术负责人应向班组长进行技术交底的内容。
5. 建筑企业进行原材料、构件、设备检验的要求是什么？
6. 建筑企业应如何进行技术档案整理？
7. 建筑企业应怎样进行安全技术管理？
8. 什么是技术组织措施？技术组织措施计划的主要内容有哪些？

第 8 章　建筑企业信息管理

【学习要点及目标】

- 了解和掌握信息、信息管理的基本概念和内涵
- 掌握信息管理工作的过程
- 了解建筑企业信息化的发展历程
- 掌握建筑企业信息化含义
- 熟悉建筑企业信息化系统结构

【核心概念】

信息　信息管理　建筑企业信息化　建筑企业信息化系统

【引导案例】 澳门银河娱乐度假城工程项目管理信息化建设

澳门银河娱乐度假城是一个国际总承包项目，工程总建筑面积 55 万平方米，由两座酒店及一座娱乐场组成。其中 A 座塔楼总建筑面积 11.3 万平方米，共 27 层，设有五星级酒店客房 1400 余套；B 座塔楼总建筑面积 12 万平方米，与 A 座造型相同，设有五星级客房 800 余套。该工程是澳门金光大道规划中的地标性建筑，与已经建成的威尼斯人和新壕天地相映成趣。

澳门银河项目的信息量巨大，如何快速有效地处理各类文件信息成为对总承包的一个重要挑战。截至项目竣工，工程中产生的各类文件总数近 21 万件，日均文件百余份；建筑师指令及备忘录 45 004 份；分包来文 25 033 份，图纸报审 12 210 份，公司发文 31 114 份，各类报检、报审表格 96 538 份。显然，资料员管理资料的传统观念已不能应对工程项目需要。因此，项目部花费了很大成本购置设备，组建了内外双网并且制定了严格的资料处理流程以及考核办法，来保证资料处理的效率和效果。

澳门银河项目信息管理的网络架构主要有以下几种。

(1) 外网——项目信息门户 ACONEX。ACONEX 是基于互联网的项目信息门户，项目的所有正式文件均由参建各方上传共享，可以在任何一台能够上网的电脑上通过输入用户名和密码来浏览对应权限的文件和资料。ACONEX 是一个第三方信息服务商，文件一旦上传共享则不能修改。除此以外，还可以公正地记录文件的上传、下载以及浏览的时间和人员，在信息量巨大的项目中可以大大加快文件处理的效率，实现无纸办会。通过运用 ACONEX 系统，澳门银河项目的资料信息管理完成了从“说来说去”到“文来文去”的蜕变。

(2) 内网——办公局域网。局域网架设于总承包写字楼内部，主要由服务器、网络设备、电脑等组成。局域网相对封闭，仅总承包内部人员可以登录，且不同管理人员根据部门具有不同的文件编辑权限。传统的“资料员管资料”模式得到颠覆，全部的文件收发由分区项目经理、项目工程师、核数师等各个岗位全员管理，资料员仅负责简单的整理、制表等工作。

文件由各部门、分区项目部自行起草，按照文件编码要求进行编号，并自行上传至总包服务器指定位置，由资料员打印并由经理签发后方能发送至 ACONEX。文件发出后，由各部门、分区项目部负责协调和跟踪文件的回复或执行情况。除纸质原件的收存外，采用由专业工程师阅读，制作处理跟踪目录，然后各分区项目经理、项目工程师于服务器上自行取阅并处理反馈的模式。各级管理人员以部门、分区项目经理作为文件处理的核心，建立“生产、资料同步管理”的思路。对于建筑师、业主、分包等文件，许多需要即时回复，总承包建立了文件处理反馈体制。各部门、分区项目部会根据《流转目录》要求对某些文件进行书面回复，并在服务器上动态更新《流转目录》的相关处理项目。《流转目录》会自动对某一文件的处理进行评价，总包经理亦会经常检查当前文件处理的情况，对各部门、各分区项目部进行考核。

8.1　建筑企业信息管理概述

8.1.1　信息与企业信息

1. 信息的含义

哈特莱(R .V. Hartley)于 1928 年在《信息传输》(*Transmission of Information*)一文中首次使用信息(Information)一词。从通信的角度，他把信息理解为选择通信符号的方式，并用选择的自由度来计量信息量。他认为，发信者所发出的信息就是他在通信符号中选择符号的具体方式。

在信息论中，信息是可以获得、变换、传递、存储、处理、识别和利用的一般对象，它能为实现目标排除意外性和增加有效性。信息论的奠基人申农(C.E.Shannon)在他的论文《通信的数学理论》(1948)中明确地把信息定义为“信息是用来消除不确定的东西”。在系统论中，信息被认为是系统内部联系的特殊形式。在控制论中，信息被理解为对外界进行调节并使调节为外界所接受时与外界相互作用所获取的东西。控制论创始人维纳在《控制论——动物和机器中的通信与控制问题》中提出“信息是人们在适应外部世界，并使这种适应反作用于外部世界的过程中，同外部世界进行相互交换的内容的名称”。

经济信息泛指一般的数据、资料、消息、情报和知识等。有组织内部的信息，如生产信息、财务信息、销售信息和资源信息；有组织外部的信息，即环境信息，包括市场价格信息、消费者信息、竞争对手信息和政策法规等。

由于信息概念的复杂性，在定义信息概念时，必须抓住以下 3 个要点。

(1) 信息、能量、物质是社会发展的三要素，其中信息是一个独立的科学概念。信息既不是物质，也不是能量，而是一个与物质和能量既有联系又有区别的概念。

(2) 研究信息的概念时，一定要分清层次，而不能笼统视之。本体论层次的信息概念是一种纯客观的概念，它仅关心“事物运动表现特征的客观存在”。而认识论层次的信息概念是在主体立场上从主客观的关系上来看问题的，它不仅关心主体感知或表述的“客观存在的事物运动的表现特征”本身(即其外在形式)，而且关心其逻辑含义及其效用。

(3) 信息有“为主体消除或减少某种不确定性”的作用，它所消除或减少的不确定性越多，则表示主体收到的信息量越多。

2. 企业信息的特性

企业从事生产、流通、服务等活动，为满足社会需求，进行自主经营、自负盈亏、承担风险、实施独立核算、具有法人资格的基本经济组织。

企业信息，首先是信息，所以它具有信息的一般特征。诸如信息的无时不有、无处不在的客观性、普遍性；依附于一定物质载体才能被保存下来的依附性、寄载性、存储性、累积性、可传递性；可以被接受、被加工处理，可以对其进行各种载体转换的可塑性或可识别性、可转换性；在传播、加工、转换和使用的过程中会使信息内容发生畸变的可伪型；可以同时为多个主体所拥有和使用的共享性；相对于不同的信息使用者具有不同使用效果的使用价值相对性等一般信息的特征，企业信息都具有。而作为“企业”的信息，它又具有自身所独有的特征。

1) 社会性

企业是社会的细胞，企业的一切活动不可能脱离其所在的那个社会，所以企业的活动都是一种社会活动。企业信息来源于企业的社会活动。企业为了自身的生存和发展，需要不断地从社会中获取各种信息加以利用，同时自身又是企业信息的来源，不断地向社会提供信息，以满足社会的需要。在某一个社会环境中传播的企业信息，总是带着那个社会的烙印。

2) 经济性

企业信息的经济性特征表现在两个方面：一是指企业信息是来自经济组织、经济活动、经济领域的信息；二是指企业信息本身具有经济价值。企业信息的获取和利用，需要付费；而企业使用信息之后又可以为企业增加利润，给企业带来经济效益。

企业信息具有经济性特征并不表示企业信息都必然是经济信息。因为企业信息是产生于企业内部或应用于企业部门的信息。产生于企业内部的信息，应用于企业部门的信息，并不都是经济信息，许多非经济信息，比如政治信息、科技成果信息、社会文化信息等社会信息和水旱灾害、地震、台风等自然信息，在某些特定条件下都可能转变为企业信息。

一般的社会信息、自然信息转化为企业信息是有条件的。通常，那些处于企业管理部门最关心的目标范围内或者与此目标关系密切的信息，具有某种广泛性意义和参考价值的信息，各种突发性的、打乱正常管理秩序的社会政治事件信息和自然灾害信息，对于全局有一定影响的倾向性信息等，当它们能够进入并影响企业管理活动时，才有可能转变为企业信息。

不论是什么信息，只要一转变为企业信息，就具备了经济性特征，就会给企业带来一定的经济效益。

3) 时效性

时效性指的是企业信息对企业管理产生有效作用并具有时间限制的特征。它包括两层含义。一是信息本身具有生命周期，信息一经生成，企业管理者获得它的时间越短，其使用价值越高；在信息的生命周期内，获得该信息的时间越长，其使用价值就越小；时间的延误，会导致信息使用价值的衰减甚至消失。二是有些信息虽然是很早就生成的陈旧信息，但是企业管理者在决策中需要这一信息时能够及时地得到它，该信息仍旧会具有使用价值。

4) 连续性

企业的生存和发展，是企业在与其内外系统相互协调的不断循环和螺旋式上升的连续过程中实现的。企业信息管理活动也是一个连续过程。所以，企业信息也是源源不断地产生和流通的。它绝不会中断，即使这个企业消亡了，新的企业又会诞生，一个社会的企业信息流是源源不绝的。

信息的连续性，反映了事物发生、发展的过程，反映了事物发展前后不同阶段之间的相互关系。正因为如此，我们可以根据信息来分析竞争对手的状况，可以根据信息来预测自己的未来发展趋势。

3. 企业信息的类型

在现代企业管理中，企业遇到的信息很多。从不同的角度可以给企业信息分类。

1) 企业信息的内容类型

根据信息的内容，可以将企业信息分为企业技术信息、企业管理信息和企业文化信息。

(1) 企业技术信息，是关于企业所需的技术进步或技术开发方面的信息。比如生产技术、产品技术及其标准、设计图纸、实验数据、技术动向、产品开发等。

(2) 企业管理信息，又可分为企业生产管理信息、企业经营管理信息和企业行政管理信息。

企业生产管理信息，是关于企业生产过程组织、质量管理、人力资源开发与管理、物资及设备管理等方面的信息。企业经营管理信息，是关于企业经营思想和战略、市场营销和企业财务等方面的信息。比如原材料的价格、产品销售情况、市场动态以及企业的资产、利税、负债、会计报表等。企业行政管理信息，是企业行政管理过程中产生的各种信息。比如上级的指示、政策、文件，企业向上级的请示、报告，企业制定的管理制度等。

(3) 企业文化信息，是指企业内多数成员在长期过程中形成的、共同拥有的价值观念、行为方式、企业道德、企业精神、企业形象、企业习俗、企业规范等。

2) 企业信息的信源类型

根据企业信息的来源不同，可以将其划分为内源性信息和外源性信息。

(1) 内源性信息是企业内部产生的信息，诸如各种生产计划和规划、设计图纸、质量要求指标、企业管理者的指令、下级部门向上级递交的请示和报告等。这类信息是企业管理者管理企业的主要手段，一般是通过正式传播渠道传递。

(2) 外源性信息是企业从企业经济环境中获得的信息，诸如重大的国家经济活动、政府发布的企业政策法规、市场价格和发展趋势、供应商和销售商的行为、竞争对手的情况等。这类信息通过各种渠道进入企业内部，为企业管理决策服务。

3) 企业信息的传递范围类型

根据企业信息的传递范围，可将企业信息划分为公开信息、内部信息和保密信息。

(1) 公开信息，是指不限制使用范围的企业信息，可在全社会范围内传播，社会全体成员都可以共享，如企业的产品、企业形象、企业总产值、销售额、利润率、固定资产、无形资产、盈利水平、信用与负债等。

(2) 内部信息，是指在企业内部传播的企业信息，如企业内部文件、内部会议纪要、生产指挥信息等，不向社会公开。

(3) 保密信息，是指严格限制传播范围的企业信息。如企业的专有技术、技术发展动向、战略决策等，不仅不能向社会公开，在企业内也严格控制传播范围。

8.1.2　企业信息管理的内涵

1. 信息管理的含义

企业信息管理是信息管理的一种。信息管理(Information Management)是一个很宽的、正在发展的概念，它一般存在两种基本理解。

(1) 狭义的信息管理。认为信息管理就是对信息本身的管理，即以信息科学理论为基础，以信息生命周期为主线，研究信息的“采集、整理、存储、加工(变换)、检索、传输和利用”的过程。其目标就是要掌握信息的运动规律，并充分利用信息进行管理决策。

(2) 广义的信息管理。认为信息管理不单单是对信息的管理，还包括对涉及信息活动的各种要素，如信息、技术、人员、组织进行合理组织和有效控制。它是信息人员围绕信息资源的形成与开发利用，以信息技术为手段，对信息资源实施计划、组织、指挥、协调和控制的社会活动。

根据上述信息管理的定义，企业信息管理就是企业管理者为了实现企业目标，把信息作为待开发的资源，把信息和信息活动作为企业的财富和核心，充分使用信息技术，对信息的采集、加工、传播、存储、创新、共享和利用进行有效的管理，对企业信息活动中的人、技术、设备进行有效的协调和运行，以谋求企业的最大效益。

简言之，企业信息管理包括两个方面：一是对“企业信息”的管理；二是对“企业信息活动”的管理。它是企业管理者为了实现企业目标，对企业信息和企业信息活动进行管理的过程。

2. 信息管理的职能

与管理的一般职能相同，信息管理也有计划、组织、领导和控制 4 个主要职能。

1) 信息管理的计划职能

信息管理的计划职能，是围绕信息的生命周期和信息活动的整个管理过程，根据战略规划所确定的总体目标，分解出子目标和阶段任务，并规定实现这些目标的途径和方法，制订各种信息管理计划，从而把已定的总体目标转化为全体组织成员在一定时期内的行动指南，指引组织未来的行动。

信息管理计划包括信息资源计划和信息系统建设计划。前者是信息管理的主计划，指对组织活动中所需要的信息，从采集、处理、传输到使用和维护的全面计划。后者则是信息管理过程中一项至关重要的专项计划，是指组织关于信息系统建设的行动安排和纲领性文件。

2) 信息管理的组织职能

信息管理的组织职能是按用户的要求，建立信息机构、制定信息管理的规章制度，选配、任用信息人员，把信息活动、信息人员、信息活动的物质要求、信息技术有机地结合起来，实施并完成各种信息活动。

3) 信息管理的领导职能

信息管理的领导职能包括：参与高层管理决策，为最高决策层提供解决全局性问题的信息和建议；负责制定组织信息政策和信息基础标准，负责组织开发和管理信息系统，负责采集、提供和管理组织的内部活动信息、外部相关信息和未来预测信息。围绕信息管理的目标，协调相关各部门的信息工作和各种信息活动的要素，使各个部门、各个环节的信息活动和谐地、有条不紊地进行。

4) 信息管理的控制职能

信息管理的控制职能旨在对整个信息活动过程以及整个信息管理系统进行控制，以完成信息管理过程。控制工作过程包括拟定控制标准、获取偏差信息、判定偏差原因、采取纠偏行动 4 个步骤。

8.2　建筑企业信息管理内容

建筑企业信息管理是一个较新的命题，无论是在理论上，还是在实践上，其内容都在不断地发展变化着。从已有的研究成果来看，建筑企业信息管理应该包括以下几个方面的内容。

8.2.1　建筑企业信息管理过程

信息管理过程是指建筑企业对其在管理过程中所产生的信息进行采集、传播、加工、存储、维护和使用等信息规划和组织工作的总称，具体包括以下内容。

1. 信息采集

信息采集是企业信息管理过程的起点。由建筑企业管理的目标出发，从客观情况调查入手，加上主观思路规定数据的范围；按信息规划，建立信息采集渠道的结构。信息采集最重要的是必须保证所需信息的准确、完整、可靠和及时。在项目实施过程中，每天都要产生大量的数据，如记工单、领料单、任务单、图纸、报告、指令、信件等，必须确定收集什么样的资料，确定这些资料的结构、收集方式及手续，并具体落实到责任人。由责任人对原始资料的收集、整理及它们的正确性和及时性负责。通常由专业班组的班组长、记工员、核算员、材料管理员、分包商、秘书等承担这个任务。

2. 信息的传播

信息传播是信息从信源经信道流向信宿的过程。传递信息同样也应建立信息传递渠道的结构，明确各类信息应传输至何地点、传递给何人、何时传递、采用何种传输方法等。信息传递者应保持原始信息的完整、清楚，使信息接收者能准确地接收所需信息。在项目管理中，要设计好信息的传递路径，按不同的要求选择快速的、误差小的、成本低的传输方式。

3. 信息的加工

信息加工是将采集到的信息，按照不同目的和要求，进行鉴别和筛选，使信息条理化、规范化、准确化，以便进一步存储、传播和利用，从而使信息具有一定使用价值的过程。信息加工的范围很大，从简单的查询、排序、归并到复杂的模型调试及预测。现代信息系统在这方面的能力越来越强，在加工中使用了数学及运筹学的工具，涉及许多专门领域的知识，如数学、运筹学、经济学、管理科学等。

4. 信息的存储

信息存储是指对加工后的信息进行科学有序地记录、存放、保管，以便使用的过程。信息存储的目的是将信息保存起来以备将来应用，同时也是为了信息的处理。要存什么信息、存多长时间、采用何种信息存储方式主要由项目管理的目标确定。许多信息作为工程项目的历史资料和实施情况的证明，它们必须被妥善保存。一般的工程资料要保存到项目结束，而有些则要长期保存。按不同的使用和储存要求，数据和资料储存于一定的信息载体上。这要做到既准确有序、安全可靠，又使用方便。

5. 信息的维护与利用

信息的维护是保证信息处于准确、及时、安全和保密的状态，能为管理决策提供使用服务。信息利用是有意识地运用存储的信息去解决管理中具体问题的过程。

6. 信息的反馈

信息反馈是将利用某信息之后得到的结果与利用信息前对结果的预测进行比较，以期获得该信息利用效果的结论，借以指导下一次信息利用的过程。信息是管理的纽带，管理过程实际上就是信息沟通的过程。反馈信息既是上一管理过程的终结，又是下一管理过程的开始，所以，对于信息反馈，具有反馈信息真实准确、信息传递迅速及时、控制措施适当有效等要求。

8.2.2 建筑企业信息管理系统的建立

建筑企业信息管理系统是以操作系统、数据库系统以及安全管理等作为系统建设的基础架构；以企业外部和内部信息门户作为公司提高和统一对外形象、组织和管理内部信息共享的基础；以办公自动化和工作流管理作为贯穿公司业务操作的通信和流程管理平台；配合公司各项业务运作的专用和通用系统，如：财务管理、人力资源管理、物资设备管理、工程项目、经营管理、工程技术管理、企业固定资产管理等，支持高效率的运作管理，以企业信息总线作为各信息系统间的通信渠道，并在此基础上开发和组织企业级的知识共享和管理、数据仓库技术和决策支持，为企业在满足信息化操作的基础上发展全面的企业信息化管理提供支持手段，如图 8-1 所示。

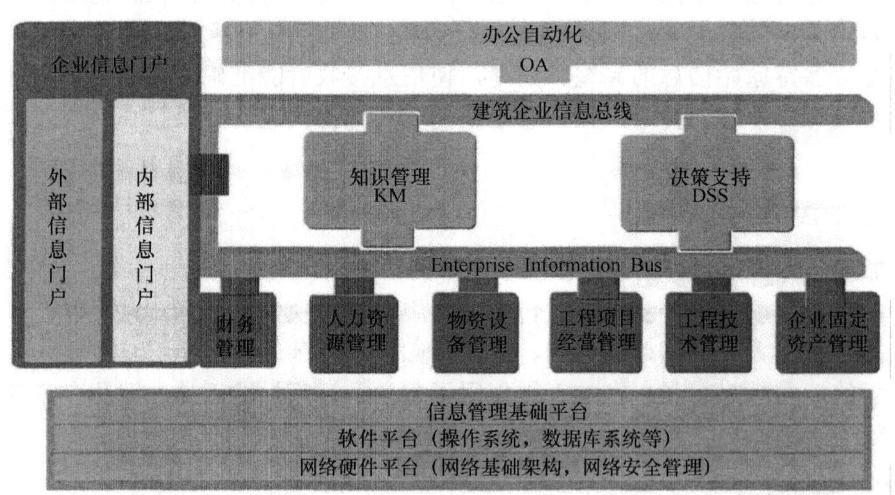

图 8-1 建筑企业信息管理体系

1. 信息管理基础平台建设

信息管理基础平台建设主要是构建后期软件系统所需要的底层平台，为以后的模块化系统打好基础。它是整个系统的底层支撑平台，企业系统的子系统都架设在该系统平台上。

信息管理基础平台应基于业务架构平台来构建、简化和集成企业的整体信息系统，克服应用孤岛。业务架构平台为企业提供了强大、集成和统一的业务支撑环境，对企业的协作工作、业务处理、流程控制、决策分析、商务智能提供了全面支持。业务架构平台能提升管理软件的集成性和技术无关性，促进各类业务系统的紧密配合，帮助企业成为高效协作的整体，提高管理和运营的效率。

信息管理基础平台为了满足企业系统的建立应该具有如下基本功能：组织机构管理、综合权限管理、工作流管理、版本控制、系统维护管理、数据安全管理。

2. 企业信息网络

企业信息门户就其服务的对象与内容可被分为企业外部网站和企业内部网站。

(1) 企业外部网站的主要服务对象为社会公众、现有客户、战略和管理合作伙伴、潜在客户与同行业者；其服务的内容主要为企业介绍、企业新闻、行业信息、管理建设成果、相关政策法规、知识介绍、客户服务、人才招聘以及其他行业信息的提供。

外部信息网站对于企业统一和提高品牌形象、组建有效的对外沟通渠道、提高客户满意度和协助寻求商业伙伴等方面起到积极的作用。

(2) 企业内部网站的主要服务对象为企业内部员工；服务的内容除了与企业外部网站共享的部分外，其主要的目的是作为企业协同工作、信息采集和内部知识共享的平台，为收集和整理行业知识、管理工作经验、员工技能等提供共享和查询。

3. 企业经营管理

信息化建设的主要目标之一就是利用信息技术提高企业的运作效率和管理水平。建立包括财务管理、人力资源管理、物资设备管理和企业固定资产管理等在内的企业经营管理系统，为企业在财务、人事、设备、固定资产管理等方面起到节约人力成本、规范操作流程和合理分配资源等作用。

4. 综合项目管理

项目管理系统是整个企业级系统的核心分系统之一，也是最难实施和逻辑性最复杂的分系统，包括工程项目经营管理、物资设备管理、工程技术管理等方面。

建筑类企业项目管理普遍具有项目实施分散化、项目管理多元化和项目控制繁杂化等特点，项目管理主要采用以进度为主线、合同为约束、成本控制为目标的管理模式，主要完成“四控四管一协调”的工作，即过程四项控制，包括进度控制、成本控制、质量控制、安全控制；四项管理，包括合同管理、现场管理、信息管理、生产要素管理以及项目组织协调的工作。同时针对项目管理的每一过程遵循计划、实施、检查、处理(PDCA)的管理思路，形成计划—实施—检查—处理的闭路循环。重点目标为通过信息化的手段来加强和规范管理，提高对项目的管理和监控力度。

项目管理部分按照业务需求划分为项目信息、市场经营、安全生产管理、质量管理、技术管理、物资管理、体系审核、工程检查、机械设备、计量管理、车辆管理、工作汇报、远程监控和调度、供方名录、教育与培训、行业动态等内容。对于大型建筑施工企业而言，项目管理具有两个层面的概念，其一是项目级的工程项目管理，其二是企业级的多项目管理。项目级的工程项目管理侧重于单体项目管理，具体工程项目实施组织管理，表现为过程管理、数据收集和目标控制；企业级的多项目管理侧重于职能管理和宏观控制，表现为辅助决策、数据分析和总体管理。二者的关系表现为相辅相成、互为依托。

项目级的工程项目管理是企业多项目管理的基础，项目是企业经营利润的来源，项目管理水平的高低决定了企业获利能力的高低；企业多项目管理是项目管理的延伸和深化，科学的企业决策可以保证项目运作的高效和企业内部资源最大限度的运用。

1) 企业级多项目管理

企业级多项目管理是运用集成化的管理思想，以多个建设项目为管理对象，合理配置企业所拥有的各种生产要素和资源，为保证各个项目各项工作能够有机地协调和配合所开展的综合性和全局性的项目管理活动。企业级项目管理部分按照业务需求划分为项目信息、市场经营、安全生产管理、质量管理、技术管理、物资管理、体系审核、工程检查、机械设备、计量管理、车辆管理、工作汇报、远程监控和调度等内容。它是企业进行工程项目管理的信息交互平台，将各部门的信息资源实现共享，实现对工程管理中各业务文件、文档进行统一管理，并且将人工管理的业务工作流程转化为软件控制的自动化工作流程，既有利于规范化管理，又能提高工作效率。统一维护和共享企业级的信息，有利于管理者及时、准确地获取所需的信息。

2) 项目级单项目管理

项目级单项目管理主要是对所管辖项目具体业务的处理，是细致化的、直接的管理，在完成企业下达的各项指标的同时要定期地向公司汇报各种数据。

项目级单项目管理部分按照业务需求划分为项目信息、质量控制、成本控制、进度控制、安全控制、工程资料、环境控制、物资管理、合同管理、技术管理、工地现场管理、项目报告等。同时通过项目级系统可以及时地收到公司传达的各种精神和下发的各项指令以及收发文等。

5. 知识管理

知识管理主要是包括企业的定额、企业的规章制度、标准图集、工程法律法规、合同范本等，为企业日常管理需要提供支持、借鉴和参考。统一收集和整理集团公司内的工作管理经验、专业知识、员工技能，并加以内容分类和等级划分，通过日常维护管理，及时更新、补充知识库资料，形成完善的知识管理体系，从而促进企业职工的创新能力、加快作业与学习速度、降低成本、提高企业的形象和商誉。

6. 决策支持

企业决策支持系统，结合商业智能(Business Intelligence)技术，以实时信息的取得为根基，辅助管理人员实时管理企业。通过在线分析和数据挖掘进行数据细分和模型分析，预测发展趋势，为决策制定提供可靠的依据。

7. 办公自动化

作为企业运作日常所需的沟通和信息传输机制，对企业邮件传输、文件传递、实现无纸化办公、提高员工信息应用基础水平起到重要作用。同时，配合工作流程的管理，通过流程定义和规则设置，规范作业方式，减少工作失误。

8. 企业信息服务总线

随着信息化建设的日趋全面和成熟，企业面对的信息系统类型将逐步增多，同时为满足现代化的企业级信息管理，对各信息系统的整合要求也越来越高。传统的对等式连接方式在目前趋势下逐渐显现其系统间缺乏统一集成标准、系统集成的高难度、投入巨大且收效低微等缺点。

企业信息服务总线将传统中间件(位于平台(硬件和操作系统)和应用之间的通用服务软件)技术与 XML、Web 服务等技术相结合，根据信息内容，在不同应用和服务之间进行信息传输和路由。企业信息总线的技术为各系统提供相应的插件和适配器，翻译和检验各系统间交流的数据，并从传统的应用系统层集成扩展到网络通信集成和客户化程序的集成。从而解决了为实现多种系统集成，需要多个不同中间件所产生的额外投入与工作的问题，以一种解决方案实现了多种系统的高度集成。

8.2.3　建筑企业信息管理系统的实施

1. 信息管理系统的运行与维护

当我们将企业信息系统建立起来后，接下来的工作就是系统的日常运行管理，如果系统并不尽如人意，还需要进行再开发，不断地加以改善，甚至重建。系统日常管理操作包括设备运行操作、信息处理和信息服务。

系统维护是计算机系统投入运行后，为保证系统能够正常工作、进一步满足用户新的需求所采取的对原系统的修改、完善等措施。

2. 信息化建设项目的实施

企业信息化建设，是企业实现信息管理的必要条件。企业必须从思想观念、管理模式、技术设备、组织机构等许多方面，对自身进行一次全新的信息化改造。只有这样，才有可能全面实现信息管理，提升企业竞争力。这方面的工作主要包括：技术信息化，这是企业信息化的前提和基础；管理信息化是实现企业信息化的手段；人员信息化是企业信息化的核心。

3. 信息和信息活动的管理

信息和信息活动的管理工作主要包括：企业信息的创新、企业竞争情报管理、企业战略信息管理、企业 CIO 体制的实施、企业信息的公开和企业信息的保护。信息创新又可包括信息开发、信息利用、技术创新、流程再造、组织创新等。其中信息的开发和利用，是企业最重要的信息活动，必须予以重视。

4. 信息管理的定量分析

信息管理的定量分析主要是指企业使用信息进行生产、经营和管理所获得的经济效益，即信息经济性分析，以及企业信息管理绩效的测评。

5. 信息管理者的配备和提高

企业配备高素质的信息工作人员，建立一支能够及时为管理者决策服务的信息管理队伍，是搞好企业信息管理工作的根本保证。信息管理者不仅包括程序员、录入员和操作人员，而且包括各级管理者和各级信息管理部门的工作人员。

8.3 建筑企业信息管理技术

8.3.1 企业信息管理基础技术

信息技术的综合利用为信息化管理系统开发提供了技术上的保证。建筑企业信息化管理系统主要包括下列关键技术。

1. 网络技术

网络技术可以通过信息共享、工作流等方式实现远程用户的协同工作。它不仅便于项目层的管理人员之间共享信息，也便于企业层和项目层之间的协同工作。例如，当项目层管理人员通过网络向企业层管理人员报告信息时，企业层管理人员只要在线，就可以及时进行信息的接收和回复。特别是因特网使网络的连接日益方便经济，网络技术可以应用于项目管理之中。

2. 工作流管理技术

工作流管理技术支持用户根据实际情况对工作流进行定义和管理。由于施工项目管理中存在着很多较为固定的工作流程，在系统中采用工作流管理技术，可以加强管理，提高工作效率。

3. 工程数据库技术

工程数据库包含了几何的、物理的、技术的(或工艺的)以及其他技术实体的特性和它们之间的关系。由于施工项目管理涉及大量的文档、图形等数据，因此有必要采用工程数据库系统。

4. XML 文档标准

在施工项目信息化管理系统中，将存在大量的信息数据交换，为保证数据在不同系统中的可读性，信息数据必须符合一定的数据交换标准。XML 通过标记的内容和标记的相互包含来表现文档结构和内容，可以支持对 XML 文档进行类似数据库进行的操作，从而大大地方便了对文档信息的管理，并适合用于建立建筑施工项目信息系统的文档数据交换标准。

5. 掌上电脑技术

掌上电脑体积小、重量轻、便于携带，适合作为施工现场信息终端，除用于进行现场数据采集外，它还可以利用无线联网技术，使管理人员在现场及时地访问项目数据库信息，前提是将其集成到施工项目信息化管理系统之中。

8.3.2 P3 E/C 项目管理系统

在国内外为数众多的大型项目管理软件当中，美国 Primavera 公司开发的 Primavera Project Planner(简称 P3)软件普及程度和占有率是最高的，如图 8-2 所示。国内的大型和特大型建设工程项目几乎都采用了 P3。目前国内广泛使用的 P3 进度计划管理软件主要是指项目级的 P3。

P3 的主要功能是进度、费用和资源管理。主要特点是软件之中融合了先进的项目管理思维和方法，可以将进度、资源、资源限量和资源平衡很好地结合起来，对项目工期进度、费用和资源投入情况等进行整体性的动态管理，将工程的现行进度与目标管理有机地联系到一起。

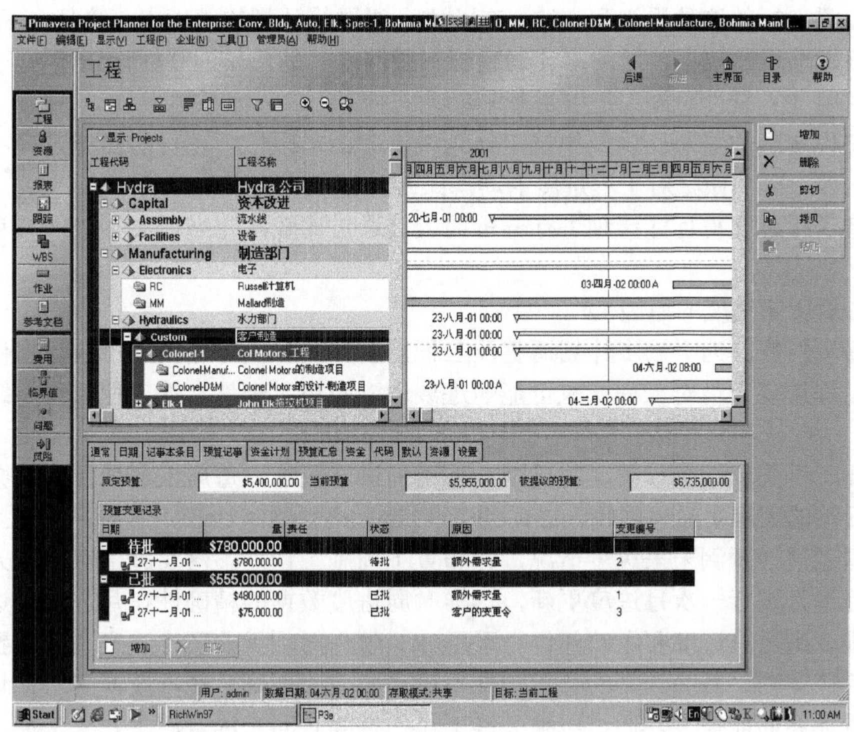

图 8-2　P3 软件操作界面

1. P3 的管理作用

把 P3 软件作为项目进度控制的管理工具，可发挥如下作用。

(1) 编制与优化项目总进度计划与标段工程进度计划，按需对进度计划做出适时调整与更新；输出各种图表。

(2) 计算时间参数，找出关键线路与关键活动。

(3) 对实际进度与计划进度做对比，得出偏差，评价实际进度。并在此基础上，实现实际进度对计划进度的跟踪。

(4) 汇总包括资金、材料、劳力、专用施工设备需用量计划及其在时间上的分布，为项目资源供应提供信息支持。

(5) 在上述基础上，为制订中、短期进度计划提供方便和依据。

2. 进度管理

1) 利用 P3 软件编制工程施工计划

(1) 在对工程图纸以及合同文件分析的基础上，根据工程施工技术措施，得出完成工程各个目标所要进行的各项作业(任务、工序)以及这些作业间的逻辑关系。

(2) 根据作业内容及投放的机具和人力，估算出完成各项作业所需的时间。

(3) 在 P3 中输入工程的开工日期、工序、每道工序的工期和逻辑关系，通过 P3 的自动更新或进度计算便可得到一系列时间参数，包括每道工序的最早开工日期、最早完工日期、最迟开工日期、最迟完工日期、工序的浮动时间、工程最早可以完工的日期等，还可对一些重要控制点、不同标段的工作面移交日期等通过加载限制条件进行限制。

(4) 按照 P3 的这种思维和方法，在业主一级网络计划的基础上，编制二级网络计划，经监理审核批准后，根据二级网络计划编制三级网络计划，作为子标计划予以实施。

2) 利用 P3 软件对施工进度进行辅助动态控制

由于工程实际的复杂性以及原施工计划编制时的局限性，项目的实施过程不可能与原计划完全一致，因而做好对工程进度的动态跟踪与控制显得尤为重要。

(1) 将现行进度与目标计划进行分析比较，通过比较确定当前实际进展与目标计划的差异。

(2) 分析影响进度的原因。

(3) 逐步纠偏，为下一步计划调整及工程重新回到目标计划框架下运行提供管理决策依据，使工程管理人员对工程未来可能的进展做到防患于未然，使工程始终围绕目标计划来开展。

为了及时得到计划执行情况的反馈，采用周进度更新，每周工程项目部例会前，将前一周现场反馈的工程实际进展输入 P3，重新对计划进行网络计算，然后利用 P3 的分析工具分析工程进展并预测未来进度情况，并布置下周施工计划，落实施工班组及人员、机具数量。然后每月进行一次月进度更新，这样对周进度数据的精确性在月进度时进行一次校核。针对难以满足总进度要求的部位，采用 P3 软件对项目的现行进度进行调整与优化，使之满足目标计划。网络计划的计算工期不满足要求工期时，在不改变网络计划中各项工作之间逻辑关系的前提下，通过压缩关键工作的持续时间来尽量满足要求工期。按照经济合理的原则，不能将关键工作压缩成非关键工作。当工期优化调整过程中出现多条关键线路时，必须将各条关键线路的总持续时间压缩相同数值，否则，不能有效地缩短工期。

3. 辅助质量与安全文明施工管理

通过设置质量标准分类码、安全级别分类码的形式，对那些有质量要求、有安全要求的工序，在编制计划时赋予相应的质量标准分类码和安全级别分类码。在工程跟踪过程中，提前过滤出有考核质量要求的作业，以便施工承包商提前做好质量施工的技术准备和人力物力上的安排；施工监理提前做好现场监理和验收的准备工作；提前过滤出易发生或容易忽视的有安全隐患的作业，提前给予特别的提示和预警，引起有关各方的重视。

4. 资源配置管理

根据施工承包商的资源限量情况，让 P3 软件自动地调整进度计划中某些工序的工期和完工时间，从而制订出与施工承包商的资源限量情况相适应的、切实可行的施工进度计划。资源平衡的条件是需要资源平衡的作业要有足够的浮动时间。当浮动时间不满足要求时，且后续作业又不能后推时，只能通过增加人、材、机械资源投入，或者改变施工工艺和施工方法来满足后续工序的进度要求。利用 P3 软件资源定义功能定义人、材、机械资源时输入资源的单价，定义该项作业的成本费用。

5. 规范化管理

P3 软件提供了甘特图、网络图、各种代码、作业分类码、资源条目以及记事条目等渠道，在计划编制后，加载大量信息到计划中每一个对应的项目上，在计划执行时，各级管理人员和技术人员可以在 P3 计划中打开与作业有关的几乎所有信息界面进行查询，为组织的决策提供信息支持。

8.3.3　EXP 合同管理软件

由 Primavera 公司开发的合同管理软件 Expedition，简称 EXP，其主界面如图 8-3 所示。Expedition 8.0 是国际规范的施工管理和合同及建设信息管理软件，它完全按 FIDIC 的合同管理模式以合同管理为中心有机地管理合同的履行过程，它全面归纳了建设项目合同管理的事务，通过业务梳理、分类统计、关联管理、跟踪催办，使得原本散落在各个部门和各个人案头、柜子中的所有合同台账、费用往来、文件往来、进度款付款凭证、变更及其处理过程记录、施工图纸记录等，统统有条不紊地记载到 Expedition 软件中；使一切变得有章可循。

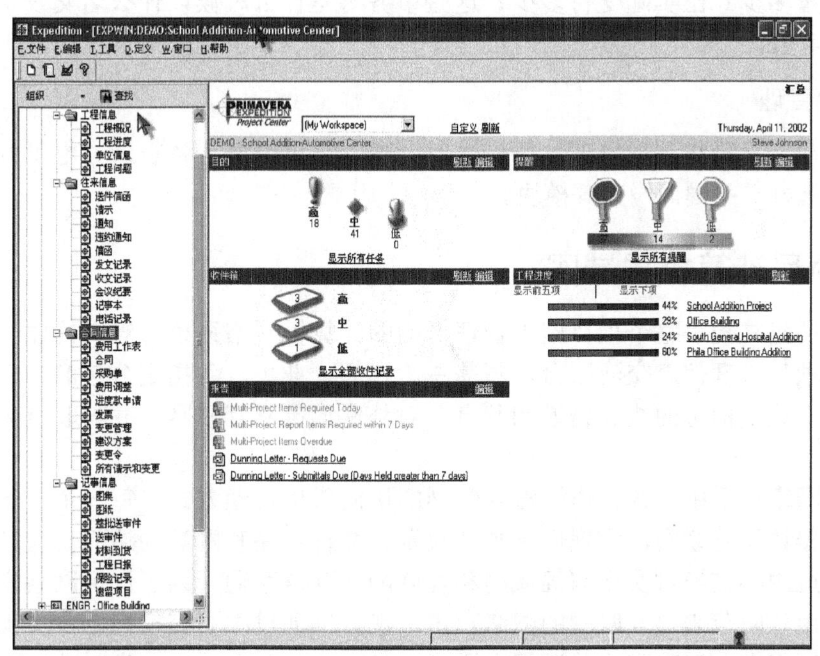

图 8-3　Expedition 操作界面

EXP 内含几个专家系统，其中最富吸引力的是合同费用管理。EXP 软件以合同管理为中心、以费用控制为主线，为客户提供一整套合同事务管理方案。 EXP 软件主要有以下功能。

1. 合同台账管理

不论是单价合同还是总价合同、混合模式，也不论是施工合同还是设计合同、采购合同等，EXP 都可以完整地将其记录下来，并可以任意方式对其分类统计。

2. 合同支付管理

不论是简单的采购合同的支付，还是复杂的包含各种预付款、回扣、质保金的施工合同的进度款支付，EXP 都能解决。结合 EXP 的邮件功能，还可以完成从承包商申请、监理单位核准、业主审批的远程进度款支付的难题。

3. 合同变更管理

EXP 的变更管理让用户设计变更流程，从变更的起始到变更令的签发，其间不管有多少周折，全部记录在案，而且“链接”在一起，以便日后检索、处理争议、进行索赔或反索赔。

4. 合同费用监控

费用的管理以一张费用表为中心，将工程概算、合同、实际费用予以全面及时地跟踪，任何数据都有“依据”记录在不同的事务记录中。拨入概算多少？已签合同工作量多少？已完成工作量多少？已实际支付多少？这些事务都是什么时候以什么名义发生的？一切依据文件随时可查。

5. 其他管理

图纸管理、采购与到货管理、往来文件管理、会议纪要、备忘录、电子办公、提交件审批跟踪与催办、关键词检索等模块。

8.3.4 项目计算机局域网

施工现场建立覆盖整个项目施工管理机构的计算机网络系统，对内构建一个基于计算机局域网的项目管理信息交流平台，覆盖总承包商、业主、各指定分包商、工程监理和联合设计单位，达到信息的快速传递和共享，对外联通国际互联网，并与联合体各公司总部相连。

在整个网络体系中，各工作站对互联网的访问采用代理方式，每一个工作站都可以通过代理服务器访问互联网，实现电子邮件收发、文件传递和网站的访问。现场安装的视频监控系统通过中心交换机实现与局域网和互联网的互联互通。为了保证网络安全，安装网络防火墙，用以防范来自互联网的网络攻击，在内部通过中心交换机划分虚拟网段，将总承包商网络和指定分包商网络从逻辑上进行隔离，确保各自的内部资料的安全。总承包商申请专用的互联网域名，建立项目电子邮件系统，为每位管理人员设立独立的电子邮件信箱，并且建立项目的对外宣传网站。

8.3.5 项目对外网站及办公自动化平台

采用办公自动化系统为项目的信息沟通和共享提供统一的平台，实现总承包商信息发布、文件管理、内部邮件、手机短信提醒、办公事务的自动流转等功能，提高办公效率。

在此基础上，应用网络桌面视频会议系统，在总承包项目经理部和联合体各公司总部之间搭建视频会议交流平台。这套办公自动化系统内置工作流系统，可以实现各项业务流程的管理，文件流转及审批。同时通过系统访问控制、系统安全设置、系统资源管理，可以确保系统稳定、安全运行。

8.3.6　工程质量远程验收系统

采用工程质量远程验收系统可以节约验收时间、降低验收成本、提高验收效率。其作用包括以下几点。

(1) 对整个工程施工监视，对于远程的经过授权的用户可以通过互联网用 IE 浏览器察看现场情况，并按授权级别操作设备。

(2) 可通过系统对工程进行拍照、实时录像、定时录像等。

(3) 完成对主体结构施工质量的验收，特别是钢结构质量的验收。

(4) 对人员不能到达处的工程质量，可利用本系统借助其他工具进行质量验收。

(5) 利用系统，在质量验收的过程中可与现场人员进行文字、图像及声音互通和交流。

(6) 利用系统的检查记录自动生成电子文档，且便于检索；生成电子文档中包含有文字(表格)、现场实物照片、图纸详图及编号、参加验收人员签名等。

(7) 文件记录电子化，通过信息共享提高生产效率。

(8) 可兼作安保系统。

8.3.7　远程视频监控系统

视频监控系统在工程项目施工现场的监控管理与应用方面主要表现在能直观地加强对项目的现场施工管理，它的应用使领导和管理部门能随时、随地直观地视察现场的施工生产状况，促进并加强工程项目施工现场质量、安全与文明施工和环境卫生的管理，通过对工程项目施工现场重点环节和关键部位进行监控，特别是对施工现场操作状况与施工操作过程中的施工质量、安全与现场文明施工和环境卫生管理等方面起到了施工过程中应有的监督及威慑作用。增强了公司领导和各有关部门对项目施工现场工程质量、安全方面的监管力度，能减少、防止工程质量安全事故的发生。为掌握工程施工形象进度，监督施工过程，在施工现场安装远程视频监控系统，这也成为许多地区地方政府主管部门的管理手段之一，如图 8-4 所示。

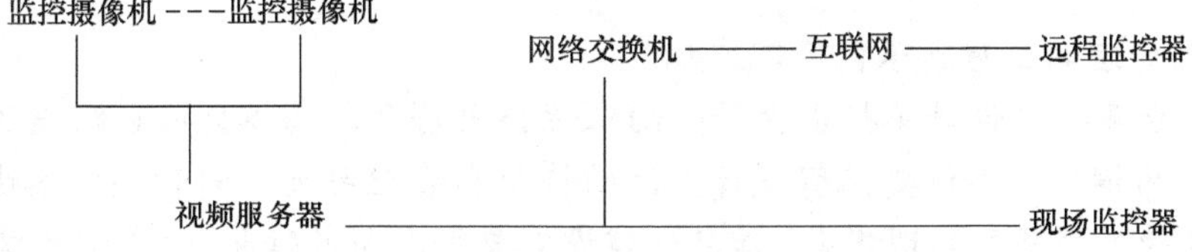

图 8-4　远程视频监控系统原理示意图

8.3.8　其他

在建筑企业工程实践中，信息技术还在多个方面得到有效应用，例如 GPS 定位导航及测量控制、建筑施工模板设计、大体积混凝土测温系统、施工电梯楼层呼叫系统、管线设备安装的三维效果设计、施工档案管理系统、信息技术辅助处理钢筋的加工、安装绑扎、工程算量等活动的计算与审批，以节省材料，提高工作效率以及采用同步提升技术进行大型构件和设备的整体安装、整体爬升脚手架的提升、构筑物沉降观测等。

【案例分析】安徽马钢工程技术有限公司的信息化管理实践

以设计为主业的设计院信息化如何建设？向 EPC 总承包企业转型的设计院的信息化建设又该怎样推进？具有冶金、建筑、环境工程甲级设计资质，以及工程咨询、工程监理甲级资质的综合性工程技术企业——安徽马钢工程技术有限公司，对此进行了不懈的探索和实践，走出了一条由失败到成功、由设计项目管理向工程总承包管理跨越的信息化之路。马钢公司副总工程师尤嘉庆说："10 多年的信息化实践，使我们悟出了一个道理，那就是无论选择哪家软件公司，选择什么信息系统，对本企业合适的就是最好的。"

1. 从失败到实现三个 100%

安徽马钢工程技术有限公司的前身是马钢设计研究院有限责任公司，注册资本 1 亿元。为了扩展业务，创新体制机制，现在已经从主营设计转向工程咨询、设计、采购、监理、调试等全过程营销。

马钢公司的信息化建设起步较早，2001 年就开始探索研究。2002 年，马钢公司选择与上海金慧软件有限公司合作，但由于种种原因，双方第一次合作没有取得理想效果。此后两年里，金慧公司一方面加强了自身软件产品的研发力度，推出了适应性更强、更具竞争力的产品；另一方面加强了以提供优质服务为核心的实施体系和服务团队。而马钢公司则对第一次信息化建设进行了经验总结，不断学习行业先进信息化企业的经验，提升自身信息化建设水平，并开始认识到：软件选型也好，信息系统构建也罢，合适的才是最好的。

2004 年，马钢公司与金慧软件公司再次合作，共同建设以设计项目管理为核心的企业综合管理信息系统，包括市场经营、设计项目管理、档案管理、系统管理、人力资源管理、客户关系管理、综合办公管理等模块。2005 年 9 月开始在全院正式使用。该系统实现了 100%项目在线、100%图纸归档、100%全员参与的"三个 100%"，成为行业第一批实现设计流程信息化全贯通的企业，该信息化项目还荣获 2007 年度冶金行业部级优秀工程设计一等奖。

开弓没有回头箭。信息化一旦开始，那就是一个长期的、庞大的系统工作。此后几年，马钢公司始终坚持"合适的就是最好的"原则，认为金慧软件公司是最适合本公司的软件商，持续委托金慧公司进行系统维护、改进及新业务建设，双方此方面的合同累计超过 10 多项。

2. 从设计管理向工程总承包管理跨越

近年来，众多勘察设计单位由设计院向工程公司转型，马钢公司也跨出了这关键的一步。转型后，马钢公司不仅要保留设计方面的特长和管理习惯，同时还要尽快寻找到一种能够适合自身的工程项目管理模式，信息化建设需要寻求新的跨越。"合适的就是最好的"，马钢公司认为，"以设计为龙头"的工程总承包项目管理模式将是最适合本企业的。"通过此模式，可以运用并行工程原理，将早期设计与后续环节有机结合，充分发挥信息系统集成化管理的优势，提高工程总承包项目的整体效益。"尤嘉庆表示。

2011 年，马钢公司依然与金慧软件公司合作，开始进行工程总承包管理信息系统的建设，即以工程项目生命周期为主线，按工程项目管理过程，从项目业务拓展开始，按 EPC 全过程项目管理构建。为稳步推进新的信息化系统，马钢公司选择两个以上典型项目实施；每周召开一次推进会；按岗位进行人员信息化培训；采用“人盯人”战术，跟踪、指导、修改。通过两年的建设，目前工程总承包管理信息系统已取得阶段性成果，如可以实现单项目管理和多项目管理的综合管理，实现项目绩效评价，实现项目成本核算等。

尤嘉庆介绍说：“目前我公司的 6 个总承包项目已在 EPC 管理系统上平稳顺利运行。随着系统开发建设成果的逐步应用与深入，可以不断完善公司的企业管理制度和深化工程总承包管理流程，提高我公司的信息化建设水平，提高市场竞技能力，在激烈的市场竞争中赢得一席之地。”

3. 启示：合适的就是最好的

“合适的就是最好的”，这是马钢公司在信息化建设过程中始终坚持的原则。

在马钢公司信息化建设之初，当时的信息化平台定位上有很多选择，有全面大型高端平台、有面向项目管理过程全面中端平台、有面向项目管理过程精简合适平台、有面向项目管理过程文档的信息平台等。按照合适的就是最好的原则，一开始马钢公司选择的是以设计项目管理为核心的企业综合管理信息系统。

在平台合作方选择上，马钢公司注重合作方是否有生命力，是否能共赢，注重合作方的服务是否能持续改进，注重合作方的技术是否与时俱进等。因为马钢公司认识到，企业的信息化工作是一个开创性的工作，要求企业与软件公司密切合作、充分沟通，用双赢的心态进行合作。

在需求分析上，马钢公司认为重点在上层，在领导层。为此，马钢公司进行顶层设计，以标准为基础，对流程进行重新梳理，识别出强流程、弱流程、过程记录、统计数据和归档文件等，分别采取不同的策略处理。

简化最重要。马钢公司的观点是从简单到完美，适应当前的管理水平，尽量简化到可执行，强调执行到位。模块划分以关键岗位为中心，通过模块锁定、信息推送、表单填报、附件上传、数据导入引导关键岗位操作。使用者越简单，推广越容易。

信息化建设需持续改进。为了适应企业发展战略和不断改进的公司管理体系，必须强调持续改进的能力，如模块化、标准化，要在系统功能及数据库架构方面，充分体现“搭积木”的理念；另外，如长期资金投入保障，适时轮训，管理、设备、技术的与时俱进等。

信息化建设的顺利推进能有力提升企业的竞争力。据尤嘉庆介绍，近年来马钢公司共承揽完成工程设计、工程监理和工程总承包项目 3000 多项，成就了一大批质量优、水平高、投资省、达产快、投运效果好、用户满意的精品工程。

(资料来源：张高青. 合适的就是最好的——来自安徽马钢工程技术有限公司的信息化实践. 建筑时报，2013.07)

问题：

1. 从马钢集团信息化实践的成功案例中，我们可以得到哪些启示？

2. 建筑企业信息化内容包括哪些？建筑企业信息化经历哪些阶段？

本章小结

(1) 信息是用来消除不确定的东西。在经济学和管理学中，信息泛指一般的数据、资料、消息、情报和知识等。企业信息具有社会性、经济性、时效性、连续性等特点，在现代企业管理中，从不同的角度可以给企业信息分类。根据信息的内容，可以将企业信息划分为企业技术信息、企业管理信息和企业文化信息。根据企业信息的来源不同，可以将其划分为内源性信息和外源性信息。以决策目标为准则，可以将其划分为高值信息、潜值信息、低值信息、无值信息和负值信息。根据企业信息的传递范围，可将企业信息划分为公开信息、内部信息和保密信息。

(2) 企业信息管理是信息管理的一种。信息管理是一个很宽的、正在发展的概念，它一般存在两种基本理解。狭义的信息管理认为，信息管理就是对信息本身的管理。广义的信息管理认为，信息管理不单单是对信息的管理，还包括对涉及信息活动的各种要素进行合理组织和有效控制。企业信息管理包括两个方面：一是对“企业信息”的管理；二是对“企业信息活动”的管理。与管理的一般职能相同，企业信息管理也有计划、组织、领导和控制 4 个主要职能。

(3) 建筑企业信息管理过程是指建筑企业对其在管理过程中所产生的信息进行收集、传递、加工、存储、维护和使用等信息规划和组织工作的总称。建筑企业信息化建设包括信息系统的建设、信息化系统的运行管理与开发、信息化建设项目的实施、信息和信息活动的管理、信息管理的定量分析、信息管理者的配备和提高等内容。

(4) 信息技术的综合利用为信息管理系统开发提供了技术上的保证。建筑企业信息管理系统主要包括下列关键技术：网络技术、工作流管理技术、工程数据库技术、XML 文档标准、掌上电脑技术等。随着科技的进步，当前的 P3 软件、Expedition 信息管理软件、项目计算机局域网、项目对外网站及办公自动化平台、工程质量远程验收系统等信息化技术平台在很多方面能满足建筑企业信息化的需要。

习　　题

一、名词解释

信息　企业信息化　信息采集　信息管理　决策支持系统

二、选择题

1. 某单位的采购管理程序属于(　　)。

   A. 工具软件　　B. 应用软件　　C. 系统软件　　D. 字表处理软件

2. 对长期以来在企业经营中所遵循的基本信念进行重新思考，打破原有的思维定式，进行创造性思维，这一特性属于 BPR 中的(　　)。

   A. 彻底性重建　　B. 根本性思考　　C. 业务流程　　D. 显著性增长

三、问答题

1. 简述信息管理的含义。
2. 简述信息管理的职能。
3. 建设工程项目信息管理系统一般具备哪些子系统？各自具有什么功能？
4. 分析信息化的内涵和我国建筑企业信息化建设的发展状况。
5. 建筑企业信息管理还有哪些新技术(除本书所介绍的技术外)?
6. 什么是工程建设信息门户，其主要功能有哪些？
7. 举例说明基于互联网的建设工程项目信息系统在工程项目中的应用意义。

第三篇 建筑企业施工生产管理

第9章 施工计划管理与施工进度控制

【学习要点及目标】

- 了解施工进度计划的作用及编制依据
- 熟悉施工进度计划的表示方法
- 掌握施工进度计划的编制步骤和内容
- 了解各项资源需用量计划的编制
- 熟悉施工准备的工作计划
- 掌握工程项目进度控制的工作内容
- 熟悉横道进度计划实施中的控制方法
- 掌握S型曲线控制方法
- 熟悉香蕉曲线控制方法

【核心概念】

施工总进度计划 单位工程进度计划 S型曲线

【引导案例】 某单位工程的施工准备计划实例

某建筑企业承担的工程项目是一个由 3 个单元组成的住宅楼，其建筑面积 22 970m^2，全长 147.5m，宽 12.46m，檐高 41.00m，最高点(电梯井顶)43.58m。地下室为 2.7m 高的箱形结构设备层，上部主体结构共 14 层，层高 2.9m。

该工程某一单位工程的施工准备计划如表 9-1 所示。

表 9-1 施工准备工作计划表

序号	准备工作项目	主要工作内容	完成部门	负 责 人	起止日期	
					日/月	日/月
1	技术准备	1. 熟悉图纸、图纸会审 2. 调查研究自然和经济技术条件 3. 编制单位工程施工组织设计	技术部			
2	劳动组织准备	1. 建立组织机构 2. 组织劳动力进场 3. 计划交底、开好会	计划部 技术部			
3	物资准备	1. 预制件加工 2. 材料计划 3. 机具计划	材料供应部 材料供应部 机械动力部			
4	现场施工准备	1. 拆迁地上建筑物 2. 按平面图要求伐木 3. “五通一平” 4. 铺塔吊轨道、塔吊安装就位 5. 修建暂建工程	施工队 施工队 施工队 施工队 施工队			

9.1 施工计划管理概述

9.1.1 施工计划管理的作用

施工计划管理是建筑工程由设计转入施工阶段后，根据施工工期的要求，编制出科学、合理、具有可操作性的施工进度计划，相继确定计划组织措施，同时在施工过程中应严格按计划执行，以计划作为准绳，经常检查计划的执行情况，及时对发生偏离计划的情况进行分析及修正，采取必要的措施实现计划的循环工作。施工进度计划自诞生到结束，所经历的编制计划、实施计划、检查计划、调整计划等几个过程的本身就是一个周期性的计划管理活动，只有各过程密切结合，才能保证完成建筑工程施工进度计划的总目标，在保证质量、降低成本和先后有序的前提下得以全面落实计划。

9.1.2　施工计划的特点

1. 施工进度计划的多变性

建筑工程复杂的结构及多样的形式，施工当中协作的单位也多，同时室外作业环境受自然条件影响，不可预见因素多，所以施工进度计划的管理是非静态的，相对稳定性小，具有复杂多变的特点。

2. 施工进度计划的不均衡性

建筑工程项目的施工工期一经确定，不管情况如何，都要按其时限保证项目完工。因此受气候、季节和工作环境及条件的影响，施工进度计划难以达到平稳均衡的程度。

3. 施工进度计划的被动性

建筑工程施工应满足业主对工期的要求，即使是不合理的工期要求，另外必须按设计图纸和相关的国家规范、行业规程来组织施工，不可避免地使施工进度计划具有被动性。

9.1.3　建筑工程施工进度计划的分类

建筑工程施工进度计划的分类按其工程性质、规模可划分为以下几类，如图 9-1 所示。

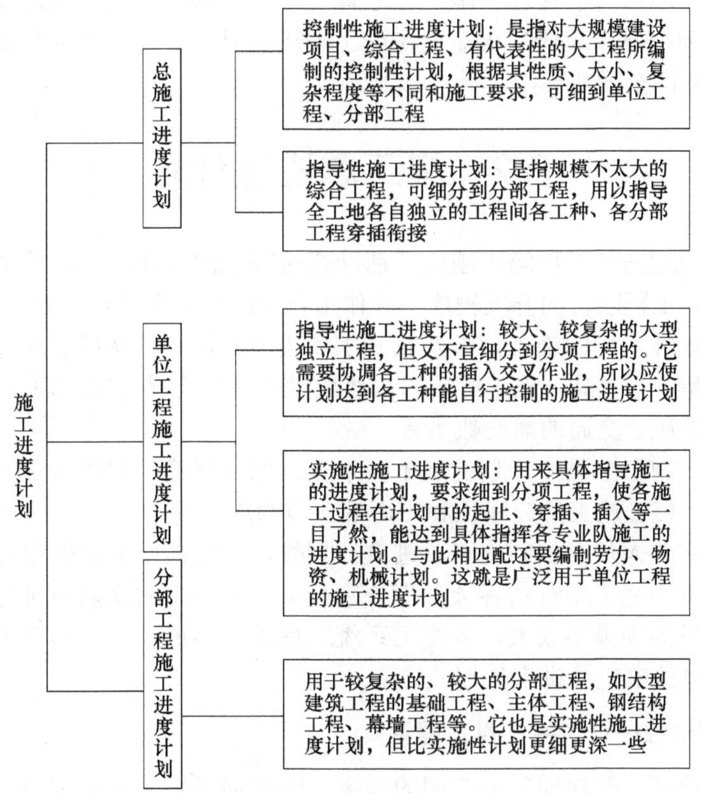

图 9-1　施工进度计划的分类

9.1.4 施工进度计划的编制原则

(1) 严格遵守有关工期的规定与合同约定。认真按照基建程序履行，遵守国家法律、法规和行业的方针政策，严格控制开工、竣工时间。

(2) 搞好项目排序，确保重点，统筹安排。对大规模建设项目根据生产使用需要和难易程度做好排序，使工程分期分批竣工验收、交付使用，尤其注意完成工程的配套和可用性。

(3) 遵循施工工艺及技术规律，合理安排施工程序。建筑工程施工有其本身的客观规律，按照这些规律组织施工，才能确保各项施工活动紧密衔接、相互促进、充分利用资源、确保工程质量、加快施工进度等。

(4) 采用先进的施工技术。根据条件采用相关先进技术，以达到缩短工期、提高劳动效率、保证质量、降低成本的目的。

(5) 科学地安排冬季、雨季施工，保证全年施工生产的均衡性及连续性。冬季、雨季都给处于室外环境下的建筑施工带来不利影响，克服季节影响除采取一些技术措施外，还应在施工进度计划编排时合理安排适宜的冬季、雨季施工项目，力争减少影响，甚至变不利为有利。如大体积混凝土施工，能利用季节安排在冬季施工，不但可减少施工困难还可节省投资。

(6) 在施工中加强科学管理。施工计划管理是一个系统工程，虽然编制了一个合理全面的施工进度计划，但实现计划还需要在施工中加强科学管理，严格制度、严格控制才是确保工程预定目标的全面实现。

9.2 施工总进度计划

施工总进度计划是施工现场各项施工活动在时间上的体现。编制的基本依据是施工部署中的施工方案和工程项目的开展程序。其作用在于确定各个建筑物及其主要工种、工程、准备工作和全工地性工程的施工期限及其开工和竣工的日期，从而确定建筑施工现场上劳动力、材料、成品、半成品、施工机械的需要数量和调配情况，以及现场临时设施的数量、水电供应数量和能源、交通的需要数量等。

建筑企业编制施工总进度计划的基本要求是：保证拟建工程在规定的期限内完成；迅速发挥投资效益；保证施工的连续性和均衡性；节约施工费用。

建筑企业的有关人员在编制施工总进度计划时，应根据施工部署中建设工程分期、分批投产顺序，将每个交工系统的各项工程分别列出，在控制的期限内进行各项工程的具体安排。在建设项目的规模不太大，各交工系统工程项目不很多时，亦可不按分期、分批投产顺序安排，而直接确定总进度计划。

1. 列出工程项目一览表并计算工程量

施工总进度计划主要起控制总工期的作用，因此项目划分不宜过细。通常按照分期分批投产顺序和工程开展顺序列出，并突出每个交工系统中的主要工程项目。一些附属项目及民用建筑、临时设施可以合并列出。

在工程项目一览表的基础上，按工程的开展顺序和单位工程计算主要实物工程量。此时计算工程量的目的是为了确定施工方案和主要施工、运输机械，初步规划主要施工过程的流水施工、估算各项目的完成时间、计算劳动力的技术物资的需要量等。因此，工程量只需粗略地计算即可。

计算工程量，可按初步(或扩大初步)设计图纸并根据各种定额手册进行计算。常用的定额资料有以下几种。

(1) 每万元、10 万元投资工程量、劳动力及材料消耗扩大指标。这种定额规定了某一种结构类型建筑，每万元或 10 万元投资中劳动力、主要材料等消耗数量。根据设计图纸中的结构类型，即可估算出拟建工程各分项工程需要的劳动力和主要材料的消耗数量。

(2) 概算指标或扩大结构定额。这两种定额都是预算定额的进一步扩大。概算指标是以建筑物每 100m，体积为单位；扩大结构定额则以每 100m，建筑面积为单位。查定额时，首先查找与本建筑物结构类型、跨度、高度相类似的部分，然后查出这种建筑物按定额单位所需要的劳动力和各项主要材料的消耗量，从而推算出拟计算项目所需要的劳动力和材料的消耗数量。

(3) 标准设计或已建房屋、构筑物的资料。可采用标准设计或已建成的类似房屋实际消耗的劳动力及材料加以类比，按比例估算。但是，由于和拟建工程完全相同的已建工程是极为少见的，因此在利用已建工程资料时，一般都要进行调整。

除房屋外，计划编制人员还必须计算主要的整个工地性质工程的工程量，如场地平整、铁路及道路和地下管线的长度等，这些可以根据建筑总平面图来计算。

最后，计划人员按上述方法计算出的工程量填入统一的工程量汇总表中。

2. 确定各单位工程的施工期限

建筑物的施工期限，由于各施工单位的施工技术与施工管理水平、机械化程度、劳动力和材料供应情况等不同，而且差别较大。因此应根据各施工单位的具体条件，并考虑建筑物的建筑结构类型、体积大小和现场地形地质、施工条件环境等因素加以确定。此外，也可参考有关的工期定额来确定各单位工程的施工期限。

3. 确定各单位工程的竣工时间和相互搭接关系

在施工部署中已确定了总的施工程序和各系统的控制期限及搭接时间，但对每一建筑物何时开工，何时竣工尚未确定。在解决这一问题时，主要考虑下述诸因素。

(1) 在同一时期的开工项目不宜过多，避免人力、物力的分散。

(2) 尽量使劳动力和技术物资消耗量在全工程上均衡。

(3) 做到土建施工、设备安装和试生产之间展开顺序和时间比较合理，每个单位工程项目和整个建设项目的安排比较合理。

(4) 确定一些次要工程作为后备项目，用以调剂主要项目的施工进度。

4. 编制总进度计划

总进度计划以表格形式表示。目前表格形式并不统一，项目和进度的划分也不一致。从总进度计划的目的、作用来看，定得过细没有必要，总进度计划主要起控制总工期的作用，计划搞得过细不利于调整。对于跨年度工程，通常第一年进度按月划分，第二年及以后各年按季划分。

9.3 单位工程施工进度计划

单位工程施工进度计划是在既定施工方案的基础上，根据规定工期和各种资源供应条件，按照施工过程的合理施工顺序及组织施工的原则，用横道图或网络图，对一个工程从开始施工到工程全部竣工(包括土建施工、结构吊装、设备吊装等不同施工内容)，确定其全部施工过程在时间上和空间上的安排和相互配合关系。

9.3.1 单位工程施工进度计划的作用

(1) 控制单位工程的施工进度，保证在规定工期内完成满足质量要求的工程任务。

(2) 确定单位工程的各个施工过程的施工顺序、施工持续时间及相互衔接和合理配合关系。

(3) 为编制季度、月度生产作业计划提供依据。

(4) 确定劳动力和各种资源需要量计划与编制施工准备工作计划的依据。

9.3.2 单位工程施工进度计划的编制依据

编制单位工程施工进度计划，主要依据下列资料。

(1) 经过审批的建筑总平面图及单位工程全套施工图以及地质、地形图、工艺设置图、设备及其基础图、采用的标准图等图纸及技术资料。

(2) 施工组织总设计对本单位工程的有关规定。

(3) 施工工期要求及开、竣工日期。

(4) 施工条件、劳动力、材料、构件及机械的供应条件、分包单位的情况等。

(5) 确定的重要分部分项工程的施工方案，包括确定施工顺序、划分施工段、确定施工起点流向、施工方法、质量及安全措施等。

(6) 劳动定额及机械台班定额。

(7) 其他有关要求和资料，如工程合同等。

9.3.3 单位工程施工进度计划的表示方法

单位工程施工进度计划一般用图表来表示，有两种形式的图表：横道图和网络图。横道图的形式如图 9-2 所示。

从图 9-2 中可看出，它由左、右两部分组成，左边部分列出各种计算数据，如分部分项工程名称、相应的工程量、采用的定额、需要的劳动量或机械台班数、每天施工的工人数和施工的天数等；右边部分是从规定的开工之日起到竣工之日止的日历表。

工程施工进度横道图表

序号	分部分项工程名称	工程量		时间定额	劳动量		需用机械		每天工作班次	每班工人数	工作天数	施工进度						
		单位	数量		工种	数量(工日)	机械名称	台班数				月				月		
												5	10	20	25	5	10	15

图 9-2　工程施工进度“横道图表”示意图

9.3.4　施工进度计划的编制步骤和内容

1. 划分施工过程

编制进度计划时，首先应按照图纸和施工顺序将拟建单位工程的各个施工过程列出，并结合施工方法、施工条件、劳动组织等因素，加以适当调整，使其成为编制施工进度计划所需的施工过程。

通常施工进度计划表中只列出直接在建筑物(或构筑物)上进行施工的砌筑安装类施工过程，而不列出构件制作和运输，如门窗制作和运输等制备类、运输类施工过程。但当某些构件采用现场就地预制方案，单独占有工期且对其他分部分项工程的施工有影响或某运输工作需与其他分部分项工程的施工密切配合，如楼板随运随吊时，也需将这些制备和运输类施工过程列入。

在确定施工过程时，应注意以下几个问题。

(1) 施工过程划分的粗细程度，主要根据单位工程施工进度计划的客观作用。对控制性施工进度计划，项目划分得粗一些，通常只列出分部工程名称。如属于混合结构居住房屋的控制性施工进度计划，只需列出基础工程、主体工程、屋面工程和装修工程 4 个施工过程；而对于实施性的施工进度计划，项目划分得要细一些，通常要列到分项工程，如上面所说的屋面工程还要划分为找平层、隔气层、保温层、防水层等分项工程。

(2) 施工过程的划分要结合所选择的施工方案。如结构与安装若采用分件吊装法，则工程项目施工生产过程的名称、数量和内容及其安装顺序应按照构件来确定；若采用综合吊装法，则项目施工过程应按施工单元(节间、区段)来确定。

(3) 注意适当简化施工进度计划内容，避免工程项目划分过细、重点不突出。因此，可考虑将某些穿插性分项工程合并到主要分项工程中去，如安装门窗框可以并入砌墙工程；而对在同一时间内，由同一工程队施工的过程可以合并，如工业厂房中的钢窗油漆、钢门油漆、钢支撑油漆、钢楼梯油漆合并为钢构件油漆一个施工过程；对于次要的、零星的分项工程，可合并为“其他工程”一项列入。

(4) 水暖、电、卫工程和设备安装工程通常由专业施工队负责完成。因此，在施工进度计划中，只要反映出这些工程与土建工程如何配合即可，不必细分。

(5) 所有施工过程应大致按施工顺序先后排列，所采用的施工项目名称可参考现行定额手册上的项目名称。

总的来说，在施工进度计划制订的过程中，对于施工过程各阶段的划分要粗细得当。图 9-3 即为分部分项工程施工过程一览表。

分部分项工程一览表

项　次	分部分项工程名称	项　次	分部分项工程名称
一	地下室工程	5	壁板吊装
1	挖土	6	……
2	混凝土垫层	⋮	
3	地下室顶板		
4	回填土		
二	大模板主体结构工程		

图 9-3　“分部分项工程一览表”示意图

2. 计算工程量

建筑企业管理人员计算工程量时，一般可以采用施工图预算的数据，但应注意有些项目的工程量应按实际情况做适当调整。例如，在计算柱基土方工程量时，应根据土壤的级别和具体选用的施工方法，如单独基坑开挖、基槽开挖，还是大开挖，放边坡还是加支撑等实际情况进行计算。

工程量计算时应注意以下几个问题。

(1) 各分部分项工程的工程量计算单位应与现行定额手册中所规定单位相一致，以避免计算劳动力、材料和机械设备、机具数量时进行换算，产生错误。

(2) 结合选定的施工方法和安全技术要求计算工程量。

(3) 结合施工组织要求，分区、分项、分段、分层计算工程量。

(4) 采用预算文件中的工程量时，应按施工过程的划分情况将预算文件中有关项目的工程量汇总。如“砌筑砖墙”一项要将预算中按内墙、外墙，按不同墙厚、不同砌筑砂浆品种和强度等级计算的工程量进行汇总。

3. 确定劳动量和机械台班数量

劳动量和机械台班数量应当根据分部分项工程的工程量、施工方法和现行的施工定额，并结合当时当地的具体情况加以确定。一般应按下式计算：

$$P=Q/S \tag{9-1}$$

或

$$P=Q\cdot H \tag{9-2}$$

式中：P——完成施工过程所需的劳动量(工日)或机械台班数量(台班)；

Q——完成某施工过程的工程量(m^3, m^2, t 等)；

S——某施工过程的产量定额(m^3, m^2, t 等/工日或台班)；

H——某施工过程的时间定额(工日或台班/m^3, m^2, t 等)。

例如，已知某单位工业厂房的柱基土方为 3240m^3，采用人工挖土，每工产量定额为 65m^3，则完成基坑所需总劳动量为

$$P=\frac{Q}{S}=\frac{3240}{6.5}=499(\text{工日})$$

若已知时间定额为 0.154 工日/m^3，则完成挖基坑所需总劳动量为

$$P=Q \cdot H=3240\times0.154=499(\text{工日})$$

在使用定额时，常遇到定额所列项目的工作内容与编制施工进度计划所列项目不一致的情况，此时应当换算成平均定额。

(1) 查用定额时，若定额对同一工种不一样时，可用其平均定额。当同一性质不同类型分项工程的工程量相等时，平均定额可用其绝对平均值，其计算公式为

$$H=\frac{H_1+H_2+\cdots+H_n}{n} \tag{9-3}$$

式中：H_1，H_2，…，H_n——同一性质不同类型分项工程时间定额

H——平均时间定额；

n——分项工程的数量。

当同一性质不同类型分项工程的工程量不相等时，平均定额应用加权平均值，其计算公式为

$$S=\frac{Q_1+Q_2+\cdots+Q_n}{\frac{Q_1}{S_1}+\frac{Q_2}{S_2}+\cdots+\frac{Q_n}{S_n}}=\frac{\sum_{i=1}^{n}Q_i}{\sum_{i=1}^{n}\frac{Q_i}{S_i}} \tag{9-4}$$

式中：Q_1，Q_2，…，Q_n——同一性质不同类型分项工程的工程量。

其他符号同前。

例如，钢门窗油漆一项由钢门油漆和钢窗油漆两项合并而成，已知 Q_1 为钢门面积 368.52m^2，Q_2 为钢窗面积 889.66m^2，钢门油漆的产量定额 S_1 为 11.2m^2/工日，钢窗油漆的产量定额 S_2 为 14.63m^2/工日。则平均产量定额为

$$S=\frac{Q_1+Q_2}{\frac{Q_1}{S_1}+\frac{Q_2}{S_2}}=\frac{368.52+889.66}{\frac{368.52}{11.2}+\frac{889.66}{14.63}}=13.43(\text{m}^2/\text{工日})$$

(2) 对于有些采用新技术或特殊的施工方法的定额，在定额手册中未列入的其定额可参考类似项目或实测确定。

(3) 对于“其他工程”项目所需劳动量，可根据其内容和数量，并结合工程具体情况，以占总的劳动量的百分比(一般为 10%～20%)计算。

(4) 水暖电卫、设备安装工程项目，一般不计算劳动量和机械台班需要量，仅安排与土建工程配合的进度。

4. 确定各施工过程的施工天数

计算各分部分项工程施工天数的方法有以下两种。

(1) 根据工程项目经理部计划配备在该分部分项工程上的施工机械数量和各专业工人人数，其计算公式如下：

$$t = \frac{P}{R \cdot N} \tag{9-5}$$

式中：t——完成某分部分项工程的施工天数；

P——某分部分项工程所需的机械台班数量或劳动量；

R——每班安排在某分部分项工程上施工机械台数或劳动人数；

N——每天工作班次。

例如，某工程砌筑砖墙，需要总劳动量 160 工日，一班制工作，每天出勤人数为 22 人(其中瓦工 10 人，普工 12 人)则

$$t = \frac{P}{R \cdot N} = \frac{160}{22 \times 1} \approx 7(\text{天})$$

在安排每班工人数和机械台数时，应综合考虑各分项工程工人班组的每个工人都应有足够的工作面(不能小于最小工作面)，以发挥高效率并保证施工安全；各分项工程在进行正常施工时所必需的最低限度的工人队组人数及其管理组合(不能小于最小劳动组合)，以达到最高的劳动生产率。

(2) 根据工期要求倒排进度。首先根据规定总工期和施工经验，确定各分部分项工程的施工时间，然后再按各分部分项工程需要的劳动量或机械台班数量，确定每一分部分项工程每个工作班所需要的工人数或机械台数，公式如下：

$$R = \frac{P}{t \cdot N} \tag{9-6}$$

例如，某单位工程的土方工程采用机械施工，需要 87 个台班完成，则当工期为 8 天时，所需挖土机的台数为

$$R = \frac{P}{t \cdot N} = \frac{87}{8 \times 1} \approx 11(\text{台班})$$

通常计算时均先按一班制考虑，如果每天所需机械台数或工人人数已超过施工单位现有人力、物力或工作面限制时，则应根据具体情况和条件从施工技术和组织上采取措施，如增加工作班次，最大限度地组织立体交叉、平行流水施工，加早强剂提高混凝土早期强度等。

5. 编制施工进度计划的初始方案

编制施工进度计划时，必须考虑各分部分项工程的合理施工顺序，尽可能组织流水施工，力求主要工种的工作队连续施工，其编制方法如下。

(1) 划分主要施工流水组(分部工程)，组织流水施工。首先安排其中主导施工过程的施工进度，使其尽可能连续施工，其他穿插施工过程尽可能与它配合、穿插、搭接或平行作业，如砖混结构房屋中的主体结构工程，其主导施工过程为砌筑和楼板安装。

(2) 配合主要施工流水组，安排其他施工流水组(分部工程)的施工进度。

(3) 按照工艺的合理性和工序间尽量穿插、搭接或平行作业方法，将各施工流水组(分部工程)的流水作业图表最大限度地搭接起来，即得单位工程施工进度计划的初始方案。

6. 施工进度计划的检查与调整

检查与调整的目的在于使初始方案满足规定的目标，一般从以下几个方面进行检查与

调整。

(1) 各施工过程的施工顺序、平行搭接和技术间歇是否合理。

(2) 工期方面；初始方案的总工期是否满足规定的工期。

(3) 劳动力方面：主要工种工人是否满足连续、均衡施工。

(4) 物资方面：主要机械、设备、材料等的利用是否均衡、施工机械是否充分利用。

经过检查，对不符合要求的部分，需进行调整。调整的方法一般有：增加或缩短某些分项工程的施工时间；在施工顺序允许的情况下，将某些分项工程的施工时间向前或向后移动。必要时，还可以改变施工方法或施工组织。

应当指出，上述编制施工进度计划的步骤不是孤立的，而是互相依赖、互相联系的，有的可以同时进行。还应看到，由于建筑施工是一个复杂的生产过程，受到周围客观条件影响的因素很多。在施工过程中，由于劳动力和机械、材料等物资的供应及自然条件等因素的影响而经常不符合原计划的要求。因而在工程进展中，应随时掌握施工动态、经常检查、不断调整计划。

施工进度计划的编制程序如图 9-4 所示。

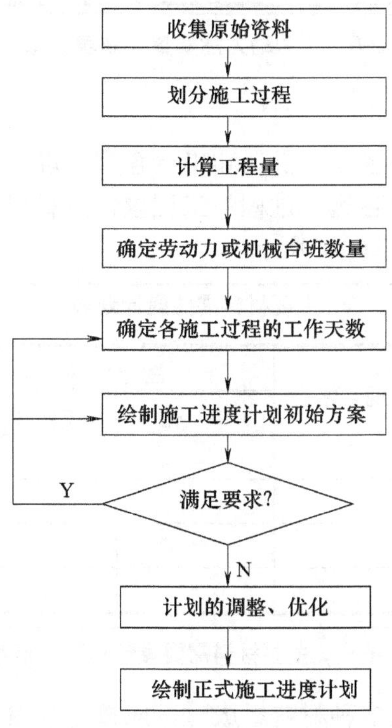

图 9-4　施工进度计划编制程序

9.3.5　各项资源需要量计划的编制

各项资源需要量计划可用来确定建筑工地的临时设施，并按计划供应材料、调配劳动力，以保证施工按计划顺利进行。在单位工程施工进度计划正式编制完后，就可以着手编制各项资源需要量计划。

1. 劳动力需要量计划

劳动力需要量计划，主要是作为安排劳动力的平衡、调配和衡量劳动力耗用指标、安排生活福利设施的依据，其编制方法是将施工进度计划表内所列各施工过程每天(或旬、月)所需工人人数按工种汇总而得，其表格形式如图 9-5 所示。

<table>
<caption>劳动力需要量计划表</caption>
<tr><th rowspan="3">序号</th><th rowspan="3">分项工程名称</th><th rowspan="3">工种</th><th colspan="2">需要量</th><th colspan="6">需要时间</th><th rowspan="3">备注</th></tr>
<tr><th rowspan="2">单位</th><th rowspan="2">数量</th><th colspan="3">×月</th><th colspan="3">×月</th></tr>
<tr><th>上旬</th><th>中旬</th><th>下旬</th><th>上旬</th><th>中旬</th><th>下旬</th></tr>
<tr><td></td><td></td><td></td><td></td><td></td><td></td><td></td><td></td><td></td><td></td><td></td><td></td></tr>
<tr><td></td><td></td><td></td><td></td><td></td><td></td><td></td><td></td><td></td><td></td><td></td><td></td></tr>
<tr><td></td><td></td><td></td><td></td><td></td><td></td><td></td><td></td><td></td><td></td><td></td><td></td></tr>
<tr><td></td><td></td><td></td><td></td><td></td><td></td><td></td><td></td><td></td><td></td><td></td><td></td></tr>
</table>

图 9-5 “劳动力需要量计划表”示意图

2. 主要材料需要量计划

主要材料需要量计划，是备料、供料和确定仓库、堆场面积及组织运输的依据。其编制方法是将施工进度计划表中各施工过程的工程量，按材料品种、规格、数量、使用时间计算汇总而得。其表格形式如图 9-6 所示。

<table>
<caption>主要材料需要量计划表</caption>
<tr><th rowspan="2">序　号</th><th rowspan="2">材料名称</th><th rowspan="2">规　格</th><th colspan="2">需 要 量</th><th rowspan="2">供应时间</th><th rowspan="2">备　注</th></tr>
<tr><th>单　位</th><th>数　量</th></tr>
<tr><td></td><td></td><td></td><td></td><td></td><td></td><td></td></tr>
<tr><td></td><td></td><td></td><td></td><td></td><td></td><td></td></tr>
<tr><td></td><td></td><td></td><td></td><td></td><td></td><td></td></tr>
<tr><td></td><td></td><td></td><td></td><td></td><td></td><td></td></tr>
</table>

图 9-6 “主要材料需要量计划表”示意图

对于某分部分项工程是由多种材料组成时，应按各种材料分类计算，如混凝土工程应换算成水泥、砂、石、外加剂和水的数量列入表格。

3. 构件和半成品需要量计划

建筑结构构件、配件和其他加工半成品的需要量计划主要用于落实加工订货单位，并按照所需规格、数量、时间，组织加工、运输和确定仓库或堆场，可根据施工图和施工进度计划编制，其表格形式如图 9-7 所示。

构件和半成品需要量计划表

序号	构件半成品名称	规格	图号或型号	需要量		使用部位	加工单位	供应日期	备注
				单位	数量				

图 9-7　“构件和半成品需要量计划表”示意图

4. 施工机械需要量计划

施工机械需要量计划主要用于确定施工机械的类型、数量、进场时间，可据此落实施工机械来源、组织进场。其编制方法为，将单位工程施工进度表中的每一个施工过程、每天所需的机械类型、数量和施工日期进行汇总，即得施工机械需要量计划，其格式如图 9-8 所示。

施工机械需要量计划表

序号	机械名称	类型或型号	需要量		货源	使　用 起止日期	备注
			单位	数量			

图 9-8　“施工机械需要量计划表”示意图

9.3.6　施工准备工作计划

施工准备是以施工项目为对象而进行的全面施工准备工作总称。准备工作是项目施工的前提和基础，也是加强项目管理和目标控制的关键。

施工准备工作的类型按不同划分标准有不同的类型。

1. 按施工范围分类

1) 全场施工准备

全场施工准备是以一个建设项目为对象所进行的全面施工准备。它是为整个建设项目施工服务的准备工作，同时也要兼顾单项工程施工准备工作。

2) 单项工程施工准备

单项工程施工准备是以一个单项工程为对象所进行的施工准备工作。它是为单项工程施工服务的准备工作，同时也要兼顾单位工程施工条件准备。

3) 单位工程施工条件准备

单位工程施工条件准备是以一个单位工程为对象而进行的施工条件准备。

4) 分部(项)工程作业条件准备

分部(项)工作作业条件准备是以一个分部(项)工程或冬雨季施工项目为对象所进行的作业条件准备。

2. 按施工阶段分类

1) 开工前施工准备

开工前施工准备是在工程项目正式开工之前所进行的全面施工准备工作。它既可能是全场性施工准备，也可能是单项工程施工准备。

2) 施工阶段前施工准备

各施工阶段前施工准备是在项目开工之后、每个阶段之前所进行的相应施工准备工作。

为落实项目施工准备工作，加强对其检查和监督，必须根据施工准备工作的项目名称、具体内容、完成时间和负责人员，编制出项目施工准备工作计划。

9.4 工程项目进度控制工作内容

在工程项目控制中，涉及范围最广、影响最大的是进度控制。它既涉及工程项目建设单位、设计单位、施工总包和分包单位、材料物资供应单位的人力、物力、财力的计划安排与使用，也涉及这些单位的最终利益的实现。因此，进度控制是一项非常重要的工作。

工程项目进度控制是指为保证工程项目实现预期的工期目标，对工程项目寿命周期全过程的各项工作时间进行计划、实施、检查、调整等的一系列工作。下面重点讲述工程项目施工阶段进度控制的工作内容。

9.4.1 施工准备阶段的进度控制

1. 工程项目施工计划工期目标的确定与分解

在施工准备阶段，首先需要根据合同工期等因素，确定工程项目施工的计划工期目标。工期目标确定之后，再将其分解为施工全过程的几个阶段性目标。例如，一般工业项目通常需要考虑全场性准备工作、场地土方工程、厂房基础与设备基础工程、构件预制工程、结构吊装和主体工程、屋面与装饰工程、设备安装工程、设备试运转与扫尾工程、阶段性竣工验收和总竣工验收等几个主要阶段的进度目标。

没有明确的工期目标，工程项目进度控制就无从谈起。在确定工期目标时，应考虑留有适当的余地，使计划工期比合同工期短些。

2. 编制施工进度计划

工程项目施工进度计划的表达方式有横道图和网络图两种。

3. 编制施工准备工作计划和资源需用计划

为确保工程项目施工进度计划的顺利实施，还需编制工程项目开工前的准备工作计划和开工后阶段性准备工作计划以及各种物资资源需用计划。其具体编制方法参见第 5、6 章的相关内容。

4. 编制年、季、月、旬度施工作业计划

对工期较长的工程项目，需将项目总体的进度计划按年、季、月、旬度等划分为若干计划阶段，遵循“远粗近细”的原则编制“滚动式”施工进度计划。在项目施工的每一计划阶段结束时，去掉已完成的施工作业内容，根据计划执行情况和内外部条件的变化情况，调整修订后续计划，将计划阶段顺序向前推进(滚动)一段，制订一个新的阶段计划。图 9-9 为滚动式施工进度计划示意图。

施工进度计划表

季	Ⅰ季度			Ⅱ季度			Ⅲ季度			
月	1	2	3	4	5	6	7	8	9	…
项目总体进度计划	═	═	═	═	═	═	═	═	═	═
第一次滚动计划	═	═	═							
第二次滚动计划		═	═	═						
第三次滚动计划			═	═	═					

图 9-9　“滚动式施工进度计划表”示意图

5. 制定施工进度控制工作细则

在开工前制定详细的施工进度控制工作细则，是对项目施工进度进行有效控制的重要措施，其主要内容包括以下几点。

(1) 进度控制人员的确定与分工。

(2) 制定进度控制工作流程，如图 9-10 所示。

(3) 明确进度控制工作方法。如进度检查方法、进度数据收集、统计整理方法，进度偏差分析与调整方法等。

(4) 设置进度控制点。在进度计划实施前要明确哪些事件是对施工进度和工期有重大影响的关键性事件。这些事件是项目施工进度控制的重点。

通过制定施工阶段进度控制工作细则，对施工进度实施有效控制，明确应该和必须做好哪些工作，由谁来做，什么时间做和怎样做。

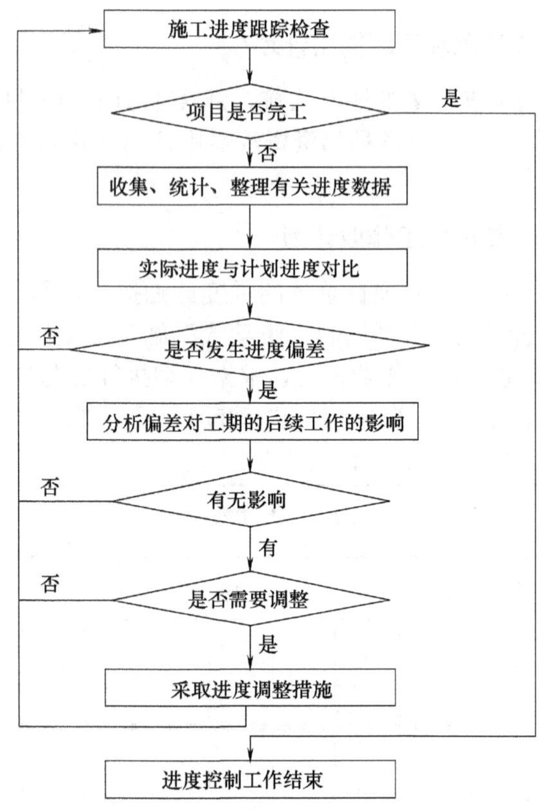

图 9-10 “施工进度控制工作流程”示意图

9.4.2 施工阶段的进度控制

施工阶段进度控制是工程项目进度控制的关键，其主要工作内容如下。

1. 施工进度的跟踪检查

在工程项目施工过程中，进度控制人员要通过收集作业层进度报表，召开现场会议和亲自检查实际施工进度等方式，随时了解和掌握实际进度情况。

2. 收集、整理和统计有关进度数据

在跟踪检查施工进度过程中，要全面、系统地收集有关进度数据，并经过整理和统计，形成正确反映实际进度情况、便于将实际进度与计划进度进行对比的数据资料。

3. 将实际进度与计划进度进行对比分析

经过对比，分析出是否发生了进度偏差，即实际进度比计划进度拖后或超前。

4. 分析进度偏差对工期和后续工作的影响

当发生进度偏差之后，要进一步分析该偏差对工期和后续工作有无影响，影响到什么程度。

5. 分析是否需要进行进度调整

当分析出进度偏差对工期和后续工作影响之后，还要视工期和后续工作是否允许发生这种影响，及允许影响到什么程度决定是否对施工进度进行调整。

一般从工期控制角度来看，某些工作的实际进度比计划进度超前是有利的。所以进度控制工作的重点是进度发生拖后现象时，要通过分析决定是否需要调整。当然，进度超前过多也会影响到资源供应、资金使用等问题，如果这些条件限制很严格，也要进行调整。

6. 采取进度调整措施

当明确了必须进行施工进度调整之后，还要具体分析产生这种进度偏差的原因，并综合考虑进度调整对工程质量、安全生产和资源供应等因素的影响，确定在哪些后续工作上采取技术上、组织上或经济上的调整措施。

在技术上可采取的加快施工进度的措施主要有：①改进施工工艺和施工技术，缩短工艺技术间歇时间；②采用更先进的施工方法，缩短施工作业时间；③采用更先进的施工机械，以提高施工作业效率。

在组织上可采取的加快施工进度的措施主要有：①增加作业面，组织更多的施工队组；②增加每天施工时间(加班加点或多班制)；③增加作业人数；④增加机械设备数量；⑤采取平行流水施工、立体交叉作业，以充分利用空间和争取时间；⑥保证物资供应和做好协调工作等。

在经济上可采取的加快施工进度的措施有：①提高奖金数额；②对采取的一系列技术措施给予相应的经济补偿。

除上述措施外，还可以通过加强思想教育和精神鼓励等工作，激发作业层人员的劳动积极性，提高作业效率。

7. 实施调整后的进度计划

调整后的新计划实施后，重复上述控制过程，直至工程项目全部完工。

9.4.3　竣工验收、交付使用阶段的进度控制

竣工验收、交付使用阶段的工作特点是在施工作业方面，大量施工任务已经完成，但还有许多零星琐碎的修补、调试、扫尾、清理等工作要做；在管理业务方面，施工技术指导性工作已基本结束，但却有大量的技术资料汇总整理、竣工检查验收、工程质量等级评定、工程决算、工程项目移交等管理工作要做。这些工作如不抓紧进行，也将会影响工程项目的交付期限。这一阶段的进度控制工作有以下几点

1. 制订竣工验收阶段工作进度计划

在该计划中，要详细列出各项工作的日程安排，并把工作落实到每个人员。

2. 定期检查各项工作的进展情况

在检查中如果发现工作拖延现象应及时采取必要的调整措施。

3. 整理有关工程进度资料，归类、编目、建档

认真做好进度资料整理工作，为以后的工程项目进度控制工作积累经验，同时也为工程决算和索赔提供依据。

9.5 工程项目进度控制方法

工程项目施工进度控制方法很多。本节主要讲述横道进度计划实施中的控制方法、网络进度计划实施中的控制方法、S 型曲线控制方法和香蕉曲线控制方法。

9.5.1 横道进度计划实施中的控制方法

横道进度计划具有直观、形象、绘制简单等优点，因此被广泛应用于工程项目施工进度计划的编制。

例如，某项基础工程包括挖土、打垫层、砌基础、回填土等 4 项施工过程，拟分 3 个施工段组织流水施工，各施工过程在每一施工段上的作业时间，如表 9-2 所示。

表 9-2 某项基础工程作业时间安排

施工过程	施 工 段		
	I	II	III
挖土	3	3	4
垫层	3	2	2
基础	5	4	5
回填	2	2	2

根据流水施工原理绘制的横道进度计划如表 9-3 所示。

表 9-3 某项基础工程进度计划

施工过程	施工进度计划(d)																								备 注
	1	2	3	4	5	6	7	8	9	10	11	12	13	14	15	16	17	18	19	20	21	22	23	24	
挖土																									
垫层																									
基础																									
回填																									

下面结合表 9-3 说明横道进度计划实施中的控制步骤和方法。

1. 标出检查日期

如表 9-4 中黑色三角所示，本例假设在计划实施后的第 9 天下班时检查。

表 9-4　横道进度计划控制的表示方法

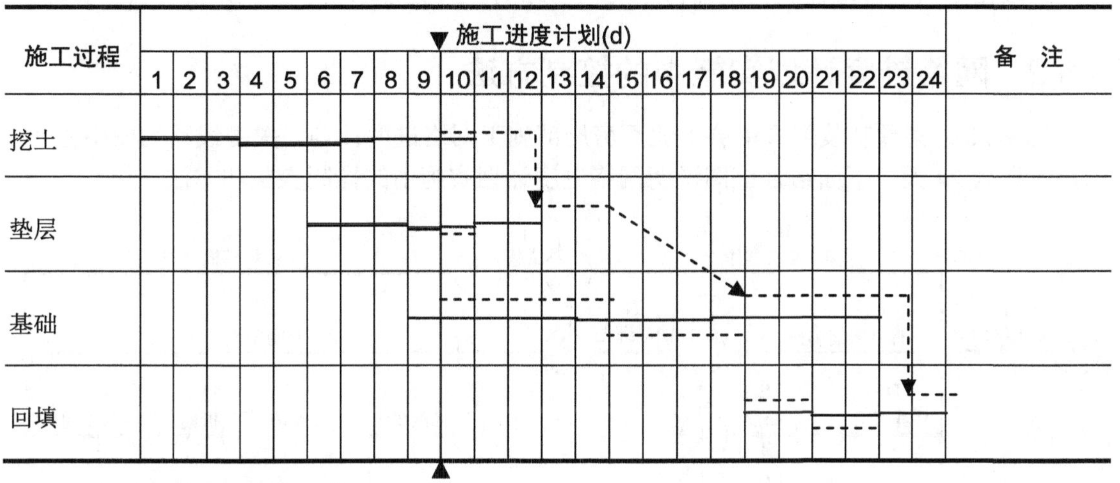

施工过程	施工进度计划(d)																								备　注
	1	2	3	4	5	6	7	8	9	10	11	12	13	14	15	16	17	18	19	20	21	22	23	24	
挖土																									
垫层																									
基础																									
回填																									

2. 标出已经完成的工作

如表 9-4 中双线所示，本例挖土施工过程已完成了第Ⅰ、Ⅱ施工段的全部工作量和第Ⅲ施工段的 25%的工作量(正在进行的工作按完成总工作量的百分比表示)。垫层施工过程已完成了第Ⅰ施工段的全部工作量和第Ⅱ施工段的 50%工作量。基础施工过程尚未投入作业。

3. 将实际进度与计划进度进行对比，分析是否出现进度偏差

本例通过对比分析看出，挖土施工过程已拖后 2 天；垫层施工过程的实际进度刚好与计划进度相同；基础施工过程拖后 1 天。

4. 分析出现的进度偏差对后续工作及工期的影响

在本例中挖土施工过程拖后 2 天；基础施工过程拖后 1 天。下面分别进行分析。

(1) 挖土施工过程与其后续工作的制约关系如表 9-4 中的虚箭线所示。该制约关系表明，挖土施工过程的 2 天拖后，将会影响垫层施工过程的连续作业，但不会影响工期。

(2) 基础施工过程与其后续工作是紧密衔接的，它的拖后必然影响到工期。

5. 分析是否需要做出进度调整

在本例中，基础施工过程的拖后已影响到工期，若该计划工期不允许拖延，则必须在基础施工过程上加快进度，抢回拖后的 1 天时间；挖土施工过程的拖后 2 天不影响计划工期，从工期角度来看，可不必调整。但要考虑垫层施工过程是否允许不连续施工，若不允许也要予以调整。

6. 采取进度调整措施

采取技术上、组织上、经济上的措施加速施工进度。如在本例中，可采取让砌基础工人班组加班加点、多发奖金、计件工资等措施；也可以采取让打垫层和挖土工人班组支援

砌基础工人班组作业的措施来加快基础施工进度，抢回 1 天时间，使第III施工段的基础砌筑作业时间由原来的 5 天缩短为 4 天。进度计划调整后，重新绘出调整的进度计划(本例略)。

7. 实施调整后的进度计划

根据调整后的进度计划，重新调整人力、物力、财力安排方案，再次进入新一轮控制。

9.5.2 网络进度计划实施中的控制方法

图 9-11 为某预制装配式单层工业厂房局部施工网络进度计划。关键线路为图中粗线所示，工期为 24 天。下面结合该图说明网络进度计划实施中的控制步骤和方法。

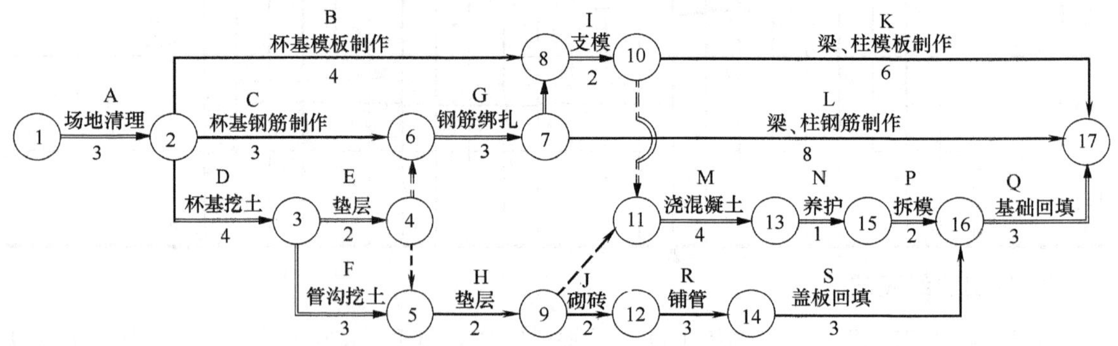

图 9-11 某工程局部施工网络进度计划

为了对工程项目施工进度实施有效控制，在编制施工网络进度计划时，通常将图 9-11 所示的网络进度计划绘制成如图 9-12 所示的时标网络计划。

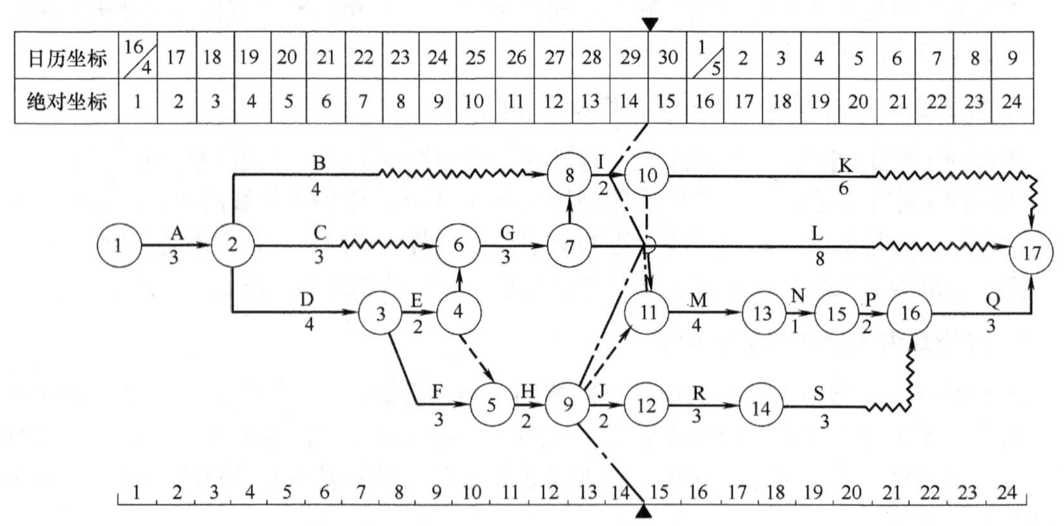

日历坐标	16/4	17	18	19	20	21	22	23	24	25	26	27	28	29	30	1/5	2	3	4	5	6	7	8	9
绝对坐标	1	2	3	4	5	6	7	8	9	10	11	12	13	14	15	16	17	18	19	20	21	22	23	24

图 9-12 某工程局部施工时标网络计划

在网络进度计划实施过程中的控制步骤与方法如下。

1. 标出检查日期

如图 9-12 下边黑色三角所示，本例为施工进行到第 14 天下班时检查。

2. 标出实际进度前锋线

所谓实际进度前锋线是指实际施工进度到达位置的连线。在本例第 14 天下班时检查发现，基础支模工作 I 完成了 50%工作量；梁、柱钢筋制作工作 L 完成了 25%工作量；基础浇筑混凝土工作 M 尚未开始；管沟垫层工作 H 已完成；管沟砌砖工作 J 尚未开始。据此绘出的实际进度前锋线如图 9-12 中点划线所示。在实际进度前锋线左侧的工作均已完成；在实际进度前锋线右侧的工作均未完成。

3. 将实际进度与计划进度进行对比，分析是否出现进度偏差

在本例中，工作 I 已拖后 1 天；工作 L 的实际进度与计划进度相等；工作 J 已拖后 2 天。

4. 分析出现的进度偏差对后续工作和工期的影响

(1) 工作 I 拖后 1 天，由于该工作位于关键线路上，所以如不采取措施予以调整，将要使工期拖延 1 天。同时也将要影响其后续工作 K(非关键工作)的最早开始时间。

(2) 工作 J 拖后 2 天。虽然该工作位于非关键线路上，但从图上可看出该工作仅有 1 天的总时差，因此若不采取措施予以调整，也将会使工期拖延 1 天。

5. 分析是否需要做出进度调整

如果该工程项目没有严格规定必须在 24 天内完成，工期可以拖延，可不必调整。这样，只需去掉网络进度计划中已完成部分，重新绘制出未完成部分的网络进度计划，如图 9-13 所示。

如果该工程项目的计划工期不允许拖延则必须做出调整。

6. 采取进度调整措施

调整时需综合考虑增加人力、物力资源的可能性和对工程质量、安全的影响。调整的方法是，选择位于关键线路上的某些工作作为调整对象，压缩其作业时间，保证工程项目按原计划工期完成。

本例选择工作 M 和工作 R 为调整对象，将其作业时间均压缩 1 天。调整后的网络计划如图 9-14 所示。

7. 实施调整后的网络进度计划

与横道进度计划相同。

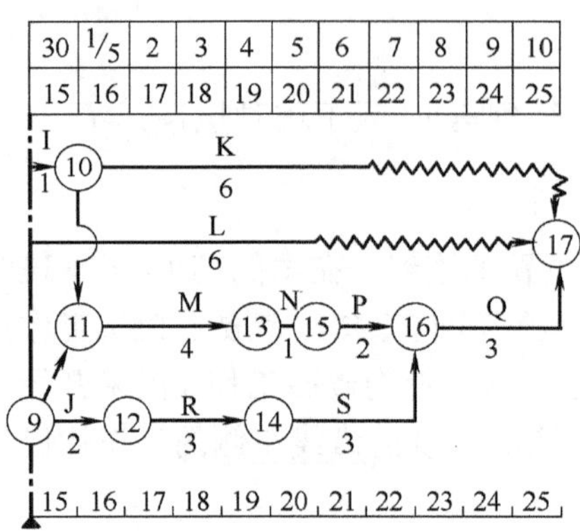

图 9-13 检查后未调整的网络计划

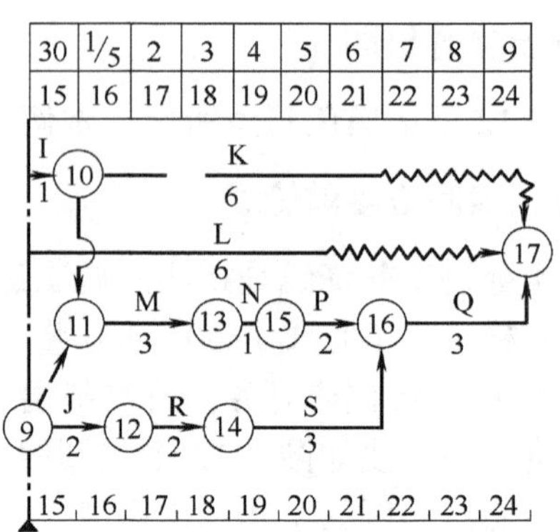

图 9-14 检查调整后的网络计划

9.5.3 S 型曲线的控制方法

1. S 型曲线的概念

S 型曲线是一种描述工程项目施工速度的动态曲线。一般来说，在项目施工初期，由于准备工作多，作业面条件差，劳动力、机械设备不能一次性全部到位，工人作业不熟练等原因，施工进展速度较慢；在项目施工中期，施工进展速度较快；而在项目施工后期，作业面逐渐减小，劳动力、机械设备等逐渐撤离施工现场，只留较少一部分人员从事收尾和清理工作，项目施工进展速度又要减慢。如果用平面直角坐标系的横坐标表示时间(可以天、周、旬、月等为单位)，以纵坐标表示每一单位时间完成的工作量(可以实物工程量、费用支出或工时消耗等数量表示)，绘制出的时间与单位时间完成的工作量之间的关系曲线如图 9-15(a)所示。如果以横坐标表示时间不变，以纵坐标表示到每一单位时间为止累计完成的工作量，绘制出的时间与累计完成工作量之间的关系曲线如图 9-15(b)所示。因为此曲线形如“S”，故称其为 S 型曲线。

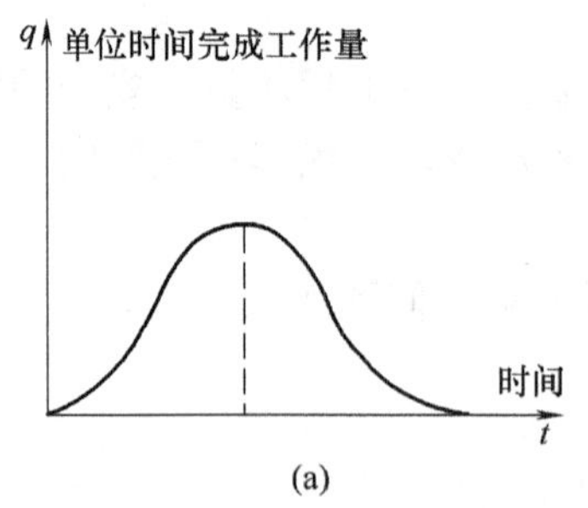

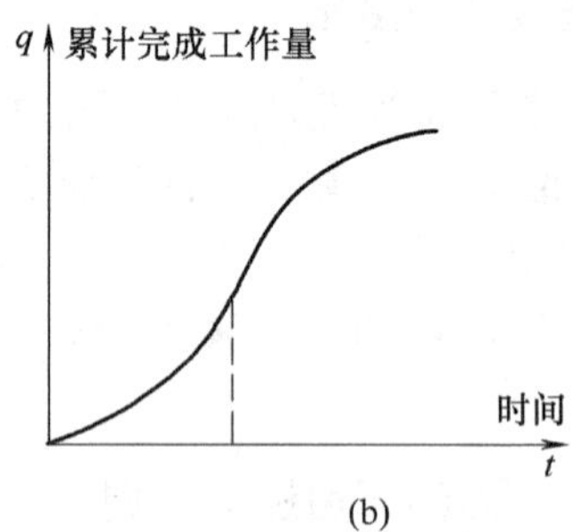

图 9-15 时间与完成工作量关系曲线示意图(1)

在实际工程项目施工中，各单位时间内完成的工作量往往不是随时间的延续而连续变化的，绘制出的时间与单位时间内完成工作量的关系曲线如图 9-16(a)所示，时间与累计完成工作量的关系曲线如图 9-16(b)所示。若将图 9-16(b)中各直方图右顶点用光滑曲线连起来，该曲线也呈“S”形，故也称其为 S 型曲线。

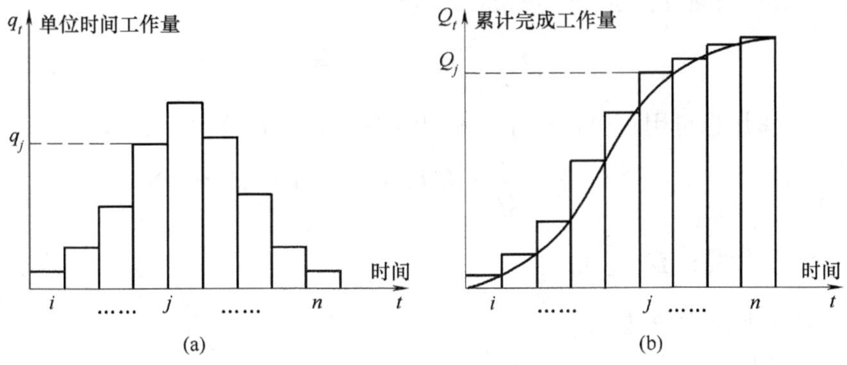

图 9-16　时间与完成工作量关系曲线示意图(2)

2. S 型曲线的绘制方法

下面结合一个简单例子说明 S 型曲线的绘制方法。

【例 9-1】某项抹灰工程总工程量为 10 000m²，计划 10 天完成，每天完成工作量如图 9-17 所示。试绘制该工程的 S 型曲线。

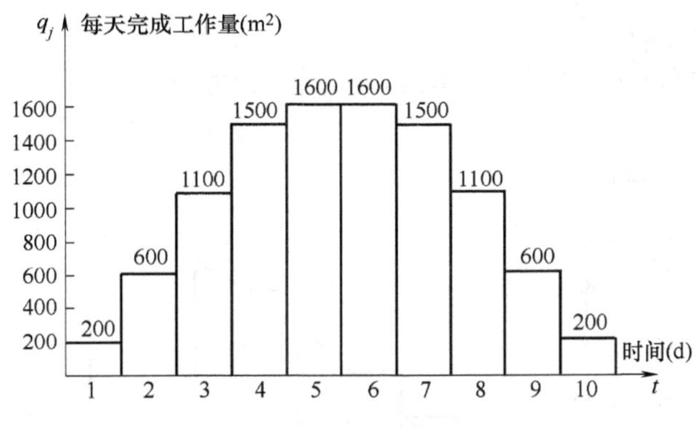

图 9-17　每天完成工作量

绘制步骤和方法如下。

(1) 确定各单位时间(每天)完成工作量 q_t 值，t=1,2,⋯,10，结果如表 9-5 所示。

表 9-5　完成工程量汇总表

时间(天)	t	1	2	3	4	5	6	7	8	9	10
每天完成工作量(m²)	q_t	200	600	1100	1500	1600	1600	1500	1100	600	200
累计完成工作量(m²)	Q_t	200	800	1900	3400	5000	6600	8100	9200	9800	10000
累计完成百分比(%)	μ_t	2	8	19	34	50	66	81	92	98	100

(2) 计算到每一单位时间(每天)完成工作量 Q_t 值

$$Q_t = \sum_{t=1}^{n} q_t \qquad (t = 1,2,\cdots,10) \tag{9-7}$$

累计完成工作量也可用百分比表示，累计完成工作量百分比

$$\mu_t = \frac{Q_t}{Q} \times 100(\%) \qquad (t = 1,2,\cdots,10) \tag{9-8}$$

式中：Q——总工作量；$Q = \sum_{t=1}^{n} q_t$

n——总作业时间(天数)。

例如在本例中

$$Q_4 = \sum_{t=1}^{4} q_t = 200+600+1100+1500=3400(\text{m}^2)$$

$$Q = \sum_{t=1}^{10} q_t = Q_{10} = 10\,000(\text{m}^2)$$

$$\mu_4 = \frac{Q_4}{Q} \times 100 = \frac{3400}{10\,000} \times 100 = 34\%$$

计算结果如表 9-5 所示。

(3) 根据(t, Q_t)或(t, μ_t)绘制 S 型曲线，如图 9-18 所示。

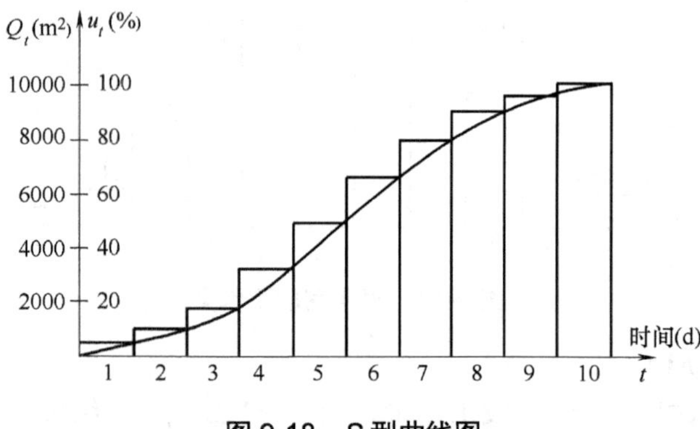

图 9-18　S 型曲线图

3. S 型曲线控制方法

采用 S 型曲线控制工程项目施工进度时，首先需要根据计划进度绘制出 S 型曲线，然后在施工过程中按下述步骤和方法对施工实际进度进行控制。

(1) 标出检查日期。如图 9-19 中黑色三角表示两次检查日期。

(2) 绘制出到检查日期为止的工程项目实际进度 S 型曲线。如图 9-13 中 a、b 两点即为实际进度 S 型曲线的到达点。

(3) 分析工作量完成情况。图 9-19 中实际进度 S 型曲线上的 a 点位于计划进度 S 型曲线的上方，说明实际进度比计划进度快，工作量超额完成，从 a 点沿垂直方向到计划进度 S 型曲线的距离 ΔQ_a，即为该检查点工作量超额完成量；实际进度 S 型曲线上的 b 点位于计划进度 S 型曲线的下方，说明实际进度比计划进度慢，工作量未按原计划完成，从 b 点沿

垂直方向到计划进度 S 型曲线的距离 ΔQ_b，即为该检查点工作量欠额完成量。

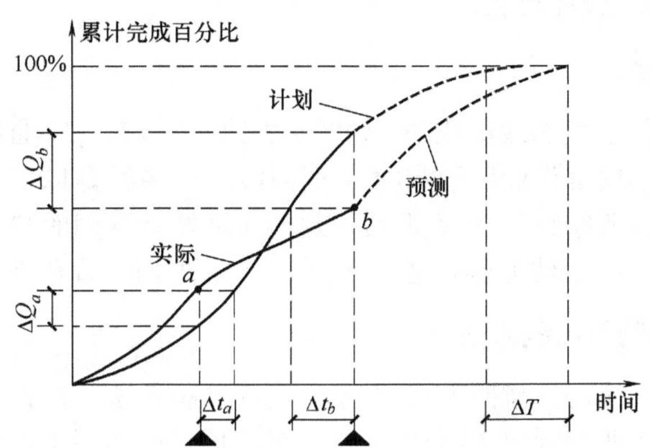

图 9-19　S 型曲线控制图(1)

(4)　分析进度超前或拖后时间。在图 9-20 中，从 a 点沿水平方向到计划进度 S 型曲线的距离 Δt_a 即为该检查点进度超前时间；从 b 点沿水平方向到计划进度 S 型曲线的距离 Δt_b 即为该检查点进度拖后时间。

(5)　项目后期施工进度预测。如图 9-19 中实际进度 S 型曲线到达 b 点后，若能保证后期按原计划进度施工，则预测的实际进度 S 型曲线如虚线所示，ΔT 即为预计的工期拖延时间。

(6)　分析项目后期施工进度的速度限值。如图 9-14 所示，通过计划进度 S 型曲线的顶点 B 点向该 S 型曲线作切线，切点为 A 点，切线 AB 即为实际进度 S 型曲线的下限。一旦实际进度 S 型曲线落在切线 AB 的下方，必须采取加快进度措施，否则必将拖延计划工期。图 9-20 中实际进度 S 型曲线的 b 点已经落在计划进度 S 型曲线的下方，因此必须采取加快进度的措施。将 b 点与 B 点相连(如图中虚线所示)，斜线 bB 的斜率即为在保证计划工期条件下，项目后期施工进度的最低速度。

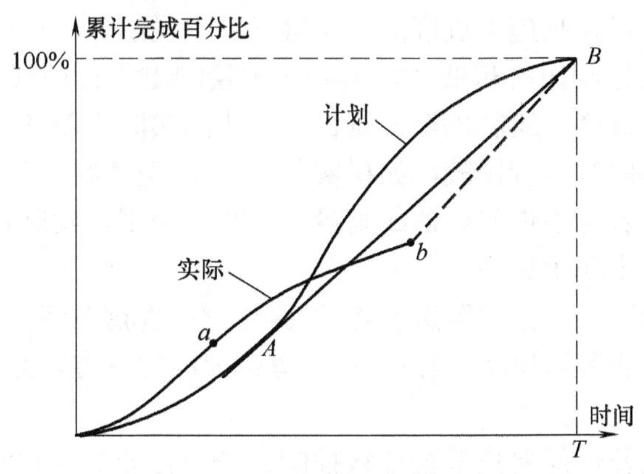

图 9-20　S 型曲线控制图(2)

(7)　采取加快施工进度调整措施，如前所述。

9.5.4 香蕉曲线控制方法

1. 香蕉曲线的概念

香蕉曲线是由两条 S 型曲线组成的，如图 9-21 所示。其中 E_S 曲线是以工程项目中各项工作均按最早开始时间安排作业所绘制的 S 型曲线；L_S 曲线是以工程项目中各项工作均按最迟开始时间安排作业所绘制的 S 型曲线。这两条曲线有共同的起点和终点。在施工工期范围内的任何时点上，E_S 曲线始终在 L_S 曲线的上方，形如“香蕉”，故称其为香蕉曲线。

2. 香蕉曲线的绘制与控制方法

香蕉曲线的绘制方法是，按照前述 S 型曲线的绘制方法，首先考虑项目中各项工作均按最早开始时间安排作业绘制出 E_S 曲线，然后考虑项目中各项工作均按最迟开始时间安排作业绘制出 L_S 曲线，即形成香蕉曲线。

在图 9-21 中，在 E_S 曲线和 L_S 曲线之间的细点划线所示的曲线为优化曲线，这是理想的工程项目施工进度曲线。

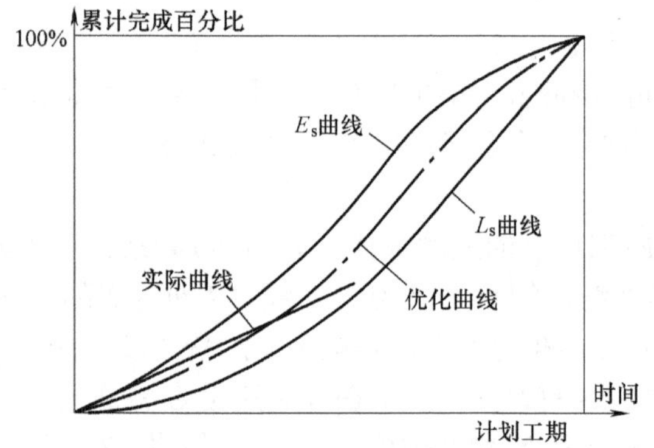

图 9-21　香蕉曲线控制方法示意图

下面将采用香蕉曲线控制施工进度的方法进行简单说明。

在工程项目开工前绘制出香蕉曲线，最好同时绘制出优化曲线。在开工之后，定期或不定期地检查实际施工进度，绘制出至检查日期为止的实际进度 S 型曲线。将实际进度 S 型曲线与计划进度香蕉曲线进行比较，如果实际进度 S 型曲线在香蕉曲线之内，则说明工程项目实际进度正常，若能逼近优化曲线则最为理想。否则，实际进度 S 型曲线超出香蕉曲线，则说明实际进度出现了偏差。

进度偏差有两种情况，如果实际进度 S 型曲线位于香蕉曲线的上方，则说明实际进度比计划进度超前；如果实际进度 S 型曲线位于香蕉曲线的下方，则说明实际进度比计划进度拖后。

对于出现的进度偏差，需要按 S 型曲线控制方法进行分析、预测和调整。

【案例分析】 三峡工程进度管理措施实例

1. 工程概况

三峡工程是一个具有防洪、发电、航运等综合效益的巨型水利枢纽工程。枢纽主要由大坝、水电站厂房、通航建筑物三部分组成。其中大坝最大坝高 181m；电站厂房共装机 26 台，总装机容量 18 200mW；通航建筑物由双线连续五级船闸、垂直升船机、临时船闸，以及上、下游引航道组成。三峡工程规模宏伟，工程量巨大，其主体工程土石方开挖约 1 亿立方米，土石方填筑 4000 多万立方米，混凝土浇筑 2800 多万立方米，钢筋 46 万吨金属结构安装约 26 万吨。

根据审定的三峡工程初步设计报告，三峡工程建设总工期定为 17 年，工程分三个阶段实施。其中：

第 1 阶段工程工期为 5 年(1993—1997 年)。

主要控制目标：1997 年 5 月导流明渠进水；1997 年 10 月导流明渠通航；1997 年 11 月实现大江截流；1997 年年底基本建成临时船闸。

第 2 阶段工程工期 6 年(1998—2003 年)。

主要控制目标：1998 年 5 月临时船闸通航；1998 年 6 月二期围堰闭气开始抽水；1998 年 9 月形成二期基坑；1999 年 2 月左岸电站厂房及大坝基础开挖结束，并全面开始混凝土浇筑；1999 年 9 月永久船闸完成闸室段开挖，并全面进入混凝土浇筑阶段；2002 年 5 月二期上游基坑进水；2002 年 6 月永久船闸完建开始调试，2002 年 9 月二期下游基坑进水；2002 年 11—12 月三期截流；2003 年 6 月大坝下闸水库开始蓄水(6 月 1 日开始到 6 月 15 日蓄水到 135m)，永久船闸通航；2003 年第 4 季度第一批机组发电。

第 3 阶段工程工期 6 年(2004—2009 年)。

主要控制目标：2009 年年底前，全部机组发电和三峡枢纽工程完建。

2. 进度计划管理

1)　管理特点

针对三峡工程特点、进度计划编制主体及进度计划涉及内容的范围和时段等具体情况，确定三峡工程进度划分 3 个大层次进行管理，即业主层、监理层和施工承包商层。通常业主在工程进度控制上要比监理更宏观一些，但鉴于三峡工程的特性，三峡工程业主对进度的控制要相对深入和细致。这是因为三峡工程规模大、工期长，参与工程建设的监理和施工承包商多。参与三峡工程建设的任何一家监理和施工承包商所监理的工程项目和施工内容都仅仅是三峡工程一个阶段中的一个方面或一个部分，而且业主在设备、物资供应及标段交接和协调上的介入，形成了进度计划管理的复杂关系。这里面施工承包商在编制分标段进度计划时，受其自身利益及职责范围的限制，除原则上按合同规定实施并保证实现合同确定的阶段目标和工程项目完工时间外，在具体作业安排上、公共资源使用上是不会考虑对其他施工承包商的影响的。也就是说，各施工承包商的工程进度计划在监理协调之后，尚不能完全、彻底地解决工程进度计划在空间上、时间上和资源使用上的交叉和冲突矛盾。为满足三峡工程总体进度计划要求，各监理单位控制的工程进度计划还需要协调一次，这个工作自然要由业主来完成，这也就是三峡工程进度计划为什么要分三大层次进行管理的客观原因和进度计划管理的特点。

2)　管理措施

(1)　统一进度计划编制办法。

业主根据合同要求制订统一的工程进度计划编制办法，在办法里对工程进度计划编制的原则、内容、编写格式、表达方式、进度计划提交、更新的时间及工程进度计划编制使用的软件等做出统一规定，通过监理转发给各施工承包商，照此执行。

(2) 确定工程进度计划编制原则。

三峡工程进度计划编制必须遵守以下原则。

分标段工程进度计划编制必须以工程承包合同、监理发布的有关工程进度计划指令以及国家有关政策、法令和规程规范为依据；分标段工程进度计划的编制必须建立在合理的施工组织设计的基础上，并做到组织、措施及资源落实；分标段工程进度计划应在确保工程施工质量、合理使用资源的前提下，保证工程项目在合同规定工期内完成。

各个工程项目施工程序要统筹兼顾、衔接合理和干扰少；施工要保持连续、均衡；采用的有关指标既要先进，又要留有余地。

分项工程进度计划和分标段进度计划的编制必须服从三峡工程实施阶段的总进度计划要求。

(3) 统一进度计划内容要求。

三峡工程进度计划内容主要有两部分，即上一工程进度计划完成情况报告和下一步工程进度计划说明，具体如下。

对上一工程进度计划执行情况进行总结，主要包括以下内容：主体工程完成情况；施工手段形成；施工道路、施工栈桥完成情况；混凝土生产系统建设或运行情况；施工工厂的建设或生产情况；工程质量、工程安全和投资计划等完成情况；边界条件满足情况。

对下一步进度计划需要说明的主要内容有：为完成工程项目所采取的施工方案和施工措施；按要求完成工程项目的进度和工程量；主要物资材料计划耗用量；施工现场各类人员和下一时段劳动力安排计划；物资、设备的订货、交货和使用安排；工程价款结算情况以及下一时段预计完成的工程投资额；其他需要说明的事项；进度计划网络。

(4) 统一进度计划提交、更新的时间。

三峡工程进度计划提交时间规定如下：三峡工程分标段按总进度计划要求施工承包商，在接到中标通知书的 35 天内提交，年度进度计划在前一年的 12 月 5 日前提交。

三峡工程进度计划更新仅对三峡工程实施阶段的总进度计划和三峡工程分项工程及三峡工程分标段工程总进度计划和年度进度计划进行，并有具体的时间要求。

(5) 统一软件、统一格式。

为便于进度计划网络编制主体间的传递、汇总、协调及修改，首先对工程进度计划网络编制使用的软件进行了统一，即三峡工程进度计划网络编制统一使用 Primavera Project Planner for Windows(以下简称 P3)软件。

同时业主对 P3 软件中的工作结构分解、作业分类码、作业代码及资源代码做出了统一规定。通过工作结构分解的统一规定对不同进度计划编制内容的粗细做出具体要求，即三峡工程总进度计划中的作业项目划分到分部分项目工程。三峡工程分标段进度计划中的作业项目划分到单元工程，甚至到工序。通过作业分类码、作业代码及资源代码的统一规定，实现进度计划的汇总、协调和平衡。

3) 进度控制

(1) 贯彻、执行总进度计划。

业主对三峡工程进度的控制首先是通过招标文件中的开工、完工时间及阶段目标来实现的；监理则是在上述基础上对工期、阶段目标进一步分解和细化后，编制出三峡工程分标段和分项工程进度计划，以此作为对施工承包商上报的三峡工程分标段工程进度计划的审批依据，确保工程施工按进度计划执行；施工承包商三峡工程分标段工程总进度计划，是在确定了施工方案和施工组织设计后，对招标文件要求的工期、阶段目标进一步分解和细化编制而成。它提交给监理用来响应和保证业主的进度要求。施工承包商的三峡工程分标段工程年度、季度、月度和周进度计划则是告诉监理和业主如何具体组织和安排生产，并实现进度计划目标的。这样一个程序可以保证三峡工程总进度计划一开始就可以得到正确的贯彻。

上述过程仅仅是进度控制的开始，还不是进度控制的全部，作为完整的进度控制还需要将进度实际执行情况反馈，然后对原有进度计划进行调整，做出下一步计划，这样周而复始，才可能对进度起到及时、有效的控制。

(2) 控制手段。

三峡工程用于工程进度控制的具体手段如下。

① 建立严格的进度计划会商和审批制度。

② 对进度计划执行进行考核，并实行奖惩。

③ 定期更新进度计划，及时调整偏差。

④ 通过进度计划滚动(三峡工程分标段工程年度、季度、月度及周的进度计划编制)编制过程的远粗、近细，实现对工程进度计划的动态控制。

⑤ 对三峡工程总进度计划中的关键项目进行重点跟踪控制，达到确保工程建设工期的目的。

业主根据整个三峡工程实际进度，统一安排而提出的指导性或目标性的年度、季度总进度计划，用于协调整个三峡工程进度。

3. 进度计划编制支持系统

1) 计算机网络建设

为提高工作效率、加强联系并及时互通信息，由业主出资在坝区设计、监理、施工承包商和业主之间建立了计算机局域网，选择 Lotus Notes 作为信息交换和应用平台，这些基础建设为进度计划编制和传递提供了强有力的手段。

2) 混凝土施工仿真系统

三峡水利枢纽主要由混凝土建筑物组成，其混凝土工程量巨大，特别是二阶段工程中的混凝土施工更是峰高、量大。在进度计划编制安排混凝土施工作业程序时，靠过去的手工排序方法很难在短时间内得出一个较优的混凝土施工程序。在编制进度计划时，为了能够及时、高效地得到一个较优的混凝土施工程序，业主与电力公司成都勘测设计研究院共同研制三峡二阶段工程厂坝混凝土施工仿真系统和永久船闸混凝土仿真系统，用于解决上述问题。三峡二阶段工程厂坝混凝土施工仿真系统在进度计划编制过程中已取得显著成效。

3) 工程进度日报系统

要做好施工进度动态控制并及时调整计划部署，就必须建立传递施工现场施工信息的快速通道。针对这个问题，业主组织人力利用 Notes 开发三峡工程日报系统。该系统主要包括实物工程量日完成情况、大型施工设备工作状况、工程施工质量及安全统计结果、物资(主要是水泥和粉煤灰)仓储情况等。利用该系统，业主和监理等有关单位就可及时掌握和了解到工程的进展状况。如再通过分析和加工处理，就可为下一步工作提供参考和决策依据。

本 章 小 结

施工进度计划是建筑企业进行生产管理的重要内容和依据。通过施工进度计划的编制、实施、检查、调整等过程对各类生产要素进行整合，保证建筑工程项目施工生产按照既定的工期、质量、成本目标完成生产任务。本章主要内容包括：施工进度计划的含义、编制依据；施工总进度计划的表达方式、编制步骤和内容；单位工程进度计划的编制依据、编制过程及编制方法；各类资源需用量计划的编制；施工准备的工作计划；工程项目进度控制的内容；横道进度计划实施中的控制方法等。

习 题

一、名词解释

施工总进度计划　　单位工程进度计划　　S 型曲线

二、选择题

1. 施工进度计划的编制步骤中的第 1 步是(　　)。
   A. 计算工程量　　B. 划分施工过程
   C. 确定施工天数　　D. 编制施工进度计划的初始方案
2. 香蕉曲线是由(　　)条 S 型曲线组成的。
   A. 2　　B. 3　　C. 4　　D. 1
3. 下列不属于编制单位工程施工进度计划依据的是(　　)。
   A. 工程项目施工合同　　B. 确定的重要分部分项工程的施工方案
   C. 施工工期要求及开、竣工日期　　D. 施工单位组织机构及分包单位

三、问答题

1. 何谓工程项目进度控制？其主要工作内容有哪些？
2. 简述横道进度计划实施中的控制步骤与方法。
3. 何谓实际进度前锋线？简述网络进度计划实施中的控制步骤与方法。
4. 简述 S 型曲线的概念、绘制与控制方法。
5. 简述香蕉曲线的概念、绘制与控制方法。

四、计算题

1. 设某项基础工程，包括挖土、垫层、砌基础、回填土等施工过程，拟分为 3 个施工段，其作业时间安排如表 9-6，试绘制早时标施工网络进度计划。假设该工程施工到第 9 天下班时检查结果为：挖土作业已完成第Ⅲ段的 25%工程量；垫层作业刚好完成第Ⅱ段的全部工程量，第Ⅲ段垫层作业尚未开始；砌基础作业刚完成第Ⅰ段的 25%工程量；回填土作业尚未开始。试绘出实际进度前锋线，并分析进度偏差及对工期的影响。

表 9-6　作业时间安排表

单位：天

施工过程	施工段		
	I	II	III
挖土	3	3	4
垫层	3	2	2
砌基础	4	4	5
回填土	2	2	2

2. 某项砼浇筑工程的总工程量为 1000m^3，计划在 8 天内完成，每天浇筑量如表 9-7 所示。试绘制该项混凝土浇筑工程施工进度直方图和 S 型曲线。

表 9-7　混凝土浇筑工程量表

时间(天)	1	2	3	4	5	6	7	8
每天完成工作量(m^3)	60	90	140	180	180	140	120	90
累计完成工作量(m^3)								
累计完成百分比(%)								

3. 某施工网络进度计划如图 9-22 所示。图中箭线上方字母为工作名称，箭线下方括号外数据为持续时间(天)，括号内数据为资源强度。试绘制早时标、迟时标施工网络进度计划，并统计每天资源需求数量和累计资源需求数量，绘出香蕉进度曲线图。

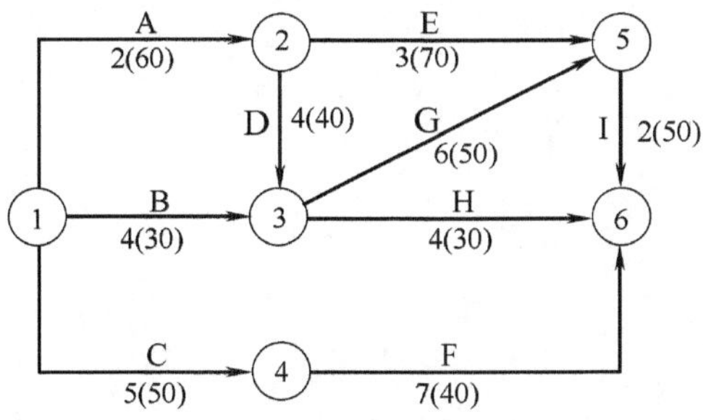

图 9-22　某工程施工网络计划

第 10 章　施工组织设计与施工方案制订

【学习要点及目标】

- 了解施工组织设计的作用及编制依据
- 懂得施工组织设计的分类及其编制步骤
- 掌握单位工程施工组织设计包括的主要内容
- 了解单位工程施工平面图的设计步骤
- 懂得施工平面图的设计原则
- 掌握单位工程施工平面图的设计内容
- 熟悉施工方案的内容与确定

【核心概念】

施工组织总设计　单位工程施工平面图　定量分析评价

【引导案例】 采用加权综合指标分析方法评价某项目施工方案的经济性

某项目经理部在承包的某高层住宅楼的现浇楼板施工中，提出拟采用钢木组合模板和小钢模模板两种施工方案。评价指标确定为：模板总摊销费(F_1)、楼板浇筑质量(F_2)、模板人工费(F_3)、模板周转时间(F_4)、模板装拆便利性(F_5)等 5 项。经专家论证，两方案对各项评价指标的满足程度得分(按 10 分制评分)如表 10-1 所示。

表 10-1 各项评价指标的满足程度得分表

评价指标	指标权重	钢木组合模板	小钢模模板
总摊销费用(F_1)	0.25	10	8
楼板浇筑质量(F_2)	0.35	8	10
模板人工费(F_3)	0.1	8	10
模板周转时间(F_4)	0.1	10	7
模板装拆便利性(F_5)	0.2	10	9

问题：

试采用加权综合指标分析方法评价两方案的优劣，并确定应采取的方案。

(资料来源：http://www.ppkao.com/images/logo.gif)

10.1 施工组织设计概述

10.1.1 施工组织设计的概念、任务与作用

施工组织设计是规划和指导施工项目从施工准备到竣工验收全过程的一个综合性的技术经济文件。《建设工程项目管理规范》(GB/T 50326—2001)将施工组织设计称为施工项目管理规划。施工项目管理规划又分为施工项目管理规划大纲和施工项目管理实施规划。前者是由参加项目投标的承包企业管理层在投标之前编制，旨在作为投标依据，其内容要满足招标文件要求及签订合同要求；后者是在项目中标之后、开工之前由项目经理主持编制，旨在作为指导施工全过程各项工作的依据。施工组织设计既要体现工程项目的设计和使用要求，又要符合建筑施工的客观规律，对施工全过程起战略部署和战术安排的作用。

施工组织设计是施工准备工作的重要组成部分，是编制施工预算和施工计划的主要依据，是做好施工准备工作、合理组织施工和加强项目管理的重要措施。

施工组织设计的基本任务是在充分研究工程的客观情况和施工特点的基础上，结合施工企业的技术力量、装配水平，从人力、材料、机械、施工方法和资金等 5 个基本要素进行统筹规划、合理安排；充分利用有限的空间和时间，采用先进的施工技术，选择合理的施工方案，确定合理的施工进度，建立正常的生产秩序，用最少的资源和财力取得质量高、工期短、成本低、效益好、用户满意的建筑产品。

施工组织设计的作用主要包括以下几点。

(1) 实现项目设计的要求，衡量设计方案施工的可能性和经济合理性。

(2) 保证各施工阶段的准备工作及时进行。

(3) 按科学的程序进行施工，建立正常的生产秩序。

(4) 协调各施工单位、各工种、各种资源之间的合理关系。

(5) 明确施工重点，掌握施工关键和控制方法，并提出相应的技术安全措施。

(6) 为组织物质供应提供必要的依据。

10.1.2 施工组织设计的分类

1. 按设计阶段分类

1) 按两个阶段进行设计

施工组织设计分为施工组织总设计和单位工程施工组织设计。

2) 按 3 个阶段进行设计

施工组织设计分为施工组织条件设计(或称为施工组织大纲)、施工组织总设计和单位工程施工组织设计。

2. 按编制对象范围分类

施工组织设计按编制对象和范围不同分为施工组织总设计、单位工程施工组织设计和分部分项工程施工组织设计。

3. 按使用时间长短分类

施工组织设计按使用时间长短分为长期施工组织总设计、年度施工组织设计和季度施工组织设计。

施工组织设计按编制内容的繁简程度不同可分为完整的施工组织设计和简单的施工组织设计。

1) 施工组织条件设计

施工组织条件设计的作用在于对拟建工程，从施工角度分析工程设计的技术可行性与经济合理性，同时做出轮廓性的施工规划，并提出在施工准备阶段首先应进行的工作，以便尽先着手准备。这一设计主要应由设计单位负责编制，并作为工程项目初步设计的一个组成部分。

2) 施工组织总设计

施工组织总设计是以整个建设项目或一个建筑群为对象编制的，用以指导全场设的施工全过程的各项施工活动的技术、经济和组织的综合性文件。施工组织总设计一般是在初步设计或技术设计被批准后，由建设总承包单位组织编制。

3) 单位工程施工组织设计

单位工程施工组织设计是以一个单位工程(一个建筑物、构筑物或一个交工系统)为对象编制的，用以直接指导施工全过程的各项施工活动的技术、经济和组织的综合性文件。单位工程施工组织设计一般在施工图设计完成后，在拟建工程开工前，由单位工程施工项目技术负责人组织编制。

4) 分部分项工程施工组织设计

分部分项工程施工组织设计是以单位工程中复杂的分部分项工程或处于冬、雨季和特殊条件下施工的分部分项工程为对象编制的，用以具体指导其施工作业的技术、经济和组织的综合性文件。分部分项工程施工组织设计的编制工作一般与单位工程施工组织设计同时进行，由单位工程施工项目技术负责人或分部分项工程的分包单位技术负责人组织编制。

施工组织总设计、单位工程施工组织设计、分部分项工程施工组织设计之间有如下关系：施工组织总设计是指导全场性施工活动和控制各个单位工程施工全过程的综合性文件；单位工程施工组织设计是以施工组织总设计和企业施工计划为依据编制的，把施工组织总设计的有关内容在单位工程上具体化；分部分项工程施工组织设计是以施工组织总设计、单位工程施工组织设计和企业施工计划为依据编制的，把单位工程施工组织设计的有关内容在分部分项工程上具体化，是专业工程的作业设计。

10.1.3 施工组织设计的内容

施工组织设计的内容要根据工程对象和工程特点，并结合现有和可能的施工条件，从实际出发来确定。不同的施工组织设计在内容和深度方面不尽相同。不论是哪一类施工组织设计一般都要有如下几方面主要内容。

1. 工程概况

工程概况中应概要地说明本施工项目性质、规模、建设地点、结构特点、建筑面积、施工期限；本地区气象、地形、地质和水文情况；施工力量、施工条件、劳动力、材料、机械设备等供应条件。

2. 施工方案

施工方案选择是依据工程概况，结合人力、材料、机械设备等条件，全面部署施工任务；安排总的施工顺序，确定主要工种工程的施工方法；对施工项目根据各种可能采用的几种方案，进行定性、定量的分析，通过技术经济评价，选择最佳施工方案。

3. 施工进度计划

施工进度计划反映了最佳施工方案在时间上的具体安排；采用某种计划的方法，使工期、成本、资源等方面，通过计算和调整达到既定的施工项目目标；施工进度计划可采用线条图或网络图的形式编制。在施工进度计划的基础上，可编制出劳动力和各种资源需要量计划和施工准备工作计划。

4. 施工(总)平面图

施工(总)平面图是施工方案及进度计划在空间上的全面安排。它是把投入的各种资源(如材料、构件、机械、运输道路、水电管网等)和生产、生活活动场地合理地部署在施工现场，使整个现场能进行有组织、有计划的文明施工。

5. 主要技术经济指标

主要技术经济指标是对确定的施工方案及施工部署的技术经济效益进行全面的评价，用以衡量组织施工的水平。施工组织设计常用的技术经济指标有：①工期指标；②劳动生产率指标；③机械化施工程度指标；④质量、安全指标；⑤降低成本指标；⑥节约“三材”

(钢材、木材、水泥)指标等。

10.1.4　施工组织设计的编制依据

施工组织设计的编制依据有以下几方面。

(1) 设计资料，包括设计任务书、初步设计(或技术设计)、施工图纸和设计说明书、施工组织条件设计等资料。

(2) 自然条件资料，包括地形、工程地质、水文地质和气象等资料。

(3) 技术经济条件资料，包括建设地区的建材工业及其产品、资源、供水、供电、通信、交通运输、生产、生活基地设施等资料。

(4) 工程承发包合同规定的有关指标，包括项目交付使用日期，施工中要求采用的新结构、新技术、新材料及与施工有关的各项规定指标等。

(5) 施工企业及相关协作单位可配备的人力、机械设备和技术状况，以及类型相似或近似项目的经验资料。

(6) 国家和地方有关现行规范、规程、定额标准等资料。

10.1.5　施工组织设计的原始资料调查分析

编制施工组织设计所需的原始资料通常包括各种自然条件资料和技术经济条件资料。通过调查、收集和分析研究原始资料，为解决施工组织设计中的实际问题提供科学的实事求是的依据，以便能够获得最佳的施工组织设计方案。

1. 自然条件资料

1) 地形资料

通过地形勘察获得建设地区及建设地点的地形情况，以便充分利用有利条件、合理使用施工场地。地形资料包括以下两种。

(1) 建设区域地形图。在图上应标明邻近居民区、工业企业、自来水厂和邻近车站、码头、铁路、公路、上下水道、电力电讯网、河流湖泊位置以及邻近砂石场、建筑材料基地等。建设区域地形图的比例尺一般不小于 1∶5000，等高线高差为 5～10m。

(2) 建设工地及相邻地区地形图。本图的比例尺一般为 1∶2000 或 1∶1000，等高线高差为 0.5～1.0m。图上应标明主要水准点和场地方格网，以便测定各个房屋和构筑物的轴线、标高和计算土方量。此外，还应标出现有的一切房屋、地上地下管道、线路和构筑物、绿化地带、河流周界线及水面标高、最高洪水位境界线等。

2) 工程地质资料

通过工程地质勘察，获得建设地区的地质构造、人为的地表破坏现象(如土坑、古墓等)和土壤特征、承载力等资料，作为设计和施工的依据。地质资料的主要内容有：①建设地区钻孔布置图；②工程地质剖面图，表明土层特征及其厚度；③土壤的物理力学性质，如天然含水率、天然孔隙比等；④土壤压缩试验和关于承载能力的结论等报告文件；⑤有古墓地区还应包括古墓钻探报告等。根据这些资料，可以拟定特殊地基(如黄土、古墓、流沙等)的施工方法和技术措施，复核设计中规定的地基与当地地质情况是否相符，并决定土方开挖的坡度。

3) 水文地质资料

通过水文地质勘察，获得地下水、地面水文资料及其对水质的分析资料。

(1) 地下水文资料。包括：①地下水位高度及变化范围；②地下水的流向、流速和流量；③地下水的水质分析；④地下水对建筑物下部的冲刷情况等。根据这些资料可以确定土方工程、施工排水、打桩工程的施工方法。

(2) 地面水文资料。包括：①历年逐月最高、最低及平均水位，山洪情况；②河流历年的平均流量、逐月的最大及最小流量，湖泊的贮水量等；③历年逐月最高、最低及平均水温，冰冻的期间及最大最小及平均冻结深度等；④选择水样，进行水质分析，以确定水的透明度、颜色、气味、酸碱度以及所含杂质程度等。这些资料可作为考虑设置升水、蓄水、净水和送水设备时的条件。此外还可作为利用水路运输可能性的依据。

4) 气象资料

(1) 气温资料。包括年平均、最高、最低温度及其起止期和持续天数。根据这些资料制定冬期施工、防暑降温等措施。估计混凝土和砂浆强度增长时间。

(2) 降雨、降雪资料。包括雨季起止日期，年平均降雨、降雪量和日最大降雨、降雪量。根据这些资料可以制定冬雨季施工措施，预先拟定临时排水设施，以免在暴雨后淹没施工场地。

(3) 风的资料。包括常年风向、风速、风力等。风的资料通常绘成风向玫瑰图。根据风的资料确定临时设施的位置，生活区与生产性房屋相互间的位置和高空作业、吊装工程技术措施。

2. 技术经济条件资料

1) 地方建筑工业企业情况

通过对这部分资料的调查，了解当地有无采料场，建筑材料、配件和构件的生产企业；这些单位的分布情况；主要产品名称、规格、生产能力、供应能力、价格等。同时还应当了解这些产品运往建筑工地的方法、交货价格和运输费用。

2) 地方资源情况

地方资源是直接或间接可以供建筑使用的原料或材料。应查明当地有无石灰石、石膏石、黏土等供生产黏结材料和保温材料的资源情况；有无建立采石、采砂场等所需的块石、卵石、河沙、山沙等；这些资源在数量和质量方面能否满足建筑施工的要求，并要研究分析进行开采、运输和使用的可能性及经济合理性。

3) 交通运输条件

为了正确组织交通运输，必须详细调查建设地区的铁路、公路、航运情况；便于组织运输业务，选择经济合理的运输方式。

4) 建设基地情况

调查建设地区附近有无建筑机械化基地及机械化装备，有无中心修配站及仓库，分析可供建筑工地利用的程度。

5) 劳动力和生活设施情况

调查当地可招工人的数量和素质。建设单位在未施工前要对工人宿舍、食堂、文化室、浴室等建筑物的数量、地点、结构特征、面积、交通和设备条件做充分的调查研究。

6)　供水、供电条件

调查当地有无发电站和变压站；查明能否从地区电力网上取得电力，可供工地利用的程度、接线地点及使用的条件；了解供水情况，现有上下水道的管径、埋置深度、管底标高、水头压力。还要了解利用邻近电讯设施的可能性等。

10.2　施工组织总设计与施工方案

施工组织总设计的内容主要包括：工程概况；施工部署和主要工程项目施工方案；施工总进度计划；施工资源需要量计划；施工总平面图和技术经济指标等。

10.2.1　工程概况

工程概况是对整个建设项目的总说明、总分析，一般应包括以下内容。

(1)　工程项目、工程性质、建设地点、建设规模、总期限、分期分批投入使用的项目和工期、总占地面积、建筑面积、主要工种工程量；设备安装及其吨数；总投资；建筑安装工程量、工厂区和生活区的工作量；生产流程和工艺特点；建筑结构类型、新技术、新材料和复杂程序的应用情况。

(2)　建设地区的自然条件和技术经济条件。如气象、水文、地质和地形情况；能为该项目服务的施工单位及人力和机械设备情况；工程的材料来源、供应情况；建筑构件的生产能力；交通运输条件及其能够提供给工程施工用的劳动力、水、电和建筑物等情况。

(3)　建设单位和承包合同对施工单位的要求、企业的施工能力、技术装备水平、管理水平和完成各项经济指标的情况等。

(4)　施工单位对施工项目经理部的要求。

10.2.2　技术经济指标

施工组织总设计中的技术经济指标主要有以下几点。

(1)　施工周期(天、月、年)。即建设工程项目开工到全部竣工、投产使用的时间。

(2)　全员劳动生产率(元/人・年)。

全员劳动生产率=本年度建安工程总值(合同金额)÷(全部在册职工人数+合同工、临时工人数)

(3)　劳动力不均衡系数。

劳动力不均衡系数=施工期高峰人数÷施工期平均人数

(4)　临时工程费用比。

临时工程费用比=全部临时工程费÷建安工程总值

(5)　综合机械化程度。

综合机械化程度=机械化施工完成的工作量÷建安工程总工作量×100%

(6)　单位面积造价。

技术经济指标主要从技术、经济两个方面定量地分析与评价施工组织总设计。每个建设项目一般都有几个可行的施工规划方案，通过对每个施工规划方案进行技术经济分析，可以在它们之间选出一个技术可行、经济合理的最优方案。此外，技术经济指标也反映了该施工企业的生产能力、技术及管理水平，以及与同行业相比，本企业所具有的优势及存在的差距与不足等。

10.2.3 施工部署

施工部署是对整个建设项目从全局上做出的统筹规划和全面安排，它主要解决影响建设项目全局的重大战略问题。

施工部署的内容和侧重点根据建设项目的性质、规模和客观条件不同而有所不同，一般应包括确定工程开展程序、拟订主要工程项目的施工方案、明确施工任务划分与组织安排、编制施工准备工作计划等内容。

1. 确定工程开展程序

根据建设项目总目标的要求，确定合理的工程建设分期分批开展的程序。有些大型工业企业项目，如冶金联合企业、化工联合企业、火力发电厂等都是由许多工厂或车间组成的，在确定施工开展程序时，主要应考虑以下几点。

(1) 在保证工期的前提下，实行分期分批建设。既可使各具体项目迅速建成，尽早投入使用，又可在全局上实现施工的连续性和均衡性，减少暂设工程数量，降低工程成本，充分发挥国家基本建设投资的效果。一般大中型工业建设项目都应该在保证工期的前提下分期分批建设。至于分几期施工，各期工程包含哪些项目，则要根据生产工艺要求、工程规模大小、施工难易程度、技术资源情况来确定。

(2) 统筹安排各类项目施工，保证重点，兼顾其他，确保工程项目按期投产。按照各工程项目的重要程序，应优先安排的工程项目如下。

① 按生产工艺要求，须先期投入生产或起主导作用的工程项目。

② 工程量大、施工难度大、工期长的项目。

③ 运输系统、动力系统。如厂区内外道路、铁路和变电站等。

④ 生产上需先期使用的机修车间、办公楼及部分家属宿舍等。

⑤ 供施工使用的工程项目。如采砂(石)场、木材加工厂、各种构件加工厂、混凝土搅拌站等施工附属企业及其他为施工服务的临时设施。

对于建设项目中工程量小、施工难度不大，周期较短而又不急于使用的辅助项目，可以考虑与主体工程相配合，作为平衡项目穿插在主体工程的施工中进行。

(3) 所有工程项目均应按照先地下、后地上；先深后浅；先干线后支线的原则进行安排。如地下管线和修筑道路的程序，应该先铺设管线，后在管线上修筑道路。

(4) 考虑季节对施工的影响。例如包括大规模土方工程的深基础施工，最好避开雨季。寒冷地区入冬以后最好封闭房屋并转入室内作业。

对于大中型的民用建设项目(如居民小区)，一般应按年度分批建设。除考虑住宅以外，还应考虑幼儿园、学校、商店和其他公共设施的建设，以便交付使用后能保证居民的正常生活。

2. 拟订主要项目的施工方案

施工组织总设计中要拟订一些主要工程项目的施工方案。这些项目通常是建设项目中工程量大、施工难度大、工期长，对整个建设项目的建成起关键性作用的建筑物(或构筑物)以及全场范围内工程量大、影响全局的特殊分项工程。拟订主要工程项目的施工方案的目的是为了进行技术和资源的准备工作，同时也为了施工顺利开展和现场的合理布置。其内容包括施工方法、施工工艺流程、施工机械设备等。

施工方法的确定要兼顾技术的先进性和经济上的合理性；对施工机械的选择，应使主导机械的性能既能满足工程的需要，又能发挥其效能，在各个工程上能够实现综合流水作业，减少其拆、装、运的次数；对于辅助配套机械，其性能应与主导施工机械相适应，以充分发挥主导施工机械的工作效率。

在施工部署中，重点工程的施工方案只需提出方案性问题(详细的施工方案和措施在编制单位工程施工规划时再行拟定)，如哪些构件采用现浇，哪些构件采用预制，是现场就地预制还是由预制厂生产，构件的吊装采用什么机械，采用什么新材料、新工艺、新技术等。也就是对涉及全局性问题做原则性考虑。

3. 明确施工任务划分与组织安排

在明确施工项目管理体制、机构的条件下，划分各参与施工单位的工作任务，明确总包与分包的关系，建立施工现场统一的组织领导机构及职能部门，确定综合和专业化的施工队伍，明确各单位之间的分工协作关系，划分施工阶段，确定各单位分期分批的主攻项目和穿插项目。

4. 编制施工准备工作计划

根据施工开展程序和主要工程项目方案，编制好施工项目全场性的施工准备工作计划。主要内容包括以下几点。

(1) 安排好场内外运输、施工用主干道、水电气来源及其引入方案。

(2) 安排场地平整方案和全场性排水、防洪。

(3) 安排好生产和生活基地建设。包括商品混凝土搅拌站，预制构件厂，钢筋、木材加工厂，金属结构制作加工厂，机修等厂以及职工生活设施等。

(4) 安排建筑材料、成品、半成品的货源和运输、储存方式。

(5) 安排现场区域内的测量工作，设置永久性测量标志，为放线定位做好准备。

(6) 编制新技术、新材料、新工艺、新结构的试验计划和职工技术培训计划。

(7) 冬、雨季施工所需要的特殊准备工作。

10.2.4　施工总进度计划及资源供应计划

施工总进度计划及资源供应计划见第 9 章内容。

10.2.5　施工总平面图设计

施工总平面图是整个建筑工地全部工程的一切临时房屋及设施等的现场总布置图。它按照施工部署和施工进度的要求，对施工现场的道路交通、材料仓库、附属企业、临时房屋、临时水电管线等做出合理规划布置，从而正确处理工地施工期间所需各项设施和永久建筑以及工程之间的空间关系和平面关系。比例一般为1∶1000或1∶2000。

1. 施工总平面图设计的内容

(1) 建设项目施工总平面图上一切地上、地下已有的和拟建的建筑物、构筑物以及其他设施的位置和尺寸。

(2) 行政管理及生活福利用临时房屋的布置。

(3) 各种材料、工具堆放场地和仓库的布置。

(4) 临时给排水管线、电力线、动力线布置。

(5) 工地运输路线及临时道路的布置。

(6) 永久性测量放线标桩位置，各种机械设备的设置和工作范围，工艺路线的布置。

2. 施工总平面图设计的原则

(1) 尽量减少施工用地，平面布置紧凑合理。

(2) 合理组织运输、减少运输费用，保证运输方便通畅，尽量减少二次搬运。

(3) 施工区域的划分和场地的确定，应符合施工流程要求，尽量减少专业工种和其他各工种之间的干扰。

(4) 临时设施工程在满足使用的前提下，充分利用各种永久性建筑物、构筑物，降低临时设施费用。

(5) 各种生产、生活设施应便于生产和生活需要。

(6) 满足安全消防、环境保护、劳动保护、市容卫生等有关规定和法规。

3. 施工总平面图设计的依据

施工总平面图的设计与施工现场的实际情况相符，才能真正起到指导现场施工的作用。因此，在布置平面图之前，应对施工现场应做深入细致的调查研究，并对所依据的原始资料进行周密的分析。施工总平面图设计主要依据包括以下几点。

(1) 各种设计资料。包括建筑总平面图、施工图、地形图、区域规划图、有关的一切已有和拟建的各种设施位置。

(2) 建设地区的自然条件和技术经济条件。

(3) 已有的和拟建的地下、地上各类管线的位置。

(4) 建设项目的概况、施工进度计划和主要施工部署。

(5) 各种建筑材料、半成品、构件、施工机械需要量一览表。

(6) 各类临时设施的性质、形式、面积和尺寸。

(7) 水源、电源及建筑区域的竖向布置，临时水电供应的有关设计资料。

4. 施工总平面图的设计方法与步骤

设计全工地性的施工总平面图时，首先应从大宗材料、成品、半成品等进入工地的运输方式入手。当材料等由公路运入工地时，由于汽车线路可以灵活布置，因此，亦可先布置场内仓库和加工厂，然后再布置场外交通道路的引入。

1)　运输路线的布置

主要材料进入工地的方式不外乎铁路、公路和水路。当由铁路运输时则需根据建筑总平面图中永久性铁路专用线，布置主要运输干线，引入时应注意铁路的转弯半径和竖向设计。当由水路运输时，应考虑码头的吞吐能力，码头数量一般不少于两个，其宽度应大于2.5m。

公路运输的规划应先抓干线的修建，布置道路时，应注意下列问题。

(1)　注意临时道路与地下管网的施工程序及其合理布置。

永久性道路的路基应先修好，作为施工中临时道路以节约费用。应将临时道路尽量布置在无地下管网或扩建工程范围内。

(2)　注意保证运输通畅。

进出工地应布置两个以上出入口，主要道路应采用双车道，宽度在 6m 以上，次要道路可采用单车道，宽度不小于 3.5m。

(3)　注意施工机械行驶路线的设置。

在道路干线路肩上设宽约 4m 的施工机械行走的道路，以保护道路干线的路面不受破坏。大型土方工程机械运输应考虑另行安排专门线路。

2)　仓库的布置

材料若由铁路运入工地时，仓库可沿铁路线布置，但应有足够的卸货场地。

材料若由汽车运入工地时，仓库布置较灵活，此时应考虑尽量利用永久性仓库。仓库位置距各使用地点要比较适中，以使运输吨公里尽可能小。

一般仓库应邻近公路和施工地区布置。钢筋、木材仓库应布置在其加工厂附近。水泥库、砂石场则布置在搅拌站附近；油库、氧气站、危险品库宜布置在僻静、安全之处。

3)　加工厂的布置

一般建设工程设有混凝土、木材、钢筋和金属结构等加工厂。布置这些加工厂时，主要考虑原材料运至工厂和成品、半成品运往使用地点的总运输费用最小，还应使加工厂的生产和工程施工互不干扰。大多数情况下，把加工厂集中在一个地区，布置在工地的边缘。这样，既便于管理，又能降低铺设道路、动力管线及给排水管道的费用。

(1)　混凝土搅拌站和砂浆搅拌站，可采用集中与分散相结合的方式。集中布置可提高混凝土生产率，保证混凝土质量。保证重点工程和大型建筑物的施工需要。但集中布置时，如果运距较远，须备有足够的翻斗汽车，而且同一时间供应几种强度等级的混凝土较难调度，所以最好采取集中与分散相结合的布置方式。

根据建设项目中各单位工程分布的情况，适当设计若干临时搅拌站，分散布置在各单位工程施工场地附近，使其与集中搅拌站有机配合，满足施工中各项要求。

砂浆搅拌站适宜分散布置，随拌随用。

(2)　钢筋加工厂，对需进行冷加工、对焊、点焊的钢筋骨架和大片钢筋网，宜设置中心加工厂集中加工，这样可充分发挥加工设备的效能，满足全工地需要，保证加工质量，降低加工成本。而小型加工件，利用简单机具成型的钢筋加工则可在分散的临时钢筋加工棚内进行。

(3)　木材联合加工厂，锯材、标准模板等加工量较大时，设置集中的木材加工厂比较好。至于非标准件的加工及模板修理等工作，则最好在工地上设若干个临时作业棚。

(4) 临时房屋的布置，临时房屋的布置前，应先利用已有的和拟建的永久性房屋，生活区与生产区应分开，行政管理用房应布置在工地进出口附近。

4) 工地供水的布置

工地上临时供水包括三方面：生产用水、生活用水及消防用水。布置时应尽量利用永久性给水系统。工地上给水系统有明管与暗管两种，一般采用暗管。暗管布置应与场地平整统一规划。

临时水池应设在地势较高处，临时排水干管沿主要干道布置。布置方式通常有环形和树枝状两种。究竟用何种方式，主要由单位工程使用点的情况及供水需要而定。

过冬的临时管道，要加设防冻保温措施。

消防站一般布置在工地的出入口附近，沿道路设置消火栓，间距不应大于 100m，距路边缘不应大于 2m。

5) 工地供电的布置

关于电源，应尽量利用施工现场附近原有变电所。如在新辟地区施工，则应考虑临时供电设施。

如工地附近现有电源满足要求，则仅需在建筑工地上设立变电所和变压器，将外来之高压电降低为低压电。另外，由于受供电半径的限制，在大型工地上，往往需设多个变电所。临时输电干线沿主要干道布置成环形线路。

应当指出，上述布置并不能截然分开，而应相互结合，统一考虑，反复修正，直到合理为止。当有几个布置方案时，尚应进行方案比较，从中择优。

10.2.6 建筑工地业务组织

为了使建筑工程能够顺利地进行施工，在工程正式开工前，应按施工准备工作计划及时完成各项大型暂设工程。

全工地性业务组织主要包括：临时仓库、办公生活用房、加工车间及生产用房布置，临时供水、供电、供气和工地运输路线布置。

10.3 单位工程施工组织设计与施工方案

10.3.1 单位工程施工组织设计的编制内容与程序

1. 单位工程施工组织设计的编制内容

根据工程性质、规模、繁简程度的不同，其内容和深度、广度要求不同，不强求一致，但基本内容必须齐全、简明扼要，使其真正起到指导现场施工的作用。

单位工程施工组织设计较完整的内容一般包括以下几点。

(1) 工程概况及施工特点。

(2) 施工方案。

(3) 施工进度计划。

(4) 施工准备工作计划。

(5) 劳动力、材料、构件、加工品、施工机械和机具等需要计划。

(6) 施工平面图。

(7) 保证质量、安全、降低成本等技术组织措施。

(8) 各项技术经济指标。

2. 单位工程施工组织设计的编制程序

单位工程施工组织设计的编制程序，如图 10-1 所示。

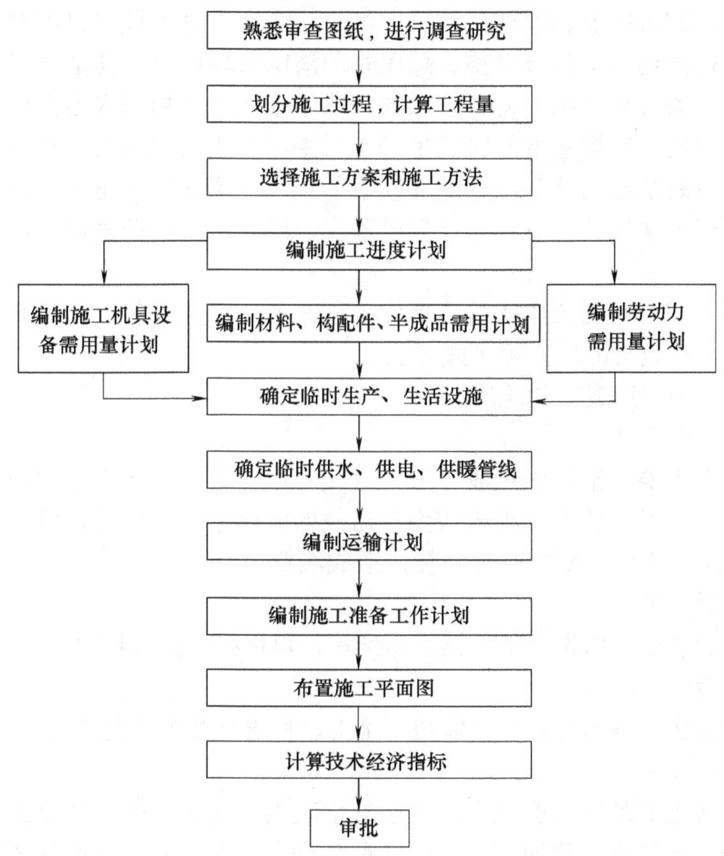

图 10-1　单位工程施工组织设计的编制程序

10.3.2　单位工程施工方案

施工方案是单位工程施工组织设计的核心。施工方案合理与否将直接影响工程的施工效率、质量、工期和技术经济效果，因此必须给予足够的重视。施工方案的内容一般包括：确定施工程序和施工顺序、施工起点流向、主要分部分项工程的施工方法和施工机械。

1. 确定施工程序

单位工程的施工程序一般为：接受任务阶段→开工前准备阶段→全面施工阶段→竣工验收阶段。每阶段都必须完成规定的工作内容，并为下一阶段工作创造条件。

1) 接受任务阶段

接受任务阶段是其他各个阶段的前提条件，施工单位在这个阶段一般要通过投标中标，签订施工合同，承接施工任务。同时施工单位要检查该工程项目是否有上级批准的正式文件、投资是否落实。在签订施工承包合同过程中，明确双方应承担的技术经济责任及奖罚条款。对于施工技术复杂、工程规模较大的工程，还需确定分包单位，签订分包合同。

2) 开工前准备阶段

开工前准备阶段是接受任务之后，为单位工程施工创造必要条件阶段。一般开工前必须具备如下条件：施工执照已办理；施工图纸经过会审，施工预算已编制；施工组织设计已经批准并已交付；场地土石方平整、障碍物的清除和场内外交通道路已经基本完成；施工用水、电、排水均可满足施工需要；永久性或半永久性坐标和水准点已经设置；附属加工企业各种设施的日供应量基本能够满足开工后生产和生活的需要；材料、成品、半成品和必要的工业设备有适当的储备，并能陆续进入现场，保证连续施工；施工机械设备已进入现场，并能保证正常运转；劳动力计划已落实，随时可以调动进场，并已经过必要的技术、安全教育。

准备工作阶段的一系列工作就是使单位工程具备上述开工条件，然后提出开工报告，并经上级主管部门审查批准后方可正式开工。

3) 单位工程施工应遵循的顺序

(1) 先地下后地上。

先地下后地上主要是指首先完成管道、管线等地下设施、土方工程和基础工程，然后开始地上工程施工；对于地下工程应按先深后浅的顺序进行，以免造成施工返工或对上部工程的干扰，使施工不便，影响工程质量，造成浪费。

(2) 先主体后围护。

先主体后围护主要是指先施工框架主体结构，再进行围护结构的施工。

(3) 先结构后装饰。

一般先结构后装饰是指先进行主体结构施工，后进行装饰工程施工。

(4) 先土建后设备。

先土建后设备主要是指一般的土建工程与水暖电卫等工程的总体施工程序。至于设备安装的某一工序要穿插在土建的某一工序之前，这实际属于施工顺序问题。工业建筑的土建工程与设备安装工程之间的顺序，主要取决于工业建筑的类型。

4) 交工验收

单位工程施工完成以后，施工企业应在内部预先验收，严格检查工程质量，整理各项技术经济资料。然后经建设单位、施工企业和质检部门交工验收，经检查合格后，双方办理交工验收手续及有关事宜。

2. 确定施工起点流向

确定施工起点流向就是确定单位工程在平面或竖向上施工开始的部位和开展的方向。它牵涉到一系列施工活动的开展和进程，是组织施工活动的重要环节。确定单位工程施工起点流向时，一般应考虑如下因素。

(1) 车间的生产工艺流程，往往是确定施工流向的关键因素。因此，从生产工艺上考虑，影响其他工段试车投产的工段应该先施工。如 A 车间生产的产品受 B 车间生产的产品影响，B 车间划分为 3 个施工段，因此，Ⅱ、Ⅲ段的生产受Ⅰ段的约束，故其施工起点流向应从 B 车间的Ⅰ段开始，如图 10-2 所示。

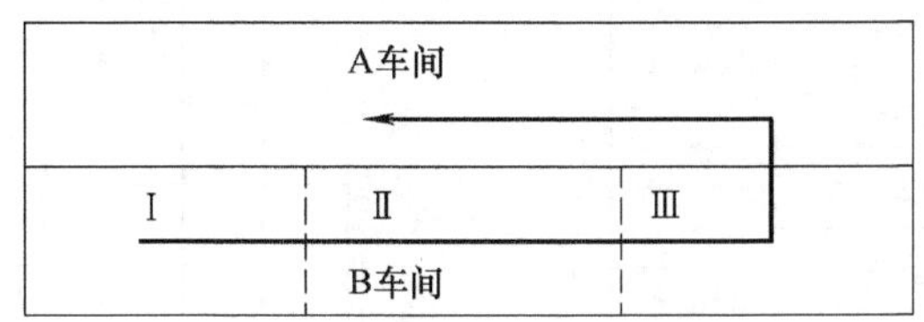

图 10-2　施工起点流向示意图

(2)　建设单位对生产和使用的需要。一般应考虑建设单位对生产或使用急的工段或部位先施工。

(3)　施工的繁简程度。一般技术复杂、施工进度慢、工期较长的区段或部位应先施工。

(4)　房屋高低层或高低跨。如柱子的吊装应从高低跨并列处开始；屋面防水施工应按先高后低的方向施工，同一屋面则由檐口到屋脊方向施工；基础有深有浅时，应按先深后浅的顺序施工。

(5)　工程现场条件和施工方案。施工场地的大小、道路布置和施工方案中采用的施工方法和施工机械是确定施工起点和流向的主要因素。如土方工程应边开挖边做余土外运，则施工起点应确定在离道路远的部位和由远及近的进展方向。

(6)　分部分项工程的特点及相互关系。如室内装修工程除平面上的起点和流向外，在竖向上还要决定其流向，而竖向的流向确定更显得重要。密切相关的分部分项工程的流向，一旦前导施工过程的起点流向确定之后，则后续施工过程也便随其而定了。

应当指出，在流水施工中，施工起点流向决定了各施工段的施工顺序。因此，确定施工起点流向的同时，应当将施工段的划分和编号也确定下来。

下面以多层建筑物装饰工程为例加以说明。根据装饰工程的工期、质量和安全要求，以及施工条件，其施工起点流向一般分为：①室外装饰工程自上而下的流水施工方案；②室内装饰工程自上而下和自下而上；③室内装饰工程自中而下再自上而中 3 种流水施工方案。

室内装饰工程自上而下的流水施工方案，通常是主体结构工程封顶、做好屋面防水后，从顶层开始，逐层往下进行。其施工流向如图 10-3 所示，有水平向下、垂直向下两种情况。通常采用图 10-5(a)所示的水平向下的流向较多。

这种起点流向的优点是主体结构完成后，有一定的沉降时间，能保证装饰工程的质量。做好屋面防水层后，可防止在雨季施工时因雨水渗漏而影响装饰工程的质量。并且自上而下的流水，各工序之间交叉少，便于组织施工，保证施工安全，从上往下清理垃圾方便。其缺点是不能与主体结构施工搭接，因而工期较长。

室内装饰工程自下而上的流水施工方案，是指当主体结构工程的砖墙砌到 2～3 层以上时，装饰工程从一层开始，逐层向上进行，其施工流向如图 10-4 所示，有水平向上和垂直向上两种情况。

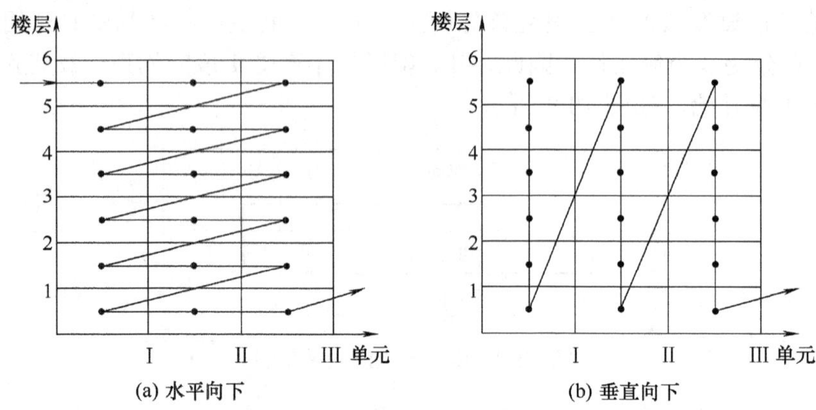

(a) 水平向下　　(b) 垂直向下

图 10-3　室内装饰工程自上而下的流向

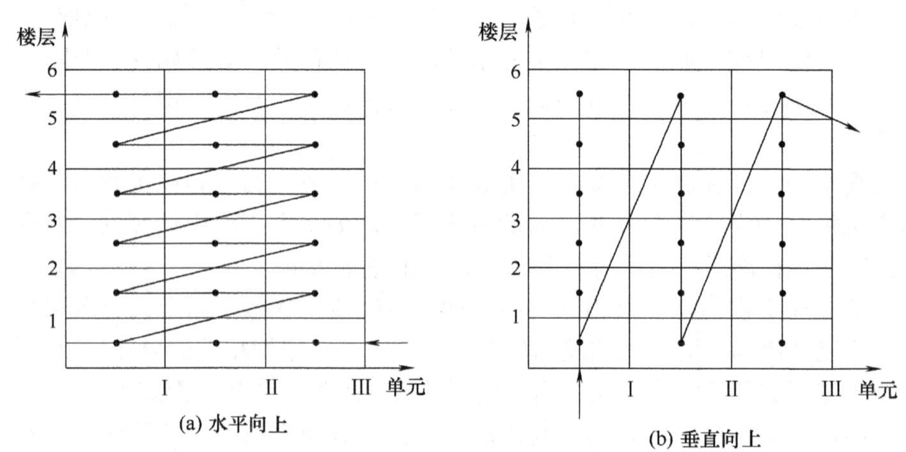

(a) 水平向上　　(b) 垂直向上

图 10-4　室内装饰工程自下而上的流向

这种起点流向的优点是可以和主体砌筑工程进行交叉施工，故工期较短。其缺点是工序之间交叉较多，需要很好地组织施工，并采取安全措施。当采用预制楼板时，由于板缝填灌不实，以及靠墙一边较易渗漏雨水和施工用水，影响装饰工程质量，为此在上下两相邻楼层中，应首先抹好上层地面，再做下层天棚抹灰。

自中而下再自上而中的流水施工方案，如图 10-5 所示，综合了上述两者的优缺点，适用于中、高层建筑的装饰工程。

室外装饰工程一般总是采取自上而下的起点流向，如图 10-5 所示。

3. 确定施工顺序

施工顺序是指分部分项工程施工的先后次序。

1)　影响施工的因素

确定施工顺序时，一般应考虑以下几项因素。

(1)　遵循施工程序。

(2)　符合施工工艺要求。

(3)　与施工方法一致。

(4) 按照施工组织的要求。

(5) 考虑施工安全和质量。

(6) 考虑当地气候的影响。

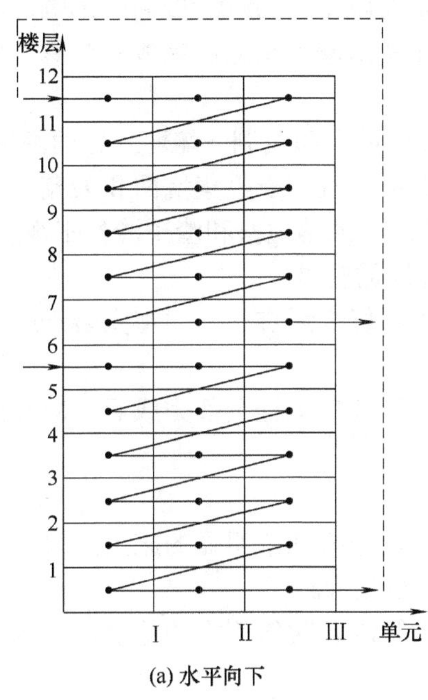

(a) 水平向下

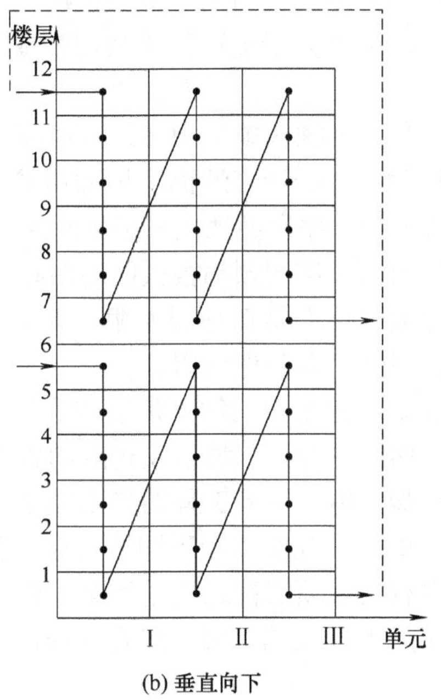

(b) 垂直向下

图 10-5 室内装饰工程自中而下再自上而中的流向

2) 多层混合结构居住房施工顺序

多层混合结构工程项目的施工可分为基础工程、主体结构工程、屋面及装修工程 3 个阶段。

(1) 基础工程的施工顺序。

基础工程阶段是指室内地坪(±0.00)以下的所有工程施工阶段，其顺序是：挖土→做垫层→砌基础→铺防潮层→回填土。

如果地下有障碍物、坟穴、防空洞等，需先进行处理；如有桩基础，应先进行桩基础施工；如有地下室，则在基础砌完或砌完一部分后，砌筑地下室墙；在做完防潮层后安装地下室顶板，最后回填土。

(2) 主体结构的施工顺序。

主体结构工程阶段的工作，通常包括搭脚手架、墙体砌筑、安门窗框、安预制过梁、安预制楼板、现浇卫生间楼板、安楼梯或浇楼梯、安屋面板等工程，其中墙体砌筑与安装楼板为主导施工过程，各层预制楼梯段的安装必须与砌墙和安楼板紧密配合，否则由于养护时间的影响将使后续工作不能及早进行。

(3) 屋面和装饰工程的施工顺序。这个阶段的施工具有内容多、劳动消耗量大，且手工操作多、需要的时间长等特点。屋面工程的施工顺序是：找平层→隔气层→保温层→找平层→防水层。

刚性防水屋面的现浇钢筋混凝土防水层，分隔缝施工应在主体结构完成后开始并尽快完成，以便为室内装饰创造条件，一般情况下，屋面工程可以和装饰工程搭接或平行施工。

装饰工程可分室外装饰和室内装饰。室内外装饰工程的施工顺序有先内后外、先外后内、内外同时进行 3 种顺序。具体确定哪种顺序应视施工条件和气候而定。通常室外装饰应避开冬季和雨季。室内为水磨石板时为防止楼面施工时渗水对墙面的影响，应先完成水磨石的施工，如果为了加速脚手架周转或要赶在冬雨季到来之前完成外装修，则应采取先外后内的顺序。

同一层的室内抹灰施工顺序是：地面→天棚→墙面和天棚→墙面→地面两种。

前一种顺序便于清理地面，地面质量易于保证，且便于收集墙面和天棚的落地灰，节省材料；后一种顺序在做地面前必须将天棚和墙面上的落地灰和渣子清扫干净后再做面层，否则会影响地面面层同预制楼板间的粘贴、引起地面空鼓。

底层地面一般多是在各层天棚、地面、楼面做好之后进行，门窗安装一般在抹灰之前或后进行，视气候和条件而定。

室外装饰工程在由上往下每层装饰、落水管等分项工程全部完成后，即开始拆除该层的脚手架，然后进行散水坡以及台阶的施工。

(4) 水暖、电、卫等工程的施工顺序。

水暖、电、卫几类工程不同于土建工程，可以分成几个明显的施工阶段，它们一般与土建工程中有关分项工程之间进行交叉施工，互相配合。

① 在基础工程施工时，先将相应的上下水管沟和暖气管沟的垫层，管沟墙做好，然后回填土。

② 在主体结构施工时，应在砌墙或现浇钢筋混凝土楼板同时，预留上下水管和暖气立管的孔洞、电线孔槽或预埋木砖和其他预埋件。

③ 在装饰工程施工前，安设相应的各种管道和电气照明用的附墙暗管、接线盒等。水暖电卫安装一般在楼地面和墙面抹灰前或后穿插施工。

4. 选择施工方法和施工机械

选择施工方法和施工机械是施工方案中的关键问题。它直接影响施工进度、施工质量和安全以及工程成本。编制施工组织设计时，必须根据工程项目的建筑结构、抗震要求、工程量的大小、工期长短、资源供应情况、施工现场的条件和周围环境，制订出可行方案，并且进行技术经济比较，确定出最优方案。

1) 选择施工方法

选择施工方法时着重考虑影响整个单位工程施工的分部分项工程，如工程量大的且在单位工程中占重要地位的分部(分项)工程，施工技术复杂或采用新技术、新工艺及对工程质量起关键作用的分部(分项)工程和不熟悉的特殊结构工程或由专业施工单位施工的特殊专业工程的施工方法。

通常，施工方法选择的内容有以下几方面。

(1) 土石方工程。

① 计算土石方工程量，确定土石方开挖或爆破方法，选择土石方施工机械。

② 确定放坡的坡度系数或土壁支撑形式和打设方法。

③ 选择排除地面、地下水的方法，确定排水沟、集水井或井点布置。

④　确定土石方平衡调配方案。

(2)　基础工程。

①　浅基础中垫层、混凝土基础和钢筋混凝土基础施工的技术要求，以及施工地下室的技术要求。

②　桩基础施工方法及施工机械选择。

(3)　砌筑工程。

①　砖墙的砌筑方法和质量要求。

②　弹线及皮数杆的控制要求。

确定脚手架搭设方法及安全网的挂设方法。

(4)　钢筋混凝土工程。

①　确定模板类型及支模方法，对于复杂的工程还需要进行模板设计及绘制模板放样图。

②　选择钢筋的加工、绑扎和焊接方法。

选择混凝土的搅拌、输送及浇筑顺序和方法，确定混凝土搅拌设备的类型和规格，确定施工缝的留设位置。

确定预应力混凝土的施工方法、控制应力和张拉设备等。

(5)　结构安装工程。

①　确定结构安装方法和起重机械。

②　确定构件运输及堆放要求。

(6)　屋面工程。

①　屋面各个分项工程施工的操作要求。

②　确定屋面构件的运输方式。

(7)　装饰工程。

①　各种装修的操作要求和方法。

②　选择材料运输方式及储存要求。

2)　施工机械

选择施工方法必然涉及施工机械的选择问题。机械化施工是改变建筑工业生产落后面貌，实现建筑工业化的基础，因此施工机械的选择是施工方法选择的中心环节。选择施工机械时，应着重考虑以下几方面。

(1)　选择施工机械时，应首先根据工程特点选择适宜的主导工程的施工机械。如在选择装配式单层工业厂房结构安装用的起重机类型时，如果工程量较大而又集中，可以采用生产率较高的塔式起重机，但当工程量较小或工程量虽大却相当分散，则采用无轨自行式起重机较经济；在选择起重机型号时，应使起重机在起重臂外伸长度一定的条件下能适应起重量及安装高度的要求。

(2)　几种辅助机械或运输工具应与主导机械的生产能力协调配套，以充分发挥主导机械的效率。如土方工程中采用汽车运土时，汽车的载重量应为挖土机斗容量的整数倍，汽车的数量应保证挖土连续工作。

(3)　在同一工地上，应力求建筑机械的种类和型号少一些，以利于机械管理。为此，工程量大且分散时，宜采用多种用途机械施工，如挖土机既可挖土，又能用于装卸、起重。

(4)　机械选择应考虑充分发挥施工单位现有机械的能力。当本单位的机械能力不能满足工程需要时，则应购置或租赁所用新型机械或多用途机械。

3) 施工方案的技术经济评价

对施工方案进行技术经济评价是选择最优施工方案的重要环节之一。因为任何一个分部(分项)工程，都有几个可行的施工方案，而施工方案的技术经济评价的目的就是对每一个分部(分项)工程的施工方案进行优选，选出一个工期短、质量好、材料省、劳动力安排合理、工程成本低的最优方案。

施工方案的技术经济评价涉及的因素多而复杂，一般只需对一些主要分部分项工程的施工方案进行技术经济比较，当然有时也需对一些重大工程项目总体施工方案进行全面的技术经济评价。

一般来说，施工方案的技术经济评价有定性分析评价和定量分析评价两种。

(1) 定性分析评价。

施工方案的定性技术经济分析评价是结合施工实际经验，对若干施工方案的优缺点进行分析比较，如技术上是否可行、施工复杂程度和安全可靠性如何、劳动力和机械设备能否满足需要，是否能充分发挥现有机械的作用、保证质量的措施是否完善可靠、对冬季施工带来多大困难等。

(2) 定量分析评价。

施工方案的定量技术经济分析评价是通过计算各方案的几个主要技术经济指标，进行综合比较分析，从中选择技术指标较佳的方案。定量分析常分为两种方法。

(1) 多指标分析法。它是用价值指标、实物指标和工期指标等一系列单个的技术经济指标，对各个方案进行分析对比从中选优的方法。

定量分析的指标通常有以下几种。

① 工期指标。当要求工程尽快完成以便尽早投入生产或使用时，选择施工方案就要在确保工程质量、安全和成本较低的条件下，优先考虑缩短工期。

② 劳动量指标，它能反映施工机械化程度和劳动生产率水平。通常，在方案中劳动消耗越小，机械化程度和劳动生产率越高。劳动消耗指标以工日数计算。

③ 主要材料消耗指标，反映若干施工方案的主要材料节约的情况。

④ 成本指标。反映施工方案的成本高低，一般需计算方案所用直接费和间接费。

⑤ 投资额指标。当选定的施工方案需要增加新的投资时，则需设增加投资额的指标，进行比较。

【例 10-1】现欲开挖大模板工艺多层钢筋混凝土结构居住房屋的基础，其平面尺寸为147.5m×124.46m，坑深为3.71m，土为二类土，土方量为9000m^3，因场地狭小，挖出的土除就地存放1200m^3准备回填之用外，其余土须用汽车及时运走。根据现有劳动力和机械设备条件，可以采用以下3种施工方案。

方案a：W_1-100型反铲挖土机挖土，翻斗汽车运土方案。

用反铲挖土机挖基坑不需开挖斜道，每班需二级普工2人，修整劳动量51工日，均为二级普工。W_1-100型反铲挖土机的台班生产率为 529m^3，每台班租赁费319.95元(含两名操作工人工资在内)，拖车台班费为333.60元。

(a) 工期指标(一班制)：

T=9000/529≈17 班=17(天)

(b) 劳动量指标：

Q=2×17+2×17+51=119(工日)

(c) 成本指标：

若挖土进场影响工时按 0.5 台班考虑，拖运费按拖车的 0.5 台班考虑，人工工资为 11.09 元/工日，则基坑开挖直接费用为

17×319.95+0.5×319.95+0.5 ×333.60+(2×17+51)×11.09=6708.58(元)

直接费=6708.58×(1+6.9%)=7171.47(元)

其中 6.9%为其他直接费率，考虑综合费率 22.5%，则 C=7171.47×(1+22.5%)=8785.05(元)。

方案 b：采用 W-50 正铲挖土机(斗容量 0.5m^3)，该方案需先开挖一条供挖土机及汽车出入的斜道，斜道土方量约为 120m^3，W-50 正铲挖土机台班生产率为 518m^3，每台班租赁费为 319.95 元(含 2 名操作工人工资在内)。配合挖土机工作需配普工工人，斜道回填需 33 工日，基坑修整需 51 工日。

(a) 工期指标(考虑回填斜道用 1 个台班)：

T=9000/518+120/518+1=18.5(台班)

(b) 劳动量指标：

P=2×17.5+2×17.5+33+51=154(工日)

(c) 成本指标：

基坑开挖所需直接费=18.5×319.95+0.5×319.95+0.5×333.60+ (2×18.5+51+33)×11.09
=7587.74(元)

直接费用=7587.74×(1+6%)=8111.29(元)

C=8111.29×(1 +22.5%)=9936.33(元)

方案 c：采用人工开挖，人工装及翻斗车运土方案。此方案需要人工开挖两条斜道，以使翻斗车进出。两条斜道土方量约为 40m^3。挖土每班普工 69 人，翻斗车装土每班需配备二级普工 36 人。回填斜道需劳动量 150 工日，人工挖土方的产量定额为每工日 8m^3。

(a) 工期指标(一班制)：

$$T=\frac{(9000+400)\div 8}{69}=\frac{1175}{69}=17(\text{天})$$

(b) 劳动量指标：

1175+36×17+150=1937(工日)

(c) 成本指标：

直接费用=1937×11.09=21481.33(元)

直接费=21 481.33×(1+6.9%)=22 963.54(元)

C=22 963.54×(1+22.5%)=28 130.34(元)

上述三种方案有关指标计算结果汇总列表 10-2。

表 10-2　基坑开挖不同方案的技术经济指标比较

开挖方案	工期指标 T(天)	劳动量指标 P(工日)	成本指标 C(元)	方案说明
方案 a	17	119	8785.05	反铲挖土机 W_1-100 型
方案 b	18.5	154	9936.33	正铲挖土机 W-50
方案 c	17	1937	28 130.34	人工开挖

从上表中指标值可以看出，方案 a 各指标均较优，故采用方案 a。

(2) 综合指标分析方法。综合指标分析方法是以多指标为基础，将各指标的值按照一定的计算方法进行综合后得到综合指标进行评价。该方法首先根据多指标中各个指标在评价中重要性的相对程度，分别定出权重值 w_i，再用同一指标依据其在各方案中的优劣程度定出其相应的分值 C_{ij}，设有 m 个方案和 n 种指标，则第 i 方案的综合指标 A_i 为

$$A_i=\sum_{j=1}^{n}C_{ij}\cdot W_j$$

式中：i=1，2，…，m；j=1，2，…，n，综合指标值最大者为最优方案。

10.3.3 单位工程施工平面图

单位工程施工平面图是对一个建筑物或构筑物的施工现场的平面规划和空间布置图。它是根据工程规模、特点和施工现场的条件，按照一定的设计原则来正确地解决施工期间所需的各种暂设工程和其他临时设施等同永久性建筑物和拟建工程之间的合理位置关系。

1. 单位工程施工平面图的设计内容

(1) 建筑物总平面图上已建的地上、地下一切房屋、构筑物以及其他设施(道路和各种管线等)的位置和尺寸。

(2) 测量放线标桩位置、地形等高线和土方取弃地点。

(3) 自行式起重机开行路线，轨道式超重机轨道布置和固定式垂直运输设备位置。

(4) 各种加工厂、搅拌站、材料、加工半成品、构件、机具的仓库或堆场.

(5) 生产和生活性福利设施的布置。

(6) 场内道路的布置和引入的铁路、公路和航道位置。

(7) 临时给水管线、供电线路、蒸汽及压缩空气管道等布置。

(8) 一切安全及防火设施的位置。

2. 单位工程施工平面图设计的依据

在进行施工平面图设计前，首先应认真研究施工方案，并对施工现场做深入细致的调查研究，而后对施工平面图设计所依据的原始资料进行周密的分析，使设计与施工现场的实际情况相符，从而使其确实起到指导施工现场的作用。施工平面图所依据的资料主要有以下几种。

1) 原始资料

建筑、结构设计和施工组织设计时所依据的，有关拟建工程的当地原始资料包括以下几个方面。

(1) 自然条件调查资料：气象、地形、水文及工程地质资料，主要用于布置地表水和地下水的排水方案，确定易燃、易爆及有碍人身健康的设施的布置，安排雨季施工期间所需的设施。

(2) 技术经济调查资料：交通运输、水源、电源、物资资料、生产和生活基地情况。它对布置水、电管线和道路等具有重要作用。

2)　建筑设计资料

(1)　建筑总平面图，图上包括一切地上、地下拟建的房屋和构筑物。它是正确确定临时房屋和其他设施位置，以及修建工地运输道路和解决排水等所需的资料。

(2)　一切已有和拟建的地下、地上管道位置，在设计施工平面图时，可考虑利用这些管道或需考虑提前拆除或迁移，并需注意不得在拟建的管道位置上面建临时建筑物。

(3)　建筑区域的竖向设计和土方平衡图。它们在布置水、电管线和安排上方的挖填、取土或弃土地点时非常有用。

(4)　拟建工程的有关施工图设计资料。

3)　施工资料

(1)　单位工程施工进度计划，从中可了解各个施工阶段的情况，以便分阶段布置施工现场。

(2)　施工方案，据此可确定垂直运输机械和其他施工机具的位置、数量和规划场地。

(3)　各种材料、构件、半成品等需要量计划，以便确定仓库和堆场的面积、形式以及位置。

3. 设计的原则

(1)　在保证施工顺利进行的前提下，现场布置尽量紧凑、节约用地。

(2)　合理布置施工现场的运输道路及各种材料堆场、加工厂、仓库位置、各种机具的位置；尽量使得运距最短，从而减少或避免二次搬运。

(3)　力争减少临时设施的数量，降低临时设施费用。

(4)　临时设施的布置，尽量便利于工人的生产和生活，使工人至施工区的距离最短，往返时间最少。

(5)　符合环保、安全和防火要求。

根据上述基本原则并结合施工现场的具体情况，施工平面图的布置可有几种不同的方案，需进行技术经济比较，从中选出最经济、最安全、最合理的方案。方案比较的技术经济指标一般有：施工用地面积、施工场地利用率、场内运输道路总长度、各种临时管线总长度、临时房屋的面积、是否符合国家规定的技术和防火要求等。

4. 设计的步骤

单位工程施工平面图设计的一般步骤如图 10-6 所示。

1)　确定垂直运输机械的位置

垂直运输机械的位置直接影响仓库、搅拌站、各种材料和构件等位置及道路和水、电线路的布置等。因此，它的布置是施工现场全局的中心环节，必须首先确定。由于各种起重机械的性能不同，其机械的布置位置亦不相同。

2)　确定搅拌站、仓库、材料和构件堆场以及加工厂的位置

搅拌站、仓库和材料、构件的布置应尽量靠近使用地点或在起重机服务范围以内，并考虑到运输和装卸料的方便。

3)　现场运输道路的布置

现场主要道路应尽可能利用永久性道路的路基，在土建工程结束之前再铺路面。现场道路布置时应保证行驶畅通，使运输道路有回转的可能性。因此，运用路线最好围绕建筑

物布置成一条环形道路，道路宽度一般不小于 3.5m，主干道路宽度不小于 6m，道路两侧一般结合地形设排水沟，沟深不小于 0.4m，沟宽不小于 0.3m，施工现场最小道路宽度如表 10-3 所示。

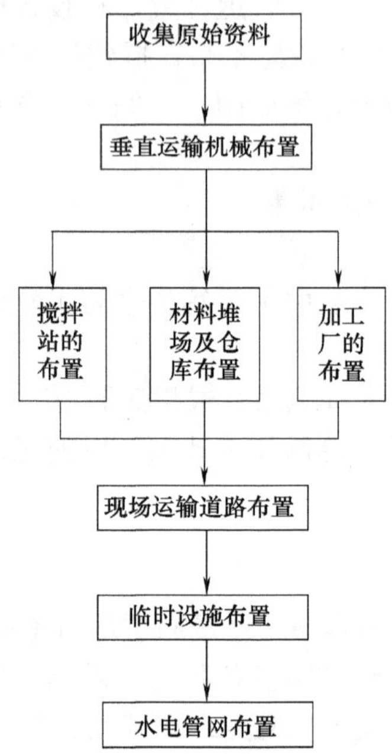

图 10-6　单位工程施工平面图设计步骤

表 10-3　施工现场道路最小宽度

序　号	车辆类型及要求	道路宽度(m)
1	汽车单行道	≥3.0
2	汽车双行道	≥6.0
3	平板拖车单行道	≥4.0
4	平板拖车双行道	≥8.0

4)　临时设施的布置

临时设施分为生产性临时设施，如木工棚、钢筋加工棚、水泵房等和非生产性临时设施，如办公室、工人休息室、开水房、食堂、厕所等。布置时应考虑使用方便、有利施工、合并搭建、符合安全的原则。

生产设施(木工棚、钢筋加工棚)的位置，宜布置在建筑物四周稍远位置，且应有一定的材料、成品的堆放场地；白灰仓库、大白堆放与制备的位置应设在下风向；防水卷材及胶结料的位置应离开易燃仓库或堆场，宜布置在下风向；办公室应靠近施工现场，设在工地入口处；工人休息室靠近工人作业区，宿舍应布置在安全的上风侧，收发室宜布置在入口处等。

临时宿舍、文化福利、行政管理房屋面积参考表，如表 10-4 所示。

表 10-4　临时宿舍、文化福利、行政管理房屋最少面积参考表

序　号	行政生活福利建筑物名称	单　位	最少面积(m^2)
1	办公室	m^2/人	3.5
2	单层宿舍	m^2/人	2.6～2.8
3	食堂兼礼堂	m^2/人	0.9
4	医务室	m^2/人	0.06(总面积≥30m^2)
5	浴室	m^2/人	0.10
6	俱乐部	m^2/人	0.10
7	门卫室	m^2/人	6～8

5)　水电管网的布置

(1)　施工水网的布置。

①　施工用的临时给水管一般由建设单位的干管或自行布置的干管接到用水地点，布置时应力求管网总长度短，管径的大小和水龙头数目需视工程规模大小通过计算确定。管道可埋置于地下，也可以铺设在地面上，视当时的气温条件和使用期限的长短而定，其布置形式有环形、枝形、混合式 3 种。

②　供水管网应按防火要求布置室外消防栓，消防栓应沿道路设置，距道路应不大于 2m，距建筑物外墙不应小于 6m，也不应大于 25m，消防栓的间距不应超过 120m，工地消防栓应设有明显的标志，且周围 3m 以内不准堆放建筑材料。

③　为了排除地面水和地下水，应及时修通永久性下水道，并结合现场地形在建筑物周围设置排泄地面水和地下水沟渠。

(2)　施工供电的布置。

(1)　为了维修方便，施工现场一般采用架空配电线路，且要求现场架空线与施工建筑物水平距离不小于 10m，电线与地面距离不小于 6m，跨越建筑物或临时设施时，垂直距离不小于 2.5m。

①　现场线路应尽量架设在道路的一侧，且尽量保持线路水平，以免电杆受力不均，在低压线路中，电杆间距应为 25～40m，分支线及引入线均应由电杆处接出，不得由两杆之间接线。

②　单位工程施工用电应在全工地性施工总平面图中一并考虑。一般情况下，计算出施工期间的用电总数，提供给建设单位解决，不另设变压器。只有独立的单位工程施工时，才根据计算出的现场用电量选用变压器，其位置应远离交通要道口处，布置在现场边缘高压线接入处，四周用铁丝网围住。

必须指出，建筑施工是一个复杂多变的生产过程，各种施工机械、材料、构件等随着工程的进展而逐渐进场，又随着工程的进展而不断消耗、变动，因此在整个施工过程中，工地上的实际布置情况是随时变动着的。为此，对于大型建筑工程，施工期限较长或建筑工地较为狭窄的工程，就需要按施工阶段来布置几张施工平面图，以便能把不同施工阶段内工地上的合理布置情况反映出来。

图 10-7 为某单位工程施工平面图实例。

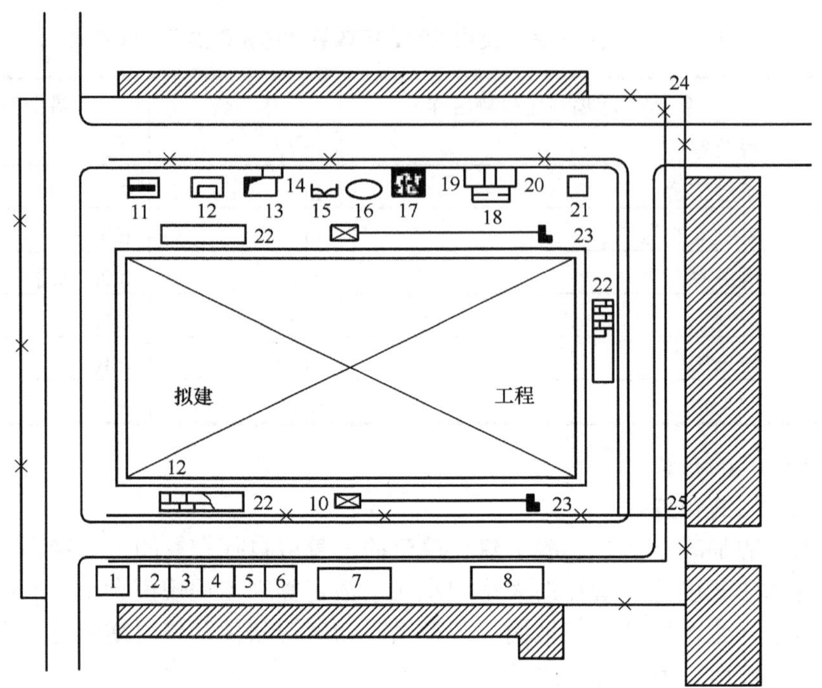

图 10-7　某单位工程施工平面图

1—门卫室；2—办公室；3—工具库；4—机修间；5—仓库；6—休息室；7—木工棚及堆场；8—钢筋棚及堆场；9—原有建筑；10—井架；11—脚手模板堆场；12—预制板堆场；13—砂堆；14—大白浆制备；15—砂浆搅拌机；16—混凝土搅拌机；17—石子堆场；18—一般构件堆场；19—水泥罐；20—消防栓；21—防水材料；22—砖堆；23—卷扬机房；24—电源；25—水源；26—临时围墙

【案例分析】某工程项目施工组织总设计示例

1. 工程概况

本工程为一公寓小区，由 9 栋高层公寓和整套服务用房组成，建筑面积为 160 000m^2，占地 48 000m^2，工程总造价约 3 亿元。

该小区东临城市道路，西北面紧靠河道，南面是拟建中的另一建筑物。9 栋公寓呈环形布置，中央是一座大型地下车库，通过人行通道与各公寓地下室相连，其他服务设施分布在公寓群附近如图 10-8 和表 10-5 所示。小区高层公寓结构形式为剪力墙结构，箱形基础，外纵墙为预制轻混凝土墙板，楼板为叠合板，楼梯段为预制、休息板现浇。

小区基地地势平坦，地面标高 39.18～40.95m，地下水质无侵蚀性。本工程最深基底标高 31.00m，处于地下水位以上。地下车库及公寓采用深埋天然地基，持力层土质为中砂，其上一层土质为中砂、亚砂土的交互层，表层为 1.10～3.00m 的人工回填土。

2. 施工部署及主要施工方案、技术安全措施

本工程为多栋号群体工程，工程规模较大，工期较长。为尽快形成社会效益，准备将 9 栋公寓分期交付使用。总的施工部署以每年完成 3 栋公寓为一周期，适当安排配套工程，做到年度计划与长计划相适应，搞好工程协作，分期分批组织施工。

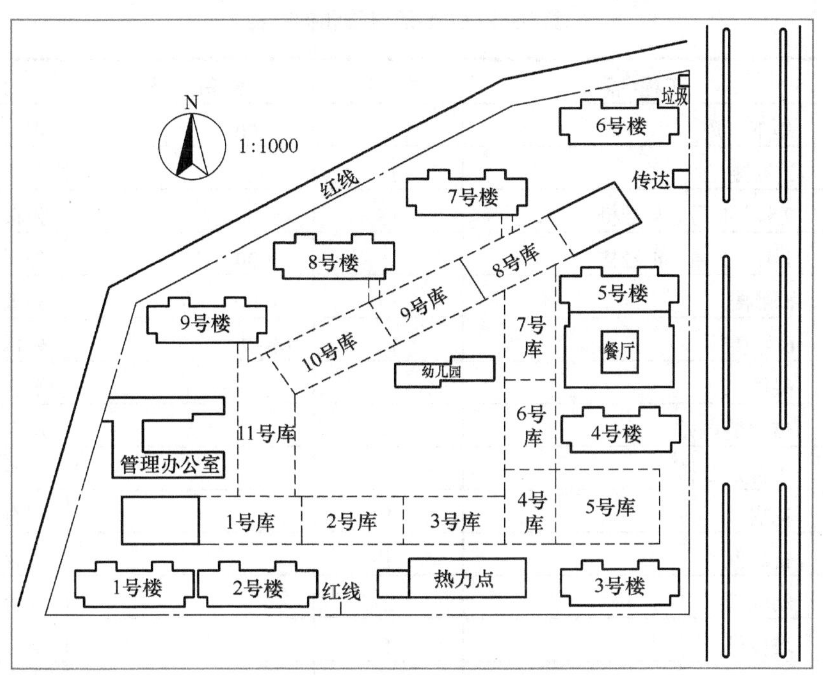

图 10-8　公寓小区总平面图

1)　施工部署

整个群体工程分 4 个阶段，总工期控制为 4.5 年。

第 1 阶段：地下车库(21 000m^2)，第 1 年度 4 月～第 2 年度 12 月。

按照先地下、后地上的原则及公寓使用车库的要求，先行施工地下车库。车库面积大、基底深，为尽量缩短基坑暴露时间，整个车库又分两期施工。第 1 期为 1～7 号库，第 2 期施工 8～11 号库。

第 2 阶段：3 号、4 号、5 号楼(14 000m^2/栋)，第 2 年度 1 月～第 3 年度 12 月。

此三栋楼临街，先行完成对市容观瞻有利，故为首批竣工对象。在此阶段内，变电站(1000m^2)应安排施工，由于变电站设备多，安装工期较长，应重视此栋号的施工。

第 3 阶段：6 号、1 号、2 号(14 000m^2/栋)，第 2 年度 10 月～第 4 年度 12 月。

此阶段同时要施工的还有房管办公楼。此楼作为可供施工时使用的项目安排。由于施工用地紧张，先将部分暂设房安排在准备第四阶段开工的 7 号、8 号、9 号楼位置上。

第 4 阶段：9 号、8 号、7 号楼(14 000m^2/栋)，第 3 年度 6 月～第 5 年度 9 月。

此三栋的开工顺序根据其暂设房拆除的条件来决定，计划先拆除混凝土搅拌站、操作棚、后拆仓库、办公室，故采用此顺序。此外，餐厅、幼儿园、垃圾站等工程可作为调剂劳动力的部分，达到均衡施工的目的。

室外管线由于出图较晚，不可能完全做到先期施工，而且管线布设的范围广、工程量大，所以宜配合各期竣工栋号施工，并采取临时封闭措施，以达到各阶段自成系统分期使用的目的。

表 10-5 主要建筑物和构筑物

序　号	工程名称	层　数	面积(m^2/栋)	结构特征
1	地下车库	3	21000	现　浇
2	3 号楼	15	14000	外板内模
3	7 号、8 号、9 号楼	15	14000	外板内模
4	1 号、2 号、4 号楼	15	14000	外板内模
5	5 号楼	15	14000	外板内模
6	6 号楼	15	14000	外板内模
7	餐厅	2		混合结构
8	热力变电站	3		混合结构
9	房管办公楼	4		混合结构
10	花房	1		混合结构
11	传达室	1		混合结构
12	幼儿园	2		混合结构
13	垃圾站	1		混合结构
14	外线			

2) 主要施工方案

(1) 土方及基础工程。

① 挖方：车库及公寓地下室底标高为-11.00m，实际挖深 9.5m，采用 W_{100} 正铲挖土机，配合推土机 1 台、自卸汽车 10 辆。挖土委托专业公司承包。

② 放坡：土方分两层开挖。第一层由自然地面至室内地面以下 5.5m，坡度 1∶0.6，留 70cm 平台；第二层挖深 4m 左右，坡度 1∶0.7。

③ 排水措施：本工程槽底均在地下水位以上，采用明排水法排出地表水及雨水。

④ 清底：为防止机械开挖扰动老土，基底预留约 20cm 土，待基础施工前用人工清底，清底后应防暴晒。

⑤ 验槽：地基打钎后应会同各方共同验槽。

⑥ 回填土：两期车库及分期施工的公寓地下室应尽可能以挖补填，附属用房开工时间可灵活掌握，可作为取土回填的后备来源，以尽量保证土方平衡。车库分 3 层台阶式流水施工，每一层结构完成后尽早回填土，以便安装上一层模板，免搭脚手架，亦可防混凝土裂缝。

(2) 水平及垂直运输。

① 水平运输：预制构件用拖车，大宗材料用卡车，商品混凝土用罐车运至现场。场内混凝土运输采用小翻斗车。

② 垂直运输：主要采用塔吊，可用 TQ60/80 或 QT4-10 型塔吊。

③ 施工用电梯：每一公寓设 1 台双笼外用电梯，结构施工至第 7 层时安装，供上人及装修材料运输使用。

(3) 钢筋工程。

本工程钢筋总量约 8000 吨，现场加工任务繁重，必须加以高度重视。

① 本工程所用Ⅰ、Ⅱ级钢筋必须做到“三证”齐全。

② 钢筋翻样由专业施工班组负责，规格不符合设计要求时，应与设计人员洽商处理，不得随意代用。

③ 钢筋绑扎要求：车库顶板、底板钢筋较密，上下层钢筋应分两次隐检；车库墙身的钢筋顶杆加止水板；墙体钢筋网片间加门钩支撑，间距 1m。

(4) 混凝土工程。

混凝土现浇量共约 7 万平方米，其中防水混凝土约 16 000m^3，C25，S_8用于地下车库，其他普通混凝土为 C20～C30。

① 原材料及配合比：混凝土应使用 425～525 号矿渣硅酸盐水泥，冬期用普通硅酸盐水泥。每批材料均应试配。

大体积混凝土采用集中搅拌站供应的商品混凝土，外加剂在现场添加。

② 混凝土浇筑：车库底板混凝土一次浇筑。不设后浇缝，与外墙交接处留凸形水平施工缝，车库外墙中部留一道 60cm 宽竖直后浇缝。后浇缝在墙体混凝土龄期不小于 28d，用膨胀混凝土补齐并养护 6 周。

车库柱子一次浇筑至板底。

公寓地下室及地下混凝土浇筑方法及要求为：底板与地下室墙身均不设后浇缝。组合柱要与内横墙同时浇筑，墙体混凝土浇筑高度控制在叠合板以下 10cm。竖向结构混凝土分层浇筑的高度，第一次不大于 50cm，以后不大于 1m。

③ 混凝土养护：防水混凝土湿养护不得少于 14 昼夜。车库的车道为一次抹面，可先覆盖一层塑料薄膜，待混凝土强度在 1.2MPa 后，再改用湿养护 14 昼夜。

10.3.4 施工总进度计划

1. 主要工程

主要工程量见表 10-6。

表 10-6 主要工程量

工程项目	单　位	地下车库	公　寓		总　计
			单　栋	九　栋	
机械挖土	m^3	180 000	11 268	101 412	281 412
素混凝土	m^3	1 283	80	720	2 003
钢筋混凝土	m^3	15 012	5 838	52 542	67 554
钢筋	t	3 200	649	5 841	9 041
砖墙	m^3	339	145	1 305	1 644
预制板	块	2 138	204	1 836	3 974
外墙板	块		390	3 510	3 150
预应力薄板	块		922	8 298	8 298
楼梯构件	件		120	1 080	1 080
钢模板	m^2	45 144	38 121	34 3089	388 233

续表

工程项目	单　位	地下车库	公　寓		总　计
			单　栋	九　栋	
回填土	m^3	90 000	2 040	18 360	108 360
抹白灰	m^2		13 385	120 465	120 465
抹水泥	m^2		5 629	50 761	50 761
现制磨石地	m^2		487	4 383	4 383
预制磨石地	m^2		7 017	63 153	63 153
缸砖地面	m^2		2 076	18 684	18 684
马赛克地面	m^2		515	4 635	4 635
瓷砖墙面	m^2	3 400	30 600	30 600	30 600
吊顶	m^2	14 082	126 783	126 783	126 783
干粘石	m^2		2 800	25 200	25 200
水刷石	m^2		50	450	450
水刷豆石	m^2		155	1 395	1 395
室内管道	m		14 153	127 377	127 377
炉片	个		399	3 591	3 591
卫生洁具	套		347	3 123	3 123
电线管、钢管	万 m		2.2	19.8	19.8
各种电线	万 m		9	81	81
配电箱	个		192	1 728	1 728
灯具	份		1 071	9 639	9 639

2. 施工总进度计划

施工总进度计划见表 10-7。

表 10-7　施工总进度控制计划

年度、季度 / 项目	第 1 年度				第 2 年度				第 3 年度				第 4 年度				第 5 年度			
	1	2	3	4	1	2	3	4	1	2	3	4	1	2	3	4	1	2	3	4
车库一期(1～7 号)																				
3 号公寓基础																				
3 号公寓结构																				
3 号公寓装修																				
4 号公寓基础																				
4 号公寓结构																				
4 号公寓装修																				
5 号公寓基础																				
5 号公寓结构																				

续表

年度、季度 项目	第 1 年度				第 2 年度				第 3 年度				第 4 年度				第 5 年度			
	1	2	3	4	1	2	3	4	1	2	3	4	1	2	3	4	1	2	3	4
5 号公寓装修																				
公寓餐厅基础																				
公寓餐厅结构																				
公寓餐厅装修																				
6 号公寓基础																				
6 号公寓装修																				
6 号公寓结构																				
1 号公寓基础																				
1 号公寓结构																				
1 号公寓装修																				
2 号公寓基础																				
2 号公寓结构																				
2 号公寓装修																				
9 号公寓基础																				
9 号公寓结构																				
9 号公寓装修																				
8 号公寓基础																				
8 号公寓结构																				
8 号公寓装修																				
7 号公寓基础																				
7 号公寓结构																				
7 号公寓装修																				
热力变电基础																				
热力变电结构																				
热力变电装修																				
房管办公楼基础																				
房管办公楼结构																				
房管办公楼装修																				
二期地下车库																				
幼儿园工程																				
室外管线工程																				
庭院道路工程																				

3. 施工总平面图

施工总平面图布置见图 10-9。

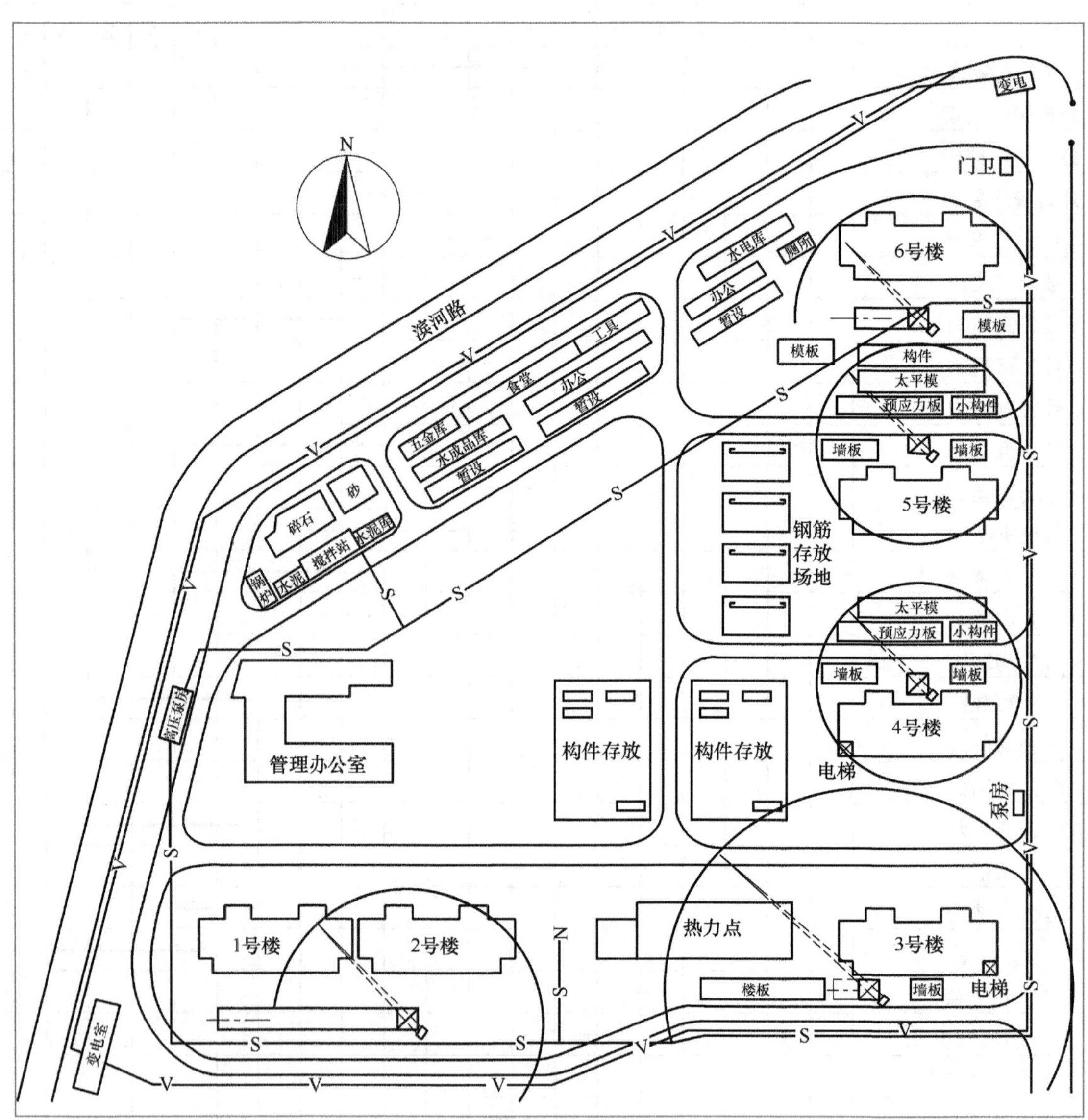

图 10-9　施工总平面布置图

4. 现场暂设工程

现场暂设工程如表 10-8 所示。

表 10-8　暂设工程一览表

序　号	工程名称	面积(m^2)	备　注
1	混凝土(砂浆)搅拌站	315	3 台 400L 搅拌机
2	水泥库	140	
3	工具库	800	混合结构
4	五金库	125	混合结构
5	办公室	220	混合结构
6	锅炉房	56	2 台 0.4t 锅炉
7	木制品成品库	215	混合结构
8	食堂	210	混合结构
9	油库	20	
10	水电库	200	混合结构
11	饮水机	50	混合结构
12	厕所	30	3 座
13	吸烟室	20	2 座
14	危险品库	20	2 座(地下)
15	水泵房	30	混合结构
16	钢筋棚	400	混合结构
17	木工操作棚	200	混合结构

本 章 小 结

施工组织设计是施工准备工作的重要组成部分，是编制施工预算和施工计划的主要依据，是建筑企业做好施工准备、合理组织施工和加强项目管理的重要措施。本章主要介绍了施工组织设计的类别、内容、设计依据。本章有关施工总设计方面的内容包括施工部署、主要工程项目施工方案的制定；施工总进度计划、施工资源需要量计划、施工总平面图和技术经济指标的确定等。本章还介绍了单位工程施工组织设计的编制内容与程序、单位工程施工方案的制定等内容，并结合具体工程项目施工组织总设计示例，介绍了施工部署和施工进度计划的编制。

习　　题

一、问答题

1. 简述施工组织总设计的概念与主要内容？
2. 简述施工组织总设计中包括哪些主要的技术经济指标？
3. 简述施工部署的主要内容？

4. 简述单位工程施工组织设计的编制依据与程序？

5. 简述单位工程施工方案的内容？

6. 简述确定施工顺序时应考虑的因素。

7. 简述单位工程施工平面图的设计内容与依据。

8. 简述单位工程施工平面图的设计原则与步骤。

二、计算题

1. 某机械化施工公司承包了某工程的土方施工任务，坑深为-4.0m，土方工程量为9800m^3，平均运土距离为8km，合同工期为10天。该公司现有WY50、WY75、WY100液压挖掘机各4台、2台、1台及5t、8t、15t自卸汽车10台、20台、10台，其主要参数见表10-9、表10-10。

表10-9 挖掘机主要参数

型号	WY50	WY75	WY100
斗容量(m^3)	0.50	0.75	1.00
台班产量(m^3)	401	549	692
台班单价(元/台班)	880	1060	1420

表10-10 自卸汽车主要参数

载重能力(t)	5	8	15
运距8km时台班产量(m^3)	28	45	68
台班单价(元/台班)	318	458	726

试求解:

(1) 若挖掘机和自卸汽车按表中型号只能各取一种，且数量没有限制，如何组合最经济？相应的每立方米土方的挖运直接费为多少？

(2) 若该工程只允许白天一班施工，且每天安排的挖掘机和自卸汽车的型号、数量不变，需安排几台何种型号的挖掘机和几台何种型号的自卸汽车？

(3) 上述安排的挖掘机和自卸汽车的型号和数量，几天可完成该土方施工任务？每立方米土方的挖运直接费为多少？

2. 某房屋内外墙体砌筑工程，包括370、240、120、60等不同厚度的空心和实心砖墙，总工程量分别为400m^3、260m^3、100m^3、60m^3，综合工日定额分别为0.92工日/m^3、1.00工日/m^3、1.06工日/m^3、1.12工日/m^3,试确定该砌筑工程的综合工日定额。

第 11 章　建筑企业施工现场管理

【学习要点及目标】

- 了解建筑企业施工现场布局设计基本内容
- 熟悉建筑企业施工现场调度
- 掌握现场施工组织方法

【核心概念】

施工平面图　施工现场调度　施工现场布局　单位工程施工平面图

【引导案例】 某房屋建筑工程项目施工现场污染河流与噪声扰民问题

某房屋建筑工程施工总承包二级企业通过投标方式承建了某市城区 A 住宅楼工程项目，该工程项目为框架——剪力墙结构，地上 17 层，地下 1 层，总建筑面积 16 780m^2。工程项目采取施工总承包方式，合同约定工期 20 个月。

中标后，该企业负责人考虑到企业在同城区的 B 工程已临近竣工阶段(竣工预验收和编制竣工验收资料)，经征得 A、B 工程建设单位同意，选派 B 工程项目经理兼任 A 工程的项目经理工作。在施工期间，为了节约成本，项目经理安排将现场污水直接排入邻近的河流。在浇筑楼板混凝土过程中，由于是 24 小时连续浇筑作业，引起了附近居民的不满和投诉。

11.1 施工现场平面布置

11.1.1 施工现场平面布置的基本内容

在工程项目的施工现场上，除拟建建筑物外，还需要建设为工程项目施工所需的各种临时设施，如混凝土搅拌站、材料堆场及仓库、工地临时办公室及食堂等。为了使现场施工作业开展得有序与安全，需要对施工现场进行合理的平面规划和布置。

施工现场平面布置设计是建筑企业对有关施工现场临时设施布置、建筑材料搬运、存储以及装卸设备的位置、运输路线等进行的科学规划，是考虑建筑工程项目生产过程组织涉及的各个因素的综合系统设计与安排。它由总承包商设计、投资和执行，在其确定也需要考虑现场分包商的需要和要求。科学的施工现场平面布置对于建筑企业施工生产活动的展开，保障施工现场秩序和施工进度的正常进行以及实现清洁生产都具有重要意义。另一方面，施工现场平面布置设计的质量不仅影响建筑材料、劳动力、在现场工作的总承包商、分包商使用的主要设备的工作和运行状态，而且对于企业的生产效率和产品质量都有较大影响。

通常，建筑工程项目施工现场布置的主要内容包括以下几点。

(1) 现场空间分配。包括建筑材料配送、存储、临时办公室和设备的现场布置的区域规划。

(2) 施工材料物资的进场道路设计。包括材料设备进出现场的道路和场内前往作业区的道路，包括运输道路。

(3) 建筑材料物资的装卸。包括施工现场横向和纵向的建筑材料搬运、提升机械设备安置等。

(4) 作业人员、技术与管理工作人员的入场。包括各类人员进入施工作业现场的通道、安全防护措施等。

(5) 临时设施布置。包括临时办公室、各类材料、设备与工具的存储设施、卫生设施以及临时供水、供电和供暖系统等的布置。

(6) 施工现场安全临时围栏、安全巡逻队、电子警报系统和路障保护设施等的布置。

11.1.2　施工总平面图

施工总平面图指整个建筑工程项目的施工场地总平面布置图，是工程项目在施工工地现场空间布置的总体反映。一般情况下，施工平面图上应绘有各种永久建筑物和构筑物(包括已建的和拟建的)的图形，以及施工阶段所需设置的各项临时设施图形。

施工总平面图的设计应依据工程项目的施工程序、施工方案和施工总进度计划，将各项生产、生活设施如各类房屋建筑物、临时加工预制场、建筑材料仓库和堆放场、给排水系统、电网及通信线路、动力设施和临时运输道路等进行规划和布置。

1. 施工总平面图设计的原则

(1) 尽量减少施工用地占用。充分利用荒地，尽可能重复使用现场空地。

(2) 尽量降低材料物资运输费用。保证运输方便，减少二次搬运。

(3) 合理布置仓库。仓库修建和附属生产企业尽量靠近需用中心，选择正确运输方式。

(4) 尽量降低临时设施的修建成本。充分利用各种永久建筑物，各种管线、道路。

(5) 临时设施布局要利于生产，方便生活。合理确定居住区到施工现场作业区的距离，生活设施尽可能保障施工生产要求。

(6) 尽量满足施工安全和防火要求。合理布置易燃物仓库的位置，保障必要的消防设施的建设。

2. 施工总平面设计的依据

建筑工程项目的施工总平面图设计的主要依据包括以下几点。

(1) 各类设计图纸资料，包括建筑总平面图、地形地貌图、区域规划图、建设项目范围内一切有关图纸资料和拟建的各种设施位置等。

(2) 建筑工程项目所在地区的自然条件和经济条件，包括气候条件、水文地质条件、交通运输条件以及地区经济发展水平、劳动力成本、物价水平等。

(3) 建筑工程项目现场情况，包括地形地貌、场地周围环境、地上障碍物和地下隐蔽工程等。

(4) 施工方案与施工计划，施工方案与施工组织设计应反映项目施工各阶段情况，以便于合理规划利用施工场地。

(5) 各种建筑材料、构件、加工品、施工机械和运输工具需要量一览表，主要用于规划工地内部的储放场地和运输线路。

(6) 各构件加工厂规模、仓库及其他临时设施的数量和外廓尺寸。

3. 施工总平面图设计的内容

建筑工程项目的施工总平面图设计通常需要考虑以下因素。

(1) 地上和地下已有的和拟建的建筑物、构筑物及其他设施的布置，如公路、铁路和各种管线等的位置和尺寸等。

(2) 为建筑工程项目生产服务的临时设施的安排，包括施工用道路、各类材料加工厂、仓库和堆放场地、办公管理和文化生活福利用房、临时给排水管线和供电线路、防洪设施、安全防火设施、建筑用取土弃土地点等的设置。

(3) 各永久性和半永久性测量用的基准的设置，如各类水准点、坐标点、高程点、沉降观测点等。

4. 施工总平面图的设计步骤

1) 运输线路的确定

确定主要的建筑材料、构件和机械设备等进入施工现场的运输线路。在设计施工现场总平面图时，首先应考虑大宗材料、成品、半成品、施工机械设备等进入工地的运输路径与方式。施工用的大量建筑材料有条件可应优先考虑铁路运输，并先解决铁路的引入位置和线路布置方案，同时注意铁路的回转半径和竖向设计的要求。若需要的铁路线的修建时间过长，影响施工准备时，可安排建设前期以公路运输为主，逐渐转向以铁路运输。

如果施工材料物资由铁路运入施工现场，工地现场临近永久性铁路专用线，可充分利用这一便利为工程项目施工服务。如建筑材料由水路运输进入施工现场，建筑企业可充分利用原有水运码头的吞吐能力。当需增设码头时，卸货码头不应少于两个，一般可用石料或钢筋混凝土结构建造。

建筑材料通过公路运输时，材料仓库布置可相对灵活性些。可布置在工地中央或靠近使用的地方，也可以布置在靠近施工现场外部交通线路连接处。对于施工工地需用的大宗建筑材料如砂、石、水泥、石灰、木材等材料仓库或堆场尽量置在搅拌站、预制场和木材加工厂附近；砖、瓦和预制构件等直接使用的材料应该直接布置在施工对象附近，以减少二次搬运。另外，工业项目建筑工地还需考虑设置主要设备的仓库，体积较大的设备一般尽量布置在生产车间附近，其他设备仓库则可布置在其他空地。

2) 仓库和堆场布置

施工材料仓库与材料堆场的布置应考虑设置在运输方便、位置合理、运输距离较短并且利于安全防火的地方。具体设置堆放点时，应区别不同材料设备的性能、存放要求和运输方式来设置。同时，仓库和材料堆场的位置应尽量利用原有的永久性仓库，并尽量接近使用地点。另外，材料仓库不宜设置在弯道处或坡道上，以免在运输或货物装卸或运输中发生危险。

当采用铁路运输时，材料仓库通常沿铁路线布置，并且要留有足够的装卸前线。如果没有足够的装卸前线，应在附近设置转运仓库。在铁路沿线布置材料仓库时，应将仓库设置在靠近工地一侧，以免内部运输跨越铁路。当采用水路运输时，一般应在码头附近设置转运仓库，以缩短船只在码头上的停留时间。

3) 施工现场内临时道路设计

根据施工现场的仓库及各施工对象的位置设计道路时，要科学规划货物周转运行路线，以明确道路上的运输负担，区别主要道路和次要道路。

施工现场内临时道路设计的基本要求有以下几点。

(1) 规划这些道路时要注意满足车辆的安全行驶要求，防止造成交通阻塞和对施工对象的破坏。

(2) 施工临时用道路应尽量利用永久道路，安排提前修建永久性路基和简单路面，作为施工所需的临时道路。

(3) 施工现场修建的临时道路要把仓库、加工厂和施工点联系起来；道路应有足够的宽度和转弯半径。

(4) 现场内道路干线应尽量采用环形布置。

(5) 主、次要道路可为单车道；道路末端要设置回车场。

(6) 临时道路的路面结构应根据运输情况、运输工具和使用条件来确定。

(7) 道路所需管线应预先铺设，防止反复开挖。

(8) 临时道路应避免与铁路线路交叉，必须交叉时宜采用直角相交。

4) 生产和生活临时设施布置

建筑企业需要在施工现场所在区域为施工人员修建一定数量办公与生活设施，主要包括以下几种。

(1) 办公与辅助生产用房。包括办公室、传达室、消防站、汽车库以及修理用房等。

(2) 居住用房。包括职工宿舍、招待所等。

(3) 生活用房。包括浴室、理发室、食堂等。

对于临时建筑物的设计应遵循经济、适用、方便装拆原则，并根据施工项目所在地的气候条件以及工期确定其建筑结构形式。职工宿舍用房，一般应布置在施工现场外安全、平坦的地方。食堂生活设施用房宜布置在生活区或工地与生活区之间，以方便职工所需。

5) 临时管网和其他动力设施布置

在布置水、电等临时管网和其他动力设施时，应尽可能利用施工现场已有的和提前修建的永久线路。临时水池、水塔应设在地势较高处和用水中心处；电线路应避免与其他管道设在同一侧；主要供水、供电管线采用环状；过冬的临时水管须埋在冰冻线以下，或采取保温措施；消防站一般布置在工地的出入口附近，并沿道路设消防栓。消防栓间距应小于 100m，距路边距离应小于 2m；应尽量考虑利用施工现场附近已有的高压线路或发电站及变电所，如果距离现有电源较远时，应考虑建设临时供电设施以满足施工需要。

11.1.3　单位工程施工平面图

单位工程施工平面图是为单位工程施工进行的施工场地布置绘制的平面布置图。它是根据工程规模、特点、机械和施工现场的条件，按照一定的设计原则确定施工期间所需各种暂设工程和其他业务设施等同永久性建筑物和拟建工程之间的合理位置关系，是进行现场布置的依据，也是实现施工现场有组织、有计划地进行文明施工的先决条件。单位工程施工平面图的设计依据主要包括以下几种。

1. 施工组织设计时所依据的资料

(1) 自然条件资料，如气象、水文、地形等工程地质资料。

(2) 技术经济资料，如交通运输、水源、电源、物资资源、生产和生活设施等的资料。

(3) 建筑设计资料，主要包括：

① 一切地上、地下拟建和已建的房屋、构筑物的建筑总平面图；

② 一切已有和拟建的地下、地上管道位置；

③ 建筑区域的竖向设计和土方平衡图。

(4) 施工资料，主要包括：

① 单位工程施工进度计划(反映各个施工阶段的情况，以便分阶段布置现场)；

② 施工方案(确定垂直运输机械和其他施工机具的位置、数量和规格);

③ 各种材料、构件、半成品等需要量计划(以确定仓库和堆场的面积、形式和位置)。

2. 单位工程施工平面图设计的主要原则

(1) 在保证施工顺利进行的前提下，现场布置应尽量紧凑，不占或少占农田。

(2) 合理布置施工现场的运输道路及各种材料堆场、加工厂、仓库、各种施工机械的位置，尽量使得运距最短，减少或避免二次搬运。

(3) 在保证施工顺利进行的情况下，尽量减少临时设施的数量，降低临时设立费用。

(4) 临时设施的布置，尽量利于工人的生产和生活，使作业人员步行至施工区距离最近，往返时间最少。

(5) 符合劳动保护、环保、技术安全和防火要求。

3. 单位工程施工平面图设计的主要内容

(1) 已建及拟建的永久性建筑物、构筑物及其他设施的位置和尺寸。

(2) 为工程施工服务的临时设施，包括材料仓库、堆场、钢筋加工棚、木工房、生活及行政办公用房等。

(3) 临时道路、可利用的永久性或原有道路，及其与场外交通的连接。

(4) 临时给水排水管线、供电线路、蒸汽及压缩空气管道等。

(5) 起重机开行路线及轨道铺设，垂直运输设施的位置，起重机回转半径。

(6) 测量轴线及确定定位线、永久性水准点位置、土方取弃场地。

(7) 安全防火设施的位置。

11.2 施工现场准备

11.2.1 施工现场准备的意义

施工现场准备泛指为建筑工程项目施工前所做的一切工作，是工程项目施工的重要阶段之一，其基本任务是为拟建工程的施工建立必要的技术和物资条件，统筹安排施工人员和施工现场。施工准备工作为了企业组织施工创造有利的条件，保证施工作业活动的顺利进行。

施工现场准备工作要有组织、有计划、有步骤、分阶段地进行，并贯穿于整个工程建设的始终。做好施工现场准备工作，对有效利用各类资源，保障施工工期进度和工程质量，保障施工生产安全，降低工程成本都起着重要作用。

通过施工准备工作，一方面，企业的技术、管理、作业人员可以进一步明确各项施工任务的技术特点，需要解决的重点、难点问题和具体要求，制定出相应的技术和管理措施，并使之在施工中更具有针对性。另一方面，施工准备工作还是土建施工和设备安装顺利进行的保证，施工准备工作是建筑施工企业进行目标管理，推行经济责任制的重要依据。

11.2.2　施工现场准备的类别

按工作的范围不同，施工准备可分为全场性施工准备，单位工程施工条件准备和分部(项)工程施工准备。

1. 全场性施工准备

全场性施工准备是以一个建筑过程项目工地为对象而进行的各项施工准备，其工作的目的、内容都为全场施工作业服务。它不仅要为全场性的施工活动创造有利条件，而且要兼顾各单位工程施工条件的准备。

(1) 施工企业要和建设、设计单位签订合同和相关协议，明确双方的责任和权限。如果是几个施工企业共同施工的建设项目，先由总承包商和建设单位签订总包合同，再由总承包商与分包商签订分包合同。在这些协议中，总承包商对建设单位负责，分包商对总承包商负责，总包和分包之间的职责划分明确详尽。承包商要参与初步设计、技术设计方案的讨论，并据此组织编制施工组织设计。这是施工准备的中心环节，各项施工准备工作都必须按此进行。

(2) 调整部署施工人员。承包商要根据工程项目施工任务特点，调整施工人员组织机构。特大的工程项目要组建新的施工机构，部署施工人员的聚集和流动，使之既要满足工程进度的要求，又要有利于提高劳动生产率，做到工种配套、人机配套、机具配套，并根据工程布局相对固定施工和劳动组织。

(3) 在生产和生活基地的建设方面，施工生产基地包括预制混凝土构件、混凝土搅拌、钢筋加工、木材加工、金属加工、机修厂等的建设。在远离城市的新建工业区，这项工作必须提前进行，加工厂要统一规划，分期建设。在已有城市区域内进行工程项目建设时，要根据当地建筑构配件的生产能力进行补充调整，签订产品供需合同。另外，施工人员的居住和生活设施建设，要尽可能地利用永久性建筑，尽量减少临时性建筑的修建。

(4) 在确定建筑材料、成品、半成品的运输方式方面，要尽量减少这些物资的中间装卸环节，充分利用已有运输条件。如果当地出产的材料在项目使用的建筑材料中占很大比重，需要注意安排好它们的生产和运输，合理地布置材料堆放场地。

(5) 接通水源、电源，疏通施工现场的内外交通道路、排水渠道。及早修建施工现场供水、排水、供电、供热干线、主要道路和防洪工程。充分利用永久工程设施，尽量少建临时性管线工程。在施工顺序方面，一般是先场外后场内，先室外后室内，先地下后地上的原则。应合理安排各类管线工程的施工顺序和进度，减少管道工程的重复开挖。相关的铁路、公路等运输线路要和建筑材料的储运仓库、加工厂等配套建设。

(6) 进行工程项目建设区域的工程测量、放线定位，设置永久性的经纬坐标和水平基桩，进行施工现场水文、地质勘察，清除影响施工各种障碍和平整场地。在进行土方工程施工前，要科学地规划，做到挖填平衡，尽可能减少重复倒运量。

2. 单位工程施工准备

单位工程施工准备是以一个建筑物或构筑物为对象而进行的施工准备。其工作的目的、内容都是为单位工程施工的顺利进行服务的。它不仅为该单位工程在开工做好准备，而且要为分部(项)工程做好准备。

单位工程施工准备主要包括以下内容。

(1) 检查施工图纸，找出并修正图纸中的错误，解决图纸中不符合施工条件的问题。

(2) 编制单项工程施工组织设计、施工方案。

(3) 编制施工图预算，签订工程合同。

(4) 清理施工场地，接通水、电，疏通运输道路，进行放线、抄平。

(5) 组织建筑材料、成品、半成品等进场，以满足连续施工的要求。

(6) 组织施工机械设备、机具进场，并及时检修以保证其正常运转。

(7) 科学的劳动组织，实现工种配套，对作业人员进行技术、安全培训和安全教育。

(8) 在上述各项准备工作基本完成后，提出开工报告。

3. 分部(项)工程作业准备

分部(项)工程作业准备是以一个分部(项)工程或冬雨季施工为对象而进行的作业条件准备。

按拟建工程所处的施工阶段不同，其工作一般可分为开工前的施工准备、各施工阶段前的施工准备两种。

1) 开工前的施工准备

开工前的施工准备是在拟建的分部(项)工程正式开工之前所进行的一切施工准备工作。其目的是为拟建工程正式开工创造必要的施工条件。它既可能是全场性的施工准备，又可能是单位工程施工条件的准备。

2) 各施工阶段前的施工准备

各施工阶段前的施工准备是在拟建分部(项)工程开工之后，每个施工阶段正式开工之前所进行的施工准备工作。其目的是为施工阶段正式开工创造必要的施工条件。如混合结构的民用住宅，其施工一般可分为地下工程、主体工程、装饰工程和屋面工程等阶段。由于每个施工阶段的施工内容不同，所需要的技术条件、物质条件、组织要求和现场布置等方面也不同，因此在每个施工阶段开工之前，必须做好相应的施工准备工作。

总之，施工准备工作既要有阶段性，又要有连续性。应当有计划、有步骤、分阶段进行，并贯穿于拟建工程项目施工全过程。

11.2.3 施工现场准备工作的内容

通常，施工现场准备工作的内容包括技术准备、物资准备、劳动组织准备、施工现场准备和施工场外准备工作。依据准备主体的不同，施工准备主要包括以下内容。

1. 应由业主进行的施工准备

1) 项目前期阶段

(1) 取得工程项目选址、资源利用、环境保护等方面的批准文件，签订工程项目施工所需的原材料、燃料、水、电、运输等方面的协议。

(2) 明确勘察设计的范围和设计深度，选择有信誉和合格资质的勘察设计单位进行勘察、设计，签订相关合同，并进行合同管理。

(3) 办理有关设计文件的审批手续。

(4) 落实项目建设用地。办理土地征用、拆迁补偿及施工场地的平整。

(5) 组织开展设备采购与工程施工招标及评标，择优选定资质合格的施工企业并与之签订建设工程施工合同。

(6) 为设计、施工人员在施工现场工作提供必要的生活设施与物质条件。

(7) 选派合格的现场管理代表，并选定适宜的工程监理机构。

2) 项目实施阶段

在项目实施阶段业主的主要工作是按合同规定为项目顺利实施提供必要的条件，在项目实施过程中督促检查并协调有关各方的工作，定期对项目进展情况进行研究分析。在项目实施阶段应由业主进行的准备工作有以下几方面。

(1) 办理需由业主出面的项目批准手续，如施工许可证，以及施工过程中使用道路、管线、电力、通信等公共设施而需要取得法律、法规规定的申请批准手续等。

(2) 向施工企业提供施工场地的工程地质以及地下管线等施工活动所需的基础资料，并保证数据真实可靠。确定水准点和坐标控制点，以书面形式交给施工企业，并进行现场交验。

(3) 协调工程设计与施工、监理与施工等方面的关系，组织与施工企业和设计单位图纸会审和设计交底，组织或者委托监理工程师对施工组织设计进行审查。

(4) 协调处理施工现场周围地下管线和邻近建筑物、构筑物，以及有关文物、古树的保护，并承担相应费用。

(5) 聘请工程监理，督促监理工程师履行职责。

(6) 监督设备制造商按合同要求及时提供质量合格的设备，并组织运送到现场。

2. 应由施工企业进行的施工准备

1) 开工前的施工准备

(1) 进行施工图纸交底和会审。

(2) 做好施工合同评审，进一步明确施工要求和合同条件及履约责任。

(3) 选派施工项目经理，组建项目经理部。

(4) 领取施工许可证，办理建设行政管理部门及施工企业内部规定的有关行政手续。

(5) 考察并选定分包商和主要材料设备供应商。

(6) 签订施工所必需的各项分包合同和采购、运输合同等。

(7) 按照单位工程施工设计的要求，搞好各阶段施工平面布置。

(8) 根据施工进度计划，组织建筑材料和构件的进场，做好检验试验，详细核对材料的品种、规格和数量。

(9) 做好各项施工前的技术交底，签发施工任务单。

(10) 做好施工机械、设备的经常性检查和维修工作。

2) 施工过程中的现场准备

(1) 拆除工程项目施工现场的障碍物，平整土地及铺设施工临时道路。

(2) 组织项目施工现场的供水、排水、排污、供电、供热、通信、消防等管道线路和设施。

(3) 搭建施工临时办公及生产生活用房、仓库、工棚等大型临时设施。

(4) 建立工程测量、定位和标高基准点。

(5) 组织施工机械设备进场安装调试等。

在人员管理方面，组建建筑企业项目经理部并及时进入施工现场，进行现场施工的各项管理协调，创造良好的开工条件，保证工程项目按合同规定的时间开工。这些准备工作具体包括：

① 完成工程定位和标高引测的基准点设立，并按规定的程序和要求做好相应的技术复核，以确保工程定位和各类标高基准的正确性；

② 修筑施工现场的临时通路和施工场区四周围墙及必要的防护安全隔离设施；

③ 埋设并接通施工现场临时给水排水、排污，供气、供热等管道及渠沟系统；

④ 建设基础施工阶段所必需的泥浆池等设施；

⑤ 建立变电站和高压电线、电缆等施工现场临时供电线路系统，以及通信设施线路系统；

⑥ 搭建施工现场材料物资堆场及仓库，划定施工模板用钢筋加工制作与清理等需要的作业场所，安置砂浆、混凝土搅拌机以及起重和垂直运输机械；

⑦ 修建现场办公、保安人员及生产生活所必需的各类建筑物和构筑物；

⑧ 布置与现场施工有关的各种宣传标牌和警示标牌。如施工管理的组织机构图、施工平面布置图、工程形象进度图、安全生产宣传牌、危险区域或场点的警示牌，及车辆行人标志等。

11.3 施工现场调度

11.3.1 施工现场调度的含义与原则

施工现场调度是指在现场施工中对正在进行实施工程的施工组织、施工方案、施工技术、施工措施；对施工人员的操作以及对施工生产过程进行调节、调整、补充和修正等活动。施工现场调度是执行施工计划、落实施工任务的重要措施，通过科学的施工调度使工程项目进度、成本、质量、安全管理等各方面得到更好的控制，及时解决施工现场中出现的各种生产和技术方面问题，有效地预防各种不利因素可能对工程进展的影响。

1. 有效的施工现场调度特征

深入施工现场处理问题。为了提高调度工作的预见性和准确性，调度人员必须深入施工现场，及时掌握第一手资料，采用科学有效的调度方法，及时解决施工中出现的各类问题。调度工作通常以生产调度会议形式来进行，在施工队一般可通过班前班后的碰头会议来解决施工生产中的一些具体问题。

及时发现并处理问题。工程项目施工计划的实施具有周期长、露天作业、受季节气候影响大等特点，产生各类不确定性问题的因素多。为此发现问题必须要处理、及时解决，即实施现场调度需要及时。

落实管理措施到位。一方面，施工现场调度人员处理问题，采取措施要果断，如出现人工挖土出现意外情况，要果断采取措施，及时解救现场受困人员，防止发生对救援人员的伤害，避免成更大的损失。同时采取有效的预防措施，避免出现次灾害和生安全事故。另一方面，调度人员发现问题及时处理后，还需迅速将应对措施贯彻下去. 使管理手段、措施迅速地落实到位。

处理方法科学、规范。施工现场调度工作要依据施工组织设计、施工作业计划、施工方案来进行，调度部门不能随意改变施工作业计划。

2. 施工现场调度原则

在施工现场，调度人员如果遇到特殊情况无法执行原施工计划时，可在履行一定的批准手续，遵循下列原则进行调度。

(1) 一般工程服从重点工程和竣工工程。

(2) 交用期限迟的工程服从于交用期限早的工程。

(3) 小型或结构简单的工程服从于大型或结构复杂的工程。

11.3.2　施工现场调度工作内容

施工准备工作的调度需要解决以下几个方面的协调配合。

设计与施工配合。在施工准备阶段，设计与施工的密切配合十分重要。在实施过程中通过设计与施工双方互相提供资料与交流，使施工人员尽快了解设计意图，及早获得可靠数据，加快施工准备工作。

室内准备与室外准备配合。在施工准备过程中，室内工程的准备与室外工程准备应当互相创造条件，互相配合进行。室内工程准备主要做好对图纸资料的熟悉与审查，施工组织设计和施工预算的编制，为室外工程准备提供必要的数据；室外工程准备则主要调查、分析建设工程项目所在地区的自然条件和技术经济条件，以尽快为室内工程准备工作提供更充分的技术资料。

土建工程准备与专业工程准备配合。施工准备的初步方案确定后，应及时和水、电、安装等专业施工单位结合，统一各方面的认识，全面完成土建和专业工程的施工准备工作。

施工现场的准备与预制加工准备配合。在施工准备中，应尽早确定预制构件、成品、半成品的加工预制的分工，根据施工现场的要求，分期分批地组织预制加工，以满足施工生产的需要。

全场性的准备与分项工程的准备的配合。在较大、较复杂的单位工程施工开始前应重点做好该工程的主要分项工程的施工准备，以便为加快工程开工和施工顺利进行创造条件。

劳动力和材料物资供应的调配。在施工生产过程中，因生产任务不同，需要的施工作业人员和材料设备也不相同。需要项目经理及各工长要随时检查施工人员、设备是否满足施工要求，工期能否得到保证；是否存在施工人员、机械设备和材料需要量有不均衡现象，以及施工顺序、平行搭接和技术间歇不合理等问题。调度人员要根据检查的结果，针对存在的主要问题采取有效的技术措施和组织措施，以满足和均衡施工和工期的要求。同时，根据施工进度要求，不断修订和完善主要材料、设备以及施工人员的需要计划。

11.3.3 施工现场调度的方式

施工现场调度主要通过召开现场调度会议、书面指示、口头指示等方式来进行。

1. 召开施工现场调度会议

施工现场调度会通常包括经常性会议与专题会议。

经常性工地会议包括图纸会审会议、技术交底及安全交底会议和生产调度会。现场生产调度会一般每周召开一次，调度会上各专业工长汇报本周工程的实际进度，讨论现场材料数量和质量问题，施工机械设备的运行情况等，图纸会审会议是对工程施工图纸的相关内容进行的审查。

专题会议。若遇特殊情况或采用新材料、新工艺、新方法织召开专题会议，向专业工长交代技术要点。

2. 书面指示

书面指示包括开工通知与会议通知，修改进度计划、施工任务单、技术签证及有关规定的指示等。

开工通知与会议通知。项目经理在向各专业工长发出开工通知之前，施工准备工作应已在进行中，施工进度计划的起始日期就是开工通知的日期。项目经理发出会议通知，解决施工现场生产工程中出现的各种问题。会议通知的种类包括图纸会审会议、技术交底会、安全交底会议等会议的通知，会议通知的内容包括开会的时间、地点、会议的主要内容及与会人员等。

修改施工进度计划。在现场施工过程中，由于采用了新材料、新技术、新设计，加上气候的原因等使得施工计划与施工现场实际情况会产生出入，可能会有对进度计划的修改。为此，需要下达有关修改施工进度计划方面的指示。其内容包括：一方面向业主和监理工程师提出工期延展的要求；另一方面向专业工长发出修改进度实施计划的指标。

下达有关规定的指示。包括有关施工现场八大员的职责的有关规定、建立施工小组自检与互检的规定、工长提交考核办法的规定、工程材料进料领料的规定、工程验收有关规定等。

3. 口头指示

口头指示是对施工图中的各项技术要求，如轴线、控制尺寸、标高、预埋件、预留孔洞的位置、规格和数量，各工序的先后顺序，工种之间交叉配合施工的方法，安全施工等提出的具体要求。

【案例分析】某建筑企业施工现场消防管理措施分析

某建筑企业建筑幕墙工程施工过程中，施工项目经理部加强了施工现场施工的管理，对现场消防的管理措施如下。

(1) 施工现场设置的消防车道的宽度为 2.8m。

(2) 施工现场进水干管直径为 120mm。

(3) 氧气瓶之间的工作间距为 3m。

(4) 油漆和稀料的调配尽量在库房内。

(5) 高度超过 24m 的在施工程，随楼层的升高每隔两层设一处消防栓口，配备水龙带。

(6) 现场有明显的防火宣传标志。

项目经理部从现场平面管理、现场料具管理、现场消防和保卫管理、现场临时用水和用电管理、现场文明施工管理方面做了大量工作。

问题:

1. 逐条判断施工项目经理部对现场消防的管理措施是否妥当，如不妥，请说出正确的做法。

2. 施工项目经理部应对现场料具管理采取哪些措施?

本章小结

建筑企业施工现场管理对于保障施工现场生产过程秩序性、实现和施工进度控制与项目成本控制及实现清洁生产都具有重要意义。

建筑企业各类生产要素施工现场平面布置设计的质量不仅影响建筑材料、劳动力、在现场工作的总承包商、分包商使用的主要设备的工作和运行状态，而且对于企业的生产效率和产品质量都有较大影响。

本章主要内容包括施工总平面图设计的原则、设计方法；施工现场技术准备、物资准备；施工现场调度的含义与原则、内容与方式。

习　　题

一、名词解释

施工现场平面布置　施工平面图　施工现场调度　单位工程施工平面图

二、选择题

1. 施工现场调度主要通过召开现场调度会议、书面指示、口头指示等方式来进行。其中属于书面指示的内容不包括(　　)。

A. 预留孔洞的位置的说明　　B. 发布会议通知

C. 修改进度计划　　D. 修改施工任务单

2. 下列选项中，在施工现场不应由业主进行的施工准备是(　　)。

A. 取得工程项目选址、资源利用、环境保护等方面的批准文件

B. 办理施工许可证

C. 进行工程项目建设区域的工程测量、放线定位

D. 聘请工程监理，督促监理工程师履行职责

3. 以一个建筑物或构筑物为对象而进行的施工准备是指(　　)的施工准备。

A. 分部工程　　B. 分项工程　　C. 分部分项工程　　D. 单位工程

三、问答题

1. 施工现场布局规划的主要内容。

2. 什么是施工总平面图？
3. 阐述施工总平面图设计的原则和内容。
4. 描述施工总平面图的设计步骤。
5. 单位工程施工平面图的含义与设计依据。
6. 单位工程施工平面图设计的主要内容。
7. 简述单位工程施工平面图的设计步骤。
8. 施工现场调度的含义与特点。
9. 概述施工现场调度工作的主要内容。
10. 施工现场调度主要手段。
11. 施工现场调度会主要包括哪些种类？主要解决哪些问题？

第 12 章　建筑企业质量管理

【学习要点及目标】

- 了解建筑企业质量管理的意义
- 熟悉建筑企业管理的内容
- 掌握建筑企业质量管理方法与技术

【核心概念】

质量　质量管理　建筑企业质量管理

【引导案例】 建筑施工转包违法违规带来的工程质量问题

2014年9月，住房和城乡建设部办公厅发出《关于开展严厉打击建筑施工转包违法分包行为工作的通知》，要求各地住房和城乡建设主管部门按照《工程质量治理两年行动方案》，开展严厉打击建筑施工转包违法分包行为工作。其具体工作范围和内容包括：对在建的建筑工程(含房屋建筑和市政基础设施工程)项目进行全面检查，查处存在的建筑施工违法发包、转包、违法分包、挂靠等违法行为。

2014年9月26日，住房和城乡建设部工程质量治理督查组公布相关违规案例如表12-1所示节选。

表12-1 住房和城乡建设部近两年检查发现的违法违规典型案例简表

序号	施工企业	项目名称	违规违法行为内容
1	河北中建工程有限公司	邯郸市金百合小区4号楼工程	(1)自然人挂靠行为； (2)施工企业出借资质证书行为； (3)钢筋不符合设计文件要求； (4)约束边缘构件在连梁高度范围未设置箍筋，违反强制性标准
2	辽宁东亿建筑(集团)有限公司	本溪市汤河福湾小区B-18号楼工程	(1)施工企业存在转包行为； (2)抽测部分楼板厚度、钢筋保护层厚度不满足设计要求，违反强制性标准； (3)项目经理没有履行建筑材料采购管理责任
3	内蒙古广厦建安工程有限责任公司	包头市裕民新城一期10号楼工程	(1)多个剪力墙边缘构件少设箍筋，违反强制性标准； (2)剪力墙主要受力部位有孔洞、蜂窝、露筋等外观质量严重缺陷，违反强制性标准
4	陇海建设集团有限公司	山西省临汾市洪洞县山焦棚改广泉小区四期E-1号楼工程	(1)钢筋焊接无工艺性检测报告，违反强制性标准； (2)抽测部分楼板上部钢筋保护层厚度不满足要求； (3)作业层钢筋连接质量差，电渣压力焊焊包不饱满
5	南通市达欣工程股份有限公司	河北省邯郸市玉如意小区4号楼工程	抽测部分混凝土强度推定值不满足设计要求
6	新蒲建设集团有限公司	河南省新乡市中心医院综合楼工程	(1)钢筋焊接工艺试验报告不完整，未见焊接工艺参数记录，违反强制性标准； (2)楼梯施工缝留置在端部剪力最大处，无施工技术方案。
7	林州八建集团工程有限公司	河南省新乡市星海国际8号楼工程	(1)施工企业存在转包行为； (2)项目经理未履行项目管理职责，材料采购违规
8	中国二冶集团有限公司	内蒙古自治区包头市和悦大厦工程	施工企业存在违法分包行为，其将工程主体结构分包给其他单位施工

续表

序号	施工企业	项目名称	违规违法行为内容
9	山西洪洞市政工程有限公司	山西省临汾市坡底村新农村(槐荫小区)工程	(1)施工企业存在违法分包行为，其将桩基工程分包给不具有相应资质的企业施工； (2)存在自然人挂靠行为，以其建筑机械有限公司名义承揽塔吊安装分包工程

12.1　建筑企业质量管理概述

12.1.1　质量的含义

质量的原意指物体所含物质的多少，是量度物体在同一地点重力势能和动能大小的物理量。

在经济活动中，质量是一个综合的概念，其内涵包括产品质量、工作或工程质量。概括起来，“质量”有狭义和广义两种含义。狭义的质量是指产品本身所具有的特性，这里产品本身特性包含 5 个方面内容：性能、寿命、可靠性、安全性和经济性。其中性能是指为达到产品的使用目的所提出的各项功能要求，即产品应达到的设计和使用要求；寿命是指在规定的条件下能够工作的期限；可靠性是指产品在规定时间内和规定的条件下，完成规定工作的能力；安全性是指产品在使用过程中确保安全的程度；经济性是指产品在建造和使用过程中所支付费用的多少。

产品质量除了含有实物产品之外，还含有无形产品质量，即服务产品质量。服务质量也是有标准的。质量的含义可以是技术的、经济的、社会的、心理的和生理的。一般来说，常把反映产品使用目的的各种技术经济参数作为质量特性。主要包括产品内在质量和产品外观质量。广义的产品质量是依照国家的有关法规、质量标准以及合同规定的对产品适用、安全和其他特性的要求。

2000 版的 ISO 9000 标准将“质量”定义为：一组固有特性满足要求的程度；ISO 8402“质量”定义为：反映实体满足明确或隐含需要能力的特性总和。

人们使用产品，总对产品质量提出一定的要求，而这些要求往往受到使用时间、使用地点、使用对象、社会环境和市场竞争等因素的影响，这些因素变化，会使人们对同一产品提出不同的质量要求。因此，质量不是一个固定不变的概念，它是动态的、变化的、发展的；它随着时间、地点、使用对象的不同而不同，随着社会的发展、技术的进步而不断更新和丰富。

美国质量管理专家朱兰博士认为用户对产品的基本要求就是适用，并以此描述质量的内涵：产品质量就是产品的适用性，即产品在使用时能成功地满足用户需要的程度。

12.1.2　质量管理

1. 质量管理的含义

质量管理就是在一定技术经济条件下，为保证和提高产品质量而进行的一系列管理工作。质量管理是为确保达到质量要求所展开的活动，包括质量方针、质量目标的确定、质量控制、质量保证和质量改进活动等。

2. 质量管理的发展

随着科学技术的发展，质量管理无论是理论还是实践都得到了不断的发展与完善。总结起来，人们从系统研究质量管理开始到现在，质量管理的发展经历了以下 3 个阶段。

1) 单纯的质量检验阶段

20 世纪初至 30 年代末，质量管理只属于初级的质量检验阶段。这一阶段质量管理的特点是通过事后检验剔除不合格产品达到保证产品质量的目的。

20 世纪初，被称为“科学管理之父”的美国人泰罗创立了科学管理理论。他的一个主要观点就是将制造和检验分离开来，主张在企业设立专职的质量检验部门，负责对制造出来的产品进行质量检验。

随着企业生产规模的扩大和产品复杂程度的提高，各种检验工具和检验技术也随之发展起来，大多数企业开始设置检验部门。在许多企业，这种做法提高了制造和检验产品的工作效率，对于保证进入消费领域的产品是合格品起了把关作用。应当指出的是，这种做法单纯依靠事后检验，不能消除和预防生产过程中的不合格品的产生，只能接受质量问题产生的后果及其给企业带来的不良影响。

2) 统计质量管理阶段

第二次世界大战期间，为保证军需产品的质量，美国国防部召集休·哈特等统计学家，制定了一套战时质量管理方法并命令有关企业执行。有关管理部门按照休·哈特提出的“预防缺陷”概念、发明的控制图法以及其他学者提出的数理统计方法，对生产过程中收集的大量数据进行整理分析，发现有不利于产品质量的苗头采取及时有效的措施进行纠正，从而达到减少次品的目的。

实践中，这种质量管理方法收到了很好的实施效果，很快被美国军用与民用领域推广应用。这一措施使质量管理从单纯依靠“事后把关”发展到“预先控制”，突出了质量的预防性控制和检验相结合，提高了质量管理管理水平和工作效率。

但是，由于这一方法过于强调数理统计技术的作用，忽视了质量管理的组织实施等管理工作，使人们认为质量管理就是数理统计，是一般人难以掌握的深奥技术。这使得这个阶段的质量管理方法普及推广程度不高，企业员工的参与积极性受到限制。

3) 全面质量管理阶段

随着技术发展和社会进步，人们对产品质量的要求越来越高。质量的概念也更加广泛化，人们对产品的质量从注重产品的一般性能发展为注重产品的耐用性、可靠性、安全性、维修性和经济性等。产品质量的概念不但包括产品本身特性，也包括产品制造和使用过程中的工作质量，产品的质量标准也由产品的技术特征发展为使用户满意的综合标准。

20 世纪 50 年代后期，美国人朱兰、费根堡姆等人提出了全面质量管理的新概念。这一理论被日本人加以吸收创新，在经济领域普遍推广，取得了巨大成就。

3. 质量管理基础工作

管理基础工作是企业在生产经营活动中，为了实现企业的经营目标和管理职能，提供资料依据、共同准则、基本手段和前提条件等所必不可少的工作。一般包括标准化工作、定额工作、计量工作、信息传递、数据处理、资料储存等。建筑企业为保证质量管理工作的顺利开展，发挥质量管理的作用，必须做好以下基础工作。

1)　标准化工作

标准化是标准的制定、推广贯彻和改进的过程，是组织社会化大生产的重要手段。标准化是开展质量管理的基础，与质量管理有着密切的联系。

标准按适用范围分类，可分为国际标准、国家标准、行业专业标准和企业标准。国际标准是指国际标准化组织(ISO)和国际电工委员会(IEC)所制定的标准，还包括其他有权威的国际组织，如国际电信联盟(ITU)、国际电报、电话咨询委员会(CCITT)、国际无线电通信咨询委员会(CCIR)、国际铁路联盟(UIC)、世界卫生组织(WHO)、联合国粮农组织(UNFAO)等国际公约中规定的有关标准；国家标准是全国范围内统一的技术标准。

按内容性质的不同，标准又可分为技术标准和管理标准两大类。其中技术标准主要有产品质量标准、操作规程、验收规范、原材料标准、技术定额等；管理标准主要有工作标准、规章制度、经济定额、机构定员等。各类一般标准应具有相对稳定性，既要适时改进完善，又保持权威性和稳定性。

我国的国家标准的制定由国家标准主管部门委托有关部门起草，经有关部门审查后由国家标准主管部门公布，全国范围内实施；行业专业标准是全国性的各专业范围统一的技术标准，包括在全国同行业中适用的技术标准、产品质量标准和检验标准；企业标准是由企业组织制定的技术标准、管理标准，在企业内部统一贯彻执行。

2)　计量工作

计量是指实现单位统一、量值传递的活动。在建筑企业管理过程中，计量管理是在其管辖范围内制定相应的规章制度、配备相应的人员和计量检定装置，以保障用于生产经营的参数量值可以准确传递和溯源。建筑企业计量工作主要包括生产时的投料计量、工作条件的控制计量、生产过程中的监测计量和对成品的测试、检验、分析等内容，是用科学方法和手段对施工过程的质与量的数值进行监控。

建筑企业只有建立和完善计量管理制度，才能有效获取准确真实的数据，定量化地分析生产中的质量问题，制定改进措施，保证建筑产品质量满足用户要求及符合国家及行业相关标准。

计量工作是建筑企业管理中不可缺少的重要内容，是质量管理工作的一项必需的基础工作。为做好计量工作，必须要做好以下几个方面工作。

(1)　建立健全计量工作规章制度。这些制度包括计量人员岗位责任制、计量器具检定制度、计量器具分级管理制度、周期检定制度、计量室工作制度、计量器具维护保养制度、计量器具损坏赔偿制度等。

(2)　保证计量器具用具齐备、配套和完好。建筑企业应按照工程项目质量特性值的要求，对计量器具和仪器进行合理配置与使用；应通过各项制度的管理保证量器具用具完整性、配套性。

(3)　规范操作人员行为，正确合理使用计量仪器。要求计量人员规范操作，培训上岗，按照规定检测计量设备的校准周期，坚持定期校准制度。

(4)　准确及时提交计量结果。加强计量检测机构和人员的日常管理，保证及时、准确提交计量结果。

(5)　实现计量手段现代化。不断改进计量器具和计量方法，实现测试手段的现代化。

3) 质量情报工作

建筑企业的质量情报是反映产品质量和施工生产过程中有关环节工作质量的信息。包括建筑企业质量管理活动中的各种数据、定额、报表、图纸资料和其他技术文件等，是反映建筑企业生产经营过程中的质量管理工作状态和产品质量水平的主要依据，是搞好其质量管理重要基础。质量情报按照其来源的不同，主要可分为以下 3 类。

(1) 外部质量情报。包括通过用户回访和征集用户意见得到的质量情报，是企业改进产品质量的参考依据。

(2) 内部质量情报。包括通过各种材料验收、试验记录、施工操作记录、隐蔽工程记录、工程人财物消耗记录、工程验收记录等得到的质量情报，是企业制订提高产品质量改进措施计划的依据。

(3) 国内外同行有关质量情报。包括同行业中新产品、新材料、新技术、新工艺发展趋势等质量情报，是企业确定质量水平的依据。

建筑企业质量情报工作要做到准确、及时、全面而系统，注重原始信息的完整性和真实性。收集情报首先与明确情报的信息源，确定情报信息的传递、反馈的渠道、流向及时间等具体要求。为搞好质量情报工作，企业应建立健全情报管理制度，正确地收集和处理情报信息，加强对情报信息的收集、整理、分析、存档、传递等工作的管理。

4) 质量管理责任制

质量责任制是指组织在实施项目的过程中在质量问题上所规定的责任、权力和利益的一种规章制度。好的项目质量责任制明确规定各个职能、部门、岗位的员工在质量工作中的职责和权限，并与考核奖惩相结合。

质量管理责任制要把质量管理的各个方面要求落实到每个部门、每个人员，把与质量有关的工作组织起来，形成一个严密的质量管理工作体系。通过建立健全质量管理责任制，使质量目标具体化，并落到实处。因此，质量责任制是质量管理的一项基础工作。

建筑企业质量责任制按质量责任范围可以分为：项目经理的质量责任制，各职能部门的质量责任制，各种岗位人员的质量责任制。建筑企业要很好地贯彻质量责任制，首先要做好培训工作，让每个员工都能熟悉本岗位应该做什么、怎样做；要达到的结果是什么，工作的好坏对结果产生的影响；所承担的工作的重要性等；其次，应对每个岗位人员适应岗位工作要求的能力和技能进行考核，考核合格者，具备有岗位能力保证的方准上岗。

5) 质量教育工作

质量教育是质量管理重要的一项基础工作。建筑企业通过质量教育增强员工的质量意识，使之掌握和运用质量管理的方法、技术和工具，认识到保证产品质量中的责任义务。质量教育一般包括质量意识教育、质量管理知识教育和质量技术教育等三方面的内容，通过质量教育使员工树立质量观念，掌握质量管理方法。

要做好建筑企业质量教育工作，一方面要对从事质量管理的专业人员进行专门培训，通过脱产学习、短期轮训、业余进修等方法，有计划地组织他们学习质量管理的理论知识、科学方法和先进经验，提高他们的专业管理能力；另一方面还要对一般职工进行质量管理普及教育。培训人员根据不同对象，按工序、按岗位讲解质量管理的具体要求、方法和意义，使企业员工能按照自己的岗位工作质量要求，把好产品质量关。

6)　质量管理(QC)小组

QC 是 Quality Control 的简称，意为“质量管理”。IS O8402：1994 将之定义为“为达到质量要求所采取的作业技术和活动”。一些推行 ISO 9000 的企业设置 QC 小组，负责 ISO 9000 标准所要求的有关质量管理的职能，担任这类工作的人员就叫作 QC 小组人员，相当于企业中管理人员中的产品检验员：进货检验员、检验员和最终检验员。

QC 小组是建筑企业员工自发组织起来，学习运用全面质量管理的思想和方法，进行质量管理活动，解决有关质量管理问题的群众性组织，它把专业质量管理和群众质量管理结合起来，是一项质量管理基础工作。

12.2　建设工程项目质量控制

12.2.1　建设工程项目质量控制的含义

建设工程项目质量控制是指通过对项目质量实施情况的检查和监督，纠正发生的偏差进以实现项目质量管理目标的一些管理工作的总称。其主要内容包括：项目质量实际情况的量度，项目质量实际与项目质量标准的比较，项目质量误差与问题的确认，项目质量问题的原因分析和采取纠偏措施以消除项目质量差距与问题等一系列活动。

工程项目质量控制是建筑企业施工管理活动的重要内容，是一项贯穿于工程项目管理全过程的工作。

12.2.2　建设工程项目质量控制过程

建筑企业参与实施的施工项目一般是由分项工程、分部工程和单位工程所组成的，这些项目的建设是通过一系列施工过程来完成的。因此，工程项目质量控制就是从整个施工项目的质量控制过程到分项工程质量、分部工程质量，再到单位工程质量的系统控制过程。

建筑企业为了加强施工项目的质量管理，应明确各施工阶段质量控制的重点。按照施工进展的不同阶段，可把施工项目质量控制分为事前控制、事中控制和事后控制 3 个阶段。

1. 施工准备阶段的控制

施工准备工作要贯穿在整个施工过程的始终，根据施工顺序的先后，有计划、有步骤、分阶段进行。施工准备阶段的控制是建筑企业在工程项目正式施工前进行的质量控制。其控制重点是做好施工准备工作，施工准备工作要贯穿于施工全过程中。

1)　施工准备的范围

(1)　全场性施工准备，是以整个项目施工现场为对象而进行的各项施工准备。

(2)　单位工程施工准备，是以一个建筑物或构筑物为对象而进行的施工准备。

(3)　分项(部)工程施工准备，是以单位工程中的一个分项(部)工程或冬季、雨季施工项目为对象进行的施工准备。

(4)　开工前的施工准备，是拟建工程项目开工前所进行的一切施工准备。

(5)　项目开工后的施工准备，是在拟建工程项目开工后，每个施工阶段开工前所进行的施工准备。

2) 施工准备的内容

(1) 技术准备，包括施工图纸学习和审查，如核对建筑、结构、设备施工图中关于基础留洞的位置及标高等；对工程项目建设地点的自然条件、技术经济条件调查分析，编制项目施工图预算和施工预算；编制项目施工组织设计等。

(2) 物质准备，包括建筑材料准备、构配件和制品加工准备、施工机械设备准备、生产工艺设备的准备等。

(3) 组织准备，包括建立项目组织机构；组织施工人员招聘；对施工人员进行的入场教育等。

(4) 施工现场准备，包括控制网、水准点标桩的测量；“五通一平”如在工程施工范围内，平整场地和接通施工用水、用电管线及道路等；生产、生活临时设施等的准备；组织机具、材料进场；拟定有关试验、试制和技术进步项目计划；编制季节性施工措施；制定施工现场管理制度等。

2. 施工过程中的质量控制

根据 GB/T 19000—2000 质量管理体系的质量定义，建设工程项目的施工质量控制是在明确的质量方针指导下，建筑企业通过对施工方案和资源配置的计划、实施、检查和处置，进行施工质量目标的事前控制、事中控制和事后控制。

事中控制是指在施工过程中进行的质量控制。其策略是全面控制施工过程，重点控制工序质量。其具体措施是：检查工序交接情况，做好质量预控对策。做到施工项目有方案、进行技术措施交底、认真做好图纸会审、配制材料要认真组织试验、隐蔽工程及时验收、计量器具定期校正、复核。设计变更有手续、质量处理有复查，有成品保护措施，行使质量控制有否决，质量文件分类归档，按时留存。

3. 竣工结算的事后控制

事后控制是指完成施工过程后形成产品的质量控制，其具体工作内容有以下几点。

(1) 组织联动试车。

(2) 准备竣工验收资料，组织自检和初步验收。

(3) 按规定的质量评定标准和办法，对完成的分项、分部工程、单位工程进行质量评定。

(4) 组织竣工验收。

12.2.3 建设工程项目质量控制的影响因素

影响施工项目质量的因素主要有 5 个方面，包括：人、材料、机械、方法和环境。要搞好施工项目质量管理，必须重视这 5 个因素的控制，如图 12-1 所示。

1. 对人的因素的控制

这里是指直接参与建设工程项目施工的组织者、指挥者和操作者。人的行为控制是管理工作的重点和难点。为此，建筑企业要充分调动员工参与质量管理工作的积极性，发挥人在施工生产中的主导作用。

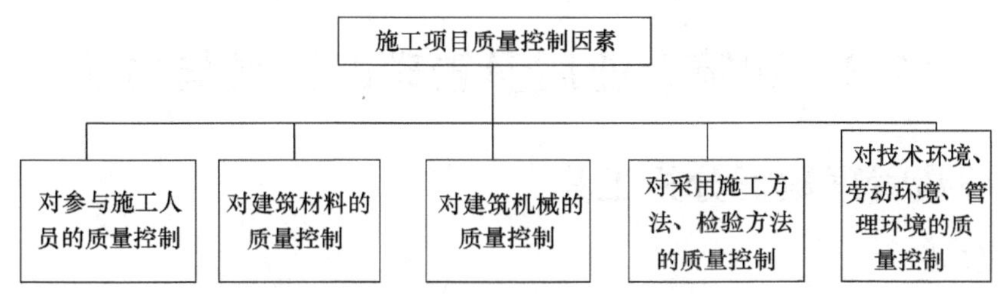

图 12-1　施工项目质量控制因素

建筑企业对员工除了要加强劳动纪律教育、职业素养教育之外，还要加强专业技术培训，健全岗位责任制，改善劳动条件。严格禁止无技术资质的人员上岗操作；严令禁止违章的行为。

2. 对建筑材料因素的控制

建筑材料控制包括原材料、成品、半成品、构配件等的控制，主要是严格检查验收，正确合理地使用，建立管理台账，进行收、发、储、运等各环节的技术管理，避免混料和将不合格的原材料使用到工程上。

3. 对建筑机械的控制

机械控制包括施工机械设备、工具等控制。要根据不同工艺特点和技术要求，选用合适的机械设备，正确使用、管理和保养好机械设备。为此要健全人机固定制度、操作证制度、岗位责任制度、交接班制度、技术保养制度、安全使用制度、机械设备检查制度等，确保机械设备处于最佳使用状态。

4. 对施工方法的控制

建筑企业在工程项目施工中，要按照科学、经济、合理的原则，正确地确定工程项目的施工顺序和施工方法，选择适用的施工机械，结合建设条件，对标段划分、施工期限做出合乎实际的安排。这里所指的方法控制，包含施工方案、施工工艺、施工组织设计、施工技术措施等的控制，主要应结合工程实际、能解决施工难题、技术可行、经济合理，有利于保证质量、加快进度、降低成本。

5. 对施工环境的控制

影响工程质量的环境因素较多，有工程技术环境，如工程地质、水文、气象等；工程管理环境，如质量管理体系、质量管理制度等；劳动环境，如劳动组合、作业场所、工作面等。

根据工程特点和具体条件，建筑企业应对影响质量的环境因素，采取有效的措施严加控制。尤其是施工现场，应建立文明施工和文明生产的环境，保持材料工件堆放有序，道路畅通，工作场所清洁整齐，施工程序井井有条，为确保质量、安全创造良好条件。

12.3 建筑企业质量管理的工具与方法

12.3.1 质量管理数据分析工具

1. 排列图法

排列图又称主次因素分析图，是用来分析影响工程(产品)质量主要因素的方法。排列图的构成如图 12-2 所示，该图由两个纵坐标、一个横坐标、若干个直方图形和一条曲线组成。其中左边的纵坐标表示频数，右边的纵坐标表示频率，横坐标表示影响质量的各种因素。其中若干个直方图形分别表示质量影响因素的项目，直方图形的高度则表示影响因素的大小程度，按大小顺序由左向右排列，曲线表示各影响因素大小的累计百分数，称为帕累特曲线。

实际应用中，在排列图中一般把影响质量的因素分为 A、B、C 三类。A 类为主要因素，B 类为次要因素，C 类为一般因素。累计频率在 0～80%范围的因素，称为 A 类因素，即主要因素；在 80%～90%范围内的为 B 类因素，即次要因素；在 90%～100%范围内的为 C 类因素，即一般因素。如图 12-2 所示。

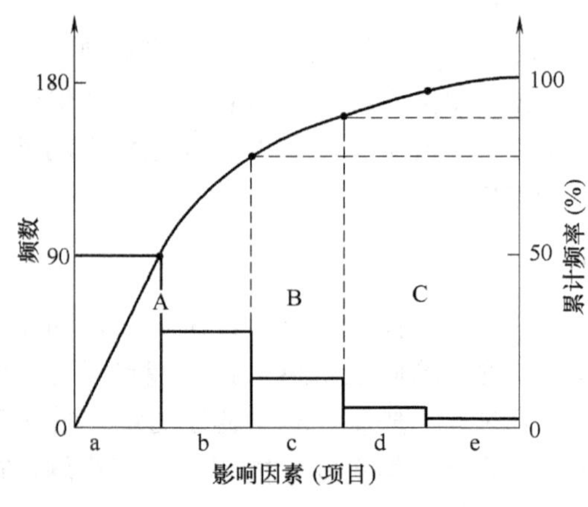

图 12-2　排列图

2. 因果分析图法

1953 年，因果分析图分析方法最早应用于日本川缔制铁公司，取得了很好的实施效果。实践中，建筑产品生产过程的综合性等特点使得影响其质量的因素具多样性，这些因素交织在一起相互作用，形成的质量问题也具有多样性、复杂性。为解决这些问题，建筑企业只有仔细分析，找出这些质量问题产生的原因，才能从根本上解决它们，进而保证建筑产品质量得到持续改进。因果分析图又称鱼刺图，是寻找质量问题产生原因的一种有效方法，它能清晰、有效地整理和分析出产品质量与因素之间的关系。如图 12-3 所示，因果分析图的绘制步骤主要包括以下几种。

(1) 根据质量特性结果，画出质量特性的主干线，如建筑物外墙抹灰强度不足，从左向右画上带箭头的框线。

(2) 找出可能影响建筑产品质量特性的主要原因，如人、机械、材料、方法和环境等，画出枝干。

(3) 深入分析影响建筑产品质量各主要因素产生的中、小原因，画出分支。

(4) 标出各个因素，完成全图。

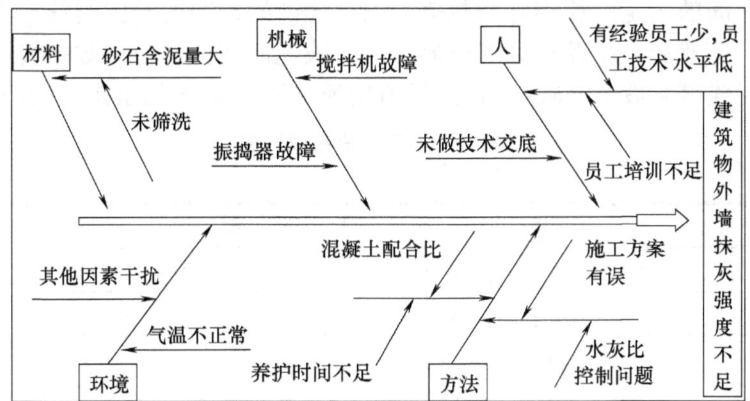

图 12-3　建筑物外墙抹灰强度不足的因果分析图

3. 直方图法

直方图又称频数分布直方图，是统计分析中比较重要的工具。它以直方图形的高度表示一定范围内数值所发生的频数，据此掌握产品质量的波动情况，了解质量特征的分布规律，以便对质量状况进行分析判断。

1) 直方图的绘制

(1) 数据收集与整理。

某建筑企业施工工地在一定时期使用的 30 号混凝土，共做试块 100 组，其抗压强度如表 12-2 所示。

表 12-2　混凝土试块强度统计表

单位：N/mm²

序号	数　据										最大	最小
1	31.9	32.6	30.1	32.0	31.1	32.7	31.6	31.6	29.4	31.9	32.7	29.4
2	32.0	28.7	31.0	29.5	31.4	31.7	30.9	30.9	31.8	31.6	32.2	28.7
3	34.1	31.4	34.0	33.5	32.6	30.9	30.8	30.8	31.6	30.4	34.1	30.4
4	32.7	32.6	32.0	32.4	31.7	32.7	29.4	29.4	31.7	31.6	32.7	29.4
5	32.9	31.4	30.8	33.1	33.0	31.3	32.9	32.9	31.7	32.4	33.1	30.8
6	30.4	30.6	30.9	31.0	31.4	33.0	31.3	31.3	31.9	31.8	33.0	30.3
7	30.9	31.1	31.3	31.9	31.3	30.8	30.5	30.5	31.4	31.3	31.9	30.5
8	31.6	32.2	31.6	32.7	32.6	27.4	31.6	31.6	31.9	32.0	32.7	27.4
9	30.3	31.2	32.0	34.3	33.5	31.6	31.3	31.3	31.6	31.0	34.7	30.3
10	32.0	31.3	29.7	30.5	31.6	31.7	30.4	30.4	31.1	32.7	32.7	29.7

找出全体数据最大值为 34.7，最小值为 27.4。两者之差 7.3 为极差，用符号 R 表示。

(2) 确定直方图的组数和组距。

组数按收集数据的多少确定。当数据总数为 50～100 时，可分为 8～12 组。组数用符号 K 表示。通常情况下可先选定组数，然后算出组距，组距用符号 h 表示。

(3) 确定数据分组区间。

数据分组区间的确定：相邻区间数值上应是连续的，即前一区间的上界值应等于后一区间的下界值；应避免数据落在区间分界上，一般把区间分界值比数据值提高一级精度。第一区间的下界值可取最小值减 0.05；上界值用最小值减 0.05 加组距获取，如表 12-3 所示。

表 12-3 频数分布统计表

单位：mm

序 号	区 间	频 数	频 率
1	27.35～28.15	1	1%
2	28.15～28.95	1	1%
3	28.95～29.75	4	4%
4	29.75～30.55	7	7%
5	30.55～31.35	25	25%
6	31.35～32.15	37	37%
7	32.15～32.95	16	16%
8	32.95～33.75	5	5%
9	33.75～34.55	3	3%
10	34.55～35.35	1	1%
合计		100	100%

(4) 绘制频数直方图，如图 12-4 所示。

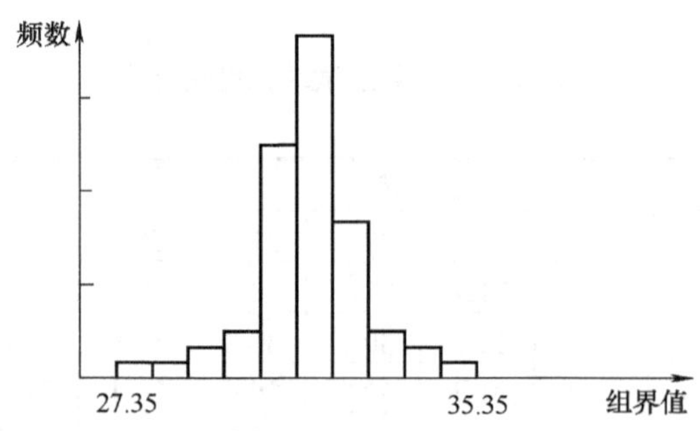

图 12-4 混凝土强度频数直方图

(5) 编制频数分布统计表。

根据确定的各个区间值进行频数统计，编制出频数分布统计表，如表 12-3 所示。

(6) 绘制频数直方图。

用横坐标表示数据分组区间，纵坐标表示各数据分组区间出现的频数。本例中频数直方图如图 12-4 所示。

2)　频数分布直方图的分析

观察频数分布直方图的图形，判断质量问题分布状态。当生产条件正常时，直方图应该是中间高、两侧低，左右接近对称的正常型图形。

4. 控制图法

1)　控制图法的含义

控制图法是人们利用生产过程处于稳定状态下的产品质量特性值分布服从正态分布这一统计规律，识别生产过程的异常因素，控制生产过程由于系统性原因造成的质量波动的动态分析方法。控制图是描述生产过程中产品质量波动状态的图形，控制图法是一种常见的质量管理统计分析方法。人们利用控制图区分质量波动原因，判明生产过程是否处于稳定状态，此法最早是由美国贝尔研究所休哈特博士首先提出的。

2)　控制图的绘制

如图 12-5 所示，控制图有 3 条线：最上面的一条线为控制上限，用符号 UCL 表示；中间的一条叫中心线，用符号 CL 表示；下面的一条叫控制下限，用符号 LCL 表示。使用这种方法时要按时抽取子样，测量其特性值，将其统计量作为一个点画在控制图上，然后连接各点成一折线，观察表示质量波动情况。

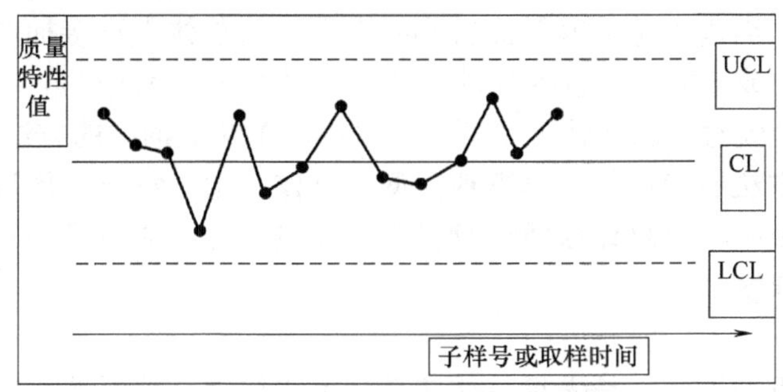

图 12-5　控制图的基本形式

控制图中的控制界限是根据数理统计学原理“三倍标准偏差法”计算确定的，即将中心线定在被控制对象的平均值上面，以中心线为基准向上向下各量三倍标准偏差即为控制上限和控制下限。采用三倍标准偏差法可以在较经济的条件下实现施工生产过程控制，达到保证产品质量的目的。

控制图法的应用价值在于可以分析判断生产过程是否处于稳定状态，预防不合格品的发生。当控制图的点子满足以下两个条件时：一是点子没有跳出控制界限；二是点子随机排列且没有缺陷，就认为生产过程基本上处于控制状态，即生产正常。否则，就认为生产过程发生了异常变化，必须把引起这种变化的原因找出来加以解决。

12.3.2　质量信息数据的获取方法

质量信息是指质量管理过程中通过对质量标志进行观察、测量而采集到的数据，这些数据大多数是可以定量取值的。由于不同类型的数据的统计性质不同，在质量管理中进行处理的方法也不同。建筑企业质量管理过程中，可根据生产经营需要获取不同的质量信息。

1. 分类法

分类法又称分组法，是把质量数据按照不同的目的加以分类，是收集质量数据的最基本方法。这种方法可将杂乱无章的质量数据和错综复杂的因素按不同的目的、性质、来源等加以分类，使之条理化。

建筑企业管理人员在分析质量的影响因素时，可以按不同需要进行分层，如按日期季节、施工作业班次等时间因素分层；按作业操作人员的性别、年龄、技术等级等技术因素分层；按工艺流程、操作条件如速度、温度、压力等分层。

2. 抽样法

抽样法是一种统计分析方法，是从目标总体中抽取一部分个体作为样本，通过观察样本的某一或某些属性，依据所获得的数据对总体的数量特征得出具有一定可靠性的估计判断的分析方法。在建筑产品质量检验过程中，除了少数项目需要全面检查外，大多数是按抽样的方法获得数据进行分析。常用的抽样分析方法包括简单随机抽样、系统抽样、分层抽样和整群抽样几种方法。

1)　简单随机抽样

简单随机抽样是指对检验总体不做任何处理，完全按照随机原则，直接从总体单位中抽取样本进行观察。当调查总体容量比较小时，可以从总体中直接抽取被研究对象；当调查总体容量比较大时或直接抽取较困难时，可以采用抽签、查随机数字表、掷骰子等方法。实践中，如果如对检验对象总体缺乏了解，可采用简单随机抽样的方法。

简单随机抽样方法的优点是简单直观，便于操作。由于每一个体被抽到的概率相等，因而计算抽样误差及时，对总体参数进行推断也比较方便；缺点是当被检验个体数量很大时，操作起来比较麻烦。

2)　系统抽样

系统抽样又叫机械抽样，是先将总体按某一标志排序，然后按一定间隔来抽取样本单位。例如要从 100 件产品中随机抽取 10 件进行质量检验，可把这 100 件产品按某一标志(如出品时间)排序为 1～100，然后随机从 1～10 号中抽取一个作为第一个抽取的号码，假定为 3 号，那么可以从 3 号开始按照等距原则从编号中依次抽取 3、13、23、33、43、53、63、73、83、93，最后把这 10 个编号对应的产品取出来，作为检查样本。

系统抽样方法的实施比较方便，可较好地保证样本随调查总体有较好的代表性，适合对大批量生产的产品的检验。

3)　分层抽样

分层抽样又称类型随机抽样，是先将总体按某种标志分成互不交叉、没有遗漏的若干层，然后在各层中采取简单随机抽样的方法，由所有各层样本单位的集合构成一个样本。例如，某建筑企业从 A、B、C 3 个产地购进一批石料，其中 A 产地占 30%，B 产地占 50%，C 产地占 20%。若从这一批石料中抽取 10m^3 检验其总体质量，如果采用分层抽样的方法，可以从三个产地分别抽取 3m^3、5m^3、2m^3，总计为 10m^3。这 10m^3 石料作为被检验的样本。分层抽样方法的优点是样本代表性较好，抽样误差较小；缺点是抽样操作的实施过程比较麻烦。

4)　整群抽样

整群抽样是先将总体按某一标志，例如企业、班组、工种等分成若干群，先从中随机抽取若干群，然后用被抽到的群中的所有个体组成样本进行分析。例如对某一天生产的某种产品进行检查，可以每 1 小时抽取一个群，每一天抽取 24 个群，这个群中的所有产品共同构成一个样本。整群抽样的优点是抽样实施比较方便；缺点是由于样本来自若干群，难以均匀公布在整体中，因而代表性较差。

12.4　建设工程项目质量检查与验收

在建筑企业生产过程中，工程项目检查贯穿于施工的全过程，它可以帮助企业掌握质量管理动态，及时处理质量隐患，对工程质量实行有效控制。

工程项目质量验收是在某一检验批、分项工程、分部工程或单位工程完成以后进行，以国家技术标准为统一尺度、正确评价工程质量。通过工程项目质量检验和验收促进建筑企业加强质量管理，不断提高工程质量水平。

12.4.1　工程项目质量检查内容

1. 施工操作质量的检查

施工操作是否符合操作规程，直接影响工程质量的好坏。在企业施工过程中，各级质量管理人员必须经常进行巡视检查，杜绝违章操作，对不符合操作规程要求的施工活动，及时予以纠正，防止严重的质量问题甚至质量事故的发生。

2. 工序质量交接检查

工序质量交接检查是保证施工质量的重要环节，在每一施工工序完成之后，都必须经过自检和互检合格，并办理工序质量交接检查手续后，方可进行下道工序施工。填写“工序操作质量交接卡”是一种检验工序质量，明确质量责任的有效方法。“工序操作质量交接卡”内容概要如表 12-4 所示。

表 12-4　工序操作质量交接卡

工序名称				
施工日期				
施工班组				
工序质量 检查结果				
工序交接说明及 处理意见				
责任人签章	工长：	项目技术负责人：	质检员：	工序负责人： 上道工序 下道工序

3. 隐蔽工程检查验收

隐蔽工程是指隐蔽在装饰表面内部的管线工程和结构工程。其中管线工程包括电器回路、给排水、煤气管道、空调系统等；结构工程包括用于固定、支撑房屋荷载的内部构造工程。

建筑企业施工中应坚持隐蔽工程不经检查验收就不准掩盖的原则，认真进行隐蔽工程检查验收。及时处理检查时发现的问题，经复核确认达到质量要求后，方可办理验收手续，继续进行施工。

4. 分部分项工程质量检查

建筑企业施工工程项目的每一分部分项工程施工结束，都必须进行工程质量检查，并填写质量检查评定表，有关方面人员确认其达到相应质量要求，方可继续施工。

表 12-5 为钢筋绑扎的分项工程质量评定内容。

表 12-5　钢筋绑扎分项工程质量评定表

序　号	质量保证目标与标准	质量检查情况
1	钢筋的品种和质量符合设计要求和有关标准的规定	
2	冷拉、冷拔钢筋的机械性能必须符合设计要求和施工规范的规定	
3	钢筋的表面保持清洁，带有颗粒状或片状表锈，经除锈后留有麻点的钢筋严禁按原规格使用	
4	钢筋的规格尺寸、数量、间距、锚固长度及接头设置须符合设计要求及施工规范要求	

5. 工程项目预验

工程项目预验是指工程项目工程施工开始之前的预先检查与复核。工程项目未经预检或预检不合格，不得进行施工。通常，分部分项工程预检验的基本内容有以下几方面。

(1) 工程项目所处位置：主要检查标准轴线桩和水平桩，并进行定轴线复测等。

(2) 基础工程检验：主要检查轴线、标高、预留孔洞和预埋件的位置，以及桩基础的桩位等。

(3) 砌筑工程检验：主要检查墙身轴线、楼层标高、砂浆配合比和预留孔洞位置尺寸等。

(4) 混凝土工程检验：主要检查模板尺寸、标高、支撑和预留孔、钢筋型号、规格、数量、锚固长度和保护层，以及混凝土配合比、外加剂和养护条件等。

(5) 主要管线检验：主要检查标高、位置和坡度等；预制构件安装，主要检查吊装准线、构件型号、编号、支承长度和标高等。

(6) 电气工程检验：主要检查变电和配电位置、高低压进出口方向、电缆沟位置、标高和送电方向等项内容。

6. 成品保护与质量检查

建筑企业施工过程中，会有许多中间产品，如有些分项工程已经完成，而其他分项工程正在施工，或一部分分项工程已部分完工，另一部分正在施工。在此期间如果对已完成品不采取妥善的保护措施，则其成品就可能造成损伤，以致影响整个工程项目的成品质量。因此必须做好各施工阶段成品保护和质量检查工作。

建筑企业通常应采取的成品保护措施包括以下几点。

(1) 看护：组织专门人员对已完工部分采取保护措施，如进出口台阶的保护。

(2) 包裹：采取措施对已完工部分做好防损伤或污染工作，如室内灯具安装完后，用塑料布加以包裹，以防喷浆时造成污染。

(3) 遮盖：进行已完工程表面覆盖，以防止堵塞或损伤，如地面面层施工后，用苫布或锯末等加以覆盖。

(4) 封闭：通过局部封闭防止已完工程损伤和污染，如室内装修完成逐层封闭，或房间装修完毕后关窗锁门等。

(5) 教育宣传：加强对企业各类人员成品保护意识教育，使施工现场人员都注意保护成品。

12.4.2　工程项目质量评定

1. 工程施工质量验收标准

在 2014 年 6 月之前我国的工程项目施工质量验收使用《建筑工程施工质量验收统一标准》(GB 50300—2001)执行。

2013 年 11 月 1 日，住房和城乡建设部批准发布了新的《建筑工程施工质量验收统一标准》(GB 50300—2013)(以下简称《统一标准》)。该标准将自 2014 年 6 月 1 日起正式实施，原《建筑工程施工质量验收统一标准》(GB 50300—2001)同时废止。新版《统一标准》针对原 2001 版《统一标准》进行了重要修订，增加了多项关于工程质量验收新规定。其中，第 5.0.8、6.0.6 条为强制性条文，必须严格执行。

这一标准出台对于地方标准进行更新，配套表格及规范的调整，“四新”技术的推广应用，提高检验批抽样检验的理论水平，有效解决建筑工程施工质量验收中的具体问题都具有重要作用。

新标准修订的内容主要包括以下几点。

(1) 提出适当调整抽样复验，试验数量的规定，提出制定专项验收要求的规定。

(2) 增加检验批最小抽样数量的规定。

(3) 增加建筑节能分部、铝合金结构、太阳能热水系统、地源热泵系统等子分部工程。

(4) 修改结构、电气、空调等分部工程中的分项工程划分。

(5) 增加计数抽样方案的正常检验一次、二次抽样判定方法。

(6) 增加工程竣工预验收的规定。

(7) 增加勘察单位应参加单位工程验收的规定。

(8) 增加实体检验或抽样试验的规定。

(9) 增加检验批验收应具有现场检查原始记录的要求。

(10) 修改各项验收表格。

2. 建设工程项目质量验收标准

1)　检验批的质量验收标准

检验批是工程质量验收的最小单位，是分项工程乃至整个建筑工程质量验收的基础。检验批是施工过程中条件相同并有一定数量的材料、构配件或安装项目。由于其质量基本均匀一致，因此，可以作为检验的基础单位，并按批验收。

检验批合格质量应符合下列规定。

(1) 主控项目和一般项目的质量经抽样检验合格。

(2) 具有完整的施工操作依据、质量检查记录。

2) 分项工程质量验收标准

分项工程质量验收合格应符合的规定如下。

(1) 工程所含的检验批均应符合合格质量的规定。

(2) 分项工程所含的检验批的质量验收记录应完整。

3) 分部(子分部)工程质量验收标准

分部(子分部)工程质量验收合格应符合的规定如下。

(1) 分部(子分部)工程所含分项工程的质量均应验收合格。

(2) 质量控制资料应完整。

(3) 地基与基础、主体结构和设备安装等分部工程有关安全及功能的检验和抽样检测结果应符合有关规定。

(4) 观感质量验收应符合要求。

4) 分项工程质量评定项目

分项工程是施工项目质量检验评定的基础，其评定内容由保证项目、基本项目、允许偏差项目 3 部分组成。

(1) 保证项目。保证项目的条文是必须达到的基础，保证工程安全或主要使用功能的重要检验项目。条文中采用“必须”或“严禁”用词表示。保证项目中包括的主要内容有：

① 重要材料、构件及配件、成品及半成品的质量；设备性能及附件的材质、技术性能等；

② 结构的强度和稳定性等检验数据、工程性能的检测。

(2) 基本项目。基本项目是保证工程安全或使用功能的基本要求，条文中采用“应当”“不应”表示。其指标分为“合格”及“优良”两个等级。基本项目与保证项目相比，虽不像保证项目那么重要，但对结构安全、使用功能、美观都有较大影响，是评定分项工程“优良”与“合格”的等级条件之一，其内容主要有：

① 允许有一定的偏差的项目，但又不能纳入允许偏差项目中，在基本项目中，主要是用数据规定出“合格”和“优良”等级的标准；

② 对不能确定偏差值而又允许出现一定缺陷的项目，以缺陷的数量多少来区分“合格”和“优良”；

③ 对无法用定量区分时，则根据程度或不同部位区分“合格”和“优良”。

(3) 允许偏差项目。允许偏差项目是分项工程检验项目中规定有允许偏差范围的项目，条文中采用“应”“不应”用词表示、检查点的测量结果以在允许偏差范围内所占比例作为区分分项工程合格或优良等级的条件之一。允许偏差值大部分是有关规范中规定的数值，只是个别进行了调整和补充，其内容主要有：

① 有“正”“负”要求的数值；

② 有不标符号，仅按注明数字的偏差值；

③ 有要求大于或小于某一数值；

④ 有要求在一定范围内的数值；

⑤ 有采用相对比例确定的偏差值。

3. 工程质量验收的程序和组织

检验批及分项工程应由建设单位项目技术负责人(或监理工程师)组织施工企业项目专业的质量(技术)负责人进行验收；分部工程应由建设单位项目负责人(总监理工程师)组织施工企业项目负责人和技术、质量负责人等进行验收。

在工程项目的单位工程完工后，施工企业应自行组织有关人员进行检查评定，并向建设单位提交工程验收报告。建设单位收到工程验收报告后，应由建设单位(项目)负责人组织施工(含分包企业)、设计、监理等单位(项目)负责人进行单位(子单位)工程验收。

单位工程有分包企业施工时，分包企业对所承包的工程项目应按《建筑工程施工质量验收统一标准》(GB 50300—2013)规定的程序检查评定，分包企业应派人参加。分包工程完成后，应将工程有关资料交总包企业。

当参加验收各方对工程质量验收意见不一致时，可请当地建设行政主管部门或工程质量监督机构协调处理。单位工程质量验收合格后，建设单位应在规定时间内将工程竣工验收报告和有关文件，报建设行政管理部门备案。

4. 工程质量外观检查方法

以检查人员肉眼检测的方式，通过外观观察检测建筑工程项目质量。检查人员根据质量评定标准规定的方法和检查工作的实践经验，对工程项目可利用外观检查的部分进行检测，具体检查方法包括看、摸、敲、照、靠、吊、量、套等。

(1) 看：依据有关质量标准，对建筑产品进行的外观进行目测，如墙面是否平直、水刷石墙面是否均匀、地面是否光洁密实等。

(2) 摸：是用手触摸检查建筑产品质量，如水刷石的黏结牢固程度、抹灰的平整度等。

(3) 敲：是运用工具进行对检测对象进行敲击检查，如对建筑物的工程面层、装饰工程的大理石镶嵌贴面等，通过敲击反馈声音的虚实确定有墙面无空鼓等问题。

(4) 照：是通过借助一定照明工具进行光线照射检查，如一些管线工程，可通过照射进行检查。

(5) 靠：是运用靠尺测量检测对象的平整度。例如对墙面和地面等要求具有一定平整度的工程项目施工内容，可通过靠尺进行检查。

(6) 吊：是用吊线来测量垂直度。实践中，工程检测人员可用托线板紧贴测量面以线锤吊线的方法来检查工程质量。

(7) 量：是借助量具丈量检查，如用尺量墙体厚度、用百格网量砌筑砂浆混合度等。

(8) 套：是以方尺套方，辅之以塞尺进行检查。如对阴阳角方正、预制构件方正、门窗口对角线等。在建筑工程项目质量检查实测中，旧型直角方尺只能测量室外大角和室内阴角，新型直角方尺不仅具有现有直角方尺的功能，而且还可以测量室内由门、窗洞口构成的小阳角。

12.5 建筑企业质量保证体系

12.5.1 建筑企业质量保证体系的含义

ISO 9000：2000 质量管理体系中的“质量保证”定义是指：质量管理中致力于对确保产品达到质量要求而提供信任的工作。中华人民共和国国家标准《质量管理体系基础和术语》(GB/T 9000—2000)的质量保证定义：质量保证是质量管理的一部分，致力于提供质量要求会得到满足的信任。

质量保证体系(Quality Assurance System，QAS)是指企业以提高和保证产品质量为目标，运用系统方法，依靠必要的组织结构，把组织内各部门、各环节的质量管理活动严密组织起来，将产品研制、设计制造、销售服务和情报反馈的整个过程中影响产品质量的一切因素统统控制起来，形成的一个有明确任务、职责、权限，相互协调、相互促进的质量管理的有机整体。

建筑企业的质量保证体系是为使项目关系人确信该项目将能达到有关质量标准，而在质量管理体系中开展的有计划、有组织的全部活动，即在执行项目质量计划过程中所开展的一系列经常性的项目质量评估、项目质量核查与项目质量改进等方面工作的总称。

质量保证体系的建立和维护是建筑企业质量管理的第二阶段，它可以确保质量计划得以顺利执行，最终可以交付高质量的产品和服务。在工程项目质量管理中，提供相应的质量保证是非常重要的，与质量计划、质量控制、质量改进相比，质量保证属于整个项目质量管理活动的核心，它指导其他 3 个质量管理活动的顺利实施。质量保证是建筑企业工程项目质量管理的重要内容和过程，对于建筑企业保证质量计划的顺利执行以及最终可以交付符合质量要求的产品和服务，提供相应的质量保证是非常重要的。质量保证是建筑企业质量管理活动的核心，企业建立科学的质量管理体系是实现质量保证最有利的方法，而采用质量评审和质量认证是提高质量管理水平的有效途径。

12.5.2 建筑企业工程项目质量保证的分类

(1) 按保证的目的分：内部质量保证和外部质量保证。内部质量保证是向工程项目的管理者提供信任的一种保证形式；外部质量保证体系是针对工程项目关系人对质量管理产生的疑惑，使其确信该项目能达到工程质量标准的一种质量保证活动。

(2) 按保证的对象分：目标质量保证、过程质量保证和项目最终交付物的质量保证。目标质量保证是确保工程项目最终产品性能可以满足顾客需求的一种质量保证活动；过程质量保证是针对工程项目实施过程中各个环节开展的一种质量保证活动；项目最终交付物的质量保证是防止交付不合格产品的一种质量保证活动。

(3) 按落实保证的方式分：项目质量管理体系保证和项目实施要素保证体系。工程项目质量管理体系是事前根据具体项目管理的要求所建立的组织结构、质量管理程序、过程和资源的保证活动；项目实施要素保证体系是主要针对影响工程项目实施要素所开展的一种质量保证活动。

建筑企业的项目质量保证是为了使项目关系人确信该项目将能达到有关质量标准，而

在质量管理体系中开展的有计划、有组织的全部活动，即在执行项目质量计划过程中所开展的一系列经常性的项目质量评估、项目质量核查与项目质量改进等方面的工作。

12.5.3　建筑企业质量保证体系的建立与运行

质量保证体系是为适应外部质量保证要求，在企业质量管理体系基础上建立的质量体系。质量保证体系的建立过程主要包括以下内容。

1. 建筑企业质量保证体系的建立

1)　建立建筑企业质量保证机构

建筑企业应根据施工项目的类型和特点，建立相应的质量责任制度，使各项质量保证工作均有对应归口的管理部门。由企业负责人(经理)任命质量保证总工程师，并呈报上级主管部门和第三方质量监督机构。由保证总工程师任命项目的质量保证工程师或技术负责人，并报企业所在地和工程项目所在地的第三方质量监督部门备案。

2)　选择质量保证模式

建筑企业总工程师和项目质量保证工程师组织有关人员，根据工程项目所处的合同环境条件及所承担主要工程产品的任务的特点，选定质量保证模式和确定质量体系要素。

3)　编制质量保证体系相关文件

建筑企业总工程师和项目质量保证工程师组织各有关部门人员，根据所选定的质量保证模式、质量体系要素的分解及其证实程度、质量职能展开与落实等方面的情况，编制以质量保证手册为主的质量保证体系文件。

4)　健全配套管理制度

根据质量保证工作的要求，要在原各专业的规章制度的基础上，建立健全相应的质量保证制度和相关规定。其建立的原则是必须与质量保证手册规定相一致，以质量保证手册能够有效贯彻和实施为前提。

2. 建筑企业质量保证体系的运行

质量保证是一种具有事前性和预防性的质量管理工作，它既不同于一般的质量控制工作的概念，又不同于一般的保证质量概念。它包括 4 个阶段：计划(Plan)—实施(Do)—检查(Check)—处理(Action)。

(1)　计划阶段。计划即确定质量管理的方针、目标，以及实现方针、目标的措施和行动计划；质量保证体系主要内容是制定质量目标、活动计划、管理项目和措施方案。步骤如下。

①　找出存在的质量问题。

②　分析产生质量问题的各种原因和影响因素。

③　找出质量问题的主要原因。

④　针对造成质量问题的主要原因，制定技术措施方案并具体落实。

(2)　执行阶段。实施(Do)包含计划行动方案的交底和按计划规定的方法及要求展开的施工作业技术活动；就是将指定的计划和措施，具体组织实施，这是质量管理循环的第二步。

(3)　检查阶段。检查(Check)就是对照计划，检查执行的情况和效果，包括检查是否严格执行了计划的行动方案和检查计划执行的结果；主要是在计划执行过程中或执行之后，检查执行情况，是否符合计划的预期结果。也是质量管理循环的第三步。

(4) 处理阶段。处理(Action)以检查结果为依据，分析检查的结果，总结经验，吸取教训。

【案例分析】房屋及市政工程质量问题分析实例三则

案例资料：2014 年 8 月，住房和城乡建设部(下面简称“住建部”通报了 2013 年至 2014 年 8 月房屋市政工程质量及转包违法案例的查处情况，如表 12-6 所示(节选整理)。

表 12-6 违法案例

序号	工程项目及其质量问题	违法违规行为	处理结果
1	2013 年 3 月，安徽省桐城市盛源财富广场一期工程，在混凝土浇筑施工中发生模板坍塌事故	(1)建设单位未取得施工许可证即开工建设； (2)施工单位将架体施工非法分包给个人，租赁不合格建材进行违规搭设； (3)施工单位未按规定配备项目管理人员，未编制模板支架专项施工方案，并违反技术规程浇筑混凝土； (4)监理单位未按规定对模板支架进行验收，口头同意该部位混凝土浇筑施工	(1)吊销施工企业资质证书和安全生产许可证； (2)吊销项目经理的执业资格证书和安全生产考核合格证书； (3)吊销施工企业法定代表人、项目安全经理、专职安全员的安全生产考核合格证书
2	2014 年 7 月，住建部建设工程质量安全监督执法检查组抽查江西省抚州市景泰凯旋城 8#楼工程项目	(1)施工企业非法转借施工资质证书； (2)施工企业违法分包，将劳务作业分包给无资质自然人承揽； (3)施工现场实际绑扎的受力钢筋，不符合设计文件的要求； (4)受力钢筋搭接焊等未进行工艺试验； (5)悬挑卸料钢平台未设置保险绳，未设置限重标识牌； (6)脚手架连墙件设置违反国家强制性标准规定	检查组对工程项目下发执法建议书，令地方建设行政主管部门对相关责任企业和人员依法实施行政处罚
3	2014 年 7 月，住建部建设工程质量安全监督执法检查组抽查云南省玉溪市棋阳社区三组综合用房施工项目	(1)项目施工总承包单位存在转包行为； (2)部分梁柱节点核心区及楼梯梁板施工不符合设计要求； (3)未对混凝土结构子分部工程进行验收； (4)未按标准规范要求进行施工升降机基础支撑结构承载力验算及安装前验收	检查组对工程项目下发执法建议书，令当地住房和城乡建设行政主管部门对相关责任企业和人员依法实施行政处罚

问题：

1. 上述案例反映建筑企业质量管理存在哪些问题？
2. 这些问题表明工程项目质量受哪些因素影响？

3. 谈谈案例给你的启示。

本章小结

由于建筑产品生产、使用周期长并与人们的生活息息相关，使得建筑商品的质量为社会普遍关注，建筑企业的质量管理意义重大。建筑企业质量管理是要在保证工期，控制工程项目成本的前提下，完成建筑产品施工生产任务，向用户提供满意的商品或服务。本章主要介绍质量与质量管理的基本含义，质量管理的发展沿革；建设工程项目质量控制过程及影响因素；建筑企业质量管理方法与工具；建设工程项目质量检查与验收的内容、标准、过程与方法；建筑企业质量保证体系的建立与运行。

习　题

一、名词解释

质量　质量管理　建设工程项目质量控制　排列图　分类法

二、选择题

1. 狭义的质量是指(　　)

A. 工作质量　B. 工程质量
C. 产品本身所具有的特性　D. 产品的性能

2. 因果分析图又称(　　)，是用来寻找质量问题产生原因的有效工具。

A. 排列图　B. 直方图　C. 控制图　D. 鱼刺图

3. 隐蔽工程验收中的管线工程不包括(　　)

A. 支撑房屋荷载的构造工程　B. 电器回路工程
C. 给排水、煤气管道工程　D. 空调系统

三、问答题

1. 质量管理理论与实践的发展主要经历了哪 3 个阶段？
2. 建筑企业要做好质量管理工作，需要重视哪些基础工作？
3. 建设工程项目质量控制的影响因素主要有哪些？
4. 简述常用的工程质量外观检查方法。
5. 建筑企业如何建立质量保证体系？
6. 工程质量验收的最小单位是什么？其合格质量应符合哪些规定？
7. 简述《建筑工程施工质量验收统一标准》(GB 50300—2013)新标准修订的内容。
8. 试述建筑企业通常应采取的成品保护措施。

第 13 章　建筑企业安全与环境管理

【学习要点及目标】

- 了解建筑企业安全管理的意义
- 掌握建筑企业安全管理的内容
- 熟悉建筑企业安全管理法律、法规及相关规章制度

【核心概念】

建筑企业安全管理　文明施工　5S 管理

【引导案例】 武汉市“东湖景园”建筑工地电梯坠落事故(有删减)

2012 年 9 月 13 日，武汉东湖风景区“东湖景园”在建楼 C 区 7-1 号楼建筑工地，一台施工升降机在升至 100m 处时发生坠落事故，事故造成梯内准备进场作业的施工人员 19 人死亡。事故发生时正是工人上工时间。出事升降机为铁丝网全封闭结构。升降机在上升过程中突然失控，直冲到 34 层顶层后，钢绳断裂，失去钢绳约束的升降机就像自由落体一般直坠地面。事故导致当时在升降机里的 19 人全部遇难。遇难的 19 人都是建筑工地的粉刷工人，其中 17 人来自一个施工小队，另外 2 人来自另一施工小队。

据当时在场的工友称，该处施工单位为湖北祥和建设集团有限公司，出事电梯和塔吊都是租用的，这一施工工地从 2011 年 7 月开建，这次的粉刷作业时间预定为 2 个月。

事故调查查明：该升降机超期超载出事的升降机超出有效期限工作 3 个多月，此外，登记牌上标注了该升降梯核定人数是 12 人，而事故现场升降机内有 19 名工人，属于严重超载。

13.1 建筑企业安全管理概述

安全管理是运用现代安全管理原理、方法和手段，分析和研究影响企业安全生产的各类因素，采取有效措施消除各种影响安全生产的这些因素，防止安全事故的发生，保证生产任务完成的一系列管理活动的总称。

建筑企业安全管理是建筑企业生产管理的重要组成部分，是指对建筑企业承担的各类工程项目，通过计划、组织、指挥、协调和控制等管理职能，有效预防和消除施工安全事故隐患，保证现场施工人员的生命安全和企业财产不受损失，并保证工程项目的顺利进行的各类管理活动。

13.1.1 建筑企业安全管理的特点

建筑企业安全管理要根据工程项目的特点相应制定有效的管理措施，为项目的施工提供必要条件。由于施工过程存在工程技术复杂，需要多工种配合完成，而且生产时间长、现场工作条件较差的情况，因此安全管理难度大，管理责任重大。

建筑企业安全管理与整个社会的科技水平、安全管理制度体系的完善与否有密切关系。在建筑企业生产过程中，施工现场是企业施工作业人员、各类施工设备、材料物资集中的场所，而且又是作业区域，管理环境复杂多变，许多施工安全事故都发生在施工现场。因此，施工现场安全管理是建筑企业安全管理的重点和难点。

建筑企业施工安全管理的主要特点如下。

1. 目的性

建筑企业安全管理的目标是保障施工人员和施工设备、设施的生命财产安全，保证施工任务的如期完成。因此，建筑企业的施工生产必须将安全管理放在重要位置，管理工作须确定明确的施工安全管理目标。建筑企业及相关组织在签订工程承包协议或经济合同时，要将安全管理目标与质量目标、工期目标和成本目标等放到同等地位，以便企业生产目标的顺利实现。

2. 动态性

施工安全管理是一个动态的全过程管理。工程项目施工现场往往是多个工种的不同的工作面同时施工作业，管理环境复杂多变。现场施工的安全管理工作是保证企业施工生产顺利进行的重要环节，因此，建筑企业管理者需要根据现场施工和安全环境不断地调整和完善管理方案，各个管理机构的安全管理人员要对施工安全跟踪检查，坚持“安全第一”的原则，及时采取有效的措施预防、减少和及时处理施工安全隐患或险情。

3. 责任性

建筑企业施工安全管理工作必须制定明确的施工安全管理责任制度，建立以项目经理为责任核心，以各职能部门和有关人员专项负责的责任制度体系，教育员工认识到安全管理的重要意义，认识到施工安全问题关系到施工现场及周围区域人员的生命安全和财产安全，明确施工现场每个人和各职能部门应尽的权利和义务。施工现场要严格执行各项安全责任制度，尽可能减少和避免施工安全事故的发生。

4. 系统性

施工现场安全管理涉及施工生产作业的每一个环节，与建筑企业的人、财、物的合理使用和经营管理系统的运行关系密切，所以，必须做好施工方案的审核和安全防护设计工作，从技术、组织和管理等方面保证施工生产的安全性。同时，企业还要加强现场作业人员的安全教育，增强其自我保护意识，建立健全企业的安全管理责任制，认真执行国家、行业及企业的安全生产法律法规，以减少施工安全事故的发生。

5. 专业性

建筑企业的施工安全管理有很强的专业性，必须结合各项施工作业的特点和技术要求，用科学的方法有效地预防和控制不安全因素，加强和完善现场安全技术管理，健全安全防护措施，提高作业人员的技术操作水平和自我行为控制能力，并制定和完善相应的机械、设备和材料的专人负责管理制度。

6. 全过程

施工安全管理工作涉及工程实施的每个工序和工种，随时随地都有发生施工安全事故的可能性，只有在整个建筑产品施工的全过程每个环节都注重安全管理工作，才能保证施工生产的顺利进行。企业施工生产过程中，尤其要妥善处理上道工序与下道工序之间的衔接和配合，使上道工序为下道工序的顺利生产服务，减少安全事故的隐患，使工程项目施工有秩序地进行。

13.1.2　建筑企业安全管理的原则

1. 安全第一

“安全第一”表明生产范围内安全与生产的关系，强调安全在生产活动中的位置和重要性。在建筑企业安全管理中过程，要坚持“安全第一”的原则，施工生产必须建立在安全的基础上。企业的全体人员在整个工程项目生产过程的各阶段，应严格遵守各项安全管理制度规定，保证一切与生产有关的机构、人员都必须参与安全管理各环节，并承担安全责任。

2. 管生产必须管安全

安全管理应贯穿于生产之中，并对生产发挥促进与保证作用。在企业生产过程中，两者存在着密切的联系，存在着进行共同管理的基础。

在建筑企业施工生产过程中，由于工程量大、工期紧，一些管理人员往往只重视生产而轻视安全管理，一些安全隐患得不到及时的处理，最终导致安全事故发生。为此，建筑企业的施工安全管理应贯穿整个工程项目施工全过程，要针对施工现场实际情况，对施工中可能遇到的安全问题、不安全因素认真分析研究，及时制定有效的方案和措施加以贯彻落实。

安全管理对生产发挥促进与保证作用是人人都承认的道理。但在实践中，由于时间、人员、财力投入等原因，安全管理与生产虽有时会出现矛盾。

应当强调的是，由于安全管理、生产管理的目标具有高度的一致性和统一性，建筑企业管理人员既要管生产，又要管安全，这不仅需要建筑企业管理人员自身首先明确安全管理责任，同时也要加强教育与监督，要求一切与生产有关的机构、人员明确其业务范围内的安全管理责任。一切与施工生产有关的机构、人员，都必须参与安全管理并在管理中承担责任，那些认为安全管理只是安全部门的事的认识和说法是片面的、错误的，并且这种认识在实际生产中会带来安全隐患，甚至导致安全事故的发生，是很危险的，应严令禁止。

3. 预防为主

建筑企业安全管理是要在施工生产活动中，针对生产的技术经济特点，对涉及安全生产各因素预先采取管理措施，有效地控制不安全因素的发生，把可能发生的安全问题消灭在萌芽状态，才能更有效地保证生产活动中人的生命安全与健康。要搞好安全管理，应坚持预防为主的原则，防患于未然，着眼于事先控制。从施工开始阶段，就要把人、财、物多方面综合加以考虑，要有专门的机构和人员负责抓安全工作，要相应地安排安全设备和必要的安全设施。

贯彻预防为主的原则首先需要端正对生产中不安全因素的认识，端正消除不安全因素的态度，在安排与布置生产内容的时候，针对施工生产中可能出现的危险因素。采取措施予以消除。在施工生产活动过程中，有关人员要经常检查、及时发现不安全因素，采取措施，明确责任，尽快地、坚决地予以消除，是安全管理应有的正确态度。

4. 动态管理

建筑企业安全管理贯穿项目施工全过程。施工安全问题要贯穿整个施工全过程，事先要做充分的调查研究，针对现场实际情况，对施工中可能遇到的安全问题、不安全因素及时处理，结合施工方案，采取有效对策。建筑企业安全管理不只是安全管理部门的事，而是整个建筑企业的事，安全管理涉及建筑企业生产经营活动的方方面面，贯穿施工项目到从开工到竣工交付使用的全部生产过程、全部的生产时间和一切变化着的生产因素。因此，必须坚持全面、全过程的动态安全管理。

5. 目标控制

建筑企业安全目标是在项目施工过程中，安全工作所要达到的预期效果。建筑企业安全目标应根据项目施工的特点制定，应具有先进性和可行性。建筑企业的安全目标主要包括：项目施工过程控制伤亡事故发生的指标、控制交通安全事故的指标等。

建筑企业安全管理的内容是对生产经营过程各因素的全面管理，有效控制人的不安全行为和设备的不安全状态，消除或避免事故，达到保护劳动者的安全与健康是其管理的明确目标。没有明确目标安全管理是一种盲目行为。盲目的安全管理只能算作花架子，劳民伤财，危险因素依然存在。在一定意义上，盲目的安全管理，只能纵容威胁人的安全与健康的状态向更为严重的方向发展或转化。

13.1.3　建筑企业安全管理要素

建筑企业施工生产流动性大，涉及作业人员的工种繁多，加之许多作业常年处于露天环境中，高空、地下、立体交叉作业多，小面积多工种作业和重体力劳动相互掺杂，因此施工中的不安全因素比其他行业企业多，发生安全事故的危险性较大。

依据建筑企业生产要素的不同，其安全管理主要涉及要素有以下几点。

(1) 劳动者。涉及劳动者安全管理的内容包括依法制定有关安全的政策、法规，给劳动者的劳动安全、身体健康以法律的保障，约束、控制劳动者的不安全行为，消除或减少主观的安全隐患。

(2) 劳动手段与劳动对象。涉及劳动手段与劳动对象安全管理的内容包括改善施工工艺、改进设备性能，制定消除和控制生产过程中可能出现的危险因素，避免损失扩大的安全技术保证措施。

(3) 劳动条件。涉及劳动条件安全管理的内容包括采取必要的医疗、保健、防护措施，防止、控制施工中的高温、严寒、粉尘、噪声、震动、毒气、毒物对劳动者安全与健康的影响。

13.1.4　建筑企业安全管理的内容

建筑企业安全管理的对象是企业施工生产中劳动者、劳动对象、作业环境，其安全管理的主要内容是组织实施企业安全管理规划、指导、检查和决策，保证生产处于最佳安全状态的根本环节。

1. 贯彻安全生产的法律法规

我国第一部规范建设工程安全生产的行政法规《建设工程安全生产管理条例》(以下简称《条例》)，是由国务院颁布并于 2004 年 2 月 1 日起施行的，它对规范和增加参与工程建设活动各方主体的安全行为和安全责任意识，提高政府安全生产监管水平，减少建设工程安全事故发生，保障施工企业人员的生命财产安全做了明确规定。

建筑企业安全管理的主要内容是要在贯彻和执行国家安全生产法规的基础上，制定符合本企业生产经营特点的安全规章制度与管理办法，作为指导企业安全生产规范化的标准和依据并落实到具体的管理措施中。

2. 建立健全安全组织及责任体系

要实现建筑企业的安全生产必须有组织保证，因此必须建立企业管理各层级的安全管理组织机构，健全安全管理机构部门设置，配备专职安全管理人员，制定安全生产责任制并贯彻落实，通过有效的组织工作，确保施工项目的安全生产和各生产作业人员、设备的安全。

3. 进行安全教育，执行安全管理制度

建筑企业的安全教育主要包括对员工的安全生产意识、安全生产知识、机械设备安全使用常识等相关技能 3 个方面的教育。其中安全生产意识教育包括方针政策教育、劳动纪律教育；安全知识教育包括定期的安全培训及安全基本知识教育，施工生产工艺方法的培训；安全技能教育包括各专业的特点、安全操作、安全防护的基本技术知识教育，对操作者熟悉本工种、岗位安全技能知识以及特殊作业人员安全技术培训等，安全技能教育要坚持考试合格、持证上岗制度，以提高职工的安全意识、安全知识水平，掌握安全操作技能，贯彻安全技术措施、组织措施。

建筑企业要建立健全安全管理制度，教育员工自觉遵守安全制度，严格按照安全操作规程进行生产，预防安全事故的发生。

4. 加强施工生产安全检查和安全考核

安全检查是对建筑企业施工作业中采取的安全措施的实施情况，安全生产防护中的薄弱环节，安全纪律及规章制度的执行情况，作业劳动安全条件等进行检查。其目的是发现问题加以改进，总结经验加以推广，提高安全管理水平。通过安全检查，可以发现施工中不安全的因素，以便及时采取措施，保障安全生产。同时，将检查与考核评比相结合，有利于调动员工实施安全生产和对安全问题的整改的积极性。

5. 组织开展安全生产技术研究

安全管理是一门学科，建筑企业管理者应重视安全生产方面的科学研究，以掌握有关的科学知识和规律。工程技术人员和生产作业人员应熟练掌握安全生产技术，以及时发现、寻找威胁安全生产的危险源，确定分析重大危险因素，以制定合理的对策。另一方面，对于每一个生产环节，各类管理组织要认真贯彻执行进行安全技术交底制度。管理者在生产过程应及时发现有损员工身体健康和人身安全的各种因素，制定应急预案措施，防止突发性事件，安全生产科学化，不断提高安全生产保障水平。

13.2 建筑企业安全管理制度与措施

13.2.1 建筑企业安全管理组织制度

2014 年 6 月 25 日，经国家住房和城乡建设部第 13 次部常务会议审议通过发布，于 2014 年 9 月 1 日起施行的《建筑施工企业主要负责人、项目负责人和专职安全生产管理人员安全生产管理规定》(以下简称“规定”)对建筑企业各类安全管理人员的考核、安全责任、监

督管理以及法律责任做出了明确规定。

“规定”指出：在中华人民共和国境内从事房屋建筑、市政基础建设活动的建筑施工企业的“安管人员”都应参加相关安全生产考核，履行安全生产责任，对其实施安全生产监督管理。

1. 建筑企业安全管理人员的资质获取

在建筑企业从事安全管理人员应当通过其受聘企业，向该企业的注册所在地的省、自治区、直辖市人民政府住房城乡建设主管部门(以下简称考核机关)申请安全生产考核，并取得安全生产考核合格证书。

申请参加安全生产考核的人员，应当具备相应文化程度、专业技术职称和一定安全生产工作经历，与企业确立劳动关系，并经企业年度安全生产教育培训合格。

安全生产考核包括安全生产知识考核和管理能力考核两大方面。其中安全生产知识考核内容包括建筑施工安全的法律法规、规章制度、标准规范，建筑施工安全管理基本理论等；安全生产管理能力考核内容包括建立和落实安全生产管理制度、辨识和监控危险性较大的分部分项工程、发现和消除安全事故隐患、报告和处置生产安全事故等方面的能力。

对安全生产考核合格的人员，考核机构应当在 20 个工作日内核发安全生产考核合格证书，并予以公告；对考核不合格的人员，考核机构应当通过安全管理人员所在企业通知本人并说明理由。

安全生产考核合格证书有效期为 3 年，该证书在全国范围内有效。

2. 安全生产考核合格证书的使用与变更

安全生产考核合格证书有效期届满需要延续的，持证人员应当在有效期届满前 3 个月内，由本人通过受聘企业向原来考核机关申请证书延续。准予证书延续的，证书有效期延续 3 年。

持证人员在证书有效期内，没有因生产安全事故或者违反本规定受到行政处罚，信用档案中无不良行为记录，且已按规定参加企业和县级以上人民政府的住房城乡建设主管部门组织的安全生产教育培训的，考核机构应当在受理延续申请之日起 20 个工作日内，准予证书延续。

持证人员变更受聘企业的，应与原聘用企业解除劳动关系，并通过新聘用企业到考核机关申请办理证书变更手续。考核机关应当在受理变更申请之日起 5 个工作日内办理完毕。

持证人将安全生产考核合格证书遗失后，应及时在公共媒体上声明作废，并通过其受聘企业向原来考核机关申请补办，考核机关应当在受理申请之日起 5 个工作日内为其办理。

持证人不得涂改、倒卖、出租、出借或者以其他形式非法转让安全生产考核合格证书。

3. 建筑企业安全管理人员的责任

建筑企业主要负责人要对本企业安全生产工作全面负责，负责建立健全企业安全生产管理体系，设置安全生产管理机构，配备专职安全生产管理人员，保证安全生产投入，督促检查本企业安全生产工作，及时消除安全事故隐患，落实安全生产责任。

建筑企业主要负责人应与项目负责人签订安全生产责任书，确定项目安全生产考核目标、奖惩措施，以及企业为项目提供的安全管理和技术保障措施。建筑企业承包的工程项目属于总承包经营方式的，总承包企业应当与分包企业签订安全生产协议，以明确双方安全生产责任，总承包企业项目负责人应当定期考核分包企业安全生产管理情况。

建筑企业主要负责人应按规定检查企业所承担的工程项目，考核项目负责人安全生产管理能力。发现项目负责人履职不到位的，应当责令其改正；必要时，调整项目负责人。检查情况应当记入企业和项目安全管理档案。

建筑企业的施工项目负责人应当对本项目安全生产管理全面负责，建立健全项目安全生产管理体系，明确项目管理人员安全职责，落实安全生产管理制度，确保项目安全生产费用有效使用。项目负责人应当按规定实施项目安全生产管理，监控危险性较大分部分项工程，及时排查、处理施工现场安全事故隐患，隐患排查处理情况应当记入项目安全管理档案；发生事故时，应当按规定及时向有关部门和机构报告事故情况并立即开展现场救援。

建筑企业应设立专职的安全管理机构，在工地设立专职安全员，在班组应设兼职安全员，建立一个完整的安全施工生产保证体系。其中，专职安全管理机构主要负责贯彻执行国家有关安全施工的法律法规，贯彻企业安全管理规章制度和上级有关规定，协助部门领导贯彻“安全第一，预防为主”的方针，组织和推动施工中的各项安全管理工作。

依据分工的不同，建筑企业各类安全管理人员的职责包括以下几点。

(1) 项目经理安全职责。

认真贯彻安全生产方针、政策、法规和各项规章制度，制定和执行安全生产管理办法，严格执行安全考核指标和安全生产奖惩办法，严格执行安全技术措施审批和施工安全技术交底制度；定期组织安全生产检查和分析，针对可能产生的安全隐患制定相应的预防措施；当施工过程中发生安全事故时，项目经理必须按安全事故处理的有关规定和程序及时上报和处置，并制定防止同类事故再发生的措施。

(2) 安全员安全职责。

落实安全设施的设置；对施工全过程的安全进行监督，纠正违章作业，配合有关部门消除安全隐患，组织安全教育和全员安全活动，监督劳保用品质量和正确使用。

(3) 作业队长安全职责。

工程项目施工作业队长应向作业人员进行安全技术措施交底，组织实施安全技术措施；对施工现场安全防护装置和设施进行验收；对作业人员进行安全操作规程培训，提高作业人员的安全意识，避免产生安全隐患；当发生重大或恶性工伤事故时，应保护现场，立即上报并参与事故调查处理。

(4) 班组长安全职责。

工程项目施工中的作业班组长安全职责包括：在安排施工生产任务时，向本班组各工种作业人员进行安全措施交底；严格执行本班组各工种安全技术操作规程，杜绝违章指挥；在作业前应对本次作业所使用的机具、设备、防护用具及作业环境进行安全检查，消除安全隐患，检查安全标牌是否按规定设置，标识方法和内容是否正确。

(5) 操作工人安全职责。

从事作业的操作人员应认真学习并贯彻执行安全技术操作规程，不违章作业；自觉遵守安全生产规章制度，执行安全技术交底和有关安全生产的规定；服从安全监督人员的指导，积极参加安全活动；爱护安全设施；正确使用防护用具；对不安全作业提出意见，拒绝违章指挥。

4. 建筑企业安全检查

建筑企业安全生产管理机构专职安全生产管理人员应当检查在建项目安全生产管理情况，重点检查项目负责人、项目专职安全生产管理人员履责情况，处理在建项目违规违章行为，并记入企业安全管理档案。

工程项目专职安全生产管理人员应当每天在施工现场开展安全检查，现场监督危险性较大的分部分项工程安全专项施工方案实施。对检查中发现的安全事故隐患，应当立即处理；不能处理的，应当及时报告项目负责人和企业安全生产管理机构。项目负责人应当及时处理。检查及处理情况应当记入项目安全管理档案。

建筑企业应根据实际情况，加强安全管理的机构建设。建筑施工企业安全生产管理机构和工程项目应当按规定配备相应数量和相关专业的专职安全生产管理人员。危险性较大的分部分项工程施工时，应当安排专职安全生产管理人员现场监督。

13.2.2　建筑企业安全教育制度

建筑施工企业应当建立安全生产教育培训制度，制订年度培训计划，定期对安全管理人员和生产作业人员进行安全知识培训和考核，考核不合格的，不得上岗。同时，企业相关人员的培训情况应当记入企业安全生产教育培训档案。

建筑企业安全教育制度是其安全管理制度的重要组成部分，其内容主要包括以下几点。

(1) 安全思想教育：安全管理重要性的认识。包括学习国家有关法律法规，安全施工管理条例等。

(2) 安全技术、工业卫生的科学知识教育。

(3) 典型经验和事故危害的教育。

(4) 安全法律法规教育。

根据人员所处的建筑企业管理层级的不同，安全教育培训的内容也不相同。

(1) 项目经理部。主要培训安全生产法律、法规、制度和安全纪律培训，典型安全事故案例分析。

(2) 施工作业队。对所承担施工任务的特点的了解，施工安全基本知识、安全生产制度及相关工种的安全技术操作规程的学习；机械设备和电器使用方法、高处作业安全基本知识；学习防火、防毒、防爆、防洪、防尘、防雷击、防触电、防高空坠落、防物体打击、防坍塌、防机械伤害等知识。

(3) 班组安全教育培训。本班组作业特点的认识，安全操作规程、安全生产制度及纪律学习；正确使用安全防护装置(设施)及个人劳动防护用品知识；本班组作业中的不安全因素及防范对策、作业环境及所使用机具安全操作要领。

建筑企业对员工进行安全教育与训练，能增强其的安全生产意识，使其掌握安全生产知识，有效地防止作业中的不安全行为。另一方面，由于建筑企业的农民工较多，要重视对农民工的安全教育，对他们进行培训考核后才允许其上岗。要建立农民工培训档案制度，在他们换工种、换岗位、换单位都要先培训、后上岗，以确保施工安全。

在建筑企业的安全教育培训的实施方面，首先，要教育企业员工在思想上重视安全生产，认清安全生产的重要意义。其次，要在向员工传授安全生产的基本知识，使之掌握操作过程中的安全生产要领，这是做好安全管理，保证安全生产的基础。最后，安全教育要制度化，对新进入企业的员工要集中进行安全生产教育培训，确保他们在进入工作岗位前，接受系统规范的安全操作的教育。

13.2.3 建筑企业安全技术制度

施工安全管理是一项技术性很强的工作，建筑企业各级管理人员需要在施工生产过程中，通过建立健全各项技术管理制度，以各项具体的管理措施来实现其安全管理目标。

2014 年 7 月 31 日，中华人民共和国住房和城乡建设部为加强建筑业企业施工安全生产管理，落实安全生产主体责任，规范建筑施工安全生产标准化考评工作，制定了《建筑施工安全生产标准化考评暂行办法》。对建筑企业安全生产、项目安全考评及相关奖惩都做了具体规定。

依据建筑产品生产过程的不同阶段，建筑企业有关安全生产方面的技术管理制度如下。

1. 施工准备阶段安全管理制度

在建筑企业承担的工程项目尚未开始施工之前，为保证安全生产，需要做好以下各项准备工作。

1) 技术准备

技术准备制度的建立健全是保障建筑企业在承担的工程项目施工过程中，按照相关技术规范、操作规程进行的前提，企业在其生产经营活动中应重视这一制度的落实。具体应做好以下几点。

(1) 了解工程设计对安全施工的要求。考虑施工安全操作和防护的需要，仔细了解对涉及施工安全的重点部位和环节在设计文件中的说明。

(2) 调查工程项目所在区域的自然环境。如包括水文、地质、气候等，了解施工区域内各项地下设施、管道、电缆的分布情况，评估自然环境对施工安全的影响。

(3) 如属于改扩建工程项目，建筑企业的施工与建设单位生产和使用的设施发生交叉作业，可能造成双方设施、人员伤害时，双方应签订安全施工协议，明确双方责任。

(4) 优化施工组织设计，编制科学有效的安全技术措施，严格执行并履行相关审批手续，报送安全管理部门备案。

2) 物资准备

物资准备是保证建筑企业安全生产需要的基础，其具体内容应包括以下几点。

(1) 组织供应施工生产过程中需要的、品种规格齐全且质量合格的安全防护用品，如安全帽、安全带、安全网等。

(2) 为各类特殊工种(如电工、焊工、爆破工、起重工等)作业使用的各类设备、器械、工具，并保证其技术性能、状态良好。

(3) 对各类建筑施工机具、设备，如起重机、卷扬机、电锯、平面刨、电气设备等进行定期检查与维护，检查各类机械设备的安全技术性能检测，确保各类安全防护装置齐全，制动装置性能良好，否则不允许进入施工现场。

(4) 准备各类施工周转材料，如脚手杆、扣件、跳板等。保证其质量合格，不符合安全要求的严禁在施工现场使用。

3)　施工场地准备

施工现场由于集中了各种生产要素，露天生产且多工种交叉作业频繁，安全管理面料的问题多、难度大。因此，建筑企业在施工场地的作业工作准备很重要，其主要内容如下。

(1)　按施工总平面图要求做好施工准备工作，检查各项安全生产设施的状况。

(2)　对现场各种临时设施特别是有关安全生产的重要设施，易燃易爆品建筑材料进行严格检查，按照国家有关安全各类规定和消防要求，经消防部门批准后方可生产。

(3)　按时检查各类电气线路，配电设备是否符合安全要求，有无安全用电防护措施。

(4)　保证施工现场场内道路通畅，交通标志齐备完好，对于通行危险区域设警示信号及标志，保证行人、车辆通行安全。

(5)　施工现场周围和陡坡、沟坑处设围栏、防护板，现场入口处设警示标志。

(6)　对于塔吊等起重设备安置与输电线路、永久及临时设施之间设计足够的安全距离，保证搭设脚手架、安全网的安全施工距离。

(7)　维护现场消防栓、灭火器材的使用性能，保证相关设施齐全、有效。

2. 施工现场安全管理制度

建筑企业的施工现场安全管理制度主要内容包括以下几点。

(1)　进入施工现场的所有人员必须戴安全帽，从事高空作业者必须系好安全带，施工现场应设置各类安全警告牌。

(2)　各类大型机电设备应实行专人操作、持证上岗制度，非专业人员不得动用这些设备。操作人员应经常检修维护这些设备。

(3)　严格遵守《施工现场临时用电安全技术规范》，定期对用电设施进行安全检查。施工现场用设施应由持有上岗证的专业电工负责操作和管理，无证人员不得操作。

(4)　加强对施工人员的防火安全教育和对现场消防器材的管理，配备齐全消防器材并使之安放在合适位置，保证消防器材随时可用的状态。

(5)　关注工程项目所在地的气象预报。根据天气变化制定措施，防止台风、暴雨、雷电、泥石流等自然灾害对企业安全施工生产的影响。

13.3　建筑企业施工现场环境管理

13.3.1　施工现场环境管理的意义

建筑企业施工现场运行的施工大型机械和车辆多来往频繁，隶属关系复杂而且作业时间长，对现场和临近区域的环境有一定程度的影响。因此，现场施工的环境保护十分必要。

由于建筑企业施工现场作业涉及机构、人员多，安全管理问题分部面广、政策性强。安全生产不仅涉及现场施工范围内的企业人员，而且关系到项目附近居民的工作、生活等各项活动，甚至关系到城乡社会经济、文化各项事业的发展，必须引起管理者足够重视。

有效的施工现场环境保护可保护建筑企业施工人员的身体健康，维护施工现场的秩序和清洁；保护施工企业及业主单位相关人员的生命财产安全；维护周边居民的健康和生活秩序，保证周边居民的生活质量、工作质量和学习质量；避免施工现场及周边区域的工程

事故发生的隐患，减少施工作业所产生的大气、水源、灰尘、噪声等对环境的污染。

一般情况下，由于施工活动可能给工程项目现场周围环境带来的影响主要有以下 3 点。

(1) 施工人员生活用水、用电、用气、排放垃圾、油烟等对周围环境所产生的影响。

(2) 施工中产生的噪声、灰尘、震动、泥浆、毒气、废液等污染物的传播和排放对周围环境造成的影响。

(3) 施工机械和车辆进出现场时所产生的车身污染、道路污染、泥土和泥浆外溢、滴漏等造成的对城市道路的污染。

13.3.2 施工现场环境保护的基本原则

建筑企业施工现场环境保护应遵循的基本原则如下。

(1) 制定施工现场的环境保护目标责任制。明确岗位目标和保护责任，定岗定责、责任到人。

(2) 及时检查及时处理。采取重点检查和定期检查的办法，及时落实环境保护的措施。

(3) 积极配合各级政府环境保护部门的环境管理工作和相关检查工作的开展。

(4) 贯彻国家及地方政府发布的有关环境保护问题的法律法规。

(5) 严格控制施工现场各种污染源的排放，最大限度地减少施工作业对环境的影响。

13.3.3 建筑企业施工现场环境保护内容

建筑企业在施工生产过程中，必须重视施工现场环境保护措施的制定与执行。在施工现场平面布置和组织施工过程中，要严格执行国家、地区、行业和企业有关防治空气污染、水源污染、噪声污染等有关环境保护的法律、法规和规章制度。如果建筑企业由于技术、经济条件限制，使其对环境的污染不能控制在规定范围内的，需要由建设单位与施工企业上报当地人民政府建设行政主管部门和环境行政主管部门，获得批准后方可施工。

1. 防治建筑垃圾带来的大气污染

在建筑企业承建的工程项目施工现场，各类垃圾渣土等建筑垃圾要及时清理出现场。清理建筑垃圾过程中尽量搭设封闭式专用垃圾道，外运垃圾采用容器吊运或将永久性垃圾道安装好以供施工使用，禁止作业人员随意抛撒建筑垃圾。

1) 施工现场道路防尘

施工现场道路尽量采用焦渣级配砂石、粉煤灰级配砂石、沥青混凝土或水泥混凝土等铺设，有条件的可利用永久性道路，并指定专人定期洒水清扫，形成制度，防止道路扬尘。

2) 建筑材料防尘

对于袋装水泥、白灰、粉煤灰等细颗粒散体材料应在库内存放，如在室外临时露天存放时，必须下垫上盖，严密遮盖防止扬尘；对于散装水泥、粉煤灰、白灰等细颗粒粉状材料，应存放在固定容器内，没有固定容器时，应设封闭式专库存放，并具备可靠的防扬尘措施；运输水泥等细颗粒粉状材料时，要采取遮盖措施，防止沿途遗洒、扬尘。卸运时应采取措施，以减少扬尘。

3)　施工生产用车辆的防尘措施

在施工现场门口做除尘处理。如铺设一段石子路，对驶出车辆做过筛清理；设置一段水沟冲刷车轮；实施人工清扫车轮、车帮等；严格控制挖土车辆不超载；车辆运行中尽量防止不猛拐刹车，以减少洒土；车辆卸载后注意及时关好车厢；给施工车辆安装 PVC 阀，对尾气排放超标的车辆安装净化消声设备；施工场区要及时清扫洒水，减少对周围环境的污染。

4)　工地搅拌站的降尘处理

有条件的可修建集中搅拌站，由计算机控制进料、搅拌、输送全过程，在进料仓上方安装除尘器，可使水泥、砂石中的粉尘大大降低。如采用在工地设置普通搅拌站，需先将搅拌站封闭严密，尽量不使粉尘外泄而污染环境，同时在搅拌机拌筒出料口安装活动胶皮罩，通过高压静电除尘器或旋风滤尘器等除尘装置将风尘分开净化达到除尘目的。

5)　其他施工设施的防污除尘

除有符合规定的装置外，应严禁在施工现场焚烧包括油毡、橡胶、塑料、皮革、树叶、枯草等会产生有毒、有害烟尘的物质。施工现场生活设施也应注意防污除尘，如饮水茶炉、锅炉等，尽量采用消烟除尘型产品。另外，在拆除施工现场旧有建筑物时，也应适当洒水，防止扬尘。

2. 噪声污染防治

1)　减少人为噪声

建筑企业的施工作业人员进入施工现场时，应禁止高声喊叫、乱吹口哨以及其他可能导致噪声的行为。企业应严格限制高音喇叭的使用，减少噪声扰民；在人口稠密区进行作业时，严格控制作业时间，每日晚 10 点到次日早晨 6 点之间停止强噪声作业。如确系工期紧急等特殊情况必须昼夜施工时，应尽量采取降低噪声措施，并与建设单位协调施工现场所在地区居委会、村委会或居民，协商解决问题。

2)　控制噪声源

建筑企业应采取有效措施控制各类噪声源，因为这可以从根本上降低噪声污染对施工项目所在地的影响。具体控制措施包括：选用低噪声设备和工艺代替高噪声设备与加工工艺来加工处理建筑材料和进行施工。如使用低噪声振捣器、风机、电动空压机、电锯等；在设备上安装消声器，如在通风机、鼓风机、压缩机、燃气轮机、内燃机及各类排气放空装置等进出风管的适当位置设置消声器；在传播过程中控制噪声，如采取吸声、隔声、隔振等方法处理、降低噪声。

3. 水污染防治

由于建筑企业的施工现场的生产用废水可能会对施工区域水体及相关环境造成污染，需要企业采取措施加强防治，任何建筑污水未经处理严禁直接排入城市污水管道或河流。例如：现制水磨石的污水，电石污水等须经沉淀后再排入城市污水管道或河流，可将施工中的沉淀水用于工地洒水降尘或采取措施回收利用。

施工现场使用的油料也可能导致水体污染，为此，建筑企业对于施工用油料的存放要加强管理。对于用量较大的油料，需要对库房地面进行防渗处理。如铺设防渗混凝土地面、铺油毡等方法，防止由于油料的跑、冒、滴、漏等造成的水体污染。

较大工程项目的施工现场，由于各类人员较多，现场人员就餐的食堂的污水排放也需设置简易有效的污水处理池，定期清掏废油和杂物，防止造成环境污染。

施工现场临时厕所应采取防渗漏措施，在城市施工现场的临时厕所可采取水冲式厕所，并采取防蝇、灭蝇措施以防止污染水体和周围环境。

需要强调的是，建筑企业对于施工用炸药、雷管、化学药品、有毒气体、各类施工用添加剂等要严格管理，妥善处置。要制定保管责任制，定期进行库存检查，防止因遗失、泄漏等原因造成环境污染和其他社会危害。

4. 建筑垃圾的回收与利用

在施工现场，建筑企业一方面要采用先进的生产方式，尽量减少各种建筑垃圾对环境的污染，另一方面通过及时对施工余料的回收与再利用来降低建筑垃圾的最终排放量。具体方法如下。

(1) 对建筑垃圾进行分类处理。砂、石类可作混凝土的骨料，碎砖头作回填料，落地灰、碎屑等经粉碎后作砂浆骨料，塑料桶、箱、盒、编织袋等可处理给废品收购站。

(2) 在混凝土搅拌机及冲刷集中的地方建贮水池、集水井及时回收废弃水，经沉淀处理后用于工程或冲刷。

(3) 在施工人员较多的大型工程项目的施工现场，可在工地厕所附近建沼气池，一方面对垃圾、粪便处理，另一方面还可用垃圾产生的沼气烧水、做饭和照明，不仅有效降低了生活垃圾造成的污染，还可降低施工成本。

13.4 文明施工组织

13.4.1 文明施工的概念

文明施工是指工程项目施工场地卫生、整洁，施工组织科学、规范、施工程序合理的一种状态。在这种状态下，建筑企业的项目施工有完整科学的施工组织设计，健全的施工管理系统和岗位责任制度；各工序衔接合理，工艺加工流程规范有序，各类材料、构件、半成品堆放整齐；各类施工机械设备机具状态良好，施工现场各种临时建筑设施布局合理，道路平整，利于施工材料运输。

文明施工是建筑企业按照施工生产的客观规律来从事施工生产活动，因而可以保持施工现场的高度秩序和规范，最大限度地减少对现场周围的自然环境和社会环境的不利影响，从而使企业施工生产能够顺利进行。文明施工不仅是建筑企业在施工现场规范有序的工作状态，也是在施工生产过程中现场施工人员的生产活动和生活活动必须符合正常的社会道德规范和行为准则。

13.4.2 文明施工的工作内容

总的来讲，文明施工的基本内容是在建筑企业施工生产和经营活动中，通过加强施工人员行为管理，科学合理地组织施工生产，保证现场施工紧张而有序；加强各施工组织之间的密切配合，减少不协调及矛盾产生；加强现场施工管理，以减少对周围环境的影响和干扰。

实践中，由于施工任务的不同，建筑企业现场文明施工的要求并无统一的条例，企业可按照实际情况和政府有关法规制定相关规章制度，以实现文明施工的目标。

一般来说，建筑企业文明施工的组织应包括以下几方面。

1. 确定文明施工的管理目标

根据国家、地方政府、行业等关于现场施工管理的有关法律、法规文件和管理办法，结合实际工程项目的设计、施工、自然情况以及有关重要施工程序的要求，来确定各个不同阶段的文明施工管理目标。如在基础施工阶段，必须根据基础施工的具体方案的不同来初定文明施工的实施目标，如现场施工的先后程序、机械摆放的位置及进出要求、泥土外运和泥浆排放的时间方式要求、机械震动及噪声的控制等，都必须制定切实有效的管理目标，以便及时控制和检查。

2. 建立健全文明施工的组织机构

建立以工程项目经理为责任中心，以各承包商和各专业施工队负责人为成员的项目现场文明施工领导组织机构，其中应包括主管生产的负责人、技术负责人以及质量、安全、材料、消防、环卫和保安等职能部门的负责人或工作人员。

3. 健全各项文明施工的管理制度

文明施工的实现需要制度保障，这些制度包括个人岗位责任制、经济责任制、奖惩制度、会议制度、专业管理制度、检查制度、资料管理制度等。建立健全文明施工管理制度可明确建筑企业各级负责人、有关职能部门管理人员和作业人员个人的文明施工的责任和义务，通过对企业员工的文明施工教育和培训，保证现场各类生产作业人员、管理人员从思想上、行动上、组织上和技术上重视文明施工，提高现场文明施工的管理水平。

13.4.3　文明施工的组织实施

1. 搞好施工现场场区管理

工程项目的施工现场场区管理应当是设备完备布局合理，施工材料摆放有序，厂区面貌整洁合理。为此，建筑企业具体应做好以下工作。

(1) 施工现场主要入口处设置合理。要易于施工车辆、人员通过，入口处应设立明显的标志牌，标明施工区域的基本情况和施工现场平面简图、注意事项等。

(2) 施工现场按地方政府的要求设置围墙或围网，且整齐规矩符合市容管理规定。

(3) 建立文明施工责任制度。在施工现场划分区域，明确各施工队伍及作业人员的环境管理责任。

(4) 保持施工现场场地平整和道路通畅坚实。做好施工排水设施、用电设施的维护与管理，提前做好地下管道施工并在施工结束后及时完填平整，清除积土、夯实道路及材料存放场。

(5) 合理布局施工现场中的各种临时设施。包括办公、生活用房，仓库、材料与构件堆场等，严格按照施工组织设计确定的施工平面图来布置，不准乱堆乱放。

(6) 严格各种材料、半成品在施工现场内的运输管理。尽量避免材料设备的二次搬运，如遇洒落漏掉时要及时清理。

(7) 严格施工操作地点管理。保证物料摆放整齐，要求作业人员做到边施工边清理，施工结束后要做到料净场清。

(8) 委派专人管理现场水电。避免长明灯、长流水现象，节约使用能源。

(9) 制定严格的成品保护措施，及时清理建筑垃圾。

2. 减少对施工现场周围环境的干扰

为减少对施工作业对建设工程项目现场周围环境造成的不良影响，需要注意以下几个方面。

(1) 施工中应尽量减少噪声对周围居民生活的影响。

(2) 施工时尽量少占用居民日常通行道路，减少和避免施工时产生的污水和积土对居民的出入造成不利影响。

(3) 施工中尽量减少对草坪绿地、林木及其他各类城市公用设施的损坏，如有损坏的应尽快修复。

(4) 当施工给周围居民正常生活带来不便时，应以适当方式向居民解释清楚，以取得到谅解、协作与支持。

3. 实施规范化、标准化的施工作业方式

规范、标准的施工作业不仅可提高施工作业效率，也可降低对施工现场及周边地区的环境的污染和不良影响。为此，应做好以下工作。

(1) 建立健全施工现场组织机构。明确标准化施工作业管理制度，健全操作规程、规范，严格执行技术交底制度。

(2) 教育施工人员遵守操作规程，杜绝违章作业。

(3) 加强施工现场材料、设施管理。各种周转性材料应按章拆除，合理安放，严禁各种施工机械超负荷运行。

4. 保持施工现场的场区清洁

(1) 保持项目施工现场厂区整洁。各类办公室、宿舍、食堂等临时房屋要经常清扫，保持卫生清洁，在竣工交用后及时拆除、清理这些设施。

(2) 施工现场要按规定设置临时公共厕所，经常打扫并定期消毒。

(3) 施工现场和拟建工程区域严禁随处堆放垃圾。

13.4.4 施工人员行为管理要求

1. 着装规范

施工现场湿作业较多，泥沙和灰尘大，道路及工作条件差，施工人员应在保证安全的前提下注意保持衣着整洁。作业人员应按规定穿工作服，要在符合安全防护要求的条件下正确佩戴安全帽和防护手套、工作鞋。这些不仅能够保护劳动者的行为安全，能够使劳动者尽快进入紧张而严肃的工作状态，也对于正确进行施工作业，达到生产技术要求有促进

作用。

2. 文明用语

语言是人们表达思想，进行交流和沟通的工具。施工生产中人员交流应规范文明，这有助于正确表达施工技术要求，反馈生产信息。施工现场管理的各项规则中虽然有明确的操作规程和要求，但仍然需要大量使用语言来传达技术要求、施工意图和相关作业规程等。只有使用文明的语言才能使各项工作顺利进行。

反之，如果不能文明使用语言，不仅不能表达正确的思想意图，而且还会导致施工人员之间产生误会或矛盾，甚至会造成严重的后果。

3. 举止得当

举止行为是否得当是企业精神风貌的重要表现。建筑企业要塑造良好的企业形象需要加强员工行为管理，应建立健全相关制度约束员工行为，教育员工讲究文明礼貌。严格执行各项行为管理制度，杜绝影响和破坏工程安全、工程质量和正常生产秩序的行为发生。施工现场严禁赌博、酗酒、偷窃、打架斗殴等危害公共财产以及侵犯他人的行为。

【案例分析】玩具厂大火给企业安全管理带来的警示

××年×月×日，某玩具厂发生特大火灾事故，死亡 84 人，伤 45 人，直接经济损失 260 余万元。

1. 发生事故的现场基本情况

该企业发生火灾的厂房是一栋三层钢筋混凝土建筑。一楼为裁床车间，内用木板和铁栅栏分隔出一个库房。库房内总电闸的保险丝用两根铜丝代替，穿出库房顶部并搭在铁栅栏上的电线没有用套管绝缘，下面堆放了 2m 高的布料和海绵等易燃物。二楼是手缝和包装车间及办公室，一间厕所改作厨房，内放有两瓶液化气。三楼是车衣车间。

2. 起火原因

该厂实施封闭式管理。厂房内唯一的上下楼梯平台上还堆放杂物；楼下 4 个门，2 个被封死，1 个用铁栅栏与厂房隔开，只有 1 个供职工上下班进出，还要通过一条 0.8m 宽的通道打卡；全部窗户外都安装了铁栏杆加铁丝网。

起火直接原因为库房内电线短路时产生的高温熔珠引燃堆在下面的易燃物所致。起火初期火势不大，有工人试图拧开消火栓和用灭火器灭火，但因不会操作没有实现。

火灾发生后，在厂房一楼东南角敞开式货物提升机的烟囱效应作用下，火势迅速蔓延至 2、3 楼。1 楼的所有工人因逃生距离较近全部安全撤出。正在 2 楼办公的厂长没有组织工人疏散，自己先逃离，而在 2、3 楼正在进行生产的 300 多名工人慌乱逃生中遭遇楼梯拐弯、打卡通道等阻碍。加之路窄人多、浓烟烈火熏烤，致使多名人员中毒窒息，造成重大伤亡。

3. 事故调查结果

(1) 该厂雇用无证电工，长期超负荷用电，电线、电器安装不符合有关安全规定要求。

(2) 厂方平时未对工人进行安全防火教育培训；发生火灾时，厂长未正确组织指挥工人撤离，自顾逃生。

(3) 该厂多处违反消防安全规定。对于消防部门所发“火险整改通知书”未认真整改，留下重大火灾隐患，而且存在以向整治小组个别成员行贿等手段取得整改合格证的行为。

问题：

1. 该事故应采用何种分析方法？
2. 事故勘察典型证据有哪些？
3. 勘察重点是什么？
4. 该厂厂长应负哪些事故责任？
5. 导致这起事故的直接原因和间接原因都是什么？
6. 这起事故给企业安全管理带来哪些警示？

本章小结

安全管理是建筑企业生产管理的重要组成部分，对于保障施工作业人员的生命其企业、有关单位、个人财产安全，保护工程项目施工所在区域的环境保护及居民的健康，维护人们正常的生活秩序都具有重要意义。本章介绍了建筑企业安全管理含义、特点、内容和基本要素，强调建筑企业安全管理应遵循的原则。结合国家相关法律、法规，指出完善建筑企业安全管理应从建立健全组织制度、教育制度、技术制度入手，提高安全管理水平。在建筑企业环境管理方面，从对建筑垃圾带来的大气污染防治、水污染防治、噪声防治几方面介绍建筑企业如何在施工生产中维护环境清洁，保护生态和社会生活秩序的基本措施。本章还介绍了文明生产的含义、内容和组织实施的途径。指出建筑企业应在施工中实施规范化、标准化的施工作业方式，强化施工人员行为管理方面要求，做到施工现场场区设备布局合理，施工材料摆放有序，实现清洁文明生产。

习　题

一、名词解释

安全管理　文明施工

二、填空题

1. 对于竣工项目要做到五净，即(　　)；(　　)；门窗玻璃擦净；(　　)和卫生设备洗净。

2. 建筑企业安全管理的原则包括：安全第一、(　　)、预防为主、(　　)、目标控制。

3. 依据分工的不同，建筑企业各类安全管理人员的职责包括：项目经理安全职责、(　　)、班组长安全职责和(　　)。

4. 为控制施工噪声带来的污染，当建筑企业在人口稠密区进行作业时，须严格控制作业时间，每日晚(　　)到次日早晨(　　)之间要停止强噪声作业。

三、问答题

1. 施工安全管理的含义。
2. 施工企业安全管理涉及的要素主要有哪些？

3. 简述施工安全管理的特点。
4. 施工安全管理的内容。
5. 试述施工企业安全组织组织制度。
6. 阐述施工现场环境保护的措施。
7. 什么是文明施工？文明施工的实施措施主要有哪些？
8. 如何防治建筑垃圾带来的大气污染？

第四篇　建筑企业经营管理

第 14 章　建筑企业市场营销

【学习要点及目标】

- 理解建筑市场的概念
- 掌握建筑市场的特点和影响因素
- 理解建筑市场营销含义
- 掌握建筑企业市场营销策略的特点和影响因素
- 熟悉建筑企业市场营销策略

【核心概念】

建筑市场　房地产市场　市场影响　投标策略

【引导案例】 中国铁建二十三局七公司的市场经营策略

中国铁建二十三局集团第七工程有限公司(以下简称中铁二十三局七公司)是隶属于中国铁建股份有限公司的三级子公司，是一家国有建筑企业。企业集团本部在深圳，主要从事混凝土制品生产。目前该企业有员工 401 人，注册资金 7000 万元。受 2008 年前后的金融危机的影响，企业经营不景气，面临重组和解散，员工仅剩余 153 名。后经调整逐渐走出低谷。该公司抓住建筑市场机遇，转变发展方向，迅速挺进高速公路、城际轨道、市政工程领域。通过整合资源、引进人才，在不到 4 年的时间里，独立承揽 12 项工程，合同金额近 40 亿元，在建工程量 50 多亿元。有效的战略转变，使企业发展步入快车道。经营范围以珠三角为中心迅速向福建、广西等周边市场辐射；经营领域从单一的制品生产向综合性施工转变，形成了多元化发展格局。

随着我国加快实现工业化、城镇化、信息化进程，固定资产投资在经济社会发展中所占比重增大。建筑业作为完成固定资产投资的执行者，进入快速发展的时期。这一时期的工程建设规模较大，投资重点集中在铁路、高速公路等交通设施和市政、能源、环保、水利水电、房地产等基础设施建设领域。在这种以“高、大、新、重”为特点的投资形势下，中铁二十三局七公司的同行和竞争对手，纷纷进入公司率先推进的市场领域，竞争日益激烈。公司内外部环境发生了重大而深刻的变化，公司需要及时调整、完善发展战略，保证企业持续、健康、稳定的成长。

有效的市场开发是实施总体战略的前提和关键。中铁二十三局七公司配合集团公司以高速铁路为发展重点，以公路、城际轨道、市政工程为自营主线，以水利水电、地方铁路、房屋建筑、海外工程、环保工程、生态能源及项目开发为辅助，努力向产业链和价值链上游提升。项目实施中进行深度市场调研、深度品位谋划、深度营销策划、深度成本监控，靠做大规模实现收益放大，靠提高品质增强竞争实力，靠多领域经营抵御市场风险。

总结中铁二十三局七公司的市场经营策略，其核心是提高其企业经营质量和效果，具体表现为以下几点。

(1) 加强经营队伍建设，注重对后备经营人员的选择与培养，形成一支信息公关能力强、业务工作扎实、人员层次结构合理、能适应公司发展需要的优秀经营队伍。

(2) 健全经营网络，敏锐洞察国家的政策导向，超前谋划，及时制定应对策略，确保经营承揽规模适应企业生产能力，保证承揽项目的经营质量。

(3) 加强资质管理，合理配置公司增项资质，适应公司结构调整和开拓经营的需要。

(4) 加强与集团公司、设计单位、地方政府等单位和部门的交往与沟通，开展高端经营，畅通联络渠道，为企业经营创造条件。

14.1 建筑市场概述

14.1.1 建筑市场的概念

由市场的一般概念可知，对建筑市场可以从狭义和广义两个方面解释。狭义的建筑市场，是指以建筑商品为交换内容的场所；广义的建筑市场，则指建筑商品供求关系的总和。

本章对于建筑市场的内容，主要是从广义的角度加以阐述的。

如果我们不拘泥于市场的一般概念，还可以把建筑市场的概念进一步抽象化，把它理解为由建筑商品、建筑生产活动和与建筑生产活动有关的机构所组成的三维空间。这个三维空间应是这 3 个方面有机的统一体，应能充分体现“国家调节市场，市场引导企业”的经济运行机制。为此，需要通过经济、法律、行政的手段以及职业道德规范等来约束，规范日常活动主体的行为，协调建筑商品生产者和消费者之间的关系，兼顾建筑商品供应双方的利益，从而完善建筑市场的运行机制，并促使其健康地发展。

14.1.2　建筑市场的特点

与一般工业品市场相比，建筑市场具有的特殊性主要表现在以下几个方面。

1. 没有商业中介入，由建筑商品的需求者和生产者直接进行交易活动

建筑市场的这一特点是由建筑商品的特性所决定的。在一般特定商品的市场中用于交换的商品具有同质性或可替代性，也就是说，同一产品的不同生产者向市场提供的商品对消费者来说是基本相同的。而建筑商品则不具有同质性，它表现出多样性特征。而且，建筑商品的这一特征不是由生产者决定的，而是由需求者决定的。因此，建筑商品的生产者就不可能像制造电视机、电冰箱、洗衣机、汽车、机床等产品那样，预先生产出某种产品，再通过批发，零售环节进入市场，等候消费者挑选和购买，而只能直接与消费者商定交易条件，按照他的具体要求，在指定的地点为他生产特定的建筑商品。

2. 交换关系的确定在产品生产之前

在一般的商品市场中，总是先由生产者生产出产品，待商品进入市场后，根据其适应消费者需要的程度，生产者平均所消耗的劳动量即产品的价值量，以及市场中对该产品的供求关系的因素，由生产者和消费者通过中介人实现商品的交换关系。但在建筑市场并不以具有实物形态的建筑商品作为交换对象，而是就拟建建筑商品的质量、标准、功能、价格、交货时间，付款方式和时间等内容，由需求者和生产者达成交易条件，从而确立双方之间的交换关系。经双方达成一致的这些交易条件，不仅规定了生产者今后的生产活动，同时也明确了需求者的权利和义务，对供求双方都是约束条件。

另外，建筑商品的交换关系并不一定以最终产品为对象，或者说在大多数情况下不以最终产品为对象。这意味着，对于一个确定的建筑商品来说，一个需求者往往要和多个生产者分别确定交换关系，其交换内容为建筑的某一部分或中间产品。而且，这些分别确立的交换关系都在相应的交换内容的生产之前。

3. 建筑商品的交换过程较长

一般商品的交换基本上都是“一手交钱，一手交货”，交换是依次完成的，无所谓交换过程(交换条件的确立需要花费时间，有时要经历很长的过程)。但建筑商品的交换则不同，由于不是以具有实物形态的建筑商品作为交换对象，因而无法进行这种现货交易。而且，由于建筑商品价值巨大，生产周期长，因而在确立交换条件时，生产者不可能接受先垫资金进行生产，待交货后由需求者全额付款的结算方式；同样，需求者也不能接受先付全部工程价款，待工程完全建成后才由生产者交货的交易方式。

因此，建筑商品的交换基本上都是采用分期交货(中间产品或部分产品)，分期付款的方式，通常是按月度进行结算。这样，从货款支付和交货过程(即建筑商品实物形态形成的过程)来看，建筑商品的交换就表现为一个较长的过程。

需要说明的是，对于一些高档耐用消费品如汽车、家具、家用电器等，也可以采用分期付款的方式，这在工业发达国家应用很普遍，我国也在少数商品领域开始应用。但是，这实际是促进商品销售的一种方式，与建筑商品的交换方式仍有根本的不同。因为这种商品交换方式知识改变了“一手交钱”的付款方式，而仍然是先有商品，后有交换。虽然从货款支付的角度来看，这种交换方式的过程很长；但从交货方式来看，这种交换方式仍然是一次完成的。

4. 具有显著的区域性

这一点是由建筑的固定性决定的。不论建筑商品是作为生产资料还是作为消费资料，它建在哪里，就只能在哪里实现它的功能和作用。也就是说，建筑商品的生产地点和消费地点是一致的，建筑市场中没有建筑商品的实物流通。对于建筑商品的生产者来说，他无权选择特定的建筑商品的具体生产地点，但可以选择自己生产经营的区域范围。由于大规模远距离的流动生产势必增加生产成本、降低竞争力，因而建筑商品生产者经营范围总有一个相对稳定和集中的地理区域(并不排斥其经营范围的拓展和变化)。从建筑商品的需求者方面来看，一旦选定了拟订的建筑商品的建造地点，也就在一定程度上限制了对生产者的选择范围。这意味着建筑商品生产者和需求者相互之间的选择都有一定的局限性，只能在一定范围内确定交换关系，表现出明显的区域性。建筑市场的区域性也不是截然分割的，是随建筑市场供求关系的变化而变化的。

建筑市场是一个很大的概念，作为交换对象的建筑商品有很多类型，规模大小也有很大差异，具体的建筑商品的特点在一定程度上影响建筑市场的特点。建筑市场的区域性与建筑商品的规模大小、复杂程度有关。一般来说，建筑商品的规模越小、技术越简单，建筑市场的区域性越强、或者区域范围越小；反之建筑商品的规模越大、技术越复杂，建筑市场的区域性越弱，即区域范围越大。另外，建筑商品本身所具有的特点也是形成建筑市场区域性的一个因素。但是，这是从市场交换内容来理解，如果从市场交换活动来看，也许可以忽略这一因素。

5. 竞争较激烈

建筑业生产要素的集中程度远远低于资金、技术密集型行业，不可能采用生产要素高度集中的生产方式，而是采用生产要素相对分散的生产方式，大型企业的市场占有率较低。因此，在建筑市场中，建筑商品生产者之间的竞争较为激烈。由于建筑商品的不可替代性，建筑商品的生产者往往无法拟订产品计划和相应的生产计划，基本上是被动地适应需求者的要求。

建筑商品的类型、形式、功能、质量、标准等有关其使用的内容是由需求者决定的，也是每个参与竞争的生产者必须满足和实现的，因而建筑商品生产者之间的竞争首先表现为价格上的竞争。虽然产品的使用价值和价值之间存在着某种统一性，但需求者和生产者的出发点根本不同。作为建筑商品的生产者，既要保证实现建筑商品的使用价值，又要尽可能地降低实际消耗的劳动量，即降低实际的价值量。相比较而言，生产者更关心产品的价值。不同的建筑商品生产者在专业特长、管理和技术水平、生产组织的具体方式、对建筑商品所在地各方面情况了解和熟悉程度以及竞争策略等方面有较大的差异，从而使价格竞争具有现实的可能性，而且表现得尤为激烈。

14.1.3　建筑市场的影响因素

作为一个系统，建筑市场有其自身的运行规律，且表现出许多与一般市场不同的特点。

任何经济系统都不是绝对封闭的系统，建筑市场是一个开放性的系统，建筑市场的供求关系变化、运行机制和规律都不可避免地要受到许多外界因素的影响。其中，最主要的影响因素有固定资产投资及建筑材料市场、劳动力市场、房地产市场。

1. 固定资产投资

如前所述，建筑市场的需求在总体上表现为固定资产投资。因此，固定资产投资对建筑市场有举足轻重的影响，这种影响主要表现在投资需求、投资规模、投资结构和投资项目 4 个方面。

1)　投资需求

固定资产的投资需求。要合理地确定资产的投资规模，首先必须正确地提出固定资产的投资需求。这主要取决于以下几方面因素。

(1)　社会经济发展的需求和投资系数的高低。

(2)　人口增长和人民物质文化生活水平提高的要求。

(3)　在建工程规模和投资方式的变化。

2)　投资规模

(1)　从财力来说，固定资产投资规模受折旧基金和积累基金的制约。

(2)　积累基金受国民收入和积累率的制约。

3)　投资结构

投资结构对建筑业而言，就表现为建筑商品的需求结构。在建筑市场供求总量基本平衡的前提下，投资结构的变化导致建筑市场供求关系的失衡，即在某些领域出现供大于求，在另外一些领域却又出现供小于求的局面。因此，从供求结构的角度来看，建筑市场供求总量的平衡未必是真的平衡。更重要的是要保障建筑市场各个领域，各个方面的供求平衡。这就要求建筑市场的供给结构具有一定的灵活性，能够在一定范围内及时调整，以适应需求结构的变化，保持建筑市场供求关系的动态平衡。

投资结构对建筑市场的影响以地区结构和部门结构最为突出。

投资的地区结构受资源、社会、经济和技术等多种因素影响。我国幅员辽阔，人口众多，各地区经济发展很不平衡，需要进行投资的地区结构研究。这对形成合理的生产力布局，充分利用各地的人力、物力资源，促进地区经济发展、保护环境、保护生态平衡都有极其重要的现实意义。在确定投资的地区结构时，固然要考虑包括建筑生产力条件在内的资源条件，但当投资地区结构比较合理，符合国民经济的发展战略时，更主要的是要求建筑生产力的布局与其相适应。由于建筑市场具有区域性的特点，供给结构的自发调节受到一定限制。当投资地区结构出现较大变动时，容易导致不同地区建筑市场供求关系的失衡，从而建筑市场总体关系也失去平衡。从这一意义上说，地区建筑市场供求关系的平衡是建筑市场总体关系平衡的前提。

4) 投资项目

投资规模和投资结构总是通过具体的投资项目体现出来的。投资项目的确定，要注意全面综合平衡，合理取舍，避免重复设置，以力求达到最佳的投资规模和结构。在综合平衡中，要处理好以下几个问题。

(1) 投资项目和投资进度的安排，要符合投资总规模的要求。

投资总规模是由各个项目的投资数额和进度决定的，如果一个时期安排的投资项目太多，投资进度过于集中，就会突破已确定的投资规模，使建筑市场出现供小于求的局面，必然要使建设周期延长，并给以后的建设带来困难。

(2) 投资项目要符合投资结构的安排。

投资的地区结构和部门都是通过投资项目来保证的。因此，要使各个投资项目都能符合投资结构安排，保持正确的投资比例和投资方向，促进国民经济各部门和地区协调发展。

(3) 要正确安排不同性质的建设项目。

建立新兴的工业部门，主要是通过新建项目来实现，因而安排一定的新建项目是必要的。与新建相比，更新改造具有投资少、见效快、盈利多的特点，也是恢复和扩大生产能力，提高技术水平的重要途径。

(4) 投资项目要有一个合理的规模结构。

投资项目中大、中、小型项目各有特点。大型项目设备和生产力工艺比较先进，生产批量大，质量好，盈利多，但建设周期长，需要消耗大量的财力、物力和人力，且对各种配套设施和条件要求较高。而小型项目则一般投资少，建设周期短，生产比较灵活，且专业程度较高。合理的项目规模对于提高投资的经济效果有重要作用。

2. 建筑材料工业及市场

建筑材料涉及十几个物质生产部门的产品，因此，所谓建筑材料工业实际上是生产建筑材料的各个行业的统称，而这些行业之间并没有形成共同点。建筑材料工业的生产方式各不相同，既有处于现代工业前列的，如钢铁、水泥、玻璃、化工等工业，也有属于第一产业的，如林业(木材)，还有像石材、碎石、沙子那样的采石业。这些行业的产品作为建筑材料占其总产品(或销售额)的比例也相差悬殊，多的可达100%，少的只有百分之几或更少。而通常所说的建筑材料工业，主要是指那些产品作为建筑材料的比例很大和较大的产业，如型钢、圆钢、钢管、平板玻璃、木材、水泥及其制品、陶瓷制品、黏土砖瓦、石材、碎石、沙子、沥青、合成板等。

建筑材料市场也有狭义和广义之分。狭义的建筑材料市场，是指以建筑材料为交换内容的场所；广义的建筑材料市场，则是指建筑材料供求关系的总和。建筑材料的种类很多，不同建筑材料的市场情况存在不同程度的差异。但就建筑材料市场而言，尤其是对于主要建筑材料的市场，仍具有一些共同的特点，主要表现在以下几个方面。

1) 区域性

建筑材料大多重量大、体积大，产地往往远离消费地点，因而运输量很大，运费亦较高。尤其有不少建筑材料本身的价值或生产价格并不高，但所需要的运输费用绝对值或相对值却很高，都在客观上要求尽可能就近使用建筑材料。从而建筑材料工业本身来看，并不需要特别复杂、先进的技术和设备，总体上采用生产资料相对分散的生产方式，能够适应这种要求。因此建筑材料的交换和流通范围往往限制在一定区域内，在这个区域内社会经济效果较好；反之，则会造成社会资源浪费。

2)　季节性

这首先是由作为建筑材料需求方的建筑生产的季节性引起的。由于建筑生产受自然条件影响大，施工内容的安排必须充分考虑季节因素。尽管采用工厂化生产的预制构建可在一定程度上缓解建筑生产的不均衡性，但仍不能根本排除季节性的影响，何况构配件的工厂化生产本身也或多或少地受到季节性的影响。其次，建筑材料的生产虽然基本上是工厂化生产，相对于建筑生产而言是比较均衡的，但是生产条件和仓储条件一般并不好，一些原料的生产和供应也受季节影响，从而使建筑材料的生产也不能完全避免季节性的影响。另外建筑材料的运输方式主要有铁路运输、公路运输、水路运输。其中水路运输受季节性影响最为明显。至于铁路和公路运输，虽然较为稳定和通畅，但也不能绝对不受季节影响。

3)　流通途径多样化

建筑材料种类繁多，不仅不同材料的流通途径有所不同，而且同种类的材料的流通途径也不尽相同。在市场经济条件下，建筑材料生产者可以通过与一般商品类似的途径销售产品；也可直接向需求者出售产品；还可以通过自己的门市部门向零售店和一般需求者销售产品。另外还有一类建筑公司专门经销大宗建筑材料。如图 14-1 所示为建筑材料的流通途径。

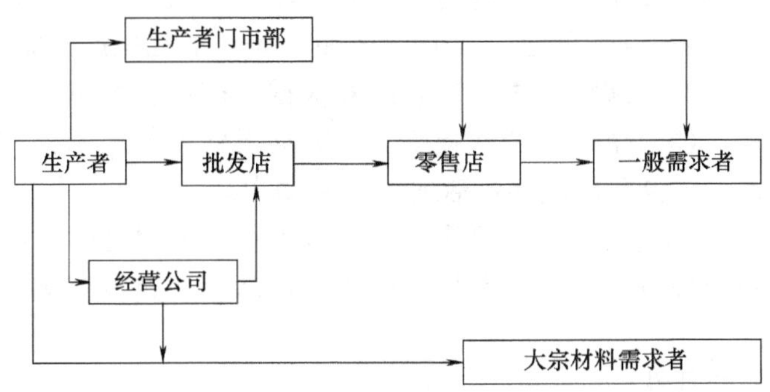

图 14-1　建筑材料的流通途径

4)　产需直接交换主导地位

虽然建筑材料可以采用许多不同的流通途径，但是，由于建筑材料重量大，体积大，在转运过程中所发生的运输、装卸、仓储费用很大，而且在转运过程中有些材料(如砂、石等散装材料，陶瓷、砖瓦等易碎材料等)损耗的比例较大，因此，由生产者与需求者直接进行交换就显示出较大的优越性，这在大宗交易中更为突出。建筑材料的生产者直接向需求者供货，不仅可以减少损耗，节约费用，而且可以缩短建筑材料在运输、流通过程中的滞留时间，加速资金的周转。此外，还有利于促进建筑材料生产厂家与建筑企业之间建立长期、稳定的供应关系。

5)　价格差异大

由于建筑材料的生产受当地原材料来源、生产条件、自然条件等因素影响，不同地区的同种材料的生产价格有较大差异。而由于建筑市场的区域性，这种生产价格的差异在市场交换中不仅不能消除或缩小，相反，却因为采购来源、供应地点、流通途径、运输条件

诸方面的不同而有所扩大。同种材料的市场价格存在较大差异并不意味着价格规律、供求规律在建筑材料市场不起作用，只是表明它们的作用受到某种限制或影响。随着建筑材料市场信息系统的日臻完善、材料流通渠道的改善和运输工具的发展，这一特点将日益淡化。但是，由于我国各地资源条件、自然条件、技术和经济条件相差悬殊，建筑材料市场价格差异较大的特点仍将在一定程度上继续存在。

在现代社会，建筑材料市场总是与建筑市场密切相关，并且相互影响。这里仅考虑建筑材料市场对建筑市场的影响。

3. 劳动力市场

如前所述，建筑市场的供给能力表现为生产能力。由于建筑业是劳动密集型物质生产部门，手工操作比重比较大，因而劳动力的数量和素质在很大程度上决定着建筑业的生产能力。这表明，劳动力市场的状况如何，将对建筑市场的供求平衡产生重大影响。从保持建筑市场供求关系动态平衡的需要出发，劳动力市场应满足以下几个方面要求。

1) 灵活性

这首先是建筑生产流动性的要求。当建筑企业在不同地区之间流动生产时，如果全部施工人员都随之流动，不仅大大增加企业的生产成本，降低竞争能力，而且从全社会来看，将大大增加对交通运输的压力，是社会资源的极大浪费。这就需要能够在工程所在地就近招募劳动力。其次，这是建筑生产不均衡的要求。由于建筑生产受自然条件影响较大，有一定的季节不均衡，如果企业的职工人数固定不变，则可能在生产高峰期显得劳动力不足，而在生产低谷期则出现窝工现象。这就需要能够根据生产任务的多少增减劳动力，多用多招，少用少招。另外，建筑生产的劳动强度大，劳动条件艰苦，露天高空作业多，需要较多的中青年强劳动力，这也要求能够灵活地招聘劳动力。

因此，劳动力市场的灵活性，使得建筑企业有可能以招用合同工和临时工为主，能较好地解决建筑企业生产任务与劳动力不平衡的矛盾，从而使建筑市场的供求关系保持动态平衡。

2) 区域分布的合理性

劳动力市场的区域分布是否合理，主要看其是否与建筑市场需要的区域性相协调。我国不同地区的技术经济条件差异较大，相应的劳动力市场差异也很大。从国民经济的长远发展出发，投资的地区结构总是在不断调整的，这往往导致劳动力市场的区域分布与建筑市场需求的区域分布不相协调，从而影响到建筑市场供求关系的平衡。只有当劳动力市场的区域分布较为合理时，建筑企业才有可能在工程所在地就近招募劳动力，才能扩大建筑企业生产和经营的地理范围，才能弱化各类建筑商品市场竞争程度的差异，使各类建筑商品市场的供求关系趋于接近。从全社会的角度来看，合理的劳动力市场区域分布，对于促进地区经济发展，缩小不同地区的经济和技术水平差异，有着十分积极的意义。

3) 劳动结构的层次性

我国的劳动力资源丰富，从数量上满足建筑生产的需要没有任何问题。但是，应当看到，我国劳动者总体素质较低 ，这是制约经济发展的一个重要的因素。建筑业的技术构成低于一般的工业，对劳动者素质的要求相对较低。但是，现代建筑生产不断采用新技术和新工艺，对劳动者素质的要求越来越高，并要求劳动力具有合理的层次结构。这首先涉及技术人员，管理人员与生产人员的比例。由于技术人员和管理人员的比例较低，处于相对稳定的状态，容易适应建筑生产流动性的要求，因而这里着重考虑建筑工人的层次结构。在这方面，涉及技术工种结构、技术等级结构、生产工人与辅助生产工人及其他人员的比例问题。就我国的现状而言，简单技术工种，低等级技术工种和非技术工人数量众多，足以满足建筑生产的需要。但是复杂技术工种，高等级技术工种却实感乏人，不能满足需要。因此。如果仅仅解决了劳动力市场的灵活性和合理性的区域分布，而不具备合理的层次结构，就意味着劳动力市场的供给能力不能满足需求，所谓的灵活性和区域分布合理性就无从谈起。

4. 房地产业及市场

1)　房地产业

房地产业一般被认为是以房地产的交易、中介、租赁等活动组成的行业。也就是说，房地产业是以流通业务、管理业务为主，与房地产的生产没有关系。对于建筑业来说，以租赁、分期转让、分批出售或建造后一次性出售等活动成为房地产业是需求；对于这些房地产业来说，建筑业则是供给。可见，建筑业与房地产业有着十分密切的联系。

2)　房地产市场

房地产市场也有狭义和广义之分。狭义的房地产市场，是指以房地产为交换内容的场所；广义的房地产市场，则是指房地产在商品流通领域里各种交换方式和交换活动的总和。房地产市场实际上包括房屋和土地两个方面的交换，由于房屋总是与土地相连的，同时，买卖土地不是以种植而是以建造房屋为目的，故一般统称为房地产市场。这里，尤其要注意建筑市场与房地产市场的区别：当同是以建筑商品作为交换内容时，供给者是直接生产者的，称为建筑市场；供给者不是直接生产者的，称为房地产市场。

房地产市场的形态是极其复杂的，其领域有不断扩大的趋势。按照房地产市场的业务内容，可将其分为以下 4 类。

(1)　房地产开发市场。

这是指以城市新区的开发(初次开发)和旧区的再开发(旧城改造)为目的的大规模的房地产开发。在经济由不发达向发达的发展过程中，总是伴随人口向城市集中的现象，城市的数量不断增加，城市的平均规模不断扩大。因此，城市的房地产开发，总是与城市建设的综合开发联系在一起，而其中的土地开发具有特别主要的意义。这涉及市政公用设施、动力、通信等基础设施和相应的配套工程的建设。城市房地产的开发一般都不是孤立地进行，往往是与房地产的买卖和租赁密切相联，例如，将经过开发的土地有偿转让供其他投资者使用，或者接在其上兴建住宅、厂房、办公楼或其他经营性房屋再进行出租或出售。房地产开发是城市建设整体化和系统化发展的一条重要途径。但是，小规模的房地产开发与住宅区建成后分块出售以及其他不动产买卖之间很难划出一道明确的界限。

(2)　房地产交易市场。

这是以房地产的买卖，交换的代理或媒介为内容的市场。在我国，这类交易市场的功能主要有：宣传房地产交易政策，提供交易洽谈场所；开展代购代销，供求登记，提供咨询服务；发布房地产价格，提供房地产市场信息；规定规格标准，审定销售房的供给；开展房地产吞吐业务，调剂房屋余缺；办理交易立契；办理房产抵押和购房贷款业务；等等。总的来看，这类交易市场起到商业中介人的作用，对于促成房地产的实物交易，加速房地

产的流通是不可忽略的。

(3) 房地产买卖市场。

这是指房地产供求双方直接进行买卖、交换的市场。在这类市场中出售的对象大多是住宅、办公楼、通用厂房、仓库等，既可以一次性出售，也可以分期分批出售；既可以出售整个建筑物，也可以出售建筑物的一部分。当这类市场中的需求者(买者)是房地产租赁市场中的供给者(出租人)时，也可能以多个建筑，甚至成片的建筑物进行买卖。由于建筑商品价值巨大，在这类市场中往往采用分期付款、产前销售等形式，以利于促进买卖交换关系的确立。在房地产买卖市场中出售的建筑物可以是新建尚未使用过的，也可以是使用多年的。出售对象的形态不同，其表现出的经济特征也不同。这方面的经济问题也已在第 2 章 2.5 节中阐述过。

(4) 房地产租赁市场。

出租的对象可以是办公楼、通用厂房、仓库、住宅等建筑物，也可以仅仅是土地；可以是整个建筑物，也可以是建筑物的一部分，如一个楼层、一套住宅单元、一个房间等。在房地产租赁市场中，住宅租赁占有相当大的比重。

对房地产的需求，虽然受到国民经济繁荣或萧条状况的影响，但总的趋势是一直在增长，房地产的价格也一直呈上升趋势。不过，这里要注意把土地价格与建筑物价格区分开来。虽然在房地产交易中，土地与建筑物往往是紧密联系在一起，但这两者却有各自不同的经济特点。由于土地是不可再生性资源，因而在经济稳定发展时期地价的涨幅和涨速均较大幅度地高于一般物价和建筑商品。这说明，在房地产市场中，土地因素往往显得更为重要。

由于建筑业与房地产业之间存在着供求关系，因而建筑市场与房地产市场之间存在着相互依存、相互促进关系。这也使得建筑业兼营房地产业务成为一种合理的选择。一些大型建筑企业在城市房地产开发中有着相当重要的作用，并具有特殊的优势。但是，要注意不能因为建筑企业兼营房地产业务而把建筑市场与房地产市场混淆起来。例如，建筑企业以现货方式出售新建建筑商品仍然属于建筑市场的活动范畴，而不属于房地产市场的业务范围。这是因为在这种情况下，建筑商品的供给者是该建筑商品的生产者，只是把期货交易方式改为现货交易方式改为现货交易方式而已。而如果建筑企业从事非其所生产的新旧建筑物(包括相应的地产)的买卖，则属于房地产市场的活动范围。

14.1.4 建筑业的国内市场

1. 买方——建筑市场的需求者

建设项目的投资者、建材市场中的买方、房屋的租赁者等都是需求者。在招标投标制度中，建筑商品的需求者就是招标发包者。招标者通过招标、竞标、决标的方式选择供给者，在若干个投标者中进行选择，然后与其中的一个或几个建筑企业缔结买卖的契约。需求者不是一成不变的，它总是相对于供给者而言，在不同的场合可以相互转化。

2. 卖方——建筑市场的供给者

设计单位、参加承包的建筑企业以及材料的供应者，都是供给者。大部分建筑市场的供给者不像一般市场那样估计行情自主生产，也就是说在正常情况下为接受订货生产，因此建筑业的供给一方在市场中处于被动地位。供给者要在激烈的竞争中取胜，只有依靠增强自身实力，如更新技术、提高管理水平、建立良好的信誉等来实现。

建筑市场的需求和供给同样要遵循一定的经济规律。需求增加时，建筑市场活跃，带来建筑业的繁荣和蓬勃发展；反之，需求减少时，建筑市场萧条，素质低且竞争力差的建筑企业(供给者)就会被淘汰。通过我国建筑市场的发展情况来看，由于前几年经济发展过热、基建投资膨胀，使得建筑队伍数量急剧增加。这种需求远大于供给的情况，由于缺乏必要的技术经济准备，从而导致了建筑队伍素质低、施工质量差、安全措施无保障的严重后果，进而严重影响了建筑市场的健康发展。在国家压缩基建投资时，建筑市场又呈现出供远大于求的状况，然而建筑队伍又不可能迅速地大幅度收缩，这就出现了僧多粥少的局面，使得相当一部分建筑企业长期处于半饥饿状态，导致经济效益迅速下跌。这是建筑市场畸形发展的后果：因此，在我国建筑市场机制还不完备、不成熟的情况下，更要重视供求关系对建筑业的影响，遵循市场经济规律，加强宏观调控，慎重对待和协调供给与需求的比例关系。

3. 建筑市场存在的问题和对策

1)　存在的问题

我国的建筑市场虽然有了较大的发展，但还很不完善，存在的问题还比较多，主要表现在以下几个方面。

(1)　市场发育不平衡。

建筑商品市场及劳务市场改革的步伐较快，已体现出新的经济体制的要求。然而建筑材料市场和资金市场中，旧的体制仍然起着主导作用。这就严重阻碍了招标投标制的贯彻执行。

(2)　市场供求关系还没有理顺。

当前的建筑商品市场供远大于求，材料和资金市场又是求远大于供，建筑企业处于建筑商品买方市场与建筑材料的卖方市场的双重压力下，经济效益差，缺乏生产经营积极性。

(3)　不适应建筑市场的竞争机制。

建筑市场管理和建筑企业经营管理，不能适应建筑市场的竞争机制。

(4)　建筑市场的竞争暴露了建筑业法制建设的软弱性。

由于缺乏必要的法律法规保证，企业无法在平等、公开、公正的条件下竞争，导致建筑市场混乱。

造成这些问题的原因有很多，既有历史的原因，又有机制的问题，因此完善建筑市场是一项艰巨而复杂的系统工程。既要解决问题，又不能操之过急，要统筹考虑，有计划地进行。

2)　解决上述问题的对策

完善建筑市场可以从以下几个方面进行。

(1)　完善招标投标制度，围绕招标投标制度进行配套改革。

开放生产要素市场，改进固定资产投资环境，建立与招标配套的保险制度、信用保证制度和服务机构(咨询公司、估算公司、固定资产公司和机械租赁公司等)。

(2)　强化行业管理，逐步代替部门管理。

深化建筑企业内部经济体制改革，提高管理水平，以适应招标竞争的需要。

(3) 建立健全各种法规，完善经济合同制度。

包括建筑业法、招标投标法、投资法、住宅法、企业管理条例等，使市场管理法制化。

(4) 重视建筑企业的地位。

采用工程监理制，加强施工监督，保证工程质量。

14.1.5 建筑业的国际市场

1. 建筑业的国际市场概况

国际建筑市场形成于19世纪中期，资本主义发达国家市场饱和、资金剩余，为了争夺生产原料和谋取大量利润，资本主义发达国家向其殖民地和经济不发达国家大量输出资本，从而带动了这些国家的建筑师和营造商同时挤进接受投资国家的建筑市场，这样就使那一地区和国家成为竞争激烈的国际工程承包市场。

此后由于战争和经济的影响，建筑市场的发展经历了几次起伏。逐渐形成了六大国际承包市场：中东市场、亚太市场、非洲市场、欧洲市场、北美市场和拉美市场。其中中东市场和亚太市场将是我国发展国际工程承包的主要市场。

中东国家石油储量丰富、资金雄厚，每年的发包工程项目金额十分可观，而且我国在这一地区的工程承包中已积累了一些经验、建立了一定的信誉，因此中东市场今后仍将是我国进行国际工程承包的主要市场。

亚太市场可能是一个近年较有前景的建筑市场。亚太地区尤其是东南亚一些小国，政治稳定，近年来大量地吸引外资，因此经济增长较快。这一地区多为劳务输出国，其工程承包方式可能将以提供资金、技术转让、成套设备供应和工程项目总管理为主。

2. 建筑业的劳务输出

国际工程承包是一项综合输出，大体分为高技术型和劳务型两种形式。高技术型是指发达国家对外的资金、技术及设备的输出。劳务输出也称对外承包劳务合作，包括对外承包工程建设和劳务合作。

我国建筑业开展对外工程承包和劳务合作的时间较短，由于我们坚持贯彻“平等互利，形式多样，讲求实效，共同发展”的经济合作方针和“守约、保质量、薄利、重义”的经营原则，使我国承包公司得到工程所在国和各合作伙伴方面的赞赏；并在国际承包市场上初步树立了信誉。

我国进行劳务输出有很大的潜力。首先我国的劳动力资源丰富，既可以大力发展劳动密集型的建筑劳务出口，也有条件发展技术密集型的劳务出口。其次，我国劳动力价格低廉，工人守合同、重信誉、纪律严明、劳动勤奋，在劳务市场中颇具竞争力。另外劳务输出具有很大的意义：一方面，它可以为经济建设吸收外汇、积累资金，并带动我国成套机械设备的输出和资金输出；另一方面，通过在国际市场上的竞争锻炼队伍，学习先进的施工技术和管理方法，促进国内建筑业的发展，并在劳务合作的过程中，向世界各国介绍中国的建设情况，发展与各国的友好合作关系，提高我国建筑企业的国际地位。因此，大力发展对外劳务合作意义重大，势在必行。

但是在劳务输出中也暴露出了一些问题，主要表现为管理体制不适应国际承包市场的竞争以及各类专业人员缺乏(如报价人员、项目经理、公关人员、合同谈判人员等)。针对这些问题，应深化管理体制改革、减少劳务输出的阻力，加强人员培训，特别应加强外向型管理人才的培训，提高劳务素质，发挥优势、利用各执渠道，大力发展对外劳务输出。

14.2 建筑企业市场营销策略

14.2.1 市场营销的含义

1. 市场营销概念

市场营销是企业与市场有关的活动，是以满足各种消费需求和欲望，使潜在交换变为现实交换的活动。现代企业的市场营销活动包括市场调研、市场需求预测、新产品开发、定价、分销、广告、人员推销、销售促进、售后服务等方面。

2. 市场营销对于企业经营中的意义

1) 市场营销是信息的源泉

企业通过市场营销，会不断地得到各种信息，在激烈的市场竞争中，信息资源已成为决定企业成功与失败的关键。企业需要对捕捉到的需求、质量产品技术等信息加以分析，根据市场情况调整企业战略，扩大销售，增加市场份额。

2) 市场营销是生产的龙头

没有销售就没有生产。企业是面向市场组织生产和经营活动的，企业应根据销售量决定生产量，若没有市场营销，生产就要停滞。市场营销的领域和效率制约着生产的领域和效率。

3) 市场营销是产品价值的实现

商品的价值体现在销售的实现。市场营销的核心是交换，社会再生产的过程表现为生产过程与市场营销过程的统一，资本的循环是靠营销来驱动的，商品的价值是靠营销来实现的，没有产品的销售，就没有企业的收入和效益。

4) 市场营销是企业资金的来源

产品的交换体现在资金的周转，资本的增值靠的是资金的循环，没有销售，资金就无法运转，也就没有了增值。没有资金来源，企业就无法维持简单再生产和扩大再生产。特别在资金紧张，拖欠款严重的情况下，要靠营销来保证企业的资金来源和正常运转。可见市场营销是连接市场与企业的桥梁、纽带。企业的生产、财务、人事等管理项目属于企业内部管理，而市场营销是在市场上或企业外部所进行的工作，是开放的。企业营销工作反映企业管理水平的高低。市场营销决定企业效益的高低，在企业经营中处于中心地位。

14.2.2 建筑企业市场营销特点

公司是营利性的经济组织，公司只有把生产的产品或服务销售出去，才能实现公司的目的，但是，在市场经济条件下，公司想要把生产的产品或者服务顺利销售出去，并不是一件容易的事。马克思曾经把商品在市场上销售出去比作“惊险的一跳”，如果不能完成这“惊险的一跳”，公司产品或服务的价值就无法实现，公司的再生产就无法扩大，甚至连简单的再生产也无法维持。而市场营销的作用正是帮助公司顺利地完成这“惊险的一跳”。

因此，市场营销对于公司的生存和发展具有举足轻重的意义。一些高度重视市场营销的公司管理人员甚至提出：没有顾客也就意味着公司的消亡，所以市场营销应是公司的主要职能。由于建筑公司是按订单进行生产，“有项目则生，无项目则死”，所以市场营销对于建筑公司就显得尤为重要。

但是，需要明确的是，营销并不等于销售。营销是一种战略策略，一种规划，而销售仅仅是这种规划之下的一种实战。著名管理学家彼得·德鲁克曾经指出：“营销的目的就是要使推销成为多余，营销的目的在于深刻地认识和了解顾客，从而使产品或服务完全地适合它的需要而形成产品自我销售。”目前国内的建筑公司在营销工作方面已形成了基本雏形，但还不成体系，因此，我们在这里对建筑公司的市场营销工作做一简单的讨论。市场营销分析是开展营销工作的首要步骤。营销分析包括市场营销环境的分析，市场营销组合分析和客户(对建筑公司而言，就是业主)分析等。市场环境分析包括市场营销微观和宏观环境分析。建筑公司市场营销组合分析包括对产品或服务、价格、布局以及推介方式的分析。业主关系和队伍建设是建筑公司营销中极为重要的两个内容，因此对这两部分内容的分析也就成为了市场营销分析的重中之重。以上 5 个部分共同构成了市场营销分析的主要内容。

1. 产品分析

建筑业是一个历史悠久的行业，建筑公司通过为业主提供建造服务并最终交付建筑商品来获取利润。按照国家公布的《国民经济行业分类与代码》，建筑业包括的内容如表 14-1 所示。从表中可以看出，建筑业涉及的范围非常广泛。受资源和能力的限制，很难有哪家公司能同时提供表 14-1 所涉及的全部或大部分建造服务，如果一家建筑公司的业务确定得过于宽泛，反而会削弱竞争能力。因此，作为一家建筑公司，有必要对建筑商品进行细分。比如可以按产品的属性和业主的不同要求，将产品划分为住宅项目、机场项目、教育项目、医疗卫生项目、电厂项目、市政工程等，然后从中寻找本公司拥有优势的产品类别，集中资源重点突破，以便在若干有限的产品类别上形成公司的核心竞争力。

表 14-1 国民经济行业代码表(建筑业部分)

代码				类别名称	说明
门类	大类	中类	小类		
E				建筑业	本类包括四大类
	47			房屋和土木工程建筑业	指建筑工程从破土动工到工程主体结构竣工(或封顶)的活动过程。不包括工程内部安装和装饰活动
		471	4710	房屋工程建筑	指房屋主体工程的施工活动。不包括主体工程施工前的工程准备活动
		472		土木工程建筑	
			4721	铁路、道路、隧道和桥梁工程建筑	指土木工程主体的施工活动。不包括施工前的工程准备活动
			4722	水利和港口工程建筑	

续表

代码				类别名称	说明
门类	大类	中类	小类		
			4723	工矿工程建设	
			4724	架线和管道工程建筑	指建筑物外的架线、管道和设备的施工
			4729	其他土木工程建筑	
	48			建筑安装业	
		480	4800	建筑安装业	指建筑物主体工程竣工后，建筑物内各种设备的安装活动，以及施工中的线路和管道安装。不包括工程收尾的装饰
	49			建筑装饰业	
		490	4900	建筑装饰业	指对建筑工程后期的装饰、装修和清理活动，以及对居室的装修活动
	50			其他建筑业	
		501	5010	工程准备	指房屋、土木工程建筑施工的准备活动
		502	5020	提供设备施工服务	指为建筑工程提供配有操作人员的施工设备的服务
		509	5090	其他未列明的建筑活动	指上述未列明的其他工程建筑活动

与业务过于宽泛相反，目前国内一些建筑公司还存在另外一种问题，那就是业务过于单一，产品系列形成不够。我们认为这种情况对于公司的发展也同样是不利的，因为这样会减弱公司的抗风险能力，并且也难以实现不同业务之间的资源共享。

2. 价格分析

建筑公司主要是通过招标投标方式来获取工程项目订单。招标分为公开招标、邀请招标和议标三种方式。公开招标是指招标人以招标公告的方式邀请不特定的法人或其他组织投标，并从中择优选定承包商的行为。邀请招标是指招标人以投标邀请书的方式邀请特定的法人或其他组织投标，并从中择优选定承包商的行为。议标是指招标人与两家以上(含两家)投标单位就工程承发包条件进行协商，择优选定中标单位的一种招标方式。在招标投标方式下，建筑商品的定价基础不是主观的成本加成定价，而是通过竞争性的投标来确定建筑商品的价格，这是建筑商品定价区别于一般商品的一个重要特点。每个承包商虽然都会事先测算出自身完成拟建工程项目的成本，但由于事先并不知道其他承包商将会提出怎样的报价，因此在确定授标商榷时不仅仅要考虑自身的成本，更要考虑各个竞争对手可能提出的报价水平，并在此基础上确定一个最有可能使自己获得项目订单的报价水平。

因此，在建筑公司的竞标过程中，价格因素在很大程度上决定着能否中标。对于公司或机构客户而言，要求以合理价中标；对于政府项目而言，基本上都是最低价中标。不管怎样，具有价格上的竞争力对于建筑公司来讲都是非常重要的。为此，建筑公司应采取低成本竞争，高品质管理的策略参与竞争。要做到低成本，就需要建筑公司采取加强项目现场管理、材料物资集中采购、使用固定分包等一系列措施。建筑公司只有有效地控制了项目成本，才能在确定投标报价时拥有更大的选择空间。

3. 布局分析

建筑公司的生产和销售不同于工业公司。工业公司的生产场所是固定的，而产品是流动的。但对于建筑公司而言，建筑商品与大地紧密相连，具有不可移动性的特点，同时，建筑商品是按订单进行生产的。建筑商品的不可移动性和按订单生产的特点，使得建筑商品没有生产完成后的分销和配送的问题，因此建筑公司不存在一般工业产品的分销渠道问题，但正是由于建筑商品具有固定性的特点，因此建筑施工队伍必须随着产品所在地点的变化而到处流动，这种特点决定了建筑公司的布局一定要与生产方式的特点相适应。我们认为，建筑公司在布局方面比较合理的做法是实现区域化经营，以避免各子公司跨区域互相竞争，并且每个经营机构要有合理的经营半径，以免大范围转移施工力量造成成本的上升。

4. 推介分析

建筑公司仅有好的产品是不够的，还必须要采取有效的手段向业主传递公司实力、特色以及业主带来的利益等方面的内容，也就是向业主进行推介。推介可以采用各种灵活的方式，比如，建筑公司既可以通过规范的现场管理和鲜明的CI形象向业主推介，也可以对所完成的各类工程的工程图片及时进行拍摄，对工程资料及时进行整理和积累，并通过别具特色的方式向业主进行介绍，以获得业主的认同和青睐。建筑公司在推介过程中要注重动员公司各方面的力量，同时要注重树立整个集团的形象，而不是过分强调某个子、分公司的能力。建筑公司的推介对象不仅仅是业主。在运作BT项目时，建筑公司往往需要大量的资金支持，需要公司有良好的财务状况和很强的筹资能力。建筑公司必须通过成功地向银行推介，获得银行的资金支持，然后还要努力向业主推介，获得业主对其融资和管理运营能力的认同。

5. 业主分析

业主的需求是建筑公司生存和发展的基础，能够赢得业主青睐，也就赢得了市场。因此，建筑公司必须根据不同业主的关注重点，有针对性地与业主进行沟通。建筑公司面对的是组织市场，其产品的需求者主要是公司、机构和政府。由于建筑商品一次性投资量大，因而业主一次性发包量大，亦即购买量大，潜在业主难以预测。同时，建筑市场上的业主数量相对于消费品市场上的消费者数量要少得多，业主单位内部做出购买决策的决策单位(Decision-Making Unit，DMU)比较复杂，参与决策的人员比较多，决策的时间也比较长，且同行业内业主之间的相互影响也比较大。

建筑公司的业主大体上可分以下几类。

(1) 中央或地方政府及其行政部门。其类型为重实力型。政府部门最注重的是施工单位的实力、管理、质量等，对价格的考虑放在次要的地位。

(2) 公司。其类型为重实效型。公司一般注重施工单位的产品质量以及价位、服务等方面。

(3) 事业单位。其类型为重实在型。事业单位往往考虑只要能按要求完成任务即可，在选择施工单位时很注重与公司关系的疏密程度。

(4) 房地产开发商。多为重实惠型，一般把价格放在首位。

(5) 海外工程业主。其类型为重实绩型，非常注重公司的业绩和品牌。

另外，业主往往会邀请来自内部和外部受过良好专业训练并且十分了解市场行情的专业人员组成评审委员会帮助业主对承包商的投标方案进行评判。所以对业革进行广泛深入的研究，是开展经营工作的先决条件。通过对业主的分析，在不同工程的投标活动中，采取不同的经营手段，灵活机动，为业主服务，才能显示出与其他建筑公司的不同之处。

14.2.3 建筑企业营销策略内容

建筑企业一旦选择了目标市场，就要针对目标市场的特点确定自己的营销策略，展现自身特色。建筑企业最主要的营销策略有投标策略、品牌策略、公共促销策略等。

1. 投标策略

投标策略指建筑企业在投标竞争中的指导思想与系统工作部署及其参与投标竞争的方式和手段。在投标与否的决策、投标项目选择的决策、投标报价、投标取胜等方面无不包含着投标策略。正确的投标策略能够扬长避短，以己之长胜人之短，从而在竞争中立于不败之地。

综合各地的招标投标办法，可以把投标书大致分为商务标和技术标两部分。因此，投标策略也可分为报价策略和施工组织方案策略。报价策略，它既关系着企业竞标的结果又关系着企业的经济效益。投标时，建筑企业既要考虑自身的经营状况和经营目标，也要考虑竞争的激烈程度，分析招标项目的整体特点，按照工程的类别、施工条件等确定报价策略。建筑企业的报价策略主要有生存型报价策略、竞争型报价策略、盈利型报价策略。生存型报价策略就是以克服生存危机为目标，争取中标可以不考虑各种利益；竞争型报价策略就是以竞争为手段，以开拓市场、低盈利为目标，在精确计算成本基础上充分估计各竞争对手的报价，目标是以有竞争力的报价达到中标目的。盈利型报价策略就是充分发挥自身优势，实现最佳盈利为目标，对效益较小的项目热情不高，对盈利大的项目充满信心。

工程建设项目施工质量好坏、工期长短、效益多少往往取决于施工组织设计。业主、监理单位及招标监理机构经常把施工组织设计作为确定施工单位的依据之一。施工单位必须千方百计编制好工程施工组织设计。

2. 品牌策略

建筑企业的品牌策略有优质工程策略、标准施工策略及优秀项目经理策略等。

1) 优质工程策略

质量是品牌策略中最基本的部分。建筑企业应当建立质量责任制，认真落实质量保证措施。多创优良工程，提高施工项目的质量品位。

2) 标准化施工策略

建筑工程的施工管理是一种开放式的管理。要随时接受城管、交通、街道、环保、建管等有关部门的管理。降低施工噪声防止物体坠落，保持道路清洁，控制尘土飞扬，保护周围地下管网，维护邻近建筑物，美化施工期间的市容市貌等，是每个建筑企业标准化文明施工的主要内容。

3) 项目经理策略

一个项目的建设质量不仅取决于建筑企业的整体管理水平而且还取决于负责该工程施工的项目经理。项目经理在工程项目施工中处于中心地位，对工程项目施工负有全面管理的责任。建筑企业应当培养一批懂技术、会管理、善经营的优秀的项目经理，由他们对工程项目施工进行有效指挥和控制。

3. 公共促销的销策

(1) 处理好企业与顾客的关系。建筑企业要树立“顾客第一”的服务思想，把满足顾客的需要作为企业奋斗的目标。时时处处从顾客角度考虑问题，礼貌、周到地为顾客服务。

(2) 处理好政府和企业的关系。①建筑企业应自觉地将自身的经济效益与社会效益结合起来，这是处理企业与政府关系的关键。②企业应将生产经营活动及时与政府部门沟通，争取政府部门的支持。同时企业应及时收集国家的方针和政策、法令等方面的各种信息，以便从政府宏观政策的变化预测市场变化趋势，调整企业的经营策略。③企业要善于宣传自身，增强政府对企业的信心。

(3) 处理好企业与社区、工程所在地的地方政府、社会团体、当地居民的关系。这是建筑企业外部公众关系工作中不可忽视的环节，是为自己创造一个天时、地利、人和环境所必需的。

14.3 建筑商品价格与营销渠道

14.3.1 建筑商品的价格

建筑商品是建筑业向社会所提供的可供人们使用的最终产品，是经过勘察设计、建筑施工、构件制作和设备安装等一系列劳动而最终形成的建筑物和构筑物。

在市场经济条件下，建筑企业生产的建筑产品是商品，建筑商品的价格、成本和利润成为研究建筑业经济的主要问题。成本是制定价格的基础，价格和利润水平直接关系到生产、分配、交换和消费的各个领域，也关系到国家、企业和消费者的经济利益和人民生活水平的提高。

在我国，通常把建筑商品分为房屋建筑、构筑物以及线路、管道和设备的安装工程等其他建筑产品。房屋建筑是指那些由梁柱、墙壁、基础而形成内部空间，具有满足人类生产或生活活动各种需要的功能的产品，如厂房、住宅、办公楼、医院、学校、影剧院、商场等；构筑物是不具备、不包含或不提供人类居住功能的人工建造物，如水塔、游泳池、沼气池等；其他建筑产品包括桥梁、铁路、公路、隧道、涵洞、烟囱、机坪等。

建筑商品按其完成程度，可分为为竣工工程、已完工程和未完工程。竣工工程是指已经完成设计的全部要求、实现预期的使用功能、整个工程全部竣工可以交付使用的建筑产品；已完工程是指已经完成设计要求、不需要再进行加工的分部分项工程；未完工程是指已经投入人工、材料、机械设备等但尚未完成设计要求的分部分项工程。

研究建筑商品的价格，主要是研究价格的形成，也就是研究建筑商品的组成要素及其他情况。这对于正确地确定建筑商品的价格，掌握成本结构及降低成本、加强经济核算都是不可少的。

1)　建筑商品价格的形成

建筑商品的生产一般是以承包经营方式进行的。建设单位作为投资者，一般要负责工程建筑的安排、组织和协调工作，且直接参与一部分生产工作。如征地拆迁、现场准备、委托设计、设备采购等。在此情况下，建筑商品价值中相当一部分费用是发包人自己支付的。也就是说，建筑商品的价格是由建筑商品的发包方与承包方两方面的费用和创造的价值所构成的，建设单位为生产建筑商品向建筑安装企业支付的全部费用并非是最终产品的价格，只是建筑安装企业产品的“出厂价格”。我国现在有不少房地产开发公司，全面负责购地、设计、建造，然后出售住宅。这种商品化的建筑商品的价格，反映了建筑商品的全部价值。

2)　建筑商品价格的计算

建筑商品的价格是价值的货币表现。建筑商品的价值是由已消耗的生产资料价值、工人必要劳动、工人为社会或国家提供的剩余劳动三部分组成。这是建筑商品的理论价格，至于建筑商品的实际价格，是以施工预算表现的建筑商品价格，它由直接费、间接费、计划利润和税金 4 部分组成。

14.3.2　建筑企业的营销渠道

建筑企业的营销渠道是指包括能够帮助承包商取得合同或完成项目的所有机构或个人，建筑企业的营销实质就是为获取合同和完成项目建立良好的关系。建筑企业渠道建设是进行关系营销，建立以共同利益和互相信任为基础的合作关系。投标过程中应以区域为中心建立营销渠道；项目实施过程中以项目部为中心建立营销渠道。

通常，建筑企业有三大营销渠道，即信息渠道、关系渠道以及融资渠道。信息的来源包括公共信息(报纸、网络、公告等)、内部信息(朋友、合作者)、专业信息(信息咨询机构、中介人)；关系渠道包括业主、监理公司、设计公司、研究咨询机构、分包商、供应商、中介人、行业协会等；融资渠道包括银行、企业债券、股票市场、投资公司、信托公司、保险公司等。如图 14-2 所示。

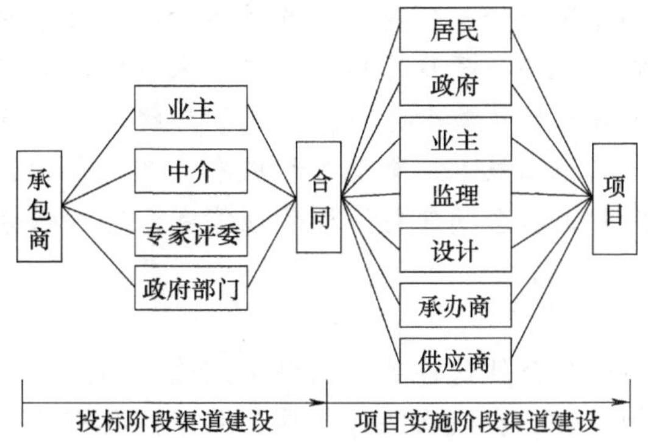

图 14-2　建筑企业营销渠道建设

【案例分析】中建总公司的营销战略

中国建筑工程总公司，简称中建总公司，组建于 1982 年，是国家根据政企分开的原则，将原国家建工总局直属的第一至第六工程局，东北、西北、西南建筑设计研究院，西南综合勘察院，设备配件出口公司和大津材料配件公司，与专事对外承包业务的中国建筑工程公司合并组建的实行一体化经营的大型国有企业，是中国最大的建筑联合企业和最大的国际承包商。1983 年 9 月，根据国务院、中央军委决定，中建总公司成建制地接收了原基建工程兵一部分分队，分别组建为中国建筑第七、第八工程局。1984 年以后，该企业相继投资成立或接收了一批独资、内联、中外合资等多种经济类型的企业。1999—2000 年，中建总公司还接收了与建设部脱钩的中国对外建设总公司、中国建设机械总公司、中国市政工程西北设计研究院等 7 家企业。经过 20 多年的发展，中建人把一个成立之初年营业额仅为 12.5 亿元、资产总额仅 13.3 亿元的建筑公司，发展成了覆盖基本建设各个领域的经营业务格局，发展壮大成我国规模最大、人才最多、品牌最佳、主业最突出、国际竞争力最强的特大型建筑集团和最大的国际承包商。作为我国建筑行业的领军人，中建总公司直接参与建筑行业有关的国家立法活动；承担着并参与国家建筑行业研究课题、制定制度和措施、编制规范和工法等任务，推广了一大批引领建筑行业发展的行业规章和科技经验；获得了 80 项中国建筑业最高水平的鲁班奖；承建的“神舟”号载人航大飞船工程“火箭垂直总装测试厂房综合施工技术”获得了国家科技进步一等奖(建筑行业仅获三项)；香港新机场客运大楼被世界权威组织评为 20 世纪十大建筑之一；承接的世界楼顶最高的“上海环球金融中心大厦”是中国企业第一次获得世界级摩天大楼施工总承包权；这一切成绩和荣誉是“中建人”数十年如一日奋斗的结果，是业界和国家对中建总的认可。

营销策略是竞争理念的进化，是企业使命的升华。在付诸实施的过程中，不仅要求整体战略及其理念的重整与创新，同时也需要足够的资源做支撑，无疑是一项艰巨而复杂的系统工程，中建总公司在 20 多年的市场经营中，形成了独具特色的营销战略。

1. 低成本竞争策略

在建筑工程承包领域，由于投资额巨大，投标价格一直是业主选择供应商的主要指标，在激烈的市场竞争中，各企业都拼命压低报价，低成本是企业盈利的必然选择，总建总公司也一贯坚持“低成本竞争，高品位营销”的竞争策略。建筑工程必然存在一定的固定成本，而企业如何降低开办费用中的各项花费，选择性价比比较高的建筑材料和设备则是降低成本的主要途径，需要通过整个项目管理的全过程来实现，就中建总公司而言，主要在项目管理中采取以下几个方面的策略：①应用先进管理经验，规范并提高项目管理水平；②进行科技创新，应用先进施工技术，降低工程成本；③将合约管理作为项目管理的重要内容和关键环节，积极探索工程合同履行策划管理模式；④加强劳务集中管理，优化项目的生产组织方式。

2. 关系营销策略

供应链管理环境下的战略合作伙伴关系强调长期稳定的关系，长期的合同、制度、激励和约束机制，供应链相关企业在战略合作伙伴关系下，具有共同的价值观，理解对方的需求和目标，因此能相互信任，共享信息，实现双赢、共赢；战略合作伙伴关系下的各节点企业为实现最终顾客满意的目标协同合作，生产在整个供应链上实行优化以实现共赢。中建总公司的营销理念充分体现了供应链的思想，“纵横联合，联合营销”，实施内外一体化经营，与各个层次的合作者建立长期合作关系，不仅包括企业与上游的业主、下游的分包商之间的合作，也包括与横向的设计院、咨询公司、甚至同业竞争对手之间的合作，实现供应链各单位相互之间在设计、生产、竞争策略等各方面的协调。

3. 服务延伸策略

中建总公司虽然在房屋建筑施工领域取得了辉煌的成绩，但是随着房建领域竞争日益激烈、利润空间的缩小，中建总公司必须要在一些高端项目上有所突破，以拉开与普通建筑承包商的距离。国内外 EPC、PMC 等交钥匙工程模式以及 BOT、PPP 等带资承包方式成为国际大型工程项目中广为采用的模式，国内建筑企业大集团迫切需要延伸服务范围，从简单的施工承包领域扩展到咨询、设计等其他领域，走一条从投资、规划、设计、施工到最后销售的一体化资本经营之路，从而真正形成资本密集、人才密集、技术密集型和管理密集型大型企业集团。这样集团在市场力、人才力、技术力、资金力、组织力和形象力等方面才能具有明显的竞争力，才能从设计、融资、建造、运营等方面承接大型高端项目。中建总公司目前正积极探索这条道路，以融资建造和设计咨询服务带动工程总承包。

4. 品牌营销

中建总公司曾先后在深圳国贸大厦和信兴广场的建设中，创造了彪炳建筑业史册的施工速度；在国家科技三大重点工程之一的“神舟”号载人航天飞船工程中，其“火箭垂直总装测试厂房综合施工技术”获国家科技进步一等奖；香港新机场客运大楼被世界权威组织评为 20 世纪十大建筑；中建总公司现承接的 508m 的世界第一高楼“上海环球金融中心大厦”，是中国企业第一次获得外资世界级摩天大楼总承包权。20 多年来，中建总公司坚持不懈地致力于品牌建设，坚持用严格的管理、过硬的质量、科学的施工技术、先进的企业文化塑造出一座座建筑丰碑，赢得了社会的普遍认可和赞扬，中建总公司真正做到了“做一个工程，树一座丰碑，交一方朋友”的目标，为中建总公司带来了美誉的同时，也赢得了业主的信任，为中建总公司带来了源源不断的后续项目，带动了工程总承包。中建总公司把品牌经营作为实现总公司战略目标的重要内容，制定品牌经营、发展策略，对总公司企业理念进行调整，明确总公司品牌架构内容，统一品牌内涵，处理好总公司品牌的有关法律问题，全力打造“中国建筑”“中海地产”两大强势品牌，实现国内外经营的品牌统一，中建总公司企业品牌也在建筑实践中不断成长、日臻完善。努力实现“推广形象、创造商机，诚信形象、创新进取”的中建总公司企业品牌建设目标。

问题：

1. 根据你的理解，谈谈关系营销中包括几个联合。
2. 请为中建总公司再提出两条营销策略。
3. 谈谈你对中建总公司营销策略的评价。

(资料来源：顾祥柏. 建筑工程市场营销与销售. 北京：中国建筑工业出版社，2012)

本 章 小 结

本章第 14.1 节基本内容为建筑市场概述，从建筑市场概念、特点、影响因素三方面展开。其中对建筑市场从狭义和广义两个方面解释。本章对于建筑市场的内容，主要是从广

义的角度加以阐述的。与一般市场相比，建筑市场的特点主要表现在 5 个方面。建筑市场最主要的影响因素有固定资产投资及建筑材料市场、劳动力市场、房地产市场。第 14.2 节主要介绍了建筑企业市场营销策略以及营销渠道等。

习　　题

一、名词解释

建筑市场　　市场营销　　.品牌策略　　营销渠道

二、选择题

1. 广义的建筑市场概念是指(　　)。
   A. 建筑商品　　B. 建筑水平交易的场所
   C. 建筑商品交换关系　　D. 建筑商品交换关系的总和
2. 国民经济行业代码表中，对于房屋工程建筑正确的界定是(　　)。
   A. 建筑工程从破土动工到工程主体结构竣工(或封顶)的活动过程。
   B. 不包括工程内部安装和装饰活动
   C. A 和 B
   D. 指房屋主体工程的施工活动
3. 建筑企业有三大营销渠道不包括(　　)。
   A. 政府渠道　　B. 信息渠道　　C. 客户关系渠道　　D. 融资渠道

三、问答题

1. 建筑企业市场概念？
2. 建筑企业市场特点有哪些？
3. 建筑企业市场的影响因素有哪些？
4. 建筑企业投资需求主要取决于以哪方面因素？
5. 就建筑材料市场而言，尤其是对于主要建筑材料的市场，仍具有一些共同的特点，主要表现在哪几个方面？
6. 从保持建筑市场供求关系动态平衡的需要出发，劳动力市场应满足几个方面要求？
7. 按照房地产市场的业务内容，可将其分为哪几类？
8. 建筑业国内市场存在哪些问题？
9. 针对建筑企业存在的问题，有哪些对策可以解决？
10. 市场营销对建筑企业的意义有哪些？
11. 建筑企业市场营销分析可以从哪几个方面进行？
12. 建筑企业营销策略有哪些？
13. 建筑企业如何实施公共促销的营销策略？
14. 建筑企业如何选择营销的渠道？

第 15 章　建筑企业施工项目成本管理

【学习要点及目标】

- 理解施工项目成本内涵
- 掌握施工项目成本预测的方法
- 熟悉施工项目成本计划的方法
- 掌握施工项目成本控制的方法

【核心概念】

施工项目成本　成本预测　成本计划　成本控制

【引导案例】 M市新建的基础设施工程成本管理问题

河南省某自来水厂工程是河南省M市新建的一项基础设施工程，建设期为3年。该项目总投资11 493.56万元。其中市政府组织筹集4500万元，市自来水公司组织集资6993.56万元。

在项目建设过程中，有关部门组织人员现对该项目实行工程财务收支审计，发现许多问题，具体包括：概算投资缺口计3557.91万元，其中概算漏项少列投资874.69万元；计算错误少计333.4万元，实际材料设备涨价扣除涨价预备费后增加投资2349.82万元，三项合计3557.91万元；建设单位将生产工人培训费用共12 000元，计入待摊费用。项目经理部还购买了一辆25万元的小轿车为管理人员使用，按小轿车的使用寿命10年计算，该费用一次全部计入建设单位管理费。此外，还发现应计入设备投资完成额的成本开支项目遗漏，该部分设备的成本合计500万元。

15.1 建筑企业施工项目成本概述

15.1.1 施工项目成本

1. 施工项目成本概念

施工项目成本是指建筑企业以施工项目作为成本核算对象，在施工过程中所耗费的生产资料转移价值和劳动者必须劳动所创造的价值的货币表现。施工项目成本是施工过程中耗费的主要材料、辅助材料以及其他材料等劳动对象价值，是以耗费材料的价格计入施工项目成本。施工过程中所耗费的施工机械、运输设备等劳动资料的价值，是以折旧费的形式计入施工成本；施工生产人员必要劳动所创造的价值，是以工资及福利费的形式支付并计入施工项目成本。

施工项目成本不包括劳动者为社会创造的价值(如税金、计划利润)，也不包括不构成施工项目价值的一切非生产性支出。

建筑企业一般以项目的单位工程作为成本核算对象，通过各单位工程成本核算的综合来反映施工项目成本。

2. 施工项目成本分类

根据建筑企业生产经营以及过程产品的特点和成本管理的要求，施工项目成本可按不同标准进行分类。

(1) 按成本计价的定额标准分类，可分为预算成本、计划成本和实际成本。

预算成本是指按建筑安装工程实物量和国家或地区或企业制定的预算定额及取费标准计算的社会评价成本或企业评价成本，是以施工图预算为基础进行分析、预测、归集和计算确定的。预算成本包括直接成本和间接成本，是控制成本支出、衡量和考核施工项目实际成本节约或超支的重要尺度。

计划成本是在预算成本基础上，根据企业自身的要求，如内部承包合同的规定，结合施工项目的技术特征、自然地理特征、劳动力素质、设备情况等确定的标准成本，亦称目标成本。计划成本是控制项目成本支出的标准，也是成本管理的目标。

实际成本是工程项目在施工工程中实际发生的可以列入工程成本支出的各项费用的总和，是工程项目施工活动过程中劳动耗费的综合反映。

(2) 按施工生产费用与工程量的关系分类，可分为固定成本、变动成本和混合成本。

固定成本是指在一定期间和一定工程量范围内，发生的成本费用总额不受工程量的增减变动而变动的一类成本。如固定资产折旧、固定资产大修理、管理人员工资、行政办公费等。

变动成本是指成本费用总额随着工程量的增减变动而成正比例变动的成本费用，如直接用于工程项目的主要材料、实际计时工资制的施工生产工人人工工资等。但其单位成本费用却随着工程量的变化保持不变。

将工程成本费用区分为固定成本与变动成本，对于建筑企业加强成本管理、优化成本决策具有十分重要的作用，也是企业成本控制的前提条件。由于固定成本费用是维持建筑企业生产经营能力所必需的费用，要节约和降低固定成本费用，往往需要通过提高劳动生产率、增加企业总工程量从而降低单位工程量固定成本和控制降低固定成本的绝对数。降低变动成本主要在于如何节约和降低单位工程的项目消耗定额。

混合成本是指成本费用既有变动成本特性，又有固定成本特性，如现场经费。

(3) 按成本的可控性分类，可分为可控成本与不可控成本。

施工项目所发生的施工生产成本与特点的施工生产部门和施工生产环节相联系，所发生的成本费用是否为该部门的可控成本，取决于施工生产各环节、各部门是否有能力对这些成本费用实施有效的控制。

能够为特定部门的职能权限所控制的成本费用为该部门的可控成本。如对于施工生产工程中发生的材料成本，施工生产部门所能控制的是材料的消耗量，而对于材料的价格部分，则属于不可控成本，而对于材料物资采购部门而言却是可以控制的。由此可见，可控与不可控，具有明显的相对性。

(4) 按工程施工的完工程度分类，可分为本期施工成本、已完工程成本、未完施工成本、竣工工程成本。

15.1.2　施工项目成本的构成

建筑企业在生产活动过程中所发生的成本费用支出，按照国家规定计入成本费用。按照成本的经济性质和有关规定，施工项目成本由直接成本和间接成本组成。

1. 直接成本

直接成本是指施工过程中耗费的构成工程实体或有助于工程形成的各项支出，包括人工费、材料费、机械费和其他直接费。其他直接费又包括：施工过程中发生的材料二次搬运费、临时设施摊销费、生产工具使用费、检验试验费、工程定位复测费、工程点交费、场地清理费等。直接成本可根据原始凭证和原始凭证汇总表直接计入工程成本。

2. 间接成本

间接成本是指各项目经理部为组织和管理施工生产所发生的全部支出。它包括施工现场工作人员奖金和工资性津贴、劳动保护费、职工福利费、办公费、差旅交通费、固定资产使用费、工具用具使用费、保险费、工程保修费、工程排污费、工会经费、教育经费、业务活动经费、税金、劳保统筹费及其他费用。以上这些成本只能按一定标准分配计入工程成本。

15.1.3　施工项目成本管理与企业成本管理的联系

施工项目成本管理所处的重要地位，已经成为工程建设经济核算体系的基础，是企业成本管理中不可缺少的有机组成部分，两者有着密不可分的联系。但是，施工项目成本管理与企业成本管理有着原则性的区别。

1. 施工项目成本管理的特征

不能简单地把建筑企业成本核算的内容和方法下移到施工项目中。实际上，施工项目成本贯穿整个项目的施工过程，这个过程充满不确定因素，因此施工项目成本管理不仅局限于会计核算的范围，与企业成本管理工作相比，施工项目成本管理有自身的特点。

1)　事先能动性

一般意义上的会计核算是对实际发生的成本进行记录、归集、分配和计算，表现为成本结果的事后处理，并作为对下一生产循环进行控制的依据。由于施工项目的一次性，成本管理是在不再重复的施工过程中进行的，为了避免施工项目出现重大失误，施工项目成本管理就必须是事先的、能动的、系统的。施工项目在项目管理的起点就要对成本进行预测、制订成本计划，明确成本目标，然后采取各种措施实施成本控制，最后对成本进行分析和考核，以检查目标实现的程度。

2)　综合优化性

施工项目成本管理是施工项目管理系统中的一个有机的子系统，不能孤立地、片面地对待施工项目成本管理。项目经理部并不是企业财务核算部门，而是在实际履行工程承包合同工程中，以创造经济效益为最终目的的施工管理组织。因此，施工项目的成本管理必然要与项目的工期管理、质量管理、技术管理、资金管理、安全管理、分包管理等紧密结合起来。项目经理部中的每一个成员，其工作都与项目成本有着直接或间接、或多或少的关系，可以说全员都应该参与施工项目的成本管理。所以，只有当施工项目把所有管理职能、管理对象、管理要素纳入施工项目管理之中，施工项目才有可能达到综合优化的功效。

3)　动态跟踪性

所谓动态跟踪是指施工项目成本管理必须对事先所设定的成本目标及相应的实施过程自始至终进行监督、控制、调整和修正。施工项目成本情况随着客观条件的变化而发生较大的波动，尤其是在市场经济条件下，建材价格、设计变更、工程延期、资金到位情况等不确定性因素，都会直接影响到施工项目的实际成本。施工项目想要将实际成本控制在目标成本范围内，就必须随时关注、反馈成本信息，及时采取有效措施，以达到控制成本的目的。动态跟踪性特点更加突出了施工项目成本管理在施工项目管理中的重要性。

4)　内容适应性

施工项目成本管理的内容取决于施工项目管理的对象和范围。这一对象范围与企业成本管理对象范围既有联系，又有明显的区别；因而施工项目管理不可能与企业成本管理一致。施工项目只有从施工项目管理的实际情况出发才能正确确定成本核算的内容，企业只有在充分研究施工项目具体情况的基础上才能对施工项目成本管理加以有效指导。

2. 施工项目成本管理与企业成本管理的区别

1)　管理对象不同

施工项目成本管理的对象是某一个具体的工程施工项目，仅对该项目的成本进行核算，也只对该施工项目的成本加以控制。企业成本管理的对象是整个建筑企业，不仅包括下属的各个项目经理部，还包括施工服务的附属企业以及企业各职能部门。

2)　管理任务不同

施工项目成本管理的任务是在健全的成本管理责任下，以合理的工期、合适的质量、低耗的成本完成项目施工，完成企业下达的管理任务。建筑企业成本管理任务则是根据整个企业的现状和水平，通过合理调配资源、合理摊派施工生产任务，使企业成本、费用控制在预定计划之内。

3)　管理方式不同

施工项目成本管理是在项目经理负责制下的一项重要的管理职能，是在施工现场进行的与施工过程的质量管理、工程管理等各项管理同步、及时、到位的。企业成本管理不在施工现场，成本管理与施工项目管理过程在时间上、空间上分离，是通过行政手段实施的管理，层次多、部门多，管理就有可能会不及时、不到位。

4)　管理责任不同

施工项目成本管理是由施工项目经理部全面负责的，项目成本由项目经理承包，项目的盈亏与项目经理的全体成员经济责任明确，管理到位。企业成本管理是强调部门成本责任，成本管理涉及各个职能部门和各个施工单位，难以协调，往往责任不明确，管理松懈。

15.1.4　施工项目成本管理的原则

工程项目管理是企业成本管理的基础和核心，施工项目经理部在对项目施工过程进行成本管理时，必须遵循以下基本原则。

1. 成本最低化

施工项目成本管理的根本目的在于通过成本管理的各种手段，促进不断降低施工项目成本，以达到可能实现最低的目标成本的要求。但是，在实行成本最低化原则时，应注意研究降低成本的可能性和合理的成本最低化，一方面挖掘各种降低成本的潜力，使可能性变为现实；另一方面要从实际出发，制定通过主观努力可能达到合理的最低成本水平。

2. 全面成本管理

长期以来，在施工项目成本管理中存在“三重三清”问题，即：重实际成本核算分析，轻全过程的成本管理和对其影响因素的控制；重施工成本的计算分析，轻采购成本、工艺成本和质量成本；重财会人员管理，轻群众性的日常管理。因此，为了确保不断降低施工成本，达到成本最大化目的，必须实行全面成本管理。

3. 成本责任制

为了实行全面成本管理，必须对施工项目成本进行层层分解，以分级、分工、分人的成本责任制作保障。施工项目经理部应对企业下达的成本指标负责，班组和个人对项目经理部的成本目标负责，以做到层层保证，定期考核评定。成本责任制的关键是划清责任，并要与奖惩制度挂钩，使各部门、各班组和个人都来关心施工项目成本。

4. 成本管理有效化

所谓成本管理有效化原则，主要有两层意思：一是促使施工项目经理部门以最少的投入，获得最高的产出；二是以最少的人力和财力，完成较多的管理工作，提高工作效率。提供成本管理有效性的手段，一是采用行政方法，通过行政隶属关系，下达指标，制定实施措施，定期检查监督；二是采用经济方法，利用经济杠杆、经济手段实行管理；三是用法制方法，根据国家的政策方针和规定，制定具体的规章制度，使人人照章办事，用法律手段进行成本管理。

5. 成本管理科学化

成本管理是企业管理学中的一个重要内容，企业管理要实行科学化，必须把有关自然科学和社会科学中的理论、技术和方法运用于成本管理。例如，在施工项目成本管理中，可以运用预测与决策方法、目标管理方法、不确定性分析方法和价值工程等。

15.2 建筑企业施工项目成本预测

15.2.1 施工项目成本预测的作用

1. 投标决策的依据

建筑企业在选择投标项目的过程中，往往需要根据项目是否赢利、利润大小等诸因素确定是否对工程投标。这样，在投标决策时就要估计项目施工成本的情况，通过与施工图预算的比较，才能分析出项目是否赢利、利润大小等。

2. 编制成本计划的基础

计划是管理中关键的第一步。因此，编制可靠的计划具有十分重要的意义。但要编制出正确可靠的施工项目计划，必须遵循客观经济规律，从实际出发，对施工项目未来实施做出科学的预测。在编制成本计划之前，要在搜集、整理和分析有关施工项目成本、市场行情和施工消耗等资料基础上，对施工项目进展过程中的物价变动等情况和施工项目成本做出符合实际的预测。这样才能保证施工项目成本计划不脱离实际，切实起到控制施工项目成本的作用。

3. 成本管理的重要环节

成本预测是在分析项目施工进程中各种经济与技术要素对成本升降的影响基础上，推算其成本水平变化的趋势及其规律性，预测施工项目的实际成本。它是预测和分析的有机结合，是事后反馈与事前控制的结合。通过成本预测，有利于及时发现问题，找出施工项目成本管理中的薄弱环节，采取措施，控制成本。

15.2.2　施工项目成本预测的过程

1. 制订预测计划

制定预测计划是预测工作顺利进行的保证。预测计划的内容主要包括：组织领导及工作布置、配合的部门、时间进度、搜集材料范围等。如果在预测过程中发现新情况或计划有缺陷，则可修订预测计划，以保证预测工作顺利进行，并获得较好的预测质量。

2. 搜集和整理预测资料

根据预测计划，搜集预测资料是进行预测的重要条件。预测资料一般有纵向和横向两方面的数据。纵向资料是施工单位各类材料的消耗及价格的历史数据，据以分析其发展趋势；横向资料是指同类施工项目的成本资料，据以分析所预测项目与同类项目的差异，并做出估计。预测资料的真实与正确，决定了预测工作的质量，因此对搜集的资料进行细致的检查和整理是很有必要的。如各项指标的口径、单位、价格等是否一致；核算、汇集的时间资料是否完整，如有残缺，应采用估算、换算、查阅等方法进行补充；有没有可比性或重复的资料，要去伪存真，进行筛选，以保证预测资料的完整性、连续性和真实性。

3. 选择预测方法

预测方法一般分为定性与定量两类。定性方法有专家会议法、主观概率法和德尔菲法等，主要是根据各方面的信息、情报或意见，进行推断预测。定量方法主要有移动平均法、指数平滑法和回归分析法等。

4. 成本初步预测

主要是根据定性预测的方法及一些横向成本资料的定量预测，对施工项目成本进行初步估计。这一步的结果往往比较粗糙，需要结合现在的成本水平进行修正，才能保证预测成本结果的质量。

5. 影响成本水平的因素预测

影响工程成本水平的因素主要有物价变化、劳动生产率、物料消耗指标、项目管理办公费用开支等。可根据近期内其他工程实施情况、本企业职工及当地分包企业情况、市场行情等，推测未来哪些因素会对本施工项目的成本水平产生影响，其结果如何。

6. 成本预测

根据初步的成本预测以及对成本水平变化因素预测结果，确定该施工项目的成本情况，包括人工费、材料费、机械使用费和其他直接费等。

7. 分析预测误差

成本预测是对施工项目实施之前的成本预计和推断，这往往与实施过程中及其后的实际成本有出入，而产生预测误差。预测误差的大小，反映预测的准确程度。如果误差较大，就应分析产生误差的原因，并积累经验。

15.2.3 成本预测的方法

1. 指数平滑法

指数平滑法是根据本期的实际值和过去对本期的预测值，预测下一期数值，它反映了最近时期事件的数值对预测值的影响。这是一种在移动平均法的基础上发展起来的特殊的加权平均法。

指数平滑法的计算公式为

$$Y_t = \alpha S_{t-1} + (1-\alpha) Y_{t-1} \tag{15-1}$$

其中：Y_t为预测值，S_{t-1}为上一期的实际值，Y_{t-1}为上一期的预测值。α为加权系数或平滑系数($0 \leqslant \alpha \leqslant 1$)，其取值的大小，表示不同时期的数据在预测中的作用：α值越大，下一期预测值越接近本期实际值；$\alpha=1$，下一期预测值等于本期实际值；α值越小，下一期预测值越是偏离本期实际值。

【例 15-1】以表 15-1 的数据为例，应用公式可以求得相应成本预测值(分别按$\alpha = 0.1, 0.5, 0.9$计算)

表 15-1　指数平滑法

样本期	人工费(万元)	预测值		
		$\alpha=0.1$	$\alpha=0.5$	$\alpha=0.9$
1	45	45	45	45
2	47	45	45	45
3	46	45.2	46	46.8
4	54	45.3	46	46.1
5	45	46.2	50	53.2
6	48	46.1	47.5	45.8
7	44	46.3	47.8	47.8
8		46.1	45.9	44.4

2. 回归分析法

回归分析法是根据事物的因果关系对变量的一种预测方法。因果关系普遍存在，比如，收入对商品销售的影响，降雨量对农产品生产的影响等。一元回归分析法的公式为

$$Y = a + bX \tag{15-2}$$

其中：X为自变量，Y为因变量(要预测的变量)。

a、b为回归系数，其计算公式为

$$b = \frac{\sum X_i Y_i - \bar{X}\sum Y_i}{\sum X_i^2 - \bar{X}\sum X_i} \qquad a = \bar{Y} - b\bar{X} \tag{15-3}$$

其中：X_i为自变量第i期的实际值，Y_i为因变量第i期的实际值，$\bar{X}$，$\bar{Y}$分别是X、Y的平均数。

【例 15-2】某项目的产值与成本的历史资料如表 15-2 所示，要求依据历史资料应用回归分析法进行成本预测。

表 15-2　产值与成本的历史资料

样本期	1	2	3	4	5
施工产值(千元)	540	560	590	640	680
总成本(千元)	506	516	538	588	616

根据表 15-2 资料，得出表 15-3 的结论：

$$\overline{X}=\frac{540+560+590+640+680}{5}=602$$

$$\overline{Y}=\frac{506+516+536+588+616}{5}=552.4$$

表 15-3　计算结果

样 本 期	施工产值 X_i	总成本 Y_i	X_iY_i	X_i^2
1	540	506	273240	291600
2	570	516	294120	324900
3	590	536	316240	348100
4	640	588	376320	409600
5	680	616	418880	462400
合计	3020	2762	1678800	1836600

15.3　建筑企业施工项目成本计划

15.3.1　施工项目成本计划的作用与原则

1. 施工项目成本计划的作用

(1) 施工项目成本计划是对生产耗费进行控制、分析和考核的重要依据。

成本计划既体现了市场经济体制下对成本核算单位降低成本的客观要求，也反映了核算单位降低产品成本的目标。成本计划可作为对生产耗费进行事前预计、事中检查控制和事后考核评价的重要依据。许多施工单位仅单纯重视项目成本管理的事中控制及事后考核，却忽视甚至省略了至关重要的事前计划，使得成本管理从一开始就缺乏目标，对于控制考核，也无从对比，产生很大的盲目性。建筑企业的施工项目成本计划一经确定，就应层层落实到部门、班组，并应经常将实际生产耗费与成本计划指标进行对比分析，揭露执行过程中存在的问题，及时采取措施，改进和完善成本管理工作，以保证施工项目成本计划各项指标得以实现。

(2) 施工项目成本计划是编制核算单位其他有关生产经营计划的基础。

建筑企业每一个施工项目都有着自己的项目计划，这是一个完整的体系。在这个体系中，成本计划与其他各方面的计划有着密切的联系。它们既相互独立，又起着相互依存和相互制约的作用。如编制项目流动资金计划、企业利润计划等都需要成本计划的资料，同时，成本计划也需要以施工方案、物资与价格计划等为基础。因此，正确编制施工项目成本计划，是综合平衡项目生产经营的重要保证。

(3) 施工项目成本计划是国家编制国民经济计划的一项重要依据。

建筑企业根据国家或上级主管部门下达的降低成本指标编制的成本计划，经过逐级汇总，为编制各部门和地区的生产成本计划提供依据，国家计划部门还可以据以进行国民经济综合平衡和有计划地管理项目成本，有计划地确定国民收入和纯收入，确定积累及其增长速度，正确安排积累和消费的比例，使国民经济有计划按比例地发展。

(4) 施工项目成本计划可以动员全体职工深入开展增产节约、降低产品成本的活动。

施工项目成本计划是全体职工共同奋斗的目标。为了保证成本计划的实现，企业必须加强成本管理责任制，把成本计划的各项指标进行分解，落实到各部门、班组乃至个人，实行归口管理并做到责、权、利相结合，检查评比和奖励惩罚有根有据，使开展增产节约、降低产品成本、执行和完成各项成本计划指标成为上下一致、左右协调、人人自觉努力完成的共同行动。

2. 施工项目成本计划编制的原则

为了使成本计划能够发挥它的积极作用，在编制成本计划时应掌握以下一些原则。

1) 从实际情况出发的原则

编制成本计划必须根据国家的方针政策，从企业的实际情况出发，充分挖掘企业内部潜力，使降低成本指标既积极可靠，又切实可行。施工项目管理部门降低成本的潜力在于正确选择施工方案、合理组织施工、提高劳动生产率、改善材料供应、降低材料消耗、提高机械利用率、节约施工管理费用等。但要注意，不能为降低成本而偷工减料，忽视质量，不顾机械的维护修理而拼机械，片面增加劳动强度，加班加点，或减掉合理的劳保费用，忽视安全工作。

2) 与其他计划结合的原则

编制成本计划，必须与施工项目的其他各项计划如施工方案、生产进度、财务计划、材料供应及耗费计划等密切结合，保持平衡。即成本计划一方面要根据施工项目的生产、技术组织措施、劳动工资、材料供应等计划来编制，另一方面又影响着其他各种计划指标时，都应考虑适应降低成本的要求，与成本计划密切配合，而不能单纯考虑每一种计划本身的需要。

3) 采用先进的技术经济定额的原则

编制成本计划，必须以各种先进的技术经济定额为依据，并针对工程的具体特点，采取切实可行的技术组织措施作保证。只有这样，才能使编制的成本计划既具有科学根据，又有实现的可能，也只有这样，才能使编制的成本计划起到促进和激励的作用。

4) 统一领导、分级管理的原则

编制成本计划，应实行统一领导、分级管理的原则，采取走群众路线的工作方法，应在项目经理的领导下，以财务和计划部门为中心，发动全体职工共同进行，总结降低成本的经验，找出降低成本的正确途径，使成本计划的制订和执行具有广泛的群众基础。

5)　弹性原则

编制成本计划，应留有充分余地，保持计划的一定弹性。在计划期内，项目经理部的内部或外部的技术经济状况和供产销条件，很可能发生一些在编制计划时所未预料的变化，尤其是材料供应、市场价格千变万化，给计划拟定带来很大困难。因而在编制计划时应充分考虑到这些情况，使计划保持一定的应变适应能力。

15.3.2　施工项目成本计划的内容

1. 施工项目成本计划的组成

施工项目的成本计划一般由施工项目降低直接成本计划和间接成本计划组成。如果项目设有附属生产单位(如加工厂、预制厂、机械动力站和汽车队等)，成本计划还包括产品成本计划和作业成本计划。

1)　施工项目降低直接成本计划

施工项目降低直接成本计划主要反映工程成本的预算价值、计划降低额和计划降低率。一般包括以下几方面的内容。

(1)　总则。包括对施工项目的概述，项目管理机构及层次介绍，有关工程的进度计划、外部环境特点，对合同中有关经济问题的责任，成本计划编制中依据其他文件及其他规格也均应作适当地介绍。

(2)　目标及核算原则。包括施工项目降低成本计划及计划利润总额、投资和外汇总节约额(如有的话)、主要材料和能源节约额、货款和流动资金节约额等。核算原则系指参与项目的各单位在成本、利润结算中采用何种核算方式，如承包方式、费用分配方式、会计核算原则(权责发生制与收付实现制)、结算款所用哪种币制等，如有不同，应予以说明。

(3)　降低成本计划总表或总控制方案。项目主要部分的分部成本计划，如施工部分，编写项目施工成本计划，按直接费、间接费、计划利润的合同中标数、计划支出数、计划降低额分别填入。如有多家单位参与施工时，要分单位编制后再汇总。

(4)　对施工项目成本计划中计划支出数估算过程的说明。要对材料、人工、机械费、运费等主要支出项目加以分解。以材料费为例，应说明：钢材、木材、水泥、砂石、加工订货制品等主要材料和加工预制品的计划用量、价格，模板摊销列入成本的幅度，脚手架等租赁用品计划付多少款，材料采购发生的成本差异是否列入成本等，以便在实际施工中加以控制与考核。

(5)　计划降低成本的来源分析。应反映项月管理过程计划采取的增产节约、增收节支和各项措施及预期效果。以施工部分为例，应反映技术组织措施的主要项目及预期经济效果。可依据技术、劳资、机械、材料、能源、运输等各部门提出的节约措施，加以整理和计算。

2)　间接成本计划

间接成本计划主要反映施工现场管理费用的计划数、预算收入数及降低额。间接成本计划应根据工程项目的核算期，以项目总收入费的管理费为基础，制定各部门费用的收支计划，汇总后作为工程项目的管理费用的计划。在间接成本计划中，收入应与取费口径一致，支出应与会计核算中管理费用的二级科目一致。间接成本计划的收支总额，应与项目成本计划中管理费一栏的数额相符。各部门应按照节约开支、压缩费用的原则，制定管理费用归口包干指标落实办法，以保证该计划的实施。

2. 施工项目成本计划表

在编制了成本计划以后还需要通过各种成本计划表的形式将成本降低任务落实到整个项目的施工全过程，并且在项目实施过程中实现对成本的控制。成本计划表通常由成本计划任务表、技术组织措施表和降低成本计划表 3 个表组成，间接成本计划可用施工现场管理费计划表来控制。

1) 项目成本计划任务表

项目成本计划任务表主要是反映工程项目预算成本、计划成本、成本降低额、成本降低率的文件。成本降低额能否实现主要取决于企业采取的技术组织措施。因此，计划成本降低额这一栏要根据技术组织措施表和降低成本计划表来填写。

2) 技术组织措施表

技术组织措施表是预测项目计划期内施工工程成本各项直接费用计划降低额的依据，是提出各项节约措施和确定各项措施的经济效益的文件。由项目经理部有关人员分别就应采取的技术组织措施预测它的经济效益，最后汇总编制而成。编制技术组织措施表的目的，是为了在不断采用新工艺、新技术的基础上提高施工技术水平，改善施工工艺过程，推广工业化和机械化施工方法，以及通过采纳合理化建议达到降低成本的目的。

3) 降低成本计划表

降低成本计划表是根据企业下达给该项目的降低成本任务和该项目经理部自己确定的降低成本指标而制订出项目成本降低计划。它是编制成本计划任务表的重要依据。它是由项目经理部有关业务和技术人员编制的。其根据是项目的总包和分包的分工，项目中的各有关部门提供降低成本资料及技术组织措施计划。在编制降低成本计划表时还应参照企业内外以往同类项目成本计划的实际执行情况。

15.3.3 施工项目成本计划的编制步骤和方法

1. 施工项目成本计划的编制程序

建筑企业施工项目的成本计划工作，是一项非常重要的工作，不应仅仅把它看作几张计划表的编制，更重要的是项目成本管理的决策过程，即选定技术上可行、经济上合理的最优降低成本方案。同时，通过成本计划把目标成本层层分解，落实到施工过程的每个环节，以调动全体职工的积极性，有效地进行成本控制。编制成本计划的程序，因项目的规模大小、管理要求不同而不同，大中型项目一般采用分级编制的方式，即先由各部门提出部门成本计划，再由项目经理部汇总，编制全项目工程的成本计划；小型项目一般采用集中编制方式，即由项目经理部先编制各部门成本计划，再汇总编制全项目的成本计划。无论采用哪种方式，其编制的基本程序如下。

1) 搜集和整理资料

广泛搜集资料并进行归纳整理是编制成本计划的必要步骤。所需搜集的资料也即是编制成本计划的依据。这些资料主要包括以下几种。

(1) 国家和上级部门有关编制成本计划的规定。

(2) 项目经理部与企业签订的承包合同以及企业下达的成本降低额、降低率和其他有关技术经济指标。

(3) 有关成本预测、决策的资料。

(4) 施工项目的施工图预算、施工预算。

(5) 施工组织设计。

(6) 施工项目使用的机械设备生产能力及其利用情况。

(7) 施工项目的材料消耗、物资供应、劳动工资及劳动效率等计划资料。

(8) 计划期内的物资消耗定额、劳动工时定额、费用定额等资料。

(9) 以往同类项目成本计划的实际执行情况以及有关技术经济指标完成情况的分析资料。

(10) 同行业同类项目的成本、定额、技术经济指标资料及增产节约的经验和有效措施、本企业的历史先进水平和当时的先进经验及采取的措施以及国外同类项目的先进成本水平情况等资料。

此外，还应深入分析当前情况和未来的发展趋势，了解影响成本升降的各种有利和不利因素，研究如何克服不利因素和降低成本的具体措施，为编制成本计划提供丰富、具体和可靠的成本资料。

2) 估算计划成本，即确定目标成本

财务部门在掌握了丰富的资料，并加以整理分析，特别是在对前期成本计划完成情况进行分析的基础上，根据有关的设计、施工等计划，按照工程项目应投入的物资、材料、劳动力、机械、能源及各种设施等，结合计划期内各种因素的变化和准备采取的各种增产节约措施，进行反复测算、修订、平衡后，估算生产费用支出的总水平，进而提出全项目的成本计划控制指标，最终确定目标成本。确定目标成本以及把总的目标分解落实到各相关部门、班组，大多采用工作分解法。

3) 编制成本计划草案

对大中型项目，经项目经理部批准下达成本计划指标后，各职能部门应充分发动群众进行认真的讨论，在总结上期成本计划完成情况的基础上，结合本期计划指标，找出完成本期计划有利和不利因素，提出挖掘潜力、克服不利因素的具体措施，以保证计划任务的完成。为了使指标真正落实，各部门应尽可能将指标分解、落实、下达到各班组及个人，使得目标成本的降低额和降低率得到充分讨论、反馈、再修订，使成本计划既能够切合实际，又成为群众共同奋斗的目标。各职能部门亦应认真讨论项目经理部下达的费用控制指标，拟定具体实施的技术经济措施方案，编制各部门的费用预算。

4) 综合平衡，编制正式的成本计划

在各职能部门上报了部门成本计划和费用预算后，项目经理部首先应结合各项技术经济措施，检查各计划和费用预算是否合理可行，并进行综合平衡，使各部门计划和费用预算之间相互协调、衔接；其次，要从全局出发，在保证企业下达的成本降低任务或本项目目标成本实现的情况下，以生产计划为中心，分析研究成本计划与生产计划、劳动工时计划、材料成本与物资供应计划、工资成本与工资基金计划、资金计划等的相互协调平衡。经反复讨论多次综合平衡，最后确定的成本计划指标，即可作为编制成本计划的依据，项目经理部正式编制的成本计划，上报企业有关部门后即可正式下达至各职能部门执行。

2. 施工项目成本计划的编制方法

施工项目成本计划工作主要是在项目经理负责下，在成本预、决策基础上进行的。施工项目成本计划中的计划成本的编制方法，通常有以下几种。

1) 施工预算法

施工预算法，是指主要以施工图中的工程实物量，套以施工工料消耗定额，计算工料消耗量，并进行工料汇总，然后统一以货币形式反映其施工生产耗费水平。以施工工料消耗定额所计算施工生产耗费水平，基本是一个不变的常数。一个施工项目要实现较高的经济效益(即提高降低成本水平)，就必须在这个常数基础上采取技术节约措施，以降低消耗定额的单位消耗量和降低价格等措施，来达到成本计划的目标成本水平。因此，采用施工预算法编制成本计划时，必须考虑结合技术节约措施计划，以进一步降低施工生产耗费水平。其计算公式为

施工预算法的计划成本＝施工预算施工耗费水平−技术节约措施计划节约

【例 15-3】某施工项目按照施工预算的工程实际量，套以施工工料消耗定额，所计算消耗费用为 470.59 万元，技术节约措施计划节约额为 14.37 万元。计算计划成本。

解：施工预算法的计划成本＝470.59－14.37=456.22(万元)

2) 技术节约措施法

技术节约措施法是指以该施工项目计划采取的技术组织措施和节约措施所能取得的经济效果为施工项目成本降低额，然后求施工项目的计划成本的方法。用公式表示为

施工项目计划成本＝施工项目预算成本−技术节约措施计划节约

【例 15-4】某施工项目造价为 562.2 万元，扣除计划利润和税金以及企业管理独立费，经计算其预算成本为 484.82 万元，该施工项目的技术节约措施节约额为 28.75 万元。

要求：计算计划成本。

解：施工项目计划成本＝484.82－28.75=456.07(万元)

3) 成本习性法

成本习性法，是固定成本和变动成本在编制成本计划时的应用，主要按照成本习性，将成本分成固定成本和变动成本两类，以此作为计划成本。其具体划分如下。

(1) 材料费与产量有直接联系，属于变动成本。

(2) 人工费在计时工资形式下，生产工人工资属于固定成本。因为不管生产任务完成与否，工资照发，与产量增减无直接联系。如果采用计件超额工资形式，其计件工资部分属于变动成本，奖金、效益工资和浮动工资部分，亦应计入变动成本。

(3) 机械使用费中有些费用随产量增减而变动，如燃料、动力费，属变动成本。有些费用不随产量变动，如机械折旧费、大修理费、机修工、操作工的工资等，属于固定成本。此外还有机械的场外运输费和机械组装拆卸、替换配件、润滑擦拭等经常修理费，由于不直接用于生产，也不随产量变动成正比例变动，而是在生产能力得到充分利用，产量增长时，所分摊的费用就少些，在产量下降时，所分摊的费用就要大一些，所以这部分费用为介于固定成本和变动成本之间的半变动成本，可按一定比例划归固定成本与变动成本。

(4) 其他直接费如水、电、风、汽等费用以及现场发生的材料二次搬运费，多数与产量发生联系，属于变动成本。

(5) 施工管理费其中大部分在一定产量范围内与产量的增减没有直接联系，如工资附加费、办公费、差旅交通费、固定资产使用费、职工教育经费、上级管理费等，基本上属于固定成本；检验试验费、外单位管理费等与产量增减有直接联系，则属于变动成本范围。此外，劳动保护费中的劳保服装费、防暑降温费、防寒用品费，劳动部门有规定的领用标准和使用年限，基本上属于固定成本范围；技术安全措施费、保健费，大部分与产量有关，属变动成本；工具使用费、行政使用的家具费属固定成本；工人领用工具，随管理制度不同而不同，有些企业对机修工、电工、钢筋、车、钳、刨工的工具按定额配备，规定使用年限，定期以旧换新，属于固定成本，而对民工、木工、抹灰工、油漆工的工具采取定额人工数、定价包干，则又属于变动成本。

在成本按习性划分为固定成本和变动成本后，可用下列公式计算：

施工项目计划成本＝施工项目变动成本＋施工项目固定成本

【例 15-5】某施工项目，经过分部分项测算，测得其变动成本总额为 393.01 万元，固定成本总额 63.07 万元。计算计划成本。

解：施工项目计划成本＝393.01+63.07=456.08(万元)

15.4　建筑企业施工项目成本控制

15.4.1　施工项目成本控制的原则

1. 开源与节流相结合的原则

降低项目成本，需要一面增加收入，一面节约支出。因此，在成本控制中，也应该坚持开源与节流相结合的原则。要求做到：每发生一笔金额较大的成本费用，都要查一查有无与其相对应的预算收入，是否支大于收，在经常性的分部分项工程成本核算和月度成本核算中，也要进行实际成本与预算收入的对比分析，以便从中探索成本节超的原因，纠正项目成本的不利偏差，提高项目成本的降低水平。

2. 全面控制原则

1)　项目成本的全员控制

项目成本是一项综合性很强的指标，它涉及项目组织中各个部门、单位和班组的工作业绩，也与每个职工的切身利益有关。因此，项目成本的高低需要大家关心，施工项目成本管理(控制)也需要项目建设者群策群力，仅靠项目经理和专业成本管理人员及少数人的努力是无法收到预期效果的。项目成本的全员控制，并不是一个抽象的概念，而应该有一个系统的实质性内容，其中包括各部门、各单位的责任网络和班组经济核算等，防止成本控制人人有责又都人人不管。

2)　项目成本的全过程控制

施工项目成本的全过程控制，是指在工程项目确定以后，自施工准备开始，经过工程施工，到竣工交付使用后的保修期结束，其中每一项经济业务，都要纳入成本控制的轨道。也就是：成本控制工作要随着项月施工进展的各个阶段连续进行，既不能疏漏，又不能时紧时松，使施工项目成本自始至终置于有效的控制之下。

3. 中间控制原则

中间控制原则又称动态控制原则，对于具有一次性特点的施工项目成本来说，应该特别强调项目成本的中间控制。因为施工准备阶段的成本控制，只是根据上级要求和施工组织设计的具体内容确定成本目标、编制成本计划、制定成本控制的方案，为今后的成本控制做好准备。而竣工阶段的成本控制，由于成本盈亏已经基本定局，即使发生了偏差，也已来不及纠正。因此，把成本控制的重心放在基础、结构、装饰等主要施工阶段上，则是十分必要的。

4. 目标管理原则

目标管理是贯彻执行计划的一种方法，它把计划的方针、任务、目的和措施等逐一加以分解，提出进一步的具体要求，并分别落实到执行计划的部门、单位甚至个人。目标管理的内容包括：目标的设定和分解，目标的责任到位和执行，检查目标的执行结果，评价目标和修正目标，形成目标管理的 P(计划)—D(实施)—C(检查)—A(处理)循环。

5. 节约原则

节约人力、物力、财力的消耗，是提高经济效益的核心，也是成本控制的一项最主要的基本原则。节约要从三方面入手：一是严格执行成本开支范围、费用开支标准和有关财务制度，对各项成本费用的支出进行限制和监督；二是提高施工项目的科学管理水平，优化施工方案，提高生产效率，节约人、财、物的消耗；三是采取预防成本失控的技术组织措施，制止可能发生的浪费。做到了以上 3 点，成本目标就能实现。

6. 例外管理原则

例外管理是西方国家现代管理常用的方法，它起源于决策科学中的“例外”原则，目前则被更多地用于成本指标的日常控制。在工程项目建设过程的诸多活动中，有许多活动是例外的，如施工任务单和限额领料单的流转程序等，通常是通过制度来保证其顺利进行的。但也有一些不经常出现的问题，我们称之为“例外”问题。“例外”问题，往往是关键性问题。对成本目标的顺利完成影响很大，必须予以高度重视。例如，在成本管理中常见的成本盈亏异常现象，即盈余或亏损超过了正常的比例；本来是可以控制的成本，突然发生了失控现象；一些暂时的节约，有可能对今后的成本带来隐患(如由于平时机械维修费的节约，可能会造成未来的停工修理和更大的经济损失)等，都应该视为“例外”问题，进行重点检查，深入分析，并采取相应的积极措施加以纠正。

15.4.2 施工项目成本控制的对象和内容

1. 以施工项目成本形成的过程作为控制对象

根据对项目成本实行全面、全过程控制的要求，具体的控制内容包括以下几点。

(1) 在工程投标阶段，应根据工程概况和招标文件，进行项目成本的预测，提出投标决策意见。

(2) 施工准备阶段，应结合设计图纸的自审、会审和其他资料(如地质勘探资料等)，编制实施性施工组织设计，通过多方案的技术经济比较，从中选择经济合理、先进可行的施工方案，编制明细而具体的成本计划，对项目成本进行事前控制。

(3) 施工阶段，以施工图预算、施工预算、劳动定额、材料消耗定额和费用开支标准等，对实际发生的成本费用进行控制。

(4) 竣工交付使用及保修期阶段，应对竣工验收过程发生的费用和保修费用进行控制。

2. 以施工项目的职能部门、施工队和生产班组作为成本控制的对象

成本控制的具体内容是日常发生的各种费用和损失。这些费用和损失，都发生在各个部门、施工队和生产班组。因此，也应以部门、施工队和班组作为成本控制对象，接受项目经理和企业有关部门的指导、监督、检查和考评。

与此同时，项目的职能部门、施工队和班组还应对自己承担的责任成本进行自我控制。应该说，这是最直接、最有效的项目成本控制。

3. 以分部分项工程作为项目成本的控制对象

为了把成本控制工作做得扎实、细致，落到实处，还应以分部分项工程作为项目成本的控制对象。在正常情况下，项目应该根据分部分项工程的实物量，参照施工预算定额，联系项目管理的技术素质、业务素质和技术组织措施的节约计划，编制包括工、料、机消耗数量、单价、金额在内的施工预算，作为对分部分项工程成本进行控制的依据。目前，边设计边施工的项目比较多，不可能在开工以前一次编制出整个项目的施工预算，但可根据出图情况，编制分阶段的施工预算。总的来说，不论是完整的施工预算，还是分阶段的施工预算，都是进行项目成本控制的必不可少的依据。

4. 以对外经济合同作为成本控制对象

在市场经济体制下，施工项目的对外经济业务，都要以经济合同为纽带集约关系，以明确双方的权利和义务。在签订上述经济合同时，除了要根据业务要求规定时间、质量、结算方式和履(违)约奖罚等条款外，还必须强调要将合同的数量、单价、金额控制在预算收入以内。因为，合同金额超过预算收入，就意味着成本亏损；反之，就能降低成本。

15.4.3 施工项目成本控制的实施

施工项目的成本控制应伴随项目建设的进程逐渐展开，要注意各个时期的特点和要求。

1. 施工前期的成本控制

1) 工程投标阶段

(1) 根据工程概况和招标文件，联系建筑市场和竞争对手的情况，进行成本预测，提出投标决策意见。

(2) 中标以后，应根据项目的建设规模，组建与之相适应的项目经理部，同时以“标书”为依据确定项目的成本目标，并下达给项目经理部。

2) 施工准备阶段

(1) 根据设计图纸和有关技术资料，对施工方法、施工顺序、作业组织形式、机械设备选型、技术组织措施等进行认真的研究分析，并运用价值工程原理，制订出科学先进、经济合理的施工方案。

(2) 根据企业下达的成本目标，以分部分项工程实物工程量为基础，联系劳动定额、材料消耗定额和技术组织措施的节约计划，在优化的施工方案的指导下，编制明细而具体的成本计划，并按照部门、施工队和班组的分工进行分解，作为部门、施工队和班组的责任成本落实下去，为今后的成本控制做好准备。

根据项目建设时间的长短和参加建设人数的多少，编制间接费用预算，并对上述预算进行明细分解，以项目经理部有关部门(或业务人员)责任成本的形式落实下去，为今后的成本控制和绩效考评提供依据。

2. 施工期的成本控制

(1) 加强施工任务单和限额领料单的管理。特别要做好每一个分部分项工程完成后的验收(包括实际工程量的验收和工作内容、工程质量、文明施工的验收)，以及实耗人工、实耗材料的数量核对，以保证施工任务单和限额领料单的结算资料绝对正确，为成本控制提供真实可靠的数据。

(2) 将施工任务单和限额领料单的结算资料与施工预算进行核对，计算分部分项工程的成本差异，分析差异产生的原因，并采取有效的纠偏措施。

(3) 做好月度成本原始资料的收集和整理，正确计算月度成本，分析月度预算成本与实际成本的差异。对于一般的成本差异要在充分注意不利差异的基础上，认真分析有利差异产生的原因，以防对后续作业成本产生不利影响或因质量低劣而造成返工损失；对于盈亏比例异常的现象，则要特别重视，并在查明原因的基础上，采取果断措施，尽快加以纠正。

(4) 在月度成本核算的基础上，实行责任成本核算。也就是利用原有会计核算的资料，重新按责任部门或责任者归集成本费用，每月结算一次，并与责任成本进行对比。

(5) 经常检查对外经济合同的履约情况，为顺利施工提供物质保证。如遇拖期或者不符合要求时，应根据合同规定向对方索赔；对缺乏履约能力的单位，要采取断然措施，即中止合同，并另找可靠的合作单位，以免影响施工，造成经济损失。

(6) 定期检查各责任部门和责任者的成本控制情况，检查成本控制责、权、利的落实情况(一般为每月一次)。发现成本差异偏高或偏低的情况，应会同责任部门或责任者分析产生差异的原因，并督促他们采取相应的对策来纠正差异；如有因责、权、利不到位而影响成本控制工作的情况，应针对责、权、利不到位的原因，调整有关各方的关系，落实权、利相结合的原则，使成本控制工作得以顺利进行。

3. 竣工验收阶段的成本控制

(1) 精心安排、干净利落地完成工程竣工扫尾工作。从现实情况看，很多工程一到工程扫尾阶段，就把主要施工力量抽调到其他在建工程，以致扫尾工作拖拖拉拉，战线拉得很长；机械、设备无法转移，成本费用照常发生，使在建阶段取得的经济效益逐步流失。因此，一定要精心安排(因为扫尾阶段工作面较小，人多了反而会造成浪费)，采取“快刀斩乱麻”的方法，把竣工扫尾时间缩短到最低限度。

(2) 重视竣工验收工作，顺利交付使用。在验收以前，要准备好验收所需要的各种资料(包括竣工图，送甲方备查；对验收中甲方提出的意见，应根据设计要求和合同内容认真处理，如果涉及费用，应请甲方签证，列入工程结算。

(3) 及时办理工程结算。工程结算造价按原施工图预算的基础上增或减。但在施工过程中，有些按实结算的经济业务，是由财务部门直接支付的，项目预算员不掌握资料，往往在工程结算时遗漏。因此，在办理工程结算以前，要求项目预算员和成本员进行一次认真全面的核对。

(4) 在工程保修期间，应由项目经理指定保修工作的责任者，并责成保修责任者根据实际情况提出保修计划(包括费用计划)，以此作为控制保修费用的依据。

15.4.4　施工项目成本控制的方法

1. 偏差分析法

在测量执行情况时主要运用的是偏差分析法，又称挣值法，是评价项目成本实际开销与进度情况的一种方法，它通过测量和计算计划工作量的预算成本、已完成工作量的实际成本和已完成工作量的预算成本得到有关计划实施的进度和费用偏差，从而可以衡量项目成本执行情况。

偏差分析技术的核心思想是通过引入关键性的中间变量——挣值(已完成工作的预算成本，也称赢得值)来帮助项目管理者分析项目成本、进度的实际执行情况同计划的偏差程度。运用偏差分析技术要求计算每个活动的关键值。计算步骤如下。

(1) 确定分析 3 个基本参数。

① 计划工作量的基本成本(Budgeted Cost for Work Scheduled，BCWS)，即根据批准认可的进度计划和预算的截至某一时点应当完成的工作所需要投入资金的累计值。

② 已完成工作量的实际成本(Actual Cost for Work Performed，ACWP)，即某一时点已完成的工作所实际花费的总金额。

③ 已完成工作量的预算成本(Budgeted Cost for Work Performed，BCWS)是指项目实施过程中某阶段已完成工作量按预算定额计算出来的成本，即挣值。

(2) 偏差分析主要通过计算费用偏差、进度偏差、计划完工指数和成本绩效指数来实现评价目的。

$$费用偏差：CV=BCWP-ACWP \tag{15-4}$$

$$进度偏差：SV=BCWP-BCWS \tag{15-5}$$

$$计划完工指数：SCI=BCWP/BCWS \tag{15-6}$$

$$成本绩效指数：CPI=ACWP/BCWP \tag{15-7}$$

当 CV<0 时，表明项目处于超支状态，反之是项目处于节约状态。

当 SV<0 时，表明项目实施落后于进度状态，反之是项目处于超前状态。

当 SCI>1 时，表明项目实际完成的工作量超过计划工作量，反之项目实际完成的工作量少于计划工作量。

当 CPI>1 时，表明项目实际成本超过计划成本，反之项目实际成本少于计划成本。

偏差分析技术不仅可以用来衡量项目的成本执行情况，而且可以用来衡量项目进度。

【例 15-6】某项目由 4 项活动组成，总工时 4 周，总成本 10 000 元，如表 15-4 所示。

表 15-4　各项活动的时间和成本表

活　动	预计时间和成本	第 1 周	第 2 周	第 3 周	第 4 周	第 3 周末状态
计划	1 周，2000 元					活动完成，实际支付 2000 元
设计	1 周，2000 元					活动完成，实际支付 2500 元
编程	1 周，3000 元					活动完成 50%，实际支付 2200 元
测试与实施	1 周，3000 元					没开始

要求：计算费用偏差、进度偏差、进度执行指数、成本执行指数并说明进度执行指数、成本执行指数说明了什么？

$$BCWS = 2000 + 2000 + 3000 = 7000$$

$$BCWP = 2000 + 2000 + 1500 = 5500$$

$$ACWP = 2000 + 2500 + 2200 = 6700$$

$$费用偏差CV = BCWP - ACWP = 5500 - 6700 = -1200$$

$$进度偏差SV = BCWP - BCWS = 5500 - 7000 = -1500$$

$$SPI = BCWP / BCWS = 5500 / 7000 = 0.79$$

$$CPI = BCWP / ACWP = 5500 / 6700 = 0.82$$

SPI 和 CPI 都小于 1，说明该项目处于不利状态；完成该项目的成本效率和进度效率分别为 82%和 79%，即该项目投入 1 元钱仅获得 0.82 元收益，说明现在应该完成项目的全部工程量，但现在只完成了 79%。

2. 以项目成本目标控制成本支出

在施工项目的成本控制中，可按项目经理部制定的成本目标控制成本支出，实行“以收定支”，或者叫“入为出”，是最有效的成本控制方法。 具体的处理方法如下。

(1) 人工费的控制。假定预算定额规定的人工费单价为 13.80 元，合同规定人工费补贴为 20 元/工日，两者相加，人工费的预算收入为 33.80 元/工日。在这种情况下，项目经理部与施工队签订劳务合同时，应该将人工费单价定在 30 元以下(辅工还可再低一些)，其余部分考虑用于定额外人工费和关键工序的奖励费。如此安排，人工费就不会超支，而且还留有余地，以备关键工序的不时之需。

(2) 材料费的控制。在实行按“量价分离”方法计算工程造价的条件下，水泥、钢材、木材等“三材”的价格随行就市，实行高进高出；地方材料的预算价格等于基准价×(1+材差系数)。在对材料成本进行控制的过程中，首先要以上述预算价格来控制地方材料的采购成本。至于材料消耗数量的控制，则应通过“限额领料单”去落实。

由于材料市场价格变动频繁，往往会发生预算价格与市场价格严重背离而使采购成本失去控制的情况。因此，项目材料管理人员有必要经常关注材料市场价格的变动，并积累系统翔实的市场信息。如遇到材料价格大幅度上涨，可向“定额管理”部门反映，同时争取甲方按实补贴。

(3) 钢管脚手、钢模板等周转设备使用费的控制。目标成本预算中的周转设备使用费=耗用数×市场价格，而实际发生的周转设备使用费等于使用数×企业内部的租赁单价或摊销

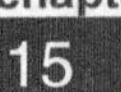

率。由于两者的计量基础和计价方法各不相同，只能以周转设备预算收费的总量来控制实际发生的周转设备使用费的总量。

(4) 施工机械使用费的控制。目标成本预算中的机械使用费=工程量×定额台班单价。由于项目施工的特殊性，实际的机械利用率不可能达到预算定额的规定水平，再加上预算定额所设定的施工机械原值和折旧率又有较大的滞后性，因而使施工图预算的机械使用费往往小于实际发生的机械使用费，形成机械使用费超支。

(5) 构件加工费和分包工程费的控制。在市场经济体制下，钢门窗、木质成品、混凝土构件、金属构件和成型钢筋的加工，以及打桩、土方、吊装、安装、装饰和其他专项工程(如屋面防水等)的分包，都要通过经济合同来明确双方的权利和义务。在签订这些经济合同的时候，特别要坚持“以目标成本预算控制合同金额”的原则，绝不允许合同金额超过施工图预算。根据部分工程的历史资料综合测算，上述各种合同金额的总和约占全部工程造价的 55%～70%。由此可见，将构件加工和分包工程的合同金额控制在目标成本预算以内，是十分重要的。如果能做到这一点，实现预期的成本目标，就有了相当大的把握。

3. 以施工方案预算控制资源消耗

资源消耗数量的货币表现就是成本费用。因此，资源消耗的减少，就等于成本费用的节约，控制了资源消耗，也等于是控制了成本费用。

以施工预算控制资源消耗的实施步骤和方法如下。

(1) 项目开工以前，应根据设计图纸计算工程量，并按照企业定额或上级统一规定的施工预算定额编制整个工程项目的施工预算，作为指导和管理施工的依据。如果是边设计边施工的项目，则编制分阶段的施工预算。

在施工过程中，如遇到工程变更或改变施工方法，应由预算员对施工预算做统一调整和补充，其他人不得任意修改施工预算，或故意不执行施工预算。

施工预算对分部分项工程的划分，原则上应与施工工序相吻合，或直接使用施工作业计划的“分项工程工序名称”，以便与生产班组的任务安排和施工任务单的签发取得一致。

(2) 对生产班组的任务安排，必须签发施工任务单和限额领料单，并向生产班组进行技术交底。施工任务单和限额领料单的内容，应与施工预算完全相符，不允许篡改施工预算，也不允许有定额不用而另行估价。

(3) 在施工任务单和限额领料单的执行过程中，要求生产班组根据实际完成的工程量和实耗人工、实耗材料做好原始记录，作为施工任务单和限额领料单结算的依据。

(4) 任务完成后，根据回收的施工任务单和限额领料单进行结算，并按照结算内容支付报酬(包括奖金)。一般情况下，绝大多数生产班组能按质按量提前完成生产任务。因此，施工任务单和限额领料单不仅能控制资源消耗，还能促进班组全面完成施工任务。

为了保证施工任务单和限额领料单结算的正确性，要求对施工任务单和限额领料单的执行情况进行认真的验收和核查。

为了便于任务完成后进行施工任务单和限额领料单与施工预算的逐项对比，要求在编制施工预算时对每一个分项工程工序名称统一编号，在签发施工任务单和限额领料单时也要按照施工预算的统一编号对每一个分项工程工序名称进行编号，以便对号检索对比，分析介绍。由于施工任务单和限额领料单的数量比较多，对比分析的工作量也很大，可以应用电子计算机来代替人工操作(对分项工程工序名称统一编号，可为应用电脑创造条件)。

【案例分析】某住宅小区项目成本中的人工费控制

某住宅小区建筑面积 41 465 平方米，由 3 栋框架小高层(12 层)和 3 栋砖混楼(5 层)、1 栋框架商业楼组成(5 层)。中标价格为 4710 万元，平均价格 1135.89 元/ m^2。合同形式为固定总价合同。工期 10 个月。质量标准为合格。合同要求：工程款根据确定的工程计量结果，发包人按照每月验收的计价金额的 80%支付工程进度款，当工程款支付达到合同金额的 85%时停止支付，待工程全部竣工验收合格，且工程结算完成后，付工程结算款的 95%，余下的 5%待工程保修期满后支付。对于费用的增加或减少按照设计变更单项 5000 元(含 5000 元)以上调整，5000 元以下不调整。

工程范围包含：场地清理；周边临时围墙及临时出入口；管桩基工程；结构、初装修；除专业分包工程及独立工程以外的全部机电工程，包括强电及照明系统；弱电工程线槽、线管预埋。

初装修包括：墙体砌筑；所有外装修；楼面、墙面及顶棚的找平层或抹灰及公共区域装修工程；防水地面、墙面及屋面的防水层及防水保护层工程；屋面工程；所有防火门(入户门)及防火卷帘门；所有散水、坡道及台阶。

另外，业主指定了部分项目和材料的价格。例如：预应力管桩直径 300mm 为 40 元/m、400mm 为 50 元/m; 60mm 厚屋面挤塑聚苯板为 30 元/m^2；成套外墙保温技术(50mm 厚挤塑聚苯板)全价 50 元/m^2；花岗岩石材 40 元/m^2；入户三防门 800 元/樘；玻璃幕墙 500 元/m^2；塑钢门窗 300 元/m^2、地板采暖 30 元/m^2。指定项目由业主和施工方共同商定确认分包商，价格超出部分由业主承担。

问题：请谈谈你如何进行人工费控制。

本 章 小 结

无论企业大小，成本控制都是管理工作的重点。成本控制不只意味着对成本的监控和对尽可能多的成本数据的记录，而且还要认真分析这些成本数据，以便尽可能在遭受损失之前采取相关措施，从而尽量避免损失或减少损失的发生。因而成本控制应当尽可能在遭受损失的所有相关人员中实施，而不是仅仅在一个项目办公室里进行管理。本章主要介绍了建筑企业工程项目成本的构成内容、成本特性、成本管理的程序和方法。

习　　题

一、选择题

1. 下列属于间接成本的费用项目为(　　)。
   A. 工程排污费　B. 生产工具使用费　C. 检验试验费　D. 工程定位复测费
2. 下列属于变动成本的是(　　)。
   A. 差旅交通费　B. 固定资产使用费　C. 职工教育经费　D. 检验试验费

二、问答题

1. 建筑企业工程成本的构成有哪些内容？
2. 建筑企业工程成本管理与企业管理的区别有哪些？
3. 简述施工项目成本控制的方法。
4. 试述施工项目成本计划的编制方法。
5. 描述施工项目成本计划的编制步骤。

三、计算题

1. 某施工项目，经过分部分项测算，测得其变动成本总额为 332.01 万元，固定成本总额 163.07 万元。试计算计划成本。

2. 某项目的产值与成本的历史资料见表 15-5，要求依据历史资料，应用回归分析法进行成本预测。

表 15-5　产值与成本的历史资料列表

样本期	1	2	3	4	5
施工产值(千元)	54	56	62	63	68
总成本(千元)	56	45	72	60	63

四、案例分析题

某单位中标承建一 20km 高速公路项目，其中包括大桥一座。某项目经理在一次“加强成本管理，控制项目成本”的会议上就成本管理的原则和成本控制的方法说了以下一番话：在该工程的成本管理中要实行成本最低化管理，即通过成本管理的各种手段，促进不断降低施工项目成本，以达到可能实现最低的目标成本的要求；要实行全面成本管理，即建设单位、监理单位、施工单位都要参与到成本管理的工作之中；要实行成本责任制，使各部门、各班组和个人都来关心项目成本管理。为了使成本管理取得好的效果，要认真编制施工图预算，以施工预算控制成本支出；要加强质量管理，按规范要求组织施工，严格控制质量成本，也就是控制未达到质量标准而产生的损失费用；要定期开展“三同步”检查，即进度、质量、成本要同步。

问题：

1. 简述该工程项目成本管理的特点。
2. 请对项目经理的讲话进行评价。

第 16 章　建筑企业工程审计

【学习要点及目标】

- 了解工程审计的概念
- 掌握工程造价审计与工程决算审计的区别
- 掌握工程造价审计的内容与程序
- 了解工程审计的风险
- 理解工程竣工决算与工程结算的区别
- 掌握工程竣工决算审计的内容
- 掌握工程竣工财务决算审计的内容

【核心概念】

审计　工程审计　工程造价审计　工程竣工决算审计　工程竣工财务决算审计

【引导案例】 长江堤防隐蔽工程审计

2003年8月至2004年5月，某审计小组对长江堤防隐蔽工程(因该工程都由国债投入建设，该工程也称长江国债项目，该工程跨湖北、湖南、江西、安徽四省，岸线长度近2000km，共分28个单项工程、400多个标段，工程概算投资为64.94亿元)进行审计。经审计人员检查发现，该长江堤防隐蔽工程等部分基础设施建设存在隐患和效益不高问题，在此长江堤防隐蔽工程建设中，部分施工单位采用买通建设和监理单位弄虚作假，偷工减料，在水下护岸抛石施工中减少抛石量，水上护坡块石的使用以薄充厚等手段，造成较多工程质量问题。在抽查的5个标段中，检查人员发现施工企业虚报水下抛石量16.54万立方米，由此多结工程款1000多万元，在检查期间发现部分堤段的枯水平台已经崩塌。另外，审计过程中发现抽查的11个重点险段中，水上块石护坡工程不合格的标段达50%以上。

审计结论及问题处理：在这一工程建设管理中，有关责任人以权谋私、大肆受贿造成严重工程质量问题。此案上报国务院后，有关部门立案查处，依法逮捕21人。

16.1 工程审计概述

16.1.1 审计的基本概念

1. 审计的定义

审计是一项具有独立性的经济监督活动。它是由独立的专职机构或人员接受委托和授权：对被审计单位特定时期的财务报表及其他有关资料以及经济活动的真实性、合法性、公允性和效益性进行审查、监督、评价和鉴证的活动，审计的目的在于确定或解除被审计单位的委托经济责任。

2. 审计的基本特征

根据审计的定义，可以概括出审计的两个基本特征：独立性和权威性。

(1) 独立性。审计的独立性是保证审计工作顺利进行的必要条件。审计原始意义就是查账，即由会计人员以外的第三者，对会计账目和财务报表进行审查，借以验证其公允真实性和合法性。现代审计理论中的三种审计关系人就是据此产生的。第一关系人，即审计主体(审计机构或人员)，他们根据审计委托者的委托就被审计单位的财务收支状况及有关人员履行受托经济责任情况进行验证、审查，并提出审查报告书或证明书；第二关系人，即审计客体(被审计单位)，他们对审计委托者承担的委托经济责任，须经审计机构或人员验证审查后才能确定或解除；第三关系人，即审计委托者，被审计单位对他们承担某种受托经济责任，他们之间存在一定的权责关系。审计关系必须由委托审计者、审计者和被审计者三方面构成，缺少任何一方，独立的、客观公正的审计将不复存在。这是由于财产所有权与经营管理权相分离而决定的，财产所有者对企业拥有所有权但不亲自参加经营管理，为保护自身的利益，财产所有者迫切希望了解与自己有经济联系的经济组织的财务收支和经济状况。这就需要对负有受托经济责任的经营管理者进行审查，而这种审查只有独立于他们之外的第三者进行，才能得到正确的、公允的、可靠的结果。这就是审计机构或人员的所谓超然独立性。

(2) 权威性。审计组织的权威性是审计监督正常发挥作用的重要保证。审计组织的独立性决定了它的权威性。审计组织或人员以独立于企业所有者和经营者的"第三者"身份进行工作，他们对企业财务报表的经济鉴证，恪守独立、客观、公正的原则，按照有关法律、法规，根据一定的准则、原则、程序进行；加上取得审计人员资格必须通过国家统一的严格考试，因而他们具有较高的专业知识，这就保证了其所从事的审计工作具有准确性、科学性。正因为如此，审计人员的审计报告具有一定的社会权威性，并使经济利益不同的各方乐于接受。各国为了保障审计的这种权威性，都从法律上赋予审计在整个市场经济中的经济监督、经济评价和经济鉴证的职能。一些国际性的组织为了提高审计的权威性，也通过协调各国的审计制度、准则、标准，使审计成为一项世界性的专业服务，增强各国会计信息的一致性和可比性。

3. 审计的职能

审计职能是指审计本身所固有的内在功能。审计有什么职能，有多少职能，这些都不是由人们的主观意愿决定的，而是由社会经济条件和经济发展的客观需要来决定的。审计职能不是一成不变的，它是随着经济的发展而发展变化的。目前，审计一般具有经济监督、经济评价和经济鉴证的职能。

(1) 经济监督。监督是监察和督促。经济监督是监察和督促被审计单位的全部经济活动或某一特定方面在规定的标准以内，在正常的轨道上进行。综观审计产生和发展的历史，审计无不表现为经济监督的活动，履行着经济监督的职能。古代封建王朝的官厅审计，为维护王朝的统治和利益，代理皇家专司财经监督的职责，对侵犯皇室利益者予以惩处。资本主义政府审计为维护资产阶级的整体利益，代理政府专司经济监督的职责，对损害资本主义利益的行为进行严格的审查和处罚。而作为资本主义国家的民间审计组织，也是代理审计委托者(如股东)通过对被审计单位财务收支的公允性和合法性的审查来实施经济监督。内部审计同样要对本部门、本单位的经济活动进行检查，依照法规或标准加以评价和衡量，明辨是非，揭发违法违纪和不经济行为，追究其经济责任，这些都是其执行经济监督职能的具体体现。通过审计监督，可以严肃财经纪律、维护国家和人民的利益，可以加强宏观调控和管理，可以促进企事业单位经济效益的提高。可见，经济监督仍然是社会主义审计的基本职能。

(2) 经济评价。经济评价就是通过审核检查，评定被审计单位的计划、预算、决策、方案是否先进可行，经济活动是否按照既定的决策和目标进行，经济效益的高低优劣，以及内部控制制度是否健全、有效等，从而有针对性地提出意见和建议，以促使被审计单位改善经营管理，提高经济效益。审核检查被审计单位的经济资料及其经济活动，是进行经济评价的前提。只有查明了被审计单位的客观事实，并按照一定标准进行对比分析，才能够形成各种经济评价意见。这样，经济评价才能建立在真实情况的基础之上，评价的结论才能客观、公正，才能被社会各界所接受。经济评价的过程，同时也是肯定成绩、发现问题的过程。所以，审计建议是紧接着经济评价而产生的，是经济评价职能的一部分。审计建议就是审计人员从经济评价出发，提出改进经济工作、提高效率的办法和途径。这是现代审计对传统审计在职能上的拓展。

(3) 经济鉴证。鉴证是指鉴定和证明。经济鉴证是指通过对被审计单位的财务报表及有关经济资料所反映的财务收支和有关经济活动的公允性、合法性的审核审查，确定其可信赖的程度，并做出书面报告，以取得审计委托人或其他有关方面的信任。经济鉴证职能是随着现代审计的发展而出现的一项职能，它不断受到人们重视而日益强化，并显现其重要作用。西方国家非常重视审计的经济鉴证职能，不少国家的法律明文规定，企业的财务报表必须经过审计人员审查鉴证之后才能得社会上的承认。我国各类企业财务报表必须经民间审计鉴证后，才具有法律效力。因此，审计的经济鉴证职能在经济生活中将发挥越来越重要的作用。

16.1.2 工程审计内涵

工程审计是指由独立的审计机构和审计人员，依据国家的方针政策、法律法规和相关的技术经济标准，运用审计技术对工程建设全过程的技术经济活动以及与之相联系的各项工作进行的审计监督。它是我国审计监督工作的重要组成部分，也是国家对固定资产活动监督管理的重要手段。按照中国内部审计协会 2005 年颁发的《内部审计实务指南 1 号：建设项目内部审计》的描述，建设项目内部审计是指组织内部机构和人员对建设项目实施全过程的真实性、合法性及效益性所进行的独立监督和评价活动。其目的是为了促进建设项目实现“质量、速度、效益”三项目标。为了更好地理解工程审计的概念，可以从以下方面进行深入分析。

1) 审计主体

与其他专业审计一样，工程审计的主体由政府审计机关、社会审计组织和内部审计机构三大部分所构成。其中，政府审计机关重点审计以政府投资或政府投资为主的基础性项目和公益性项目；社会审计组织接受企事业单位或政府审计的委托对受托审计的项目实施审计；内部审计机构则重点审计本单位或本系统内投资建设的项目。

2) 审计客体

工程审计的客体是指工程建设过程中的技术经济活动内容，包括开工前、在建期和竣工验收阶段的所有工作。工程审计对象从实体上看，主要是指工程项目的主管部门、各地方或国家的政府机关、建设单位、设计单位、施工单位、监理单位以及参与项目建设与管理的所有部门或单位。2010 年审计署颁布的《政府投资项目审计规定》明确规定：审计机关开展政府投资项目审计，应当确定项目法人单位或其授权委托进行建设管理的单位为被审计单位。在审计通知书中应当明确，实施审计中将对与项目直接有关的设计、施工、监理、供货等单位取得项目资金的真实性、合法性进行调查。

3) 审计依据

(1) 方针政策。主要是指国家在一定时期颁发的与国民经济发展有关的宏观调控政策、产业政策和一定时期的发展规划等。它们直接影响工程项目投资决策，是工程审计的宏观性和指导性的依据。

(2) 法律法规。这是工程审计时必须严格遵照执行的硬性依据。主要包括：《中华人民共和国审计法》《中华人民共和国审计法实施条例》《中华人民共和国审计准则》《政府投资项目审计规定》《建设项目审计处理暂行规定》《审计署关于内部审计工作的规定》

《内部审计实务指南第 1 号——建设项目内部审计》《会计师事务所从事基本建设工程预算、结算、决算审核暂行办法》以及国家、地方和各行业定期或不定期颁发的相关文件规定等。

(3) 相关的技术经济指标。主要是指工程审计中所依循的定额及有关技术经济分析参数指标等。

(4) 其他依据。包括预算、计划和合同；被审计单位的管理制度和绩效目标；被审计单位的历史数据和历史业绩；公认的业务惯例或者良好实务；专业机构或者专家的意见等。

4) 审计目标

与其他专业审计一样，工程审计的基本目标是真实性、合法性和有效性；从工程建设的目标上看，工程审计追求的是工期目标、投资目标和质量安全目标等。

16.1.3 工程审计的分类

工程审计包括两大类型：工程造价审计和工程决算审计。

1. 工程造价审计

工程造价审计是指对建设项目全部成本的真实性、合法性进行的审查和评价。工程造价审计的目标主要包括：检查工程价格结算与实际完成的投资额的真实性、合法性；检查是否存在虚列工程、套取资金、弄虚作假、高估冒算的行为等。

2. 工程决算审计

工程决算审计，就是将造价工程师审定的，和未经造价工程师审核的所有支出加在一起，审查其是否有不合理支出，是否有挤占建设成本和计划外建设项目的现象等，来确定一个建设项目总的造价。工程决算审计目的是通过对工程竣工财务决算的真实性、合法性进行审计鉴证，降低工程造价，提供资金使用率，保证建设工程造价真实、准确、完整提交客观、真实、全面的审计报告，为最终核定固定资产价值提供依据。

3. 工程造价审计与工程决算审计的区别

1) 审计依据不同

工程决算审计主要根据国家的审计法和相关规定，对建设项目竣工决算进行审计，主要审查概(预)算在执行中是否超支，超支原因，有无隐匿资金；隐瞒或截留基建收入和投资包干结余以及以投资包干结余名义分基建投资之类的违纪行为等。工程决算审计依据的主要法律法规为《审计法》和《基本建设竣工决算审计工作要求》，基建审计内容为：竣工决算编制依据；项目建设及概(预)算执行情况；建设成本；交付使用资产；尾工工程；结余资金；基建收入；投资包干结余；投资效益评价。

工程造价审计主要是根据国家有关法规和政策，依据国家建设行政主管部门颁发的工程定额工料消耗标准、取费标准以及人工、材料、机械台班价格参数、设计图纸和工程实物量，工程造价的确认和控制进行有效的监督检查。在工程项目实施阶段，以承包合同为基础，在竣工验收后结合施工变更、工程签证的情况，做出符合施工实际的竣工造价审查结果，它是承发包双方结算的依据，也是工程决算的基础资料和依据。

2) 标的不同

工程决算审计以基建项目为标，包括资金来源、基建计划、前期工程、征用土地、勘察设计、施工实施的一切财务收支。工程造价审计以单位工种为标的，只对单位工程造价的合理负责。

3) 从业人员不同

工程决算审计以会计师、审计师为主。而工程造价审核以工程经济和工程技术人员为主。目前国家正在实行注册造价工程师制度，今后的工程造价审计，将以造价工程师为主。

4) 法律效力不同

工程决算审计中，审计机关和被审计单位是一种审计行政法律关系，审计机关的审计监督只对被审计单位产生法律效力，对其他单位不产生连带法律约束力。凡对建设单位投资项目进行的审计结果，对施工单位的造价结算不具有约束力。

工程造价审计，以施工承包合同为基础，以承发包双方发生的实物交易为依据，按照国家或地方施工有关工、料、机消耗标准进行核算，对双方有约束力。

5) 目的不同

工程决算审计的目的是为了加强投资者资金进行有效的控制，减少投资者滥用职权截留资金，转移资金于小金库，造成建设资金流失，实施违法违规行为。其职能是一种监督行为。

工程造价审计是运用科学、技术原理和经济法律手段，解决工程建设活动中工程造价的确定与控制，从而达到提高投资效益的经济效益目的的行为，是确定造价的实施过程和行为。

16.1.4 工程审计风险

1. 工程审计风险定义

审计风险是指会计报表存在重大错误或漏报，而注册会计师审计后发表不恰当审计意见的可能性。所谓工程审计风险，主要是指工程审计人员在完成审计工作，提交审计报告初稿，对审计报告初稿所表述肯定性结论的准确性应承担的风险。风险的大小决定着审计结论所反映的内容的准确程度，同时，还表明工程审计人员对审计结论应承担的法律责任。当风险值为 0，视为完全肯定，完全肯定是一种纯理性假设，其审计结论客观上是不现实的；风险值为 1，视为完全不肯定，完全不肯定的审计结论在经济上是毫无价值的。因此，审计人员所提供的审计报告是一定程度肯定的报告(非完全保证)，承担一定前提下肯定意见所应承担的风险责任。

2. 工程审计风险的特征

1) 客观性

现代审计的一个显著特征，就是采用抽样审计的方法，即根据总体中的一部分样本的特性来推断总体的特性，而样本的特性与总体的特性或多或少有一点误差，这种误差可以控制，但一般难以消除。因此，不论是统计抽样还是判断抽样，若根据样本审查结果来推断总体，总会产生一定程度的误差，即审计人员要承担一定程度做出错误审计结论的风险。即使是详细审计，由于经济业务的复杂、管理人员道德品质等因素，仍存在审计结果与客观实际不一致的情况。因此，风险总是存在于审计活动过程中，只是这些风险有时并未产生灾难性的后果，或对审计人员并未构成实质性的损失而已。所以，通过审计风险的研究，人们只能认识和控制审计风险，只能在有限的空间和时间内改变风险存在和发生的条件，降低其发生的频率和减少损失的程度，而不能也不可能完全消除风险。

2)　普遍性

虽然审计风险通过最后的审计结论与预期的偏差表现出来，但这种偏差是由多方面的因素引起的，审计活动的每一个环节都可能导致风险因素的产生。因此，有什么样的审计活动，就有与之相适应的审计风险，并会最终影响总的审计风险。从总体来看，可能产生风险的因素有：内部控制结构控制能力差；重要的数字遗漏，对项目的错误评价和虚假注释，项目的流动性强，项目的交易量大，经济萧条，财务状况不佳，抽样技术局限性等。从每一个具体风险看，也是由多因素组成。因此，审计风险具有普遍性，它存在于审计过程的每一个环节，任何一个环节的审计失误，都会增加最终的审计风险。

3)　潜在性

审计责任的存在是形成审计风险的一个基本因素，如果审计人员在执业上不受任何约束，对自己的工作结果不承担任何责任，就不会形成审计风险，这就决定审计风险在一定时期里具有潜在性。如果审计人员虽然发生了偏离客观事实的行为，但没有造成不良后果，没有引起相应的审计责任，那么这种风险只停留在潜在阶段，而没有转化为实在的风险。审计风险是在错误形成以后经过验证才会体现出来，假如这种错误被人们无意中接受，即不再进行验证，则由此而应承担的责任或遭受的损失实际没有成为现实。所以，审计风险只是一种可能的风险，它对审计人员构成某种损失有一个显化的过程，这一过程的长短因审计风险的内容、审计的法律环境、经济环境以及客户、社会公众对审计风险的认识程度而异。

4)　审计风险的偶然性

审计风险是由于某些客观原因，或审计人员并未意识到的主观原因造成，即并非审计人员故意所为，审计人员在无意接受了审计风险，又在无意中承担了审计风险带来的严重后果。肯定审计风险具有无意性这一特点非常重要，因为只有在这一前提下，审计人员才会努力设法避免减少审计风险，对审计风险的控制才有意义。倘若审计人员因某种私利故意做出与事实不符的审计结论，则由此承担的责任并不形成真正意义上的审计风险，因为这种审计人员故意的舞弊行为谈不上再对审计风险进行控制，而这种行为本身就受到职业道德的谴责，应承担法律责任。

5)　审计风险的可控性

审计要为其报告的正确性承担责任风险早已为人们所熟悉，然而现代审计的指导思想从制度基础审计进一步发展到风险审计表明，审计职业界并未被越来越多的审计风险捆住手脚而失去其活力，而是逐步向主动控制审计风险的方向发展。

3. 工程审计风险分类

审计风险是由固有风险、控制风险和检查风险 3 个要素构成。

固有风险指在不考虑被审计单位相关的内部控制政策或程序的情况下，其会计报表上某项认定产生重大错报的可能性。它是独立于审计报告之外存在的，是审计人员无法改变其实际水平的一种风险。

控制风险是指被审计单位内部控制未能及时防止或发现其审计报告上某项错报或漏报的可能性。同固有风险一样，审计人员只能评估其水平而不能影响或降低它的大小。

检查风险指审计人员通过预定的审计程度未能发现被审计项目上存在的某项重大错报或漏报的可能性。检查风险是审计风险要素中唯一可以通过审计人员进行控制和管理的风险要素。

工程审计工作中，可能遇到的审计风险主要来自 3 方面：一是工程造价审计固有风险，即在操作中客观存在的风险，如项目复杂、法规不健全等；二是被审计单位的控制风险，指建设单位(或受托监理)对工程所涉及的经济活动不正当处理带来的风险；三是审计成员检查风险，是指当事人对审计项目未能客观公正地验证、测算、复核所应承担的风险。工程审计风险可用公式来表述：

审计风险 = 固有风险 + 控制风险 + 检查风险

由关系式可得出：工程审计风险的大小取决于三种风险的大小。当三者都低时，其审计风险才会最低，审计结果的真实性和准确性才会较高。对一具体项目而言，第一种风险是常量无法降低或避开，而后两种风险是变量，可以通过人的努力来降低和减少。如某建设项目，其结构越复杂、设计越烦琐、施工技术措施越不周到、施工时间跨距越长，其预决算准确性的固有风险就越高；若建设单位缺乏专业技术人员，所聘请的监理工程师不了解工程造价相关知识，缺少责任心，那么被审计单位的控制风险就相对越高；若审计人员缺少相关专业知识，不了解施工工序与定额的关系，又缺乏应有的敬业精神，那么作业风险就会很大。加强建筑管理，健全内部监督机制；依法审计，加强培训提高人员素质，审计的风险就会从总量上得到控制。

4. 工程审计风险的成因

工程项目的固有风险与外来的控制风险是审计人员无法避免。降低审计风险的核心主要是降低审计成员的检查风险。检查风险的成因主要有以下几个方面。

(1) 审计人员实施审计时，未对送审资料进行总体性全面测试，而是采取抽样审查或重点审查法，这种人为因素可能使审计的样本不能准确地反映总体性质。

(2) 审计人员采取的审计方法不当，选择和运用了不适宜或无效率的审计手段，导致未能发现送审资料中业已存在的错误。

(3) 审计人员运用的假设、观察和推理等不符合施工现场的客观情况，从而出现失误，导致审计结果与审计对象的实际情况不符。

(4) 审计人员缺乏相关专业知识和业务技能，致使取得的审计证据缺乏充分性和适当性，无法找出审计对象中本身存在的问题。

(5) 审计人员缺乏应有的敬业精神和职业道德，不能客观公允地处理审计事项，以致人为地使审计结果与事实相背离。

(6) 审计人员未严格按国家法律、法规和审计规范的要求操作，致使审计结果不合法或不合规范。

5. 工程审计风险防范

1)　营造良好的工作环境

所谓工作环境，是指影响工程审计工作开展和对其产生作用的外部条件，它是与审计实施程序、审计方法、审计步骤以及审计法规法律不同的因素。要科学地处理好这些因素，应注重把握以下几点。

(1)　充分了解被审计工程项目的基本情况。

工程审计人员在实施工程项目审计之前，要客观、全面地掌握被审计工程项目的基本情况。不仅要了解该工程项目的工程量、计划资金、开工日期、竣工日期、施工地点、施工图纸、设计变更单、设计联络单、现场签证、隐蔽工程验收记录、合同、工程结算书、竣工验交证书、主要设备和主要材料的发票、施工单位资质证、取费许可证、市场准入证等与工程结算有关的相应的资料；而且要了解该工程项目单位财务状况、管理制度，甚至了解人事管理、人员配备等方面的情况。

(2)　科学借鉴以往工程审计人员的审计结果。

应科学借鉴以前工程审计人员的审计文书，从中分析审计问题的内容和问题产生的原因，为实施工程审计工作界定范围、判断重点；同时，也为合理配备工程审计人员和合理分布审计力量做好准备，以减少不必要的工作量和避免审计风险。

(3)　保证工程审计工作的独立性，避免来自方方面面的干预。

“独立性”是审计的基本特征之一，是保证审计工作客观、公正的基础，也是避免审计风险的根本前提。如果审计的各项工作从一开始就无法保证其独立性，受到来自各方面的影响，有的让“关照”，有的让“照顾”，那么，可想而知，最后的审计结果只能是“大事化小，小事化了”。

2)　领导重视，发挥部门职能作用

工程审计是一项涉及面较广的工作，领导要高度重视，不仅在人员、经费、办公条件和设备方面给予充分保证，定期研究解决工程审计中遇到的各种问题，而且审计部门要针对工程审计的特点，结合审计署“八不准”的规定，主动取得工程、财务、生产管理等有关部门的配合，得到相关部门的支持和认可。

3)　搞好审计风险评估

把风险评估作为一个必需的工作环节引入审计计划，按照风险大小确定审计项目的先后顺序，明确审计要点，确定降低审计风险的措施与方法，以便根据重要性和谨慎性原则最大限度地控制审计风险。要明确不是对一切预计会发生审计风险的行为一律回避，要站在宏观的角度，考虑是否通过审计分担风险，能够使项目风险在更大范围内得到控制，从而在更高的利益驱使下，审计风险变成一种可承担风险，在一定意义上讲，承担是对审计风险的一种更有效的控制。

4)　定期评价审计质量

经常严格考核和评价审计质量，可以有效督促审计人员提高审计质量，避免审计风险。目前有一种倡导的做法是实行审计人员和程序交叉复审，即由其他审计人员对初审人员的审计过程实施再审计，检查初审人员在执行政策法规和定额标准方面的情况，尽量发现和克服初审中存在的问题。

5) 落实审计责任制

对被审计单位，要求其认真履行审计承诺制。对审计部门和人员，要严格审计工作责任制度，实行统一领导下的分工负责制，按照“谁审计，谁负责，审计组长负总责”的原则，审计人员对所审事项负责，主审人员对主审项目负责，审计组长对审计项目全面负责。

6) 强化事前事中审计

在工程项目立项前，审计人员应会同有关部门对工程项目进行可行性测试，对拟邀请投标的监理单位和施工单位的资质、诚信度进行测试、评估。施工过程中，按照施工合同的要求，经常到施工现场进行突击检查，检查施工单位是否按质按量进行施工，材料购进是否符合合同要求，监理和甲方代表的签证是否属实，发现问题及时汇报有关领导，并及时进行纠正。

16.2 工程造价审计

16.2.1 工程造价审计的法律要求、内涵及内容

1. 工程造价审计的法律要求

从审计需求的角度来看，工程造价审计是基于两个层面展开的：一种是审计机关对政府投资项目造价的外部审计监督，另一种是内部审计机构对本单位或本系统内投资项目造价的内部审计监督。但就造价审计的内容而言，基本是统一的。

《中华人民共和国审计法》第二十二条规定：审计机关对政府投资和以政府投资为主的建设项目的预算执行情况和决算进行审计监督。《中华人民共和国审计法实施条例》第二十条规定：审计机关对政府投资和以政府投资为主的建设项目的总预算或者概算的执行情况、年度预算的执行情况和年度决算、单项工程结算、项目竣工决算，依法进行审计监督；对建设项目进行审计时，可以对直接有关的设计、施工、供货等单位取得建设项目资金的真实性、合法性进行调查。

《内部审计实务指南第 1 号——建设项目内部审计》第三十二条规定：工程造价审计是指对建设项目全部成本的真实性、合法性进行的审查和评价。工程造价审计的目标主要包括：检查工程价格结算与实际完成的投资额的真实性、合法性；检查是否存在虚列工程、套取资金、弄虚作假、高估冒算的行为等。从上述法律法规文件对工程造价审计的界定来看，工程造价审计是指由独立的审计机构和审计人员，依据国家的方针政策、法律法规和相关的技术经济指标，运用审计技术对工程建设过程中涉及工程造价的活动以及与之相联系的各项工作进行的审查、监督和评价。

2. 工程造价审计的范围

工程造价审计主体一般包括国家审计、社会审计和内部审计三大部分，各主体之间既有相互联系，也有明确分工。随着《国务院关于投资体制改革的决定》(国发〔2004〕20 号文)出台、新修改的《中华人民共和国审计法》(中华人民共和国主席令第 48 号)的施行，针对造价审计而言，不同审计主体的审计范围和审计重点应做相应调整，国家审计的范围将重点集中在政府投资和政府投资为主的建设项目上，更多的审计工作将由市场来配置，充

分发挥内部审计和社会审计的作用。目前，建设项目造价审计主要划分为以下 3 个范围。

1)　基础性项目造价审计

基础性项目是指以中央投资为主的建设项目，主要是一些关系到国计民生的大中型建设项目，由国家审计署、审计署驻各地特派员办事处负责完成审计，个别项目可委托当地审计局代审或与当地审计局合作审计。对基础性项目造价审计的重点是投资估算与设计概算的编制及设计概算的执行情况。

2)　公益性项目造价审计

公益性项目是指以地方投资为主建设的项目，原则上交由当地审计局审计。公益性项目造价的审计重点是概算审计与决算审计。通过审计建设项目的概算，检查投资计划的制订情况；通过决算审计，检查投资计划的执行及完成情况。

3)　竞争性项目造价审计

竞争性项目是指以企事业单位及实行独立经济核算的经济实体投资为主的项目，往往是一些中小型项目或盈利项目。对竞争性项目造价审计的目的是帮助企业、事业单位减少投资浪费，提高投资效益。因此，对这一类项目造价的审计多由社会审计(即审计事务所审计)与内部审计协作完成，审计重点是工程结算。

3. 工程造价审计内容

1)　设计概算的审计

(1)　检查工程造价管理部门向设计单位提供的计价依据的合规性。

(2)　检查建设项目管理部门组织的初步设计及概算审查情况，包括概算文件、概算的项目与初步设计方案的一致性、项目总概算与单项工程综合概算的费用构成的正确性。

(3)　检查概算编制依据的合法性等。

(4)　检查概算具体内容。包括设计单位向工程造价管理部门提供的总概算表、综合概算表、单位工程概算表和有关初步设计图纸的完整性；组织概算会审的情况，重点检查总概算中各项综合指标和单项指标与同类工程技术经济指标对比是否合理。

2)　施工图预算的审计

施工图预算审计主要检查施工图预算的量、价、费计算是否正确，计算依据是否合理。施工图预算审计包括直接费用审计、间接费用审计、计划利润和税金审计等内容。

(1)　直接费用审计包括工程量计算、单价套用的正确性等方面的审查和评价。

①　工程量计算审计。采用工程量清单报价的，要检查其符合性。在设计变更，发生新增工程量时，应检查工程造价管理部门与工程管理部门的确认情况。

②　单价套用审计。检查是否套用规定的预算定额、有无高套和重套现象；检查定额换算的合法性和准确性；检查新技术、新材料、新工艺出现后的材料和设备价格的调整情况，检查市场价的采用情况。

(2)　其他直接费用审计包括检查预算定额、取费基数、费率计取是否正确。

(3)　间接费用审计包括检查各项取费基数、取费标准的计取套用的正确性。

(4)　计划利润和税金计取的合理性的审计。

3)　合同价的审计。即检查合同价的合法性与合理性，包括固定总价合同的审计、可调合同价的审计、成本加酬金合同的审计。检查合同价的开口范围是否合适，若实际发生开口部分，应检查其真实性和计取的正确性。

4) 工程量清单计价的审计

(1) 检查实行清单计价工程的合规性；

(2) 检查招标过程中，对招标人或其委托的中介机构编制的工程实体消耗和措施消耗的工程量清单的准确性、完整性；

(3) 检查工程量清单计价是否符合国家清单计价规范要求的“四统一”，即统一项目编码、统一项目名称、统一计量单位和统一工程量计算规则；

(4) 检查由投标人编制的工程量清单报价目文件是否响应招标文件；

(5) 检查标底的编制是否符合国家清单计价规范。

5) 工程结算的审计

(1) 检查与合同价不同的部分，其工程量、单价、取费标准是否与现场、施工图和合同相符；

(2) 检查工程量清单项目中的清单费用与清单外费用是否合理；

(3) 检查前期、中期、后期结算的方式是否能合理地控制工程造价。

16.2.2 工程造价审计方法

工程造价的审计方法是指造价审计人员为取得审计证据，据以证实被审计事实的性质，做出审计评价而采取的各种专门技术手段的总称。审计方法的选择是否恰当，与整个审计工作进程和审计结论的正确与否有着密切的关系。

1. 现场观察法

现场观察法是指采用对施工现场直接考察的方法，观察现场工作人员及管理活动，检查工程的实际进展与图纸范围(或合同义务)是否一致、吻合。审计人员对影响工程造价较大的某些关键部位或关键工序应到现场实地观察和检查，尤其对某些涉及造价调整的隐蔽工程应有针对性地在工程隐蔽前抽查监理签证，并且做好相关记录，有条件的情况还可以留有影像资料。这种审计方法对单价合同的工程显得尤为重要，因为这种合同模式下工程计量工作非常关键。比如，在施工过程中，对于土方开挖、回填等分项工程，审计人员应要求监理人员进行实测实量，分阶段验收，要严格分清不同土质、深度、体积、地下水、放坡、支撑等情况，分别测算工程量，不能只填一个总数。

2. 复核法

复核法是指将有关工程资料中的相关数据和内容进行互相对照，以核实是否相符和正确的一种审计技术方法。在工程造价审计中，可以利用工程资料之间的依存关系和逻辑关系进行审计取证。比如，通过将初步设计概算与合同总价对比，可以分析有无提高标准和增列工程等问题；将竣工结算与完成工作量、竣工图、变更、现场签证等有关资料核对，分析工程价款结算与实际完成投资是否一致和真实；将工程核算资料与会计核算资料核对，分析有无成本不实或核算不一致的情况等。

3. 分析法

分析法是指造价审计人员运用各种系统方法，对建设工程项目的具体内容进行分离和分类，然后综合分析，发现疑点，揭露问题的一种方法。分析法的目的在于：①通过分析查找可疑事项，为审计工作寻找线索，进而查出各种错误和弊端；②通过分析来验证各种资料(如施工合同、施工图纸、隐蔽工程签证等资料)所反映的工程成本信息的真实性和合理性，进而核实实际工程量与审定工程造价。

4. 询价比价法

询价比价法主要是指对设备、材料等采购的市场公允价格进行确定的方法。主要包括市场询价、综合比价等方法。市场询价法是指审计人员通过市场询价(调查)掌握拟审计物资不同供货商的价格信息，经比较后确定有利于购买单位的最优价格，将之作为审计标准。要求对同一物资应调查 3 个及以上供货商的价格信息进行比较。综合比价法是指对所购物资的进价及其他相关费用进行综合比较后确定有利于购买单位的最优价格，将之作为审计标准。比如，在概算审计中，对一些设计深度不够、难以核算、投资较大的关键设备和设施应进行多方面查询核对，明确其价格构成、规格质量等情况。

可以看出，工程造价审计的各种审计方法各有优缺点，审计时究竟以何种方法为主，审计人员应结合项目的特点而定。必要的话，可综合运用。在选择合适的审计方法时应运用审计风险理论和重要性原则：①要求审计组调查了解被审计单位及其相关情况，包括相关内部控制及其执行情况和信息系统控制情况；②审计组根据调查了解的情况，结合适用的标准，判断被审计单位可能存在的问题，即风险领域或者风险点；③审计人员运用职业判断，根据可能存在问题的性质、数额及其发生的具体环境，判断其重要性，评估可能存在的重要问题，即重要风险领域或者重要风险点。在判断重要性时，对财政收支、财务收支合法性和效益性进行审计的项目一般不需确定量化的重要性水平(金额标准)，可只对重要性做出定性判断；④在评估被审计单位存在重要问题可能性的基础上，确定审计事项和审计应对措施，包括对各审计事项的审计步骤和方法、审计时间、执行审计的人员等，形成审计实施方案。

16.2.3　工程造价审计程序

审计程序是指审计工作从开始到终结的整个过程。一般包括审计计划阶段、审计实施阶段、审计终结阶段 3 个阶段。

1. 审计计划阶段

计划阶段是审计工作的起点。任何一项审计工作，在具体执行审计程序之前，都要制定科学合理的计划。

1)　确定审计项目

审计项目的确定方式因审计主体的不同而有所不同。

国家审计机关主要根据上级审计机关和本级人民政府的要求，确定审计工作重点，编制年度审计计划，从而确定审计项目。如审计署每年都会制定当年的审计工作重点。

社会审计组织则主要根据自身的综合能力，考虑经济利益及审计风险的大小来确定审计项目。

内部审计机构主要根据本部门和本单位当年项目建设安排，按照本组织管理者的要求，根据项目的重要程度和风险的大小，结合自身的能力，有重点地选择审计项目。

2) 成立审计组

审计项目确定以后，则要根据项目的性质和具体审计内容合理安排组织审计人员，成立审计组，明确审计小组组长，并进行合理分工。

在组织审计人员时，应结合项目的具体性质和审计的内容，按审计人员的知识结构和年龄结构等因素进行合理配备。

3) 制订审计方案

审计方案是对整个审计工作事前做出的整体安排，科学合理的审计方案，可以节约审计时间，提高审计效率，达到事半功倍的效果。审计署 2 号令《审计机关审计方案准则》明确要求，审计机关在实施审计前，应当制订审计方案。

审计方案包括审计工作方案和审计实施方案两个部分。审计工作方案是由派出的审计机关编制，审计实施方案是由派出的审计组编制，经审计组所在部门负责人审核，报审计机关主管领导批准后，由审计组负责实施。社会审计组织和内部审计机构可以参照审计署 2 号令的要求，制订审计方案。

4) 初步收集审计资料

在实施项目审计前，应有意识地收集一些与审计项目有关的法律、法规、政策等方面资料，以作为审计的依据。

5) 下达审计通知书或签订审计业务约定书

下达审计通知书是指告知被审计单位审计机关将要对其进行审计，让被审计单位做好接收审计的准备。这种告知方式主要适用于国家审计机关和内部审计机构。《中华人民共和国国家审计基本准则》(审计署 1 号令)第 20 条明确规定：审计机关应当在实施审计 3 日前，向被审计单位送达审计通知书。国家审计具有强制性，被审计单位没有选择审计主体的权利。

对于社会组织审计来说，其与被审计单位之间主要是通过签订业务约定书的形式，建立审计与被审计的关系，审计单位与被审计单位的选择是双向的。

2. 审计实施阶段

审计实施阶段是根据计划阶段确定的范围、要点、步骤、方法，进行取证、评价，借以形成审计结论，实现审计目标的中间过程。

(1) 进驻被审计单位，收集审计资料。

审计人员按照下达的审计通知书或签订的业务约定书所规定的进点审计时间进驻被审计单位。进点后一般要开一个进点会，一方面向被审计单位领导和有关人员说明来意，宣传政策，取得理解、信任和支持；另一方面通过进点会向被审计单位领导和有关人员了解项目的一些具体情况，如建设单位和建设项目的基本情况、项目资金的来源和数额、项目概算数额及其调整、工程的进展情况、设计单位、施工单位、主要设备和材料供应商的名称地址等。

(2) 对内部控制制度进行符合性测试，并修订审计方案。

工程建设项目内部控制制度是指建设单位为加强各业务环节和各管理部门之间的相互联系、相互制约而建立的一系列程序、制度、方法和措施的总称。

在了解建设项目的基本情况之后，需要着手对建设项目的内部控制制度进行测试，测试内部控制制度建立的健全性、执行的有效性，找出内控制度的关键点，以节省审计时间，提高审计效率。

根据现场收集的资料和符合性测试的结果，在需要时对审计方案进行修改。如果建设项目的内部控制制度被评价为无效的，则需要加大实质性审计工作内容；如果建设项目的内部控制制度被评价为健全和有效的，则可适当减少实质性审计工作内容。

(3) 实施实质性审计。

根据最新的审计方案，对建设项目实施实质性审计。在此阶段，审计人员根据最新确定的审计范围和审计重点，对项目的有关资料、工程承包合同等文件资料和实物进行认真的审核和检查，在审计过程需不断进入施工现场，对实物进行测量和盘点，调查收集第一手资料，以保证审计内容的真实性。

在经过周密和详细的审计之后，审计人员可以依据国家现阶段的方针、政策、法律、法规及有关技术经济文件，对被审计项目进行评价，初步得出审计结论。

(4) 编写审计报告。

审计组对审计事项实施审计后，应当向审计机关提出审计组的审计报告。审计组的审计报告报送审计机关前，应当征求被审计对象的意见。被审计对象应当自接到审计组的审计报告之日起 10 日内，将其书面意见送交审计组。审计组应当将被审计对象的书面意见一并报送审计机关。审计机关按照规定的程序对审计组的审计报告进行审议，并对被审计对象对审计组的审计报告提出的意见一并研究后，提出审计机关的审计报告；对违反国家规定的财政收支、财务收支行为，依法应当给予处理及处罚的，在法定职权范围内做出审计决定或者向有关主管机关提出处理与处罚的意见。

审计机关应当将审计机关的审计报告和审计决定送达被审计单位和有关主管部门，审计决定自送达之日起生效。社会审计组织的审计报告的主送单位是审计委托单位，不需要也无权出具审计决定，其审计报告只起到“鉴证”作用。内审机构可以参照国家审计机关的模式完成审计报告。

3. 审计终结阶段

审计工作实施阶段结束后，审计人员应把审计过程中形成的文件资料整理归档。需要归档的主要资料有：审计工作底稿，审计报告，审计建议书，审计决定，审计通知书，审计方案和审计时所依据的主要资料的复印件。

16.3 工程决算审计

16.3.1 工程决算与工程结算的区别

工程决算是由建设单位做的，在项目竣工以及施工单位提交竣工结算报告及结算资料后，建设单位报告全部建设费用、建设成果和财务情况的总结性文件。建设项目竣工决算应包括从筹划到竣工投产全过程的全部实际费用，即建筑工程费、安装工程费、设备器具购置费、工程建设其他费用(含征地费、补偿费、各种许可证费、建设单位管理费、监理费、勘察设计费、调试费等)、预备费、建设期的贷款利息等。工程决算反映了竣工项目计划、实际的建设规模、建设工期以及设计和实际的生产能力，反映了概算总投资和实际的建设成本，同时还反映了所达到的主要技术经济指标。通过对这些指标计划数、概算数与实际数进行对比，不仅可以全面掌握建设项目计划和概算执行情况，而且可以考核建设项目投资效果，为今后制订基建计划，降低建设成本，提高投资效果提供必要的资料。

工程结算是由施工单位做的，施工单位得到工程款项的重要依据。施工单位应在工程竣工验收合格后的一定工作日内，向建设单位递交竣工结算报告及完整的结算资料。结算资料是指对施工单位完成的全部工作价值的详细结算，以及根据合同条件对应付给施工方的其他费用的合计。主要包含建筑工程费、安装工程费及合同规定给施工方的其他费用。经过审查核定后的工程竣工结算是核定建设工程造价的依据，也是建设项目验收后编制竣工决算和核定新增固定资产价值的依据。

两者的区别体现在以下几个方面。

1. 范围不同

工程结算确定的是工程建设阶段的工程价款，包括建筑工程费、安装工程费等；工程决算包括从筹集到竣工投产全过程的全部实际费用，即包括建筑工程费、安装工程费、设备工器具购置费用及预备费以及监理费、设计费、建设单位管理费等费用。

2. 主体不同

工程结算是在建设单位和施工单位之间进行，有两个平等的主体；工程决算是由建设单位对工程项目发生的费用进行归集、分配、汇总编制，只有一个主体。

3. 时间不同

工程结算发生在工程决算之前，只有工程结算完成后，才能进行工程决算。

4. 作用不同

工程结算是施工单位向建设单位索取工程报酬的依据，反映的是项目建设阶段的工作成果；工程决算是正确核算新增固定资产价值，考核分析投资效果，反映的是综合、全面、完整的项目建设的最终成果。

5. 依据法规不同

工程结算的编制主要依据财政部、建设部联合发布的《建设工程价款结算暂行办法》；工程决算的编制主要依据财政部发布的《基本建设财务管理规定》。

6. 审计侧重点不同

工程结算审计主要侧重于工程造价审计；工程决算审计包含了对工程及财务等全部建设费用的审计。

工程决算审计的内容有以下几点。

(1) 检查所编制的竣工决算是否符合建设项目实施程序，有无将未经审批立项、可行性研究、初步设计等环节而自行建设的项目编制竣工工程决算的问题。

(2) 检查竣工决算编制方法的可靠性。有无造成交付使用的固定资产价值不实的问题。

(3) 检查有无将不具备竣工决算编制条件的建设项目提前或者强行编制竣工决算的情况。

(4) 检查“竣工工程概况表”中的各项投资支出，并分别与设计概算数相比较，分析节约或超支情况。

(5) 检查“交付使用资产明细表”，将各项资产的实际支出与设计概算数进行比较，以确定各项资产的节约或超支数额。

(6) 分析投资支出偏离设计概算的主要原因。

(7) 检查建设项目现金结余的真实性。

(8) 检查应收、应付款项的真实性，关注是否按合同规定预留了承包商在工程质量保证期间的保证金。

16.3.2　竣工财务决算审计的内容

竣工财务决算审计，是基本建设项目审计的重要环节，加强对竣工决算的审计监督，对提高竣工决算的质量，正确评价投资效益，总结建设经验，改善基本建设项目管理有着重要意义，在竣工财务决算审计中，财务审核不仅要审核整个项目资金在使用过程中，有无违规违纪行为，还要指导、帮助建设单位把整个项目的资金来源、到位、使用、支付、结余等情况梳理清楚，促进建设资金合理、合法使用，并正确评价资金使用的绩效。

1. 竣工财务决算审计的内容

(1) 竣工财务决算编制依据。审查决算编制工作有无专门组织，各项清理工作是否全面、彻底，编制依据是否符合国家有关规定，资料是否齐全，手续是否完备，对遗留问题处理是否规范。

(2) 工程项目建设及概算执行情况。审查项目建设是否按批准的初步设计进行，各单位工程建设是否严格按批准的概算内容执行，有无概算外项目和提高建设标准、扩大建设规模的问题，有无重大质量事故和经济损失。

(3) 工程项目的资金来源。审查各种资金渠道投入的实际金额，实际完成投资额，资金到位情况及原因。

(4) 工程项目的建设成本。审查各项费用支出是否合法，是否按合同结算工程款，有无超标准开支管理费、混淆经营成本和建设成本的情况。

(5) 工程项目的结余资金。审查库存物资实存量的真实性，有无积压、隐瞒、转移、挪用等问题；各项债权债务的真实性，有无转移、挪用建设资金和债权债务清理不及时等问题。

(6) 交付使用财产。审查交付使用财产是否真实、完整，是否符合交付条件，移交手续是否齐全、合规；成本核算是否正确，有无挤占成本，提高造价，转移投资的问题。

(7) 报废工程的报废原因及鉴定情况。

(8) 扫尾工程的预留工程款及建设情况。核实扫尾工程的未完工程量，留足投资。防止将新增项目列作尾工项目、增加新的工程内容。

(9) 竣工决算报表的真实性、完整性、合规性。

(10) 有必要审查的事项。

2. 竣工财务决算审计提供的资料

工程竣工财务决算审计主要是审查工程项目的审批手续、资金来源、概算、招投标、合同履行等方面是否符合相关要求，所涉及的相关资料比较多。建设、施工等与建设项目相关的单位应提供的资料包括以下内容。

(1) 经批准的可行性研究报告，初步设计、投资概算、设备清单。

(2) 同级财政审批的各年度财务决算报表及竣工财务决算报表。

(3) 设计图纸交底或图纸会审的会议纪要。

(4) 设计变更记录。

(5) 招投标文件及中标通知书等相关资料。

(6) 施工图、竣工图和设计变更、现场签证。

(7) 工程量、材料、设备增减批复。

(8) 建设项目设备、材料采购及入、出库资料。

(9) 工程停工、复工报告。

(10) 其他施工中发生的费用记录。

(11) 工程预算(投标报价)、结算书。

(12) 工程造价审核报告及审价定案表。

(13) 项目竣工报告和项目竣工验收单。

(14) 各种承包合同及协议书。

(15) 财务会计报表、会计账簿、会计凭证及其他会计资料。

(16) 工程项目交点清单及财产盘点移交清单。

(17) 其他资料与决算有关的资料，如收尾工程、遗留问题等。

16.3.3　竣工财务决算审计的程序

(1) 全面了解竣工工程项目的基本情况，了解工程建设地址、审批手续、建设规模、总投资、承建单位、开竣工日期、工程管理、财务管理、资金来源等情况。

(2) 对工程立项审批、概预算、招投标、合同、监理、施工图、竣工图和验收资料等进行归集、整理及审查。

① 审查工程项目审批手续是否齐全，是否严格按建设程序办事。

② 审查工程是否按规定实行招投标，招投标过程是否符合规范，是否签订了合同，是否实行了监理制，相关的资料是否齐全。

③ 施工图、竣工图、验收资料是否齐全，工程变更是否有合理依据并办理相关手续。

④ 各种资料是否整理到位，专门保管。

⑤ 审查竣工决算的编制依据是否符合国家的有关规定，资料是否齐全，手续是否完备；审查建设项目竣工决算报表(竣工决算概况表、竣工财务决算表交付使用资产总表、交付使用资产明细表)的真实性与合法性；审核竣工决算说明书的真实性与准确性。

(3) 对工程项目涉及的财务资料进行审查，按会计制度规范会计核算，归集、整理会计资料。

① 是否开设了专门的银行账户，建立了专账，由专人进行会计核算；会计核算是否

建立、健全、规范；重点审查银行存款、现金和其他货币资金、库存物资的真实性。

② 审查建设项目成本和支出的真实性、合法性。审查建设项目的建筑安装工程、设备投资、待摊投资的核算是否正确。审查建设单位是否按规定对建设成本正确归集、计列，单位工程成本计算是否正确，会计报表是否真实、公允，各项支出是否符合概算要求，支出标准是否合规、有无挤占、超支。各种支付凭证是否合理合法，能否作为入账的依据。

③ 各种债权债务是否属实，是否按规定进行清理，有无转移、挪用建设资金，长期挂账、清理不及时问题。重点审查有无挤占挪用资金情况。

④ 审查单位内控制度是否健全，执行是否得力，有无按规定对项目管理进行有效的控制。

⑤ 会计核算资料是否装订成册，专门保管。

(4) 了解投资资金来源，审查资金使用情况，剔除不合理支出，防止乱挤建设成本。

① 审查建设资金来源及使用情况，资金来源是否实际到位，资金用途是否合理，是否专款专用、专户存储和专账核算，有无挤占挪用、私设“小金库”问题，不能纳入工程造价的予以剔除。

② 审查工程款的支付情况，是否在规定的合同价款以内，是否按规定扣留了质保金，施工单位是否出具了建安发票。

③ 审查建设项目尾工工程情况，根据建设项目总概算和工程实施进度，审查尾工工程量的真实性、尾工工程预算准确性、尾工工程预留资金的正确性。

(5) 审查工程价款结算，有无高估冒算现象，设计变更内容是否符合规定，手续是否齐全；有无决策失误、设计失误造成重大浪费，分析其原因。按照合同规定条款审查工程款的支付、预付款扣减情况，是否有超工作量支付现象。审查合同标段工作量结算审核情况，质保条款、保修期限、质保金退付情况。重点审查总价合同设计变更、工程联系单等工作量的变化情况。

(6) 审查建设项目资产交付使用情况，审查交付使用固定资产是否真实完整，是否办理验收手续；审查流动资产、无形资产、递延资产和其他资产移交是否真实、合法；是否做到账表、账账、账实相符。重点审查资产的交付情况。

【案例分析】 某市外环高速公路工程审计

某市外环高速路工程是国家重点建设项目，由市财政负责拨款、市高速路指挥部负责项目建设(简称建设单位)。2000 年 9 月，某路桥公司(简称施工单位)与建设单位签订了高速路 A 路段工程承包合同。工程完工后，市审计局依据审计法和市政府委托对建设单位实施工程决算审计，发现该单位被施工单位高估冒算、多计工程量，从而多付工程款 800 余万元的问题后，依法做出《审计决定》，要求建设单位迅速追回多付的款项。建设单位依据《审计决定》，多次催要款项而无果，便采取后期资金不付给的办法来达到落实审计决定的目的。

问题：

1. 如果该案例中的施工单位对该审计决定不服，它可以采取什么措施来维护自己的利益？

2. 分析工程决算审计的思路。

3. 在工程决算审计中，需要审计设计变更，请问设计变更审计的要点是什么？

本章小结

随着我国国民经济的快速发展，工程建设事业也步入较快的发展轨道，各行业投入了大量的资金进行基本建设。在这种情况下，更应加强审计监督，控制好工程造价，保障工程质量，有效地控制基本建设投资，避免在工程建设环节中出现工程造价高、质量低、超标准、超预算等现象，保证工程建设顺利进行。本章主要介绍了工程审计的基本含义、分类、内容和程序，通过学习学生更好地理解和掌握工程审计在施工企业管理中的重要性，为以后的工作打下坚实的基础。

习　　题

一、名词解释

工程决算审计　审计主体　工程造价审计　施工图预算审计　现场观察法

二、填空题

1. 直接费用审计包括(　　)、(　　)等方面的审查和评价。
2. 工程造价审计方法包括(　　)、(　　)、(　　)、(　　)。
3. 审计程序是指审计工作从开始到终结的整个过程。一般包括(　　)、(　　)、(　　)3 个阶段。
4. 工程结算是由施工单位做的，施工单位得到(　　)的重要依据。
5. 基础性项目造价审计的重点是(　　)与(　　)的编制及设计概算的执行情况。

三、问答题

1. 试述工程造价审计和工程竣工决算审计的区别。
2. 试述工程造价审计的内容和程序。
3. 试述工程决算审计内容和程序。
4. 试述如何避免工程审计风险。

参 考 文 献

[1] 马立强，宋华岭. 我国建筑业发展面临的环境分析发展[J]. 中国建设教育，2009(7)：4～7.

[2] 邓飞，刘贵文，孔平. 我国建筑业发展现存问题、方向及重点领域分析[J]. 建筑经济，2011(10)：20～24.

[3] 范建亭. 我国建筑业市场结构特征及其影响因素分析[J]. 建筑经济，2010(1)：9～13.

[4] 邵泽杰. 项目经理在企业中的地位和应具备的素质[J]. 才智，2011(26)：34～35.

[5] 李百吉，郭正权. 中国建筑业市场发展现状与优化措施研究[J]. 前沿，2010(19)：81～85.

[6] 韩佳琛. 人力资源战略的内涵与价值[J]. 现代商业，2011(20)：147.

[7] 陈先勤. 试论企业核心竞争力的培育[J]. 经济师，2010(7)：77～90.

[8] 郝宝森. 谈建筑施工企业市场营销特点与营销能力建设[J]. 工程项目管理，2006(3)：110～112.

[9] 贺新. 谈企业文化建设策略[J]. 东方企业文化，2006(2)：16～18.

[10] 贾守治. 我国建筑企业财务风险管理研究[J]. 山西财经大学学报，2011，33(4)：123.

[11] 邓德胜，王惠彦. 现代市场营销学[M]. 北京：中国农业大学出版社，2009.

[12] 休伯特，凯普，皮尔西. 整体营销[M]. 张清泉，译. 北京：中国青年出版社，2008.

[13] 张云起，贺继红. 市场营销学[M]. 青岛：山东大学出版社，2006.

[14] 迈克尔•波特. 竞争战略[M]. 陈小悦，译. 北京：华夏出版社，2005.

[15] 彭晓阳. 试论建筑企业营销管理[J]. 现代商业，2011(1)：104.

[16] 周建国. 工程项目管理[M]. 北京：中国电力出版社，2006.

[17] 吕茫茫，金瑞珺. 施工项目管理[M]. 上海：同济大学出版社，2005.

[18] 齐宝库. 工程项目管理[M]. 3 版. 大连：大连理工大学出版社，2007.

[19] 刘伊生. 建筑企业管理[M]. 北京：北京交通大学出版社，2003.

[20] 岳文赫. 人力资源管理[M]. 哈尔滨：哈尔滨工业大学出版社，2012.

[21] 刘明鑫，刘崇林. 人力资源规划[M]. 2 版. 北京：电子工业出版社，2010.

[22] 赵曙明. 人力资源战略与规划[M]. 3 版. 北京：中国人民大学出版社，2012.

[23] 唐志红. 人力资源招聘培训考核[M]. 2 版. 北京：首都经济贸易大学出版社，2011.

[24] 张维君，王君. 人员招聘与配置[M]. 2 版. 北京：电子工业出版社，2010.

[25] 王淑珍，王铜安. 现代人力资源培训与开发[M]. 北京：清华大学出版社，2010.

[26] 岳文赫. 薪酬与福利[M]. 北京：北京邮电大学出版社，2013.

[27] 付亚和，许玉林. 绩效管理[M]. 2 版. 上海：复旦大学出版社，2008.

[28] 秦洪双. 建筑企业人力资源管理[M]. 北京：中国建筑工业出版社，2011.

[29] 王治祥. 现代建筑企业人力资源管理实务[M]. 郑州：黄河水利出版社，2011.

[30] 赵守香，等. 企业信息化[M]. 北京：清华大学出版社，2008.

[31] 何清华. 建筑项目管理信息化[M]. 北京：中国建筑工业出版社，2009.

[32] 李伯鸣，等. 工程项目管理信息化[M]. 北京：中国建筑工业出版社，2013.

[33] 何斌，张立厚. 信息管理原理与方法[M]. 北京：清华大学出版社，2006.

[34] 司有和. 企业信息管理学[M]. 北京：科学出版社，2003.

[35] 王景春. 土木工程施工安全技术[M]. 北京：中国建筑工业出版社，2012.

[36] 彭尚银，等. 工程项目管理[M]. 北京：中国建筑工业出版社，2005.

[37] 刘颖. 施工企业管理[M]. 北京：中国电力出版社，2011.
[38] 邓铁军. 工程项目管理[M]. 武汉：武汉理工大学出版社，2008.
[39] 中国建筑业协会工程项目管理委员会. 中国工程项目管理知识体系. 2 版. 北京：中国建筑工业出版社，2011.
[40] 纪颖波. 建筑工业化发展研究[M]. 北京：中国建筑工业出版社，2011.
[41] 刘颖. 建筑企业管理[M]. 大连：大连理工大学出版社，2008.
[42] 张希黔，黄声享. 建筑施工中的新技术[M]. 北京：中国建筑工业出版社，2005.
[43] 朱红章. 工程项目审计[M]. 武汉：武汉大学出版社，2010.
[44] 天职(北京)国际工程项目管理有限公司. 建设项目跟踪审计实务[M]. 北京：中信出版社，2013.
[45] 杨明亮. 建设工程项目全过程审计案例[M]. 北京：中国时代经济出版社，2010.
[46] 曾虹. 建筑工程管理与实务[M]. 北京：中国建筑工业出版社，2009.
[47] 唐菁菁. 建筑工程施工项目成本管理[M]. 2 版. 北京：机械工业出版社，2009.
[48] 丛培经. 工程项目管理[M]. 4 版. 北京：中国建筑工业出版社，2012.
[49] 全国建筑企业项目经理培训教材编写委员会. 施工项目成本管理[M]. 北京：中国建筑工业出版社，2007.
[50] 一一. 施工项目会计核算与成本管理[M]. 北京：经济科学出版社，2011.
[51] 刘颖. 建筑经济学[M]. 北京：中国电力出版社，2014.